RECONQUISTA
ou MORT DE L'EUROPE

L'enjeu de la guerre islamique
Pour une stratégie de contre-offensive

René MARCHAND

ÉDITIONS RIPOSTE LAÏQUE

Éditions Riposte Laïque

Dessin de couverture réalisé par RI7

ISBN : 978-2-9536042-4-5

Conception graphique, mise en pages et impression par COPY-MÉDIA

Aux enfants d'Hector et Andromaque,
d'Ulysse et Pénélope

A mes frères et sœurs en Europe

Aux vaillants, aux résistants

Kalos kagathos.

Virtus et voluptates.

Tot el, dit et fit Percevals.
Chrétien de Troyes

L'indépendance, le rang, la grandeur.
Charles de Gaulle

DU MÊME ÉDITEUR

Les dessous du voile, par Cyrano et l'équipe de Riposte Laïque - 2009

La colère d'un Français, par Maurice Vidal - 2010

Résistance républicaine, par Cyrano et l'équipe de Riposte Laïque - 2010

Les assises internationales sur l'islamisation de nos pays, par Pierre Cassen et Christine Tasin - 2011

La faute du bobo Jocelyn, par Pierre Cassen et Christine Tasin -2011

DU MÊME AUTEUR

La France en danger d'islam, l'Âge d'Homme - 2002 ; Éditions du Trident, 2008

Mahomet contre-enquête, Éditions de l'Echiquier - 2006

Avant-propos

En 1974, à la tribune de l'ONU, le président de la République algérienne, Houari Boumediene, a déclaré :

« Un jour, des millions d'hommes quitteront l'hémisphère sud pour aller dans l'hémisphère nord. Et ils n'iront pas là-bas en tant qu'amis. Parce qu'ils iront là-bas pour le conquérir. Et ils le conquerront en le peuplant avec leurs fils. C'est le ventre de nos femmes qui nous donnera la victoire ».

Dans le Figaro du 19 décembre 2006, feu Mouammar Kadhafi déclarait :

« Sans épée, sans fusil, sans conquêtes, les 50 millions de musulmans en Europe la transformeront bientôt en continent musulman ! »

Jamais dans l'histoire on n'aura vu des chefs d'Etat demander aussi explicitement à leurs peuples d'envahir l'Europe.

Jamais dans l'histoire on n'aura vu des peuples apporter un concours aussi actif à une entreprise mettant en cause leur existence, des individus participer avec autant d'efficacité à leur asservissement, une civilisation anticiper sa disparition avec autant d'empressement.

En moins de cinquante ans, les Européens ont laissé s'implanter, par millions, à l'intérieur de leur territoire, des ressortissants d'une communauté étrangère avec laquelle ils sont en guerre depuis sa naissance il y a des siècles. Une communauté dont la religion, l'idéologie, le droit, les coutumes et pratiques... font une obligation sacrée à ses membres de les combattre jusqu'à anéantir leur religion et leur civilisation.

Ces ennemis sont venus, non pas, comme à plusieurs reprises dans le passé, les armes à la main, mais d'abord à l'appel des Européens eux-mêmes, puis avec leur tolérance.

Plus : les Européens n'ont cessé de les encourager à demeurer et à se constituer en une entité séparée de la population autochtone.

Plus : les Européens ont favorisé l'affirmation des spécificités de cette entité, et d'autant plus complaisamment au fur et à mesure que ces spécificités révélaient de l'hostilité à leur égard.

Plus encore : les Européens ont rejeté et trahi les nouveaux arrivants qui cherchaient à se fondre dans leurs nations.

Les Européens ont perdu bataille sur bataille sans même savoir qu'une guerre leur était livrée.

Aucun de leurs dirigeants ne s'est prononcé contre une attitude aussi manifestement suicidaire.

Aujourd'hui, une majorité parmi leurs gouvernants est prête à hâter le triomphe des conquérants en multipliant d'un coup par trois ou quatre leurs troupes.

L'Europe – la civilisation européenne – doit désormais regarder sa mort en face.

Son anéantissement est programmé par un ennemi puissant, qui la connaît bien et joue admirablement de ses faiblesses, conduit une guerre d'un type qui lui est étranger, remporte victoire sur victoire, multiplie places fortes et alliances à l'intérieur même de ses frontières en vue de nouveaux assauts…

Dans le conflit en cours, il serait vain d'espérer que le parti adverse, un jour, renonce, qu'il s'accommode de gains limités. Ce serait ignorer les forces profondes, génétiques, qui le meuvent. Il est, se veut, ne peut être qu'un tueur de civilisations ; toute son histoire démontre que, là où il l'emporte, il ne laisse aux peuples vaincus d'autre possibilité que de survivre temporairement dans la soumission à sa Loi avant leur disparition, totale et définitive – devoir sacré, but ultime, « solution finale » programmée dès l'origine et toujours exaltée, toujours mobilisatrice.

Il faut remonter aux guerres médiques, au Ve siècle avant notre ère, ou à l'invasion arabe des VIIe et VIIIe siècles pour retrouver une menace aussi pressante et aussi radicale. Mais, pour l'heure, on n'a vu se lever aucun Thémistocle, Charles Martel ou Léon l'Isaurien[1] résolu à faire barrage à l'invasion et capable de rassembler et dynamiser hommes et moyens pour une contre-attaque libératrice.

Est-ce à dire que l'Europe est d'ores et déjà défaite ? Certainement pas. Ses forces sont à peine entamées et elles sont largement supérieures à celles qui la minent ou l'attaquent frontalement. Il suffit que ses

1. Léon III, dit l'Isaurien, empereur de Byzance (680-717-741). Peu après son accession au trône, il eut à affronter une puissante expédition à la fois maritime (1800 bateaux ?) et terrestre (120 000 hommes ?) montée par le calife Omar II (682-717-720). Constantinople fut assiégée pendant près d'un an. Cette poussée des Musulmans vers l'Europe par l'est fut arrêtée en 719 : une contre-offensive permit aux Byzantins de conserver la totalité de leur territoire et de récupérer une partie de l'Arménie occidentale, envahie par les Arabes en 654.

peuples prennent conscience du sort qui leur est promis pour que leur inaction cesse et qu'un sursaut les dresse dans un élan irrésistible pour assurer leur survie.

Ce livre vise à éveiller les Européens aux réalités d'une guerre qui est menée contre eux, à leur faire mieux connaître leur adversaire, ses motivations, ses buts, immédiats ou finaux, ses méthodes, ses moyens, actuels et potentiels. Il esquisse une stratégie de riposte.

Je l'ai écrit avec, au cœur, trois certitudes, fondées à la fois sur l'examen des faits contemporains et l'étude de l'histoire au long cours :

– les peuples de l'Europe ne vont pas tarder à réagir à l'agression dont ils sont l'objet – et leurs dirigeants les suivront ou de nouveaux chefs apparaîtront ;
– en relevant ce défi de vie ou de mort, la civilisation européenne renouera avec ses valeurs, sa personnalité, sa nature propre : une Renaissance s'annonce.
– l'Europe vaincra.

LA RÉALITÉ, AU RISQUE DE CHOQUER

Le sujet de ce livre est une guerre entre deux civilisations, dont l'une, l'Islam, a entrepris d'envahir et de détruire l'autre, l'Europe. J'appartiens à l'une des deux parties en présence ; je suis dans un des deux camps. D'entrée, je ne veux pas cacher que je souhaite ardemment que les miens repoussent au plus tôt leur agresseur et sortent vainqueurs de la confrontation sans avoir consenti trop de sacrifices, sans avoir subi d'atteintes irréversibles, prêts à récupérer leurs pleines capacités d'expression et de création.

Cela dit clairement, je me suis efforcé de présenter les deux adversaires le plus honnêtement possible et c'est en visant à la plus grande objectivité que j'ai décrit le conflit en cours, que j'ai cherché à analyser ses causes et à esquisser ses développements possibles. Je me suis interdit tout jugement de valeur sur l'une ou l'autre des civilisations, ses composantes, son passé ou son présent. Si, parfois, il m'arrive d'avoir des mots dépréciatifs à l'égard de certains hommes, c'est parce que ceux-ci se sont montrés infidèles aux principes dont ils se réclamaient ou traîtres envers des peuples qu'ils prétendaient respecter ou défendre.

Cependant, l'image que j'ai de l'Islam est fort éloignée de celle que les Musulmans en guerre contre l'Europe et les Européens qui favorisent leur action s'efforcent conjointement d'imposer aux populations européennes par les moyens de la propagande et de la censure. Pour démontrer la fausseté de cette version, actuellement majoritaire dans les milieux politiques et les médias – « la pensée unique » –, je me suis contenté de la rapprocher d'actes et de paroles enregistrés par l'histoire ou tirés de notre actualité, sans me fixer aucune limite ou aucun interdit.

L'Islam, une fois dévoilé de ses faux-semblants, « choque » les Européens de notre siècle. Des événements du passé dont les Musulmans tirent gloire sont à l'opposé de nos conceptions en matière de morale ; des règles de droit et des pratiques en vigueur dans des pays musulmans seraient jugées criminelles chez nous… Me fallait-il, ici, taire le réel, là, le cacher, ailleurs, le maquiller ? Pour ne pas heurter la sensiblerie d'Européens anémiés au point de ne pouvoir regarder le monde tel qu'il est ? En acceptant de me faire complice d'un adversaire qui tient constamment un double langage ? Ou encore, par crainte de « stigmatiser une certaine catégorie de la population » – un reproche auquel s'expose tout journaliste ou écrivain qui traite de l'Islam en termes non convenus ?

Cette accusation de « stigmatisation » est inacceptable dans une démocratie. En référence à quelle loi ou à quel code éthique décide-t-on de tenir « les immigrés d'origine musulmane » hors du champ du libre examen ? Agirait-on dans leur intérêt ? Pour les préserver de la confrontation avec le réel, comme des sujets mineurs ? Quelle aberration « raciste » ! Ou la vérité est-elle plus simple, mais encore moins honorable : les « antiracistes » convulsifs, pourfendeurs de la « stigmatisation », ne considèreraient-ils pas, au fond, les « immigrés d'origine musulmane » comme, globalement, des comparses de nos ennemis déclarés, des « islamistes » en puissance qu'il conviendrait de traiter avec ménagement pour ne pas aggraver leur hostilité ? C'est bien ce que je pense : les prudes qui évoquent à tout propos la « stigmatisation » sont motivés, non par le respect humain, qu'ils étalent, mais par une peur qu'ils dissimulent, et cette peur est « raciste », ne leur en déplaise.

Aux clameurs que tel ou tel de mes propos pourrait susciter de la part des lâches, sots, faux experts et faux-jetons, mais aussi commissaires politiques, taupes, collabos… de tous acabits, je réponds par avance en reprenant à mon compte la déclaration de la noble Oriana Fallaci : « Il y a des moments dans la vie où se taire devient une faute et parler une obligation, un devoir civil, un défi moral, un impératif catégorique auquel on ne peut se soustraire. »[2]

Seule la réalité m'importe. J'ai écrit chaque phrase de mon livre en me fixant comme règle impérative de ne commettre aucune faute, par tromperie ouverte, omission ou ignorance, contre la réalité. Ai-je approché de cet idéal ? C'est la seule question qui mérite d'être posée.

Rien ne me satisferait plus que de voir mon travail examiné sans préjugé, que ses constats soient discutés, rectifiés ou complétés par de vrais érudits ou des observateurs libres et honnêtes, que ses préconisations soient étudiées avec sérieux par quelques-uns de nos politiques, diplomates, militaires, policiers, journalistes…

Et pour le reste… « Qui qu'en grogne ! », comme on dit dans mon Bourbonnais natal.

DES LIMITES À CE LIVRE

Traitant d'une guerre contre l'Europe tout entière, j'espère évidemment intéresser des Européens de toutes nationalités. Cependant, les évènements, statistiques, citations… que je rapporte sont puisés en majorité dans le passé récent et l'actualité de la France. Des lecteurs pourront le regretter et me le reprocher. Je reconnais volontiers avoir cédé aux facilités que m'offrait l'accessibilité de la documentation écrite dans ma langue. Mais je veux dire aussi que, la France étant actuellement le pays européen :

– Qui compte le plus grand nombre de Musulmans.
– Où la proportion de Musulmans est la plus élevée par rapport à l'ensemble de la population.
– Où, sans doute, l'islamisation est la plus avancée.
– Qui est, certainement, le premier visé dans le plan de la conquête musulmane.

Il n'est donc pas anormal que son histoire depuis cinquante ans et sa situation présente soient utilisées abondamment afin d'illustrer de

2. *La Rabbia et l'Orgoglio* (Ed. Rizzoli, Milan, 2001) ; édition française : *La Rage et l'Orgueil* (Plon, 2002).

la manière la plus parlante la progression, passée ou à venir, de l'Islam sur l'ensemble de l'Europe.

Pour concevoir la forme même de cet ouvrage, je suis parti d'une constatation : la grande majorité des Européens, à commencer par mes compatriotes, sont très ignorants de l'Islam[3]. Je me suis donc assigné d'être, d'abord, simple et clair. En conséquence, j'ai pris délibérément le risque d'être un peu lourd en ne reculant pas devant des répétitions insistantes, des traits appuyés, des illustrations non retouchées, des exemples « bruts de décoffrage »... Qu'on me pardonne de ne pas avoir cherché à donner à mon écriture plus de poli et d'élégance.

Au demeurant, j'ai appris, par l'expérience de conférences suivies de débats ou d'émissions avec ligne ouverte, que, s'agissant de l'Islam – l'Islam aujourd'hui, l'Islam chez nous, l'Islam que la plupart d'entre nous ne veulent pas voir tel qu'il est, dans sa réalité menaçante –, les exposés *medium cool* et *recto tono*, dessinés au cordeau et bien ratissés, n'amènent jamais personne à mettre en question ses idées reçues, à sortir de son confort intellectuel. Si l'on veut bousculer des croyances toutes faites, accrocher des attentions dispersées, susciter des curiosités, il faut constamment, par la forme ou le fond, rompre le ronron de ce conformisme paresseux que nous abritons tous en nous et qui nous fait refuser, inconsciemment le plus souvent, les faits ou les idées qui nous dérangent. C'est pourquoi, notamment avec des appendices à certains chapitres, j'ai parfois dérivé pendant quelques pages de la ligne logique de l'exposé pour souligner un fait, dont j'ai constaté qu'il a justement ce pouvoir d'éveil que je recherche, ou pour répondre aussi longuement que nécessaire à une question qui m'a été souvent posée.

J'expose des faits et des idées qui m'ont été apportés par une longue fréquentation de l'Islam, fruits de lectures, cours, conférences et débats, émissions de radio et de télévision, films... mais aussi d'expériences et d'entretiens personnels. Au fil des pages, je mentionne des livres, articles, sites Internet que j'ai consultés, mais sans souci d'exhaustivité : je n'ai pas fait mention des grands ouvrages de base sur l'Islam historique, trop nombreux ; j'ai cité un auteur quand dix autres, sur le même sujet, pouvaient conforter ou développer ses thèses ; je me suis dispensé de la sacro-sainte « Bibliographie », en fin de volume, qui, limitée aux livres, n'aurait pu donner qu'une idée erronée de mes sources... Au reste, je ne demande pas à mon lecteur de se plonger dans

3. ... pour des raisons qui seront exposées en plusieurs endroits de ce livre, notamment chapitres 1 et 2.

des textes : beaucoup, parmi les plus fréquemment cités dans les médias et les ouvrages spécialisés, sont, au moins partiellement, dépassés par l'actualité ; d'autres sont entachés de préjugés ou encore motivés par des objectifs politiques. J'estime préférable que, tout simplement, il s'informe sur ce qui se passe dans l'Islam actuel et, en particulier, autour de lui, en Europe. Ainsi pourra-t-il, mieux qu'en se référant à d'autres, juger de la validité de ce que j'écris. L'heure n'est plus tant aux considérations académiques qu'à *l'observation, la réflexion, l'action.*

ORTHOGRAPHE ET TRANSCRIPTION

« islam » ou « Islam » ? Traditionnellement, les dictionnaires d'orthographe pour la langue française recommandaient d'écrire le mot avec une majuscule à l'initiale quand il désignait « les pays de tradition musulmane » et avec une minuscule lorsqu'il s'agissait de « la religion musulmane », de même que l'on doit écrire « la Chrétienté » et « le christianisme ». Mais alors, *quid* de la diaspora musulmane apparue au 20e siècle au sein de nations européennes et américaines étrangères à « la tradition musulmane » ? Dans ce livre, « l'Islam », considéré comme une identité à contenu religieux, juridique, civilisationnel... commune à un ensemble d'hommes, sera marqué d'une majuscule, au même titre que « l'Europe » ou « la France ». Pour les mêmes raisons, le substantif « Musulman » portera une majuscule.

D'autre part, la distinction entre identité première et appartenance religieuse, variable suivant les temps et les lieux jusqu'à, parfois, disparaître, conduit à écrire « les Juifs de Médine » et « les juifs de New-York », « les Chrétiens croisés » et « les chrétiens de mon département », mais certains cas sont d'application incertaine : faut-il utiliser la majuscule ou la minuscule à l'initiale pour désigner nos contemporains chrétiens de l'Iraq, du Liban ou de l'Egypte ?

Les adjectifs « musulman » et « islamique » : En arabe, le terme *muslim* (« musulman »), qui est le participe d'un verbe, pouvant être substantivé, est réservé à des personnes physiques ; *islâmî* (« islamique ») est un adjectif utilisé uniquement pour des personnes morales (pays, institutions...) et des objets abstraits (lois, coutumes...) ou concrets. En français, les deux adjectifs sont parfaitement synonymes et interchangeables.

A signaler que, depuis quelques années, des médias arabes utilisent *islâmî* – pluriel : *islâmiyyûn* – comme substantif pour traduire notre création[4] « islamiste ».

Transcription des mots arabes : un système simple a été adopté, qui doit éviter aux non-arabophones de s'écarter trop de la prononciation d'origine.

4. Voir page 44.

La voyelle « u » se prononce « ou » (« chou ») ; les trois voyelles, « u », « a » et « i » peuvent être « longues » : elles sont alors écrites avec un accent circonflexe « ^ ». « s » est toujours sourd (« sauce ») ; « gh » correspond au « r » grasseyé, non roulé, « kh » au « ch » allemand (de *Buch*) ou à la jota espagnole, « sh » au « ch » français (« chat »), « th » au « th » sourd de l'anglais (*tooth*), « dh » au « th » sonore de l'anglais (*although*), « w » au même caractère en anglais (*water*) ; « ' » (arabe : *hamza*), à l'intérieur ou à la fin d'un mot, marque un petit saut de la glotte (il n'a pas été signalé au début d'un mot) ; « ' » (arabe : *'ayn*) est une consonne qui n'existe pas dans les langues indoeuropéennes, précisément une « spirante fricative sourde »…

Des substantifs et des noms propres entrés dans nos dictionnaires, comme « charia », « djihad », « ouléma(s) », « fatoua(s) », « Ali » ou « Omar », sont, sauf exceptions, repris tels quels. Les personnes, physiques ou morales, contemporaines sont désignées par les noms que leur donnent les médias francophones ou anglophones : « Kadafi » ou « Kadhafi » (*al-qadhâfî*), « le hezbollah » (*hizb allâh*), « al-Jazeera » (*al-jazîra*)…

PREMIÈRE PARTIE

L'Europe ethnocentriste, ignare de l'Islam

CHAPITRE 1

Pour éclairer la scène et les acteurs : identités culturelles, fiertés d'appartenance

Un Européen n'admettra pas sans démonstration les affirmations suivantes :

– seule l'histoire des premiers temps de l'Islam permet d'analyser et de comprendre les grands phénomènes contemporains dans lesquels des Musulmans sont acteurs ;

– ne pas connaître cette histoire, c'est se condamner infailliblement à des analyses ou à des jugements inexacts, insuffisants pour le moins, ne pouvant conduire qu'à des actions inadéquates ;

– en revanche, dès que nous entreprenons ce détour dans le temps, les évènements les plus surprenants de notre actualité (révolution iranienne de 1978, attentats-suicides, « printemps arabes » et leurs suites…) aussi bien que les changements qui affectent notre environnement quotidien (voiles et burqas dans nos rues, mosquées dans nos villes…) prennent place dans un cadre logique, d'une longue durée et d'une continuité sans faille, qui, souvent, suffit pour les expliquer ; un éclairage nouveau révèle des causes insoupçonnées, souvent « les causes des causes ». Nous, les Européens, sommes alors contraints à réexaminer nos certitudes… et à en rejeter la plupart. Nous pouvons commencer à penser et agir à partir de réalités.

L'EUROPE, ETHNOCENTRISTE

Ces assertions sont vérifiables, constatables. Aucun vrai connaisseur de l'Islam, aucun historien sérieux des civilisations ne les mettra en doute. Enoncez-les devant un auditoire de Musulmans, tous niveaux de culture confondus : il ne se trouvera personne pour les contester. Dites-les à des Européens « ordinaires », cultivés ou non, prétendument informés ou non : vous provoquerez au mieux l'étonnement, le plus souvent la dérision.

« Songeriez-vous à expliquer le conflit palestino-israélien par les luttes de Byzance et de l'Empire perse ? La dernière crise de l'Union européenne par la prédication de saint Colomban ou… la culotte de Dagobert ? »

Pourquoi réagissons-nous ainsi, comme instinctivement ? Pourquoi, avant toute réflexion, considérons-nous comme absurde de rechercher dans des siècles aussi lointains des éclaircissements sur le présent ?

Parce que nous sommes affectés depuis longtemps d'une tare qui déforme notre appréhension des autres civilisations, de leur histoire, des comportements de leurs ressortissants qui sont nos contemporains : l'*ethnocentrisme.*

« Ethnocentrisme : tendance à prendre comme base de référence systématique les critères de jugement et les normes de son propre groupe social pour juger d'autres groupes sociaux. »

Cette définition, tirée d'un dictionnaire d'excellente réputation, doit être complétée :

– « tendance » : l'ethnocentrisme peut être plus qu'une tendance, une attitude et un comportement constants et généraux ;

– « les critères de jugement et les normes » : il faut ajouter : les critères d'analyse ;

– « pour juger » : l'ethnocentrisme est d'abord une perception, une vision ; il ne s'accompagne pas toujours de jugement.

D'autre part, au moins aussi important que l'*ethnocentrisme de l'intellect*, il existe un *ethnocentrisme de l'affectivité* : on attribue à un autre groupe la gamme de sentiments, de réactions intimes à des situations données... de son propre groupe.

Quand, avec un mouvement d'épaule, nous rejetons les affirmations à propos de l'Islam qui ouvrent ce chapitre, nous plaquons nos conceptions du passé, de l'histoire, de l'influence du passé sur le présent et l'avenir… sur une civilisation autre que la nôtre, en toute inconscience, sans nous demander :

– Si nos conceptions sont partagées par les ressortissants de cette civilisation,

– Si elles permettent de rendre compte du passé et du présent de cette civilisation,

– Si elles ouvrent sur des conjectures rationnelles.

En fait, nous sommes persuadés qu'il n'y a qu'une seule manière de concevoir le temps et le durée et qu'elle est commune à tous les hommes, alors qu'elle n'est peut-être que la nôtre et que le reste de l'humanité, peut-être, la récuse ou l'ignore.

Et nous avons la même conviction pour beaucoup d'autres grandes composantes des civilisations.

L'AUTRE APPROCHE : LES CIVILISATIONS COMME PERSONNES

Beaucoup de civilisations ne sont pas ethnocentristes. Les Chinois, les Japonais, les Musulmans... sont conscients d'appartenir à des ensembles humains (culture, civilisation, ethnie, communauté, religion...) qui ont des particularismes anciens et profonds. Nos ancêtres ont longtemps été ainsi : au regard d'un Athénien ou d'un Spartiate, un Perse et un Grec se distinguaient par bien autre chose que les vêtements, les habitudes alimentaires ou la manière de se saluer ; Richard Cœur-de-Lion et Saint Louis, tout pétris qu'ils étaient d'universalisme chrétien, savaient qu'ils étaient séparés d'un Sarrazin par des différences qui n'étaient pas que dogmatiques.

Essayons de définir sommairement, sans prétendre aucunement présenter une théorie « scientifique », ce que peut être une approche non-ethnocentriste des civilisations.

Principe de base : considérer les civilisations comme des entités, des individualités qui, à la semblance des personnes physiques ou des langues, ont, certes, des fonctions et des structures communes, mais également des traits particuliers, des différences.

Les civilisations ont en commun :

– D'être le résultat d'un capital génétique et d'un passé qui ont fait leur état présent et qui conditionneront leur avenir,

– De constituer des systèmes d'analyse du monde, traduits en concepts,

– Dont les origines sont à rechercher dans des systèmes linguistiques, des environnements souvent très éloignés dans le temps...

– Qui portent sur de « grandes questions », de grands thèmes : les positions et relations à l'intérieur du groupe (sphère individuelle et sphère publique, rapports homme-femme, rapports parents-enfants...) et vis-à-vis des autres groupes, la nature et le divin, la liberté de l'homme et le « destin » ou le divin, le temps, les âges de la vie, la mort et l'au-delà, l'esthétique, etc.

– D'induire des normes de comportements, individuels et collectifs, à l'intérieur du groupe et vis-à-vis des « autres »,

– Dans la satisfaction des besoins élémentaires : manger, boire... et l'accomplissement des nécessités sociales inévitables, comme la cohabitation ou le voisinage,

– Face aux grandes occurrences de la vie humaine : la mort, la guerre...

– Pour parvenir à un ou plusieurs genres de vie, axés sur des objectifs personnels et sociaux inscrits dans des modèles ou des idéaux.

Chaque civilisation se distingue des autres par une analyse du monde, des concepts, des types de comportements, une histoire, un état présent, des potentialités... qui lui sont propres, toutes particularités qui, réunies en un système cohérent et évolutif, vivant, la font unique, irréductible à une autre. On peut définir chaque civilisation comme étant une personne.

A L'ORIGINE DE NOTRE ETHNOCENTRISME : LA JUSTIFICATION DE NOTRE IMPÉRIALISME

D'où vient notre ethnocentrisme – notre « européocentrisme » – actuel ? Quand est-il apparu ? Pourquoi ? La gravité de la maladie légitime qu'on consacre un peu de temps à son étiologie.

J'avance une hypothèse :

– Notre vision des autres civilisations s'est perturbée au début des Temps dits modernes (en gros, XVe-XVIe siècle), lors de la montée de notre impérialisme, quand nous avons commencé à nous répandre sur la planète sans rencontrer d'adversaires capables de nous vaincre ;

– Elle s'est complètement faussée au XIXe siècle, nous enfonçant dans un ethnocentrisme confinant à la cécité.

Forts de notre démographie et de nos techniques, nous conquerrions les continents et imposions aux peuples nos manières de voir et d'être.

A nos yeux, les civilisations que nous rencontrions sur nos chemins étaient, affirmions-nous sans réserve aucune, « inférieures ». Inférieures par rapport à quoi ? Selon quel critères ?

– Evidemment, elles étaient inférieures en puissance, dans les domaines des connaissances scientifiques et des applications techniques,

– Mais aussi, affirmions-nous, en matière de « valeurs ».

Nous justifiions ainsi notre agressivité.

Massacres, pillages, exploitation des hommes et des terres… toutes nos actions à l'encontre des peuples que nous brutalisions étaient contraires à notre idéologie proclamée, à notre religion comme, par la suite, à notre morale républicaine… Il nous fallait, coûte que coûte, excuser ces manquements à nos propres yeux. Nous avons alors justifié nos comportements opposés à nos valeurs par ces valeurs elles-mêmes. En les tuant, les dépouillant, les asservissant, nous apportions aux autres la vraie religion, puis, quand cette motivation eut fait long feu, l'instruction, la fin des guerres ethniques et de l'esclavage, avec, pour plus tard, la liberté et l'égalité, les droits de l'homme… Quand nous violentions les peuples, nous prétendions agir dans leur intérêt, pour les élever jusqu'à nous.[5]

Et ces valeurs, si nous estimions être en droit de les imposer aux autres, c'était, non seulement parce qu'elles étaient supérieures, mais aussi parce qu'elles étaient – nous n'en doutions pas – universelles.

En nous drapant de valeurs universelles, nous avons franchi un premier pas vers l'ethnocentrisme.

Au XIXe siècle, notre conception du temps[6] nous a joué un mauvais tour.

Nous avons porté un diagnostic sur les causes de l'infériorité que nous constations chez les autres : elle était due à un retard pris par rapport à nous sur une même trajectoire qui, inéluctablement, depuis la nuit des temps, conduisait l'humanité de la barbarie jusqu'à la civilisation la plus avancée, à savoir : la nôtre. Des philosophes des Lumières ne nous avaient-ils pas enseigné que les hommes, qui « naissent tous libres et égaux », sont semblables de nature avant que la société les façonne ? L'histoire, discipline reine des temps du romantisme, nous apprenait que nous étions passés, des siècles ou des millénaires plus tôt, par le stade où se trouvaient les sauvages, primitifs, indigènes, aborigènes que nous découvrions : seulement, nous, nous avions avancé alors qu'eux étaient restés immobiles ; la théorie de l'évolution, dernière-née des

5. Jules Ferry, grand promoteur de la colonisation, déclare devant l'Assemblée nationale, le 28 juillet 1885 : « Il y a pour les races supérieures un droit, parce qu'il y a un devoir pour elles. Elles ont le devoir de civiliser les races inférieures. » Georges Clemenceau lui réplique que cette thèse n'est « autre chose que la proclamation de la puissance de la force sur le Droit » et que « parler à ce propos de civilisation, c'est joindre à la violence, l'hypocrisie ».

6. Voir page 122.

sciences humaines, prouvait que les différences que nous constations n'étaient que des étapes dans un processus commun à tout le vivant.[7] Nous étions devenus ethnocentristes, et nous allions l'être de plus en plus.

Il résultait de notre diagnostic que les autres étaient voués par la marche même du temps, soit à s'ankyloser et mourir par incapacité congénitale à avancer, soit à se couler dans nos moules afin de se hausser à notre niveau de développement. On disait : … à notre niveau de civilisation. D'ailleurs, les plus « avancés » parmi nos assujettis avaient-ils d'autre ambition que de devenir « comme nous » ?

Pourvus de pouvoirs en accroissement constant, les petits démiurges que nous étions ne doutaient pas que l'humanité à venir, pour peu que nous et nos épigones aidions à sa création, serait tout entière, sur l'ensemble de la planète, à notre image – à l'exception, peut-être, de quelques irrécupérables.

Dans ces conditions, à quoi bon, sinon pour des besoins immédiats ou par pure curiosité, nous intéresser à des coutumes bizarres, condamnées à disparaître ou à n'être plus que des curiosités folkloriques pour touristes ? Pourquoi apprendre des langues qui ne seraient bientôt que des patois ?

Peu à peu, nous avons cessé de porter attention aux autres ; nous avons cessé de les regarder, ne tournant les yeux vers eux que lorsqu'ils pouvaient nous être utiles, pour le commerce, la guerre… ou lorsqu'ils manifestaient de l'hostilité envers nous. Sans nous en rendre compte, nous sommes devenus aveugles. Rien ne pouvait plus nous réveiller de notre ethnocentrisme.

ET AUJOURD'HUI ?

Notre vision ethnocentriste, « européocentriste », du temps et de l'histoire, de l'humanité en général, a connu divers avatars. Elle fut

7. Lors d'une émission sur *Radio Courtoisie*, à laquelle je participais le 16 mars 2012, Pierre de Meuse, historien curieux et précis, a fait remonter l'origine du mot « sauvage », non pas, comme il est d'usage, à *silvaticus* (: de la forêt), mais à *salvabilis* (: susceptible d'être sauvé, autrement dit : de devenir chrétien). Si cette hypothèse est fondée, il est intéressant de relever que ceux que les Grecs désignaient par leur parler défectueux (« barbares » est une sorte d'onomatopée) et qu'ils ne songeaient nullement à changer ont été inscrits par l'Europe christianisée (à quelle date ?) dans un système de temps linéaire qui supposait leur possible entrée, à terme, dans la civilisation « supérieure ».

chrétienne ; les Lumières et la Révolution française lui ont donné une justification « naturelle » et « humaniste » ; Auguste Comte en a élaboré une version scientiste ; des communistes comme des libéraux l'ont repeinte à leurs couleurs avec beaucoup de théories sur l'économie ; aujourd'hui, elle se nomme volontiers mondialiste.

Mais il s'est toujours agi de la même infirmité de l'intellect et de la sensibilité, de la même déficience.

Cet ethnocentrisme, qui s'est incrusté et a crû en nous sans symptômes apparents, nous sommes loin d'en avoir pris une conscience nette. Qui pourrait dire que nous en avons décelé toutes les malfaisances déclarées et tous les risques de métastases ? Et sommes-nous préparés à faire face aux séquelles des atteintes anciennes, qui pourraient nous affaiblir dans les années qui viennent ?

Sommes-nous suffisamment attentifs, en particulier, au fait que l'ethnocentrisme inconscient ou peu conscient rend impossibles des relations pacifiques entre des peuples de cultures différentes ? Comme nous croyons l'autre semblable à nous-mêmes, nous nous attendons à ce qu'il se comporte en tous points comme nous ; quand il s'obstine à agir à sa façon, nous ne le comprenons pas, nous lui prêtons de mauvaises intentions, nous nous inquiétons, nous lui en voulons, nous devenons méprisants ou agressifs ; l'autre riposte... Voilà le crescendo de l'affrontement qui se met en marche. Qui l'arrêtera ?

Une certitude : l'Europe ne pourra préserver la paix qu'elle a si difficilement acquise à l'intérieur de ses frontières et continuer à jouer un rôle de premier plan dans l'ère « mondialiste » qui s'ouvre que si elle se défait au plus vite de son ethnocentrisme ; elle doit s'obliger de toute urgence à prendre en considération les autres civilisations dans leur personnalité pour déterminer son attitude envers chacune d'elles avec réalisme. Si elle n'accomplit pas cet effort, elle s'affaiblira continuellement, victime, non pas tant peut-être de l'hostilité ou du dynamisme expansionniste des autres, mais bien d'elle-même : sa suffisance et ses ignorances en feront une proie facile pour tous les Scapin qui voudront la berner et la dépouiller ; elle sera incapable de cerner les buts et les méthodes de ses rivaux et adversaires et de répondre à leurs entreprises par des actions ajustées.

Cette remise en question « de soi par soi » s'impose à la civilisation européenne en priorité à l'égard de l'Islam, son voisin le plus proche par la géographie, mais certainement pas par les valeurs, les lois, les coutumes et comportements, l'Islam :

– D'origine et constamment expansionniste et guerrier.

– Qui, dès sa naissance, s'est fixé l'Europe comme premier objectif à ses conquêtes.

– Qui a vaincu l'Europe à plusieurs reprises et l'a occupée partiellement pendant des siècles.

L'Islam, à nouveau installé à l'intérieur de son territoire.

LES IDENTITÉS CULTURELLES : UN TABOU ?

Il a fallu attendre le milieu du siècle passé, c'est-à-dire le déclin démographique et politique de l'Occident et le surgissement de nouveaux premiers rôles sur la scène internationale, pour que quelques chercheurs, en Europe et en Amérique, redécouvrent[8] que des différences entre les peuples, les nations, les cultures… ne pouvaient peut-être pas s'expliquer uniquement par des degrés dans une échelle d'évolution. Et si certaines différences étaient qualitatives, originellement et définitivement qualitatives ? Et si le temps ne conduisait pas toutes les sociétés humaines sur un même chemin vers un même but ?

La notion d'identité culturelle[9] prenait place, modestement, presque honteusement, dans notre boîte à outils intellectuelle. Encore n'y était-elle pas souvent sollicitée.[10] Il fallait oser aller au-delà de deux blocages qui paralysaient la recherche :

---

8. Il y eut toujours des individus qui ont reconnu un caractère propre aux autres civilisations – et les ont respectées. Pour la France, citons des personnages aussi éloignés l'un de l'autre que le maréchal Lyautey : « Les Marocains ne sont pas inférieurs ; ils sont autres » et l'aventurier écrivain, Henry de Monfreid : « Nous détruisons des équilibres millénaires sans les remplacer ».
9. Si l'on s'en tient aux dictionnaires, « civilisationnelle » serait préférable à « culturelle », « civilisation » définissant « l'ensemble des caractères spécifiques propres à un peuple ou groupe de peuples » et « culture », de sens plus limité, « un ensemble de connaissances, de savoir-faire… » Mais il faut accepter que, en matière de langue, l'usage, parfois même l'usage « fautif », fasse loi. Les deux notions ont tendance à se rapprocher, jusqu'à se fondre. Ainsi, « pluriculturel » ne laisse nulle place à « pluricivilisationnel », qui, parfois, serait plus juste. A ma connaissance, aucun linguiste ne nous a encore livré une étude de l'évolution de ces deux mots en français, notamment sous l'influence de l'allemand et de l'anglais des Etats-Unis.
10. En France, *Tristes Tropiques*, de Levi-Strauss, fut très bien accueilli par la presse à sa parution en 1955 (Editions Plon). Mais les critiques comme le public ont sans doute été plus intéressés par des récits de voyages, la description des mœurs des Indiens du Brésil (ou encore par le procès sans complaisance fait à la civilisation occidentale) que par l'idée rectrice de l'ouvrage : le caractère propre de chaque civilisation. Les livres du même auteur, tout aussi riches au plan de la recherche, eurent moins de succès. Ses appréciations sur l'Islam, « mal pensantes », à l'opposé

– la dictature que les marxistes, dévots du messianisme de l'homme universel et de la société uniformisée, faisaient peser sur la vie universitaire et intellectuelle ;

– le souvenir, encore très douloureux, des effroyables tragédies engendrées par des régimes férocement identitaires (fascisme, nazisme...).

L'ACCUSATION D'« ESSENTIALISME »

La principale critique qu'on a entendue – et qu'on entend encore souvent – dans certains cercles universitaires à propos des recherches sur les identités culturelles est qu'elles risquent de réduire les individus à des traits retenus dans la définition de leur appartenance, qu'elles peuvent « essentialiser » des humains au mépris de leurs caractères et valeurs propres.

Certes, le risque est réel. Comme, pour un médecin, de tuer un malade à la suite d'une erreur de diagnostic ; pour un pêcheur à la ligne, de lancer un hameçon dans l'œil d'un passant.

Le péché « d'essentialisme » est imputé, par exemple, à des africanistes qui veulent tenir compte de l'existence de tribus sur le continent noir pour expliquer des conflits récurrents. Il est bien connu des caciques de *l'alma mater* et des médias que les ethnies sont une invention de la colonisation et que le tribalisme ne joue aucun rôle dans la vie politique et sociale de Pretoria à Tobrouk et de Lagos à Nairobi.[11]

Soyons sérieux ! Il est dans la nature humaine de porter des jugements de valeur sur toute chose : un plat cuisiné, une automobile, son voisin... Sur les peuples, les adeptes d'une religion, les habitants d'un village proche... les jugements généralisants sont introduits dans la tête de chacun d'entre nous, dès la plus petite enfance, par la famille, un copain, les médias... Il s'agit toujours de stéréotypes simplistes, pour beaucoup ineptes. Un conflit menace-t-il entre deux individus,

des thèses ethnocentristes, ont été ignorées lors des hommages qui lui furent rendues à maintes occasions au cours d'une carrière longue et brillante et à sa mort en 2009.

11. Le meilleur de nos africanistes, Bernard Lugan, est interdit de grands médias parce qu'il tient compte des ethnies – et avec quelle érudition et quelle pertinence ! — dans ses analyses des crises qui secouent les pays africains depuis leur indépendance. Nombreux ouvrages, dont une monumentale *Histoire de l'Afrique des origines à nos jours* (Ellipses, 2009). Dernier livre paru : *Histoire des Berbères. Un combat identitaire plurimillénaire*, édité par l'auteur, 2012. Bernard Lugan publie la revue *L'Afrique réelle* et dirige un site Internet.

deux groupes, deux nations que, aussitôt, ces stéréotypes apparaissent au grand jour et se durcissent, et voilà l'adversaire réduit à quelques traits « communautaires » : il est « essentialisé ». Chaque être humain est considéré d'abord comme membre d'une communauté *sub specie aeternitatis* et jugé comme tel. « L'essentialiste » veut ignorer que l'acquis peut être prégnant sur l'inné, le culturel sur le génétique, le biologique ; il nie en particulier la conscience, la liberté et la volonté qui, dans la construction d'un individu, distinguent l'homme de l'animal,

Nous avons tous assisté à des bagarres de cour d'école ou à des engueulades de bistrot qui, en quelques instants, avaient généré de « l'essentialisme ». Plus gravement, les derniers siècles de l'Europe nous ont montré à quelles abominations conduisaient des mots « essentialisants », comme « aristocrate », « bourgeois », « juif », « koulak », « ennemi de classe »... Des mots assassins, massacreurs, génocidaires.

Bien évidemment, de tels égarements doivent être dénoncés. Mais les évitera-t-on en tombant dans une autre imbécillité ? (Je prends ce mot dans son sens étymologique de : faiblesse, infirmité.)

Nier les identités culturelles, ramener les différences évidentes, indéniables, entre civilisations à une identité universelle, réalisée ou en cours de réalisation, ce n'est rien d'autre qu'une forme... d'essentialisme. Et cette variété-là d'essentialisme est tout particulièrement pernicieuse et dangereuse : ce fut celle des Européens conquérants et des communistes.

En revanche, la connaissance – et la reconnaissance – de l'identité ou des identités culturelles qui ont pu façonner un individu, même partiellement, même temporairement, permet de distinguer les traits propres à cet individu, ses qualités (latin *qualis*) personnelles, donc de ne jamais le réduire à un stéréotype.

Parallèlement, prendre en considération les identités culturelles des autres *hic et nunc*, c'est, aussitôt, distinguer ce qui constitue la sienne propre, et notamment déterrer bien des *a priori* inconscients que l'on peut receler à l'égard des identités culturelles des autres. Une excellente hygiène de l'esprit !

L'étude sereine des identités culturelles est la meilleure protection contre les méfaits des préjugés réduisant les individus à une appartenance, un garde-fou à l'aberration de l'essentialisme.

UN EXERCICE DIFFICILE

Essayer de cerner une identité culturelle, à défaut de pouvoir la définir avec précision, est un exercice compliqué[12].

Dégager, à l'intérieur d'une civilisation, des caractéristiques ne peut se faire sans référence à une ou plusieurs autres civilisations, et la référence de base sera presque inévitablement la civilisation de l'analyste[13], lequel devra donc constamment se rappeler que l'outil qu'il utilise n'est pas parfaitement « objectif », ni au plan des valeurs ni au plan des réalités.

Il convient d'étudier :

– Les composants d'une civilisation à un moment (ce que les structuralistes appellent : l'étude synchronique) à partir de l'examen des individus et des groupes.

– Cerner au mieux les évolutions (l'étude diachronique) des composantes de l'identité par l'étude de l'évolution des individus et des groupes.

– Et, de là, passer à la recherche de constantes (l'étude panchronique).

– Et non pas suivre la démarche inverse – partir de constantes supposées –, qui ouvre la porte à tous les *a priori*.

– Quand on aborde la période contemporaine, la plus grande prudence s'impose si l'on veut tenter de faire le tri entre des traits permanents, obsolescents, dynamiques…

Aucune civilisation n'étant un système hermétiquement clos et isolé, il est indispensable d'étudier :

– L'idée que se font d'une communauté ses propres membres, comment ils se voient, les justifications qu'ils donnent à leurs comportements, d'une manière générale ou dans telle ou telle circonstance.

---

12. … et périlleux pour les réputations : on comprend que les intellectuels cotés, gens soucieux de leurs carrières, ne se lancent pas inconsidérément dans une telle aventure.

13. … quelles que soient les précautions prises. Les structuralistes, qui se fixent de décrire tout système « en soi », sans référence à un autre, sont parvenus à des analyses fort pertinentes dans le domaine de la phonologie, où ils partaient d'un donné de base universel et incontestable : la physiologie de l'appareil phonatoire ; leurs résultats sont plus incertains en linguistique générale et souvent contestables en sociologie, parce qu'ils sont contraints de poser *a priori* certains éléments de leur problématique. Il n'en reste pas moins que c'est vers leur finalité qu'il faut tendre quand on se propose d'étudier une civilisation étrangère ; en outre, leur méthodologie, en dépit des imperfections constatées, et sans doute inévitables, a le mérite d'éviter les jugements, de fait ou de valeur, trop rapides.

– Le regard que portent sur ladite communauté, globalement ou à propos d'un individu ou d'un événement particulier, les communautés en contact avec elle.
– Le regard que porte la communauté sur les communautés avec lesquelles elle est en contact.

Il faut alors :
– Cerner les faits le plus objectivement possible.
– Pour, ensuite, rechercher les raisons des jugements, des distorsions, conscientes ou non, à la réalité… des uns et des autres.

Quelles que soient les précautions prises, il se trouvera toujours des contestataires pour opposer aux données les plus étayées des cas d'exception qu'ils prétendront plus ou moins généraliser. Les « poissons volants » sont utilisés souvent pour définir toute l'espèce «poisson ».

En écrivant les pages de ce livre, je n'ai à aucun moment eu la prétention de faire œuvre de « savant », de rédiger une étude systématique et complète de l'identité musulmane. Mon but est, plus modestement, de présenter des réalités auxquelles je suis parvenu par l'étude et l'expérience.

– Je suis parti de faits contemporains, à propos desquels les explications que me fournissaient les discours dominants ne me satisfaisaient pas.
– Je les ai rapprochés de faits d'histoire, qui m'ont permis d'éclairer leur genèse.
– J'ai essayé de me livrer à des conjectures, notamment quant à la survivance de traits caractéristiques de l'Islam que j'avais décelés dans son passé et son présent.

LE MONDIALISME RENFORCE LES IDENTITÉS

Tout le monde dit :
– Nous sommes entrés dans « le mondialisme », dans « l'ère de la mondialisation ».

Que faut-il comprendre par ces mots ?

Désormais, les hommes utilisent de plus en plus les mêmes technologies. L'uniformisation des matériels entraine des comportements semblables en bien des domaines. D'autre part, les informations, les spectacles de masse, les marchandises et les hommes circulent plus en plus vite et en plus grand nombre tout autour de la planète.

Dès lors, va-t-on vers une humanité faite d'individus ayant en commun les mêmes stéréotypes de comportements, de pensée, de sensibilité, les mêmes réponses immédiates aux situations limites comme la menace sur la vie, l'offensive guerrière,... ce qui sous-entend : les mêmes références intellectuelles, morales, affectives, spirituelles ?

Autrement dit, les humains partageront-ils, demain, une même identité culturelle ?

Le rêve ancien des Européens : une humanité en marche vers son homogénéité, prendrait-il de nouvelles couleurs ? Connaîtrait-il comme une seconde jeunesse ?

Il y a vingt ou trente ans, les prospectivistes et futurologues en Europe et aux Etats-Unis pronostiquaient la civilisation universelle comme inéluctable et, même, très proche : elle verrait le jour peu après l'entrée dans le nouveau millénaire. Le grand public croyait aussi à cette prévision, y trouvant comme la réalisation d'un idéal ; les artistes célébraient un univers sans frontières, où les hommes seraient tous frères parce que tous égaux et semblables. Il est révélateur que, dans la plupart des scénarios de science-fiction, les Terriens constituaient une unité homogène ; l'étranger, le différent venait d'une autre planète.

Aujourd'hui, force est de constater que, plus les découvertes technologiques multiplient les liaisons entre les hommes, plus fortement ceux-ci affirment leurs différences culturelles, que ce soit au niveau des régions, des nations, des religions, des grandes cultures. Dans les pays musulmans, la pratique religieuse, les normes de comportements, les marqueurs ostensibles de l'identité, comme les vêtements ou la barbe, qui étaient en régression il y a quarante ou cinquante ans, connaissent un regain des plus visibles.

Ce processus de réaffirmation de soi est-il irréversible ? Les « mondialistes » n'y décèlent qu'un repliement peureux sur des schémas familiers, rassurants, protecteurs, dû à l'angoisse que suscite un monde où les repères explosent, qui va trop vite, dont on ne sait où il va... Auquel cas, les peuples finiront bien par se faire au nouveau monde ; l'humanité reprendra, un jour ou l'autre, sa marche vers l'unité.

Et si énoncer cette hypothèse comme une certitude n'était pour nos prophètes de la « Civilisation Terre » qu'un moyen simple de...

se rassurer eux-mêmes, d'écarter une menace bien réelle, qu'ils ne peuvent pas ne pas voir, en la niant comme des enfants peureux : la menace d'un affrontement violent entre les civilisations ?

En Occident, les guerres entre nos nations sont devenues « impensables », au point que, toujours européocentristes, nous avons fini par considérer la guerre elle-même comme « impensable » : elle était liée à un état ancien de l'humanité ; elle ne concerne plus que des peuples « attardés » ; elle finira bien par disparaître... Or, le renforcement des identités culturelles nous oblige à réintroduire la guerre dans nos perspectives d'avenir, et à des dimensions de destruction effrayantes compte tenu des masses qui peuvent être affectées et des moyens technologiques utilisables. Les « mondialistes » ne veulent pas envisager une telle horreur. Il suffit de se rappeler comment fut rejeté le livre de Samuel Huntington sur « le choc des civilisations »[14] par nos « élites »... qui, pour la plupart, ne l'avaient pas lu.

Concernant l'Islam, sujet de ce livre, il est évident que les peuples qui composent la Communauté des Croyants, *al-umma*, refusent tous, sans exception, la dilution de leur identité dans une identité qui serait mondialiste (ce que beaucoup traduisent par : américaine, états-unienne).

Les Musulmans ont le sentiment d'être différents de ces Occidentaux que leurs chefs nationalistes leur ont longtemps présentés comme des modèles. Ils souhaitent un développement économique qui fasse d'eux les égaux en puissance des mieux nantis, mais ils ne veulent plus désormais singer quiconque. Retentissent en eux, de plus en plus pressants, des appels ancestraux à la soumission au divin, à une éthique à base religieuse, à des habitudes et modes de vie qui leur sont propres. Et se souvenant d'avoir été attaqués dans leur identité même pendant deux siècles, se sentant encore menacés et de manière de plus en plus insidieuse par le commerce, les médias... ils affirment et affichent chaque jour plus ostensiblement leurs spécificités.

Et là, il faut faire entrer dans le champ de la réflexion une notion qui est fondamentale, tant pour la psychologie des personnes physiques que pour celle de ces personnes que sont les peuples et les civilisations : la fierté d'appartenance.

14. *The Clash of Civilizations and the Remaining of World Order* (1996); en français: *Le Choc des civilisations* (Editions Odile Jacob, 1997).

L'INDISPENSABLE FIERTÉ

Les psychologues sont unanimes : un enfant, un adolescent qui n'a pas conscience d'une appartenance qui lui procure à la fois un sentiment de sécurité et une certaine fierté n'arrive pas à se construire ; il sera en recherche d'une raison de se rassurer et de se donner de la valeur et, s'il ne la trouve pas, il s'avachira (de l'allemand *weich* : faible) ou s'abandonnera à la violence, contre les autres ou contre lui-même.[15]

Nation, religion, famille, tribu, clan, bande… les communautés les plus diverses proposent leurs modèles, idéaux, objectifs, moyens, règles… au sein d'une même société. C'est là que chaque individu va quérir les éléments de sa sécurité et de sa fierté, emboitant généralement plusieurs identités les unes dans les autres, à la manière des poupées russes, pour constituer son identité sociale personnelle.

Greffée sur la conscience rassurante, apaisante, de faire partie d'une communauté identitaire, la fierté en est comme l'épanouissement, comme la fructification. Elle procure à l'individu une forte estime de soi parce qu'elle lui permet de se référer à des valeurs qui sont exaltées autour de lui, qui sont donc « les meilleures du monde » ; pour la même raison, elle lui donne la conviction de pouvoir réaliser ses potentialités au plus haut de lui-même, de « se » réaliser.

Comme les personnes physiques, les personnes morales, ont, bâtie sur leur identité, qui en est le socle, une fierté d'appartenance. Cette fierté, commune, communautaire, identitaire, qui est propre à chacune d'elles, elles l'affirment de multiples manières : insignes, uniformes, drapeaux, lieux de souvenir, cérémonies… ; du passé, des hommes sont élevés au rang de héros ou de modèle ; des évènements sont retenus et célébrés comme glorieux ; insignes, uniformes, drapeaux, lieux de

---

15. « L'éthologue » Boris Cyrulnik fait de l'estime de soi, du sentiment d'appartenance, de la fierté d'appartenance, des axes de sa réflexion sur la construction ou la reconstruction de la personnalité. Nombreux ouvrages, dont *Les Nourritures affectives* (Odile Jacob, 1993) ; *Les vilains petits canards* (même éditeur, 2001).
Pionnier sur le sujet, l'Américain Abraham Maslow (1908-1970) est connu pour sa théorie sur la « pyramide des besoins humain » : besoins physiologiques, besoin de sécurité et de protection, besoin d'appartenance (famille, groupe, tribu, nation…), besoin d'estime de soi et, au sommet de la hiérarchie, besoin d'auto-accomplissement, désir de se réaliser à travers une œuvre, un engagement… Notamment : *Motivation and Personnality* (1954) ; (tr. fr. : *Devenir le meilleur de soi-même : besoins fondamentaux, motivation et personnalité* (Odile Jacob, 2003) ; *Toward a psychology of Being* (1966) ; fr. : *Vers une psychologie de l'Etre* (Fayard, 1972) ; *The Farther Reaches of Human Nature* (1971) ; fr. : *Etre humain : la nature humaine et sa plénitude* (Eyrolles, 2006).

souvenir, cérémonies… La variété des modalités est infinie, mais pour une même fonction : exhiber avec fierté une identité face aux autres.

La fierté d'appartenance communautaire contribue à l'intégration des individus, tous uniques de nature, en les poussant à se modéliser et à se solidariser ; elle provoque leur engagement, leur donne l'envie de se dépasser, stimule leur créativité, accroît leur efficacité…

Nous avons affaire à un mécanisme de plurisynergie complète : les fiertés individuelles d'appartenance œuvrent en synergie entre elles ; en même temps, elles renforcent la communauté et accroissent la fierté communautaire d'appartenance, lesquelles, à leur tour, agissent positivement sur les individus.

Toutes les personnes morales ont un besoin élémentaire de la fierté d'appartenance ; elle est une condition *sine qua non,* non seulement de leur développement, mais de leur survie même.

L'histoire, en tous temps, en tous lieux, prouve surabondamment que, dès que cette fonction vitale s'étiole dans un peuple, sa puissance économique régresse, son rayonnement spirituel, intellectuel, artistique s'affaiblit. S'il la perd quelque temps, il ira, un jour ou l'autre, la rechercher, et souvent par les moyens les plus violents, ou bien il acceptera de mourir en se soumettant à un conquérant.

Parenthèse : La fierté d'appartenance, qui repose sur la conviction de l'excellence de la communauté, de ses valeurs, de ses hommes, peut-elle exister sans dépréciation des autres communautés, dans une sorte d'indifférence, de non-jugement, à leur égard ? Chez certains individus, certainement. En ce qui concerne les communautés elles-mêmes, l'histoire nous apprend que, dans certaines, des sentiments négatifs envers une autre communauté (ou d'autres communautés, voire de toutes les autres) sont de naissance, parfois constitutifs ; par ailleurs, dans n'importe quelle communauté, un évènement perturbant la psyché collective (une guerre, par exemple) peut faire évoluer l'indifférence à l'égard d'un voisin vers l'éloignement ou le mépris, le rejet ou l'hostilité – des changements qui affecteront toute la communauté ou seulement certaines de ses parties, qui seront épisodiques ou perdureront… Autant de communautés à différents moments de leur vie, autant de cas. Mais ce serait de l'angélisme que de ne pas prendre en considération cette réalité : dans toute communauté, la fierté d'appartenance est une composante instable, évolutive, labile, qui peut prendre des formes et des dimensions redoutables aux autres.

Le besoin naturel, biologique, de fierté identitaire ne renvoie à aucun principe objectif : les critères qui fondent le sentiment de fierté et la conviction de supériorité qui en découle sont ceux du groupe, et seulement ceux du groupe. C'est pourquoi aucun classement hiérarchique des civilisations, nations, peuples, races... n'a de rationalité. Dénué de sens aussi le « relativisme », fort à la mode dans certains milieux occidentaux, qui assurent que toutes les civilisations « se valent », ce qui est un moyen de réintroduire des critères de valeur, tout en niant leur pertinence.[16] Hiérarchisation des civilisations et relativisme sont des concepts vains au plan du savoir, basés seulement sur des critères individuels ou communautaires d'ordre moral, religieux, philosophique, politique...et utilisés le plus souvent avec des arrière-pensées politiques.[17]

En résumé, ce qu'on peut dire de certain, d'observable, de vérifiable, c'est que tout groupe humain suscite, toujours, comme automatiquement, psychologiquement, biologiquement, chez les individus qui le composent une fierté d'appartenance justifiée par des critères propres à ce groupe et fondés sur des éléments de son identité.

Lorsqu'on a la prétention de traiter de communautés humaines de quelque ampleur : peuples, nations, civilisations, sous quelqu'angle qu'on aborde la question de leur état présent et de leur avenir, politique, économique, géostratégique... si on n'introduit pas dans le raisonnement ces deux notions : l'identité et la fierté d'appartenance, on ne fait que brasser du vent. (Un exercice aussi vain que de faire de l'histoire sans tenir compte au plus près de la chronologie... à la manière des manuels de notre enseignement secondaire.)

---

16. En fait, la thèse selon laquelle toutes les civilisations « se valent » n'est plus, aujourd'hui, que l'ultime tentative de quelques politiques, essayistes et journalistes pour justifier, sur le plan intellectuel, le « multiculturalisme », c'est-à-dire la présence de plusieurs communautés culturelles sur un même territoire. Les dégâts de cette cohabitation forcée sont évidents partout dans le monde et les ressortissants de toutes les civilisations s'efforcent d'y échapper de plus en plus massivement et fermement, souvent par la violence. (En Europe, seuls des politiciens en quête de soutiens de la part de minorités, ainsi que leurs relais associatifs et médiatiques, prétendent encore que le multiculturalisme, « avenir du monde », est un fait acquis et bien admis des peuples.)

17. En février 2012, en pleine campagne pour l'élection à la présidence de la République, le ministre français de l'Intérieur et de l'Immigration, Claude Guéant, déclara, devant un public d'étudiants de droite, que « toutes les civilisations ne se valent pas ». Il s'ensuivit un brouhaha politico-médiatique où furent évoqués « les méfaits du colonialisme », « les crimes du nazisme »... alors que l'homme politique n'avait cherché qu'à pêcher des voix du côté de la droite dite nationale ; ses adversaires, de gauche, voulaient, eux, s'attirer des suffrages venus de la « diversité ». Tous ne pensaient qu'à la place des Musulmans et de l'Islam en France, mais, par accord tacite, le sujet, qui pouvait provoquer des fractures dans les deux camps, ne fut pas évoqué.

VERS UN PATRIOTISME EUROPÉEN ?

De tous les grands ensembles géopolitiques, seule l'Europe semble, aujourd'hui, ne pas chercher à affirmer avec force son identité. A-t-elle seulement conscience qu'elle en a une ? L'historien Dominique Venner[18], qui, plus souvent et mieux que quiconque, a traité de la personne Europe, dit qu'elle est en état de « dormition ».

Quand l'Europe dominait le monde, elle ne s'interrogeait pas sur son identité ; elle ne cherchait pas à se définir. Elle était : aux autres de s'aligner sur elle !

Les peuples européens avaient-ils seulement conscience d'une identité commune ? Suivant les lieux et les époques, c'était la religion, le souverain, la nation… qui leur permettait de se situer par rapport aux autres et leur apportait la fierté d'appartenance.

L'Europe n'a jamais été constituée comme entité politique. Les tentatives d'institutionnalisation, qui ont été ébauchées au cours des soixante dernières années, sans consultation régulière des hommes concernés, n'ont jamais suscité un réel sentiment d'adhésion. Jamais, ses peuples n'ont été mobilisés en son nom. Jamais, elle n'a trempé sa réalité dans une guerre contre un ennemi commun à tous ses peuples, d'où serait né un patriotisme européen. Ce patriotisme apparaitra-t-il ? Certains frémissements le donnent à penser.

Depuis quelques années, les différents pays européens ont vu apparaître des partis qu'on qualifie de « populistes » et que les gouvernants et les grands médias classent trop facilement à l'extrême-droite (pour les discréditer ?), alors que leurs programmes empruntent beaucoup à la gauche et que leurs adhérents et sympathisants viennent de divers horizons.

Ces partis ont une genèse commune : alors qu'ils s'expriment dans des cadres nationaux, ils sont nés et ont grandi de constats, d'interrogations, d'inquiétudes… qui traversent tous les peuples d'Europe :

– Constatation que les partis traditionnels sont incapables de freiner la paupérisation qui frappe les classes basse et moyenne.

18. Historien, directeur de *La Nouvelle Revue d'Histoire*, auteur de nombreux ouvrages, dont : *Histoire et tradition des Européens : 30 000 ans d'histoire* (Editions du Rocher, 2002) ; *Le Choc de l'histoire : religion, mémoire, identité* (Via Romana, 2011).

– Désarroi devant une économie mondialisée dont personne n'est capable de dire comment elle fonctionne et avec quelles finalités, mais dont beaucoup constatent les effets négatifs dans leur vie.

– En conséquence de l'arrivée massive et continue de populations exogènes non assimilables, sentiment d'une menace sur l'identité même, sur la liberté d'être soi, de s'exprimer et de se réaliser comme on l'entend, à sa manière, avec ses traditions et ses coutumes, au sein de son peuple, de sa civilisation, sur son territoire, chez soi.

La menace sur l'identité est systématiquement occultée, minimisée, niée, caricaturée, dévalorisée… par les partis traditionnels et les grands médias. Elle n'en est pas moins éprouvée avec acuité dans l'ensemble de l'Europe.

Il y a une trentaine d'années, ce n'était qu'une inquiétude diffuse, perceptible surtout dans les zones urbaines ou périurbaines à fort peuplement d'origine étrangère, où les habitants de longue date se sentaient bousculés, mis à part, exclus parfois. Puis, les citoyens ont été de plus en plus nombreux à considérer qu'il y avait là un danger réel, au point que, maintenant, dans tous les pays, une majorité de la population se déclare préoccupée et attend une réaction de ses « élites ».

Cette menace, c'est, précisément, l'Islam, qui lui a donné naissance et l'incarne. Des Musulmans ont pénétré par millions sur le territoire européen et s'y sont installés ; ils exhibent leurs façons d'être dans l'espace public, revendiquent le droit à imposer leurs particularités culturelles, beaucoup de leurs cadres ne dissimulent plus leur ambition de substituer à terme leur civilisation à l'Europe.

Les peuples européens, qui (re)découvrent l'Islam, qui sont désormais confrontés à sa volonté hégémonique, vont-ils demain, pressés par la nécessité de se défendre pour survivre, prendre conscience de leur identité commune ? Affirmeront-ils hautement qu'il existe une civilisation européenne, qui transcende les particularismes nationaux, une identité européenne irréductible aux autres ? « Ce qui nous rassemble, ce qui nous fait semblables et différents des autres, est plus important que ce qui nous distingue les uns des autres. »[19] Face à la fierté d'appartenance musulmane qui les défie, les Européens vont-ils revendiquer une fierté d'appartenance européenne ?

---

19. Ce fut un des thèmes des *Assises internationales sur l'islamisation de nos pays*, qui se sont tenues à Paris, en décembre 2010, et au cours desquelles sont intervenus des Européens de différentes nationalités, un Américain des Etats-Unis, un Kabyle laïque… Textes publiés aux éditions *Riposte laïque*, CD à *Enquête & débat*, vidéos disponibles sur différents sites Internet.

Pour le moment, les « élites » qui les gouvernent s'accrochent aux schémas rassurants d'une humanité en voie d'unification, sur le modèle *grosso modo* « occidental », l'Islam se fondant sans heurt dans l'Europe. Pendant combien de temps encore ce songe irénique résistera-t-il aux assauts du réel ? Les idées « populistes » se durcissent dans leurs partis d'origine ; en même temps, elles se diffusent par capillarité dans les électorats des formations traditionnelles, obligeant les chefs à les reprendre, les unes après les autres, bon gré mal gré, dans leurs programmes. Déboucheront-elles sur un réveil des nations ? de l'Europe tout entière ? à la suite d'une progression lente ? par une brusque explosion ?

L'avenir n'est écrit nulle part, mais il est toujours en germe dans le présent. Vis-à-vis de l'Islam, notre présent est gouverné par l'ignorance, la cécité volontaire, la lâcheté, la haine de soi, le cynisme, l'âpreté au gain, l'indifférence aux hommes... Ce livre n'a d'autre but que d'alerter nos contemporains sur ces tares et ces conduites viciées, de leur fournir des connaissances indéniables sur l'identité musulmane, ses racines, ses développements, son état actuel et, par là même, de les armer de réalités pour rectifier et nourrir le dialogue avec cette civilisation et, en tant que de besoin, faire face à son agressivité.

A PROPOS DES CITATIONS PLACÉES EN EXERGUE

Je suis persuadé que la guerre en cours entre l'Europe et l'Islam se jouera, non pas tant sur le nombre d'hommes ou les moyens dont disposeront les deux parties, que sur leur sentiment d'identité et leur fierté d'appartenance.

On comprendra pourquoi, Européen engagé, j'ai choisi d'ouvrir ce livre sur quatre citations qui témoignent de l'identité européenne, partiellement certes, mais à son plus haut niveau.

Kalos kagathos : L'idéal grec, qu'on trouve mentionné chez Hérodote, au Ve siècle avant notre ère, est généralement mal traduit par « beau et bon ». La beauté dont il est question est, certes physique – la beauté de l'athlète –, mais aussi comportementale, morale, intellectuelle ; la recherche du « bon » ne vise pas notre « bonté », mais le bien, l'excellence.

Virtus et voluptates : Virtus, ce n'est pas notre « vertu », mais un ensemble de qualités qui font qu'un homme est pleinement homme (*vir*), physiquement et moralement : la maîtrise de soi, l'esprit de justice, le souci de la vérité, le courage... ; les voluptés, « ces dons des dieux pour qu'on puisse les approcher », concourent à la réalisation de l'individu, à son ontogenèse, sa « sculpture de soi »[20], dirait le philosophe Michel Onfray.

Tot el : tout autrement (latin *totum aliud*). Perceval est un « fils du peuple » sans naissance, il n'est pas le meilleur chevalier, il a commis bien des fautes, mais c'est cependant lui qui, esprit libre, préférant agir en écoutant son instinct, sa voix intérieure, plutôt qu'en se conformant aux règles dominantes, ira jusqu'au Graal.

L'indépendance, le rang, la grandeur : Dans le triptyque gaullien devenu classique, ce sont les deux derniers vocables qui ont été le moins bien compris. « Le rang » veut dire : ne pas céder, ne pas subir (aller vers le bas, descendre), ne pas déchoir, et « la grandeur », c'est la tension vers la plus grande idée de soi et de sa cause (pour de Gaulle : la France et, tout autant, l'homme), la grandeur d'âme, la *magnanimitas*. Les trois exigences se rejoignant dans un très vieux mot : l'honneur.

ANDRÉ MALRAUX, À PROPOS DE L'ISLAM ET DE L'EUROPE

« C'est le grand phénomène de notre époque que la violence de la poussée islamique. Sous-estimée par la plupart de nos contemporains, cette montée de l'islam est analogiquement comparable aux débuts du communisme du temps de Lénine. Les conséquences de ce phénomène sont encore imprévisibles. A l'origine de la révolution marxiste, on croyait pouvoir endiguer le courant par des solutions partielles. Ni le christianisme, ni les organisations patronales ou ouvrières n'ont trouvé la réponse. De même aujourd'hui, le monde occidental ne semble guère préparé à affronter le problème de l'islam. En théorie, la solution paraît d'ailleurs extrêmement difficile. Peut-être serait-elle possible en pratique si, pour nous borner à l'aspect français de la question, celle-ci était pensée et appliquée par un véritable homme d'Etat. Les données actuelles du problème portent à croire que des formes variées de dictature musulmane vont s'établir successivement à travers le monde arabe. Quand je dis « musulmane », je pense moins aux structures religieuses qu'aux structures temporelles découlant de la doctrine de Mahomet. Dès maintenant, le sultan du Maroc est dépassé et Bourguiba ne conservera le pouvoir qu'en devenant une sorte de dictateur. Peut-être des solutions partielles auraient-elles suffi à endiguer le courant de l'islam, si elles avaient été appliquées à temps… Actuellement, il est trop tard ! Les « misérables » ont d'ailleurs peu à perdre. Ils préfèreront conserver leur misère à l'intérieur d'une communauté musulmane. Leur sort sans doute restera inchangé. Nous avons d'eux une conception trop occidentale. Aux bienfaits que nous prétendons pouvoir leur apporter, ils préfèreront l'avenir de leur race.

20. Michel Onfray : *La Sculpture de soi. La morale esthétique* (Grasset, 1993).

L'Afrique noire ne restera pas longtemps insensible à ce processus. Tout ce que nous pouvons faire, c'est prendre conscience de la gravité du phénomène et tenter d'en retarder l'évolution. »

(Ce texte date de 1956. Il a été pris en sténo par Elisabeth de Miribel, qui fut la secrétaire du général de Gaulle pendant la Seconde Guerre mondiale. L'original se trouve à l'Institut Charles de Gaulle.)

Du même, en 1974, à l'occasion de la campagne pour l'élection présidentielle : « Politiquement, l'unité de l'Europe est une utopie. Il faudrait un ennemi commun pour l'unité politique de l'Europe, mais le seul ennemi commun qui pourrait exister serait l'islam. »

CHAPITRE 2

L'identité musulmane vue d'Europe : de l'indifférence à la négation

Au Moyen Âge comme aux Temps dits modernes, les Européens et les Musulmans se faisaient la guerre, souvent, et commerçaient, un peu, sans chercher à se connaître. Le grand médiéviste Jacques Heers a consacré un livre très documenté au manque de curiosité de l'Europe pour son plus proche voisin.[21] Il écrit : « On ignorait tout de l'islam au Moyen Âge, malgré les guerres avec les Barbaresques et les Turcs. Le mot de « musulman » était même inconnu et celui de « Mahomet » jamais cité. A la Renaissance, il en fut de même. [...] Sous les règnes de François Ier et de Louis XIV, au temps des alliances franco-turques, la propagande royale et la mode ont inspiré une turcophilie de bon ton. Ce fut le temps des contes qui situaient leurs intrigues romanesques dans les palais de sultans ou d'émirs de fantaisie, bons enfants et généreux.[22] De l'islam on ne disait toujours rien. »

L'ISLAM IGNORÉ, PUIS LES MUSULMANS MÉPRISÉS

A l'époque de la colonisation sûre d'elle-même, l'étude de la civilisation contiguë a été abandonnée à quelques érudits, qui publiaient des livres que personne ne lisait. Les maîtres d'œuvre : gouvernants, administrateurs, financiers, entrepreneurs ne connaissaient que des territoires et des populations à maintenir sous contrôle et à exploiter. Les exécutants : soldats, médecins, enseignants, missionnaires, petits colons, au contact direct avec les autochtones, étaient accaparés par des tâches concrètes ; ils agissaient « au mieux », en tenant compte des habitudes locales, comme ils tenaient compte de la géographie et du climat. Les connaissances, limitées mais solides, puisque nées de l'expérience, de ces hommes de terrain ne parvenaient pas jusque dans la métropole. Le bon peuple était abreuvé par ses maîtres de clichés de propagande, qu'il ne demandait qu'à croire fidèles à la réalité. Il

21. *L'islam cet inconnu* (Editions de Paris, 2010). Parmi ses livres sur l'Islam : *Les Barbaresques* (Perrin, 2001) ; *Les négriers en terres d'islam. La première traite des Noirs. VIIe-XVIe siècle* (Perrin, 2003) ; *Chute et mort de Constantinople* (Perrin, 2005).

22. J'ajouterais : « parfois cruels ». Certains contes sont empreints d'un érotisme « sadique » avant la lettre.

satisfaisait son peu d'intérêt pour ces terres lointaines et leurs habitants étranges avec un exotisme de pacotille : des chromos aux couleurs avivées de soleil, des récits héroïques ou vaguement érotiques, où passaient de belles captives, des cavaliers fougueux, des tyrans cruels ; les Français, pour leur part, étaient friands d'apologues sur les pionniers défricheurs, les soldats bâtisseurs...

Pendant le même temps, l'ethnocentrisme, bien implanté dans la tête des Européens, s'aggravait dans la mentalité collective des colonisateurs, notamment chez les Français qui s'engagèrent dans la colonisation plus que tous les autres peuples.

L'Islam ayant été mis à terre et, pensait-on, pour longtemps, les Musulmans, réduits à être des sujets subordonnés, furent l'objet d'un mépris qui n'existait pas dans les siècles précédents. Nos aïeux connaissaient les Sarrazins, les Maures, les Turcs, les Barbaresques... qu'ils vouaient aux Enfers, mais craignaient et respectaient comme ennemis. La colonisation fit de ces vaincus des « bicots », « bougnoules », « melons »... La lunette du mépris n'est pas un bon instrument pour regarder des humains.

D'autre part, les Européens, cohabitant avec des Musulmans, dans les territoires colonisés, puis dans la Métropole même, se persuadèrent peu à peu qu'ils connaissaient tout de ceux-ci, qu'ils n'avaient rien à apprendre d'eux ni sur eux. Leur ignorance devint de la pire espèce : « l'ignorance de l'ignorance », l'ignorance de ceux qui ne savent pas qu'ils sont des ignorants, qui, donc, ne chercheront pas à s'informer ou à apprendre.

LES VAINCUS RELÈVENT LA TÊTE

Soudain, avec les premiers vacillements de l'impérialisme européen, après la Première Guerre mondiale, la question des relations entre colonisateurs et colonisés acquit une forte charge politique.

Voici que des indigènes revendiquent. En arguant des principes mêmes de la démocratie, que nous leur avons enseignés, ils prétendent bénéficier de l'égalité des droits avec les Européens. En outre, parmi les meneurs, beaucoup demandent une sorte de « droit à la différence », et l'Islam est, pour la plupart, ce qui, plus que toute autre caractéristique, les différencie. Les dominants vont-ils chercher à savoir ce qu'est cet

Islam qui est brandi comme un drapeau – ou un fusil – en Inde, en Indonésie, au Proche-Orient, en Afrique du Nord ?

Le sujet était à manier avec précaution. Les nations colonisatrices tentèrent alors de dissimuler leur prépotence sous des travestissements démocratiques afin de la prolonger le plus longtemps possible. Il leur fallut bien, sauf à se renier, admettre, au moins formellement, que les autochtones d'Afrique et d'Asie avaient droit, eux aussi, à participer au « progrès ». Le discours officiel devint : « Un jour ou l'autre – sous-entendu : *le plus tard possible* –, ils seront les égaux – *enfin, presque !* – des Européens », ce qu'il fallait traduire par : « ils seront semblables – *ou presque* – aux Européens. » Donc, en bonne logique : « A quoi bon se préoccuper de leurs « différences » – à vrai dire, quelque peu bas de gamme – appelées à se résorber dans la Civilisation avec C majuscule ? Ne serait-ce d'ailleurs pas là quelque chose de malséant, de discriminant à l'égard d'individus qui sont – *théoriquement* – nos égaux en droits et qui, bientôt – *enfin, le plus tard possible* – seront tout à fait – *ou presque* – comme nous ? »

Les rares études sur l'identité musulmane étaient l'œuvre d'historiens du Moyen Âge, qui se gardaient bien de sortir de leur époque de prédilection ; elles restaient enfouies dans les bibliothèques pour spécialistes et l'oligarchie de la pensée dominante les ignorait. D'ailleurs, avoir recours à la notion d'identité culturelle pour éclairer ce qui agitait les peuples colonisés aurait été une sorte de péché contre l'esprit, la science, la démocratie, le progrès, quelque chose à la fois d'antiscientifique et de malséant. Entendait-on démontrer que certains peuples étaient incapables, à cause de caractères propres, d'accéder à la Civilisation ? L'accusation de « racisme » affleurait vite, déjà.

Illustration : Un manœuvrier comme le général de Gaulle sut tenir compte de la toute-puissance des idées régnantes pour ne pas les affronter de face. Persuadé de l'incompatibilité de l'Islam et de la civilisation européenne, il avait, pour cette raison, tranché, sans doute avant même son retour au pouvoir en 1958, qu'il fallait séparer la France de l'Algérie[23], mais il se garda bien d'argumenter jamais à partir

23. … ou arracher la France à l'Algérie, libérer la France de l'Algérie. Avec le recul, son itinéraire – sinueux, selon ses adversaires – après 1958 apparaît clairement dirigé vers ce but. L'histoire des peuples, dont il était un connaisseur passionné, lui avait appris qu'il était illusoire de vouloir faire cohabiter pacifiquement sur un même territoire des civilisations différentes. Son affectation au Proche-Orient, entre l'automne 1929 et le début de 1932, sur laquelle ses biographes passent, à mon avis, trop rapidement, – il met alors la dernière main à son livre « doctrinal » *Le Fil de l'épée,* qui paraît quelques mois après son retour en France – l'a certainement conforté dans cette conviction. En Algérie, la démographie indigène ayant explosé au point de porter atteinte

de cette conviction : il ne l'exposa qu'à quelques proches, en privé. On chercherait en vain dans ses discours et écrits de cette époque des phrases comme les suivantes qui expriment le fond de sa pensée et la raison constante de ses actions[24] : « Nous sommes quand même avant tout un peuple européen de race blanche, de culture grecque et latine et de religion chrétienne. Qu'on ne se raconte pas d'histoire. [...] Essayez d'intégrer de l'huile et du vinaigre. Agitez la bouteille. Au bout d'un moment, ils se sépareront de nouveau. Les Arabes sont les Arabes ; les Français sont les Français. Vous croyez que le corps français peut absorber dix millions de musulmans, qui demain seront vingt millions et après-demain quarante millions. »[25]

A la même époque, politiques, journalistes et intellectuels en vue condamnaient l'Islam à se fondre dans le capitalisme ou le communisme – par parenthèse : deux enfants de l'Europe.

MINIMISER, S'ILLUSIONNER, SE MENTIR, MENTIR

Survolons l'histoire des pays musulmans depuis 1945 jusqu'à aujourd'hui. Que nous ont décrit les journaux et les émissions de radio, montré les films de cinéma et de télévision ? Des guerres, des guerres intestines, des coups d'Etats, des révoltes, des révolutions, des alliances dénouées aussitôt que conclues, des espoirs vite déçus...

Une chaîne chaotique, « pleine de bruit et de fureur, sans signification » (Shakespeare) ?

Derrière tous les événements, il y a un fil conducteur qui les explique :

à l'unité nationale et le recours à la force étant désormais exclu, la raison d'Etat dictait le choix de la rupture.

24. Propos tenus le 5 mars 1959, rapportés par Alain Peyrefitte, dans *C'était de Gaulle* (Gallimard, 2000).

25. Dans *Charles le Catholique. De Gaulle et l'Eglise* (Plon, 2011), Gérard Bardy rapporte des propos tenus par le colonel de Gaulle, au printemps 1940, à l'aumônier de sa division, l'abbé Bourgeon, et notés par ce dernier dans son journal : « ... le principal risque couru par la civilisation chrétienne viendra de « la transversale musulmane qui va de Tanger au Pakistan, possiblement associée à la puissance d'une Chine communiste. » (Nota : le Pakistan fut créé en 1947, mais le projet de regrouper les Musulmans de l'Inde en un Etat indépendant est de beaucoup antérieur ; le mot, acronyme fait du nom de plusieurs provinces et qu'on peut traduire par « le Pays des purs » en ourdou, apparaît pour la première fois, en 1933, dans le livre du nationaliste Choudhary Rahmat Ali, *Now or Never*. L'emploi de ce terme, peu connu à l'époque, confirme, s'il en était besoin, l'intérêt que de Gaulle portait aux questions de géopolitique à l'échelle mondiale. Tenait-il pour probable la partition du Raj ?).

Les peuples musulmans veulent récupérer leur identité *malmenée, bafouée, défigurée, niée par notre impérialisme ; ils veulent retrouver la* fierté d'appartenance *sans laquelle aucune communauté, aucune nation, aucune civilisation ne tient debout.*

Nous n'avons jamais pris en considération cette demande profonde, essentielle, vitale.

Lorsque des événements graves, souvent sanglants, nous pressaient de « regarder les choses en face », comment avons-nous réagi ?

(Quand je dis : nous, j'entends ici, nous, les Français, les Européens, les Occidentaux, et je désigne les gouvernants, les élus, les faiseurs d'opinion : intellectuels patentés, journalistes donneurs de leçons... les « importants », mais aussi les citoyens ordinaires qui, à cause de leur ignorance ou par flemme intellectuelle, les ont suivis dans leurs idées et leurs actions.)

– Nous avons commencé par minimiser la portée de ce qui se passait, première manière de nier la nature des faits, leurs causes, une fois de plus de nier l'existence d'une identité musulmane.

Et dans ce rapetissement, ce rabaissement des événements dans lesquels les Musulmans étaient acteurs, quelle était la part du dédain, de la suffisance des impérialistes que nous demeurions au fond de nous-mêmes vis-à-vis de peuples que nous avions vaincus et soumis à notre autorité ?

– Nous avons bricolé une explication rassurante avec tout ce qui nous tombait sous la main : des schémas conceptuels occidentaux que nous plaquions sur une civilisation à laquelle ils ne pouvaient s'appliquer (l'ethnocentrisme), des « précédents historiques » dont nous soulignions qu'ils avaient été sans conséquence graves pour nous...

Etions-nous d'une parfaite bonne foi ? Notre ignorance peut-elle être une excuse ?

– Quand les faits, persistants, « têtus », ont imposé leur réalité incontournable, leur logique implacable, leur explication rationnelle, aux plus obtus, nous avons choisi, à chaque fois, de persévérer dans l'erreur, délibérément, par le mensonge, mensonge à nous-mêmes pour beaucoup d'entre nous, mensonge délibéré aux autres pour les « élites ».

QUELQUES EXEMPLES DÉMONSTRATIFS

En 1954, des nationalistes algériens prennent les armes. L'échéance était prévisible, au moins depuis les émeutes de Sétif en 1945. Le gouvernement français diffuse ce qu'on n'appelait pas encore « des éléments de langage » :

– Les actes de violence sont perpétrés par quelques individus ; ils sont à inscrire à la rubrique des faits divers.
– La région a toujours eu ses brigands, ses coupeurs de route (les fellaghas), qui n'ont jamais ébranlé la souveraineté française.
– Avec des gendarmes et une guillotine en bon état de marche, les autorités viendront vite à bout de quelques troubles passagers.
– L'Algérie, c'est la France !

L'utopie ou le mensonge, la cécité ou le déni de réalité ont conduit à huit ans de combats sans merci et la France a été au bord de la guerre civile. Un torrent de sang avait pris sa source dans le refus de reconnaître l'existence de la personnalité musulmane.

En 1978, un coup de tonnerre éclate dans le ciel serein des certitudes reçues sans examen : l'Iran, qui avait pris un si bon départ pour s'intégrer dans notre monde à l'occidentale, pour « rattraper son retard » (entrainé par des élites occidentalisées, il atteindrait le niveau de vie de l'Espagne avant la fin du siècle), s'écarte brusquement de l'itinéraire tracé et prend une autre direction.

La révolution des mollahs bouscule nos prévisions, heurte de front nos idées les plus assurées. Va-t-on réfléchir sur l'Islam, dont les Iraniens, en masse, soudainement, se réclament ?

Bien vite, notre résistance à réviser nos schémas l'emporta.

Nous avons (ré-)inventé un mot : « islamisme »[26], qui expliquait ce qui se passait en Iran par un retard de phase dans la marche inexorable du progrès :

– Les Islamistes étaient anachroniques, donc attardés, donc appelés à disparaître.

26. Pendant longtemps, « islam » et « islamisme » avaient été synonymes. Selon le *Dictionnaire étymologique et historique du français*, de Dubois, Mitterand et Dauzat (éd. Larousse-Bordas), le second apparaît sous la plume de Voltaire, en 1756, créé sur le modèle de « christianisme » et « judaïsme », attestés l'un et l'autre à partir du XIIIe siècle. Il était tombé en désuétude. Par ailleurs, on a relevé « mahométisme » chez Agrippa d'Aubigné, à la fin du 16e siècle. « Islamiste » était inconnu.

En outre,

– Ils étaient des extrémistes, des Musulmans dévoyés, qui instrumentalisaient l'Islam authentique, c'est-à-dire une religion, pour en faire une machine de guerre politique, et leur tromperie ne pourrait se maintenir longtemps.

– D'ailleurs, ils étaient peu nombreux et la grande masse des Musulmans rejetait leurs idées et leurs comportements. Pourquoi s'inquiéter ?

Rien ne nous a fait démordre de cette belle imagerie, même pas le résultat des premières élections en Iran, en mars 1979 : près de cent pour cent des votants plébiscitaient l'instauration de la République islamique. (Nota : avec une forte abstention dans la province kurde : près de 90 %. Une abstention « identitaire », qui le contestera ?)

Quand, par la suite, « l'islamisme » s'est répandu comme trainée de poudre dans l'ensemble des pays musulmans et jusque dans nos « banlieues », l'économie est venue compléter notre première explication :

– Les Musulmans de l'extérieur deviennent islamistes à cause du sous-développement de leur pays, qui entraine un retard – toujours, le retard – culturel.

– Chez nous, si les enfants et petits-enfants des immigrés originaires de pays musulmans sont de plus en plus nombreux à adopter des pratiques de l'Islam qui avaient été abandonnées par les premiers arrivants, c'est parce que le manque d'instruction, le chômage, le racisme, tous les obstacles qu'ils rencontrent sur le marché du travail, les y poussent.

Pourquoi, là-bas et ici, les misérables choisissent-ils la voie de « l'islamisme » pour exprimer une révolte ou chercher une solution à leurs problèmes ? Nul ne nous le dira.

Car la vérité est indicible.

Indicible bien qu'évidente.

L'IDENTITÉ MUSULMANE, TOUJOURS TABOUE

Les causes sont à rechercher dans l'Islam, dans une identité culturelle islamique commune aux habitants du Maghreb, du Proche-Orient, du Pakistan… et à nos immigrés originaires de ces régions.

Mais le téméraire qui émettra cette lapalissade, même en l'enrobant hypocritement des précautions de l'hypothèse, n'aura jamais droit à la parole dans les grands médias. Si ce mal-disant s'obstine dans ses propos mal-sonnants, il se fait vite traiter de raciste, xénophobe, « islamophobe »[27]. Quand la censure et l'injure infâmante ne suffisent pas, les gardiens de la pensée dominante tentent d'imposer le silence par la culpabilisation (les Européens, qui ont dépouillé les Musulmans de leurs richesses, continuent à les « discriminer », les « stigmatiser »…) ; en dernier recours, ils n'hésitent pas à user de l'intimidation en mobilisant la Justice et son train.

Parler d'identité culturelle à propos de l'Islam et des Musulmans est encore largement tabou en Europe. Et nous continuons à frauder avec les mots pour ne pas affronter des réalités qui nous perturbent.

Au tournant de l'an 2000, il nous a bien fallu reconnaître que la Turquie, occidentalisée, laïcisée totalement, « totalitairement », par la révolution kémaliste soixante-dix ans plus tôt, était en train de se réislamiser. Des élections peu contestables portaient au pouvoir des hommes qui avaient fait campagne en déclarant ne plus vouloir dissocier politique et religion, en se référant à la Loi musulmane, la Charia, qui règlemente tous les secteurs de la vie personnelle et sociale. Une telle évolution aurait dû nous inciter à réfléchir alors que nous nous apprêtions à accueillir au sein de l'Union européenne un pays qui y occuperait une place éminente par son poids démographique, sa puissance militaire, sa position stratégique entre Europe et Orient. Nous avons, une fois de plus, minimisé le phénomène. Nous avons

27. Le mot fut inventé dans l'entourage de l'imam Khomeiny. Comme, autrefois, « anticommuniste primaire », il a pour but de discréditer toute personne émettant une opinion critique à l'égard d'une idéologie hégémonique ou de personnes s'en réclamant. La « phobie » étant, selon l'Encyclopédie Larousse, une « peur irraisonnée, obsédante, angoissante, que certains malades éprouvent dans des circonstances déterminées : agoraphobie, claustrophobie… », les propos d'un islamophobe sont invalidés par le seul fait que celui qui les prononce est un malade mental.
Le piège sémantique a parfaitement fonctionné : pendant plus de trente ans, les tenants de la pensée dominante : politiques, journalistes, associatifs… ont catalogué tous les opposants à l'Islam en Europe sous les termes injurieux. Maintenant, beaucoup de ces derniers revendiquent l'appellation (« Oui, je suis islamophobe, et fier de l'être ! »), la banalisant et désamorçant du coup sa charge dépréciative.

qualifié les nouveaux maîtres d'Ankara – et, incidemment, les masses qui les avaient portés au pouvoir – d'« islamistes modérés ». Traduisons littéralement : « des extrémistes modérés ». Un oxymore de la plus belle eau ! Au prix d'une contradiction avec nous-mêmes, nous avions fait évoluer le mot en lui adjoignant un adjectif pour la même raison que nous l'avions créé vingt ans plus tôt : pour nous rassurer.

En 2011, les politiciens, intellectuels et journalistes de la fanfare médiatique ont dû prendre acte du fait que les Tunisiens, Egyptiens, Libyens, à peine libérés des bâillons qui les rendaient muets, se sont empressés de proclamer leur appartenance à l'Islam, et de la façon la plus indiscutable. Par les élections, les uns après les autres ont donné la victoire à des partis qui s'affirmaient musulmans, qui se proposaient d'instaurer un régime musulman. Voilà qui était net ! Des « islamistes » ! Comment le nier.

« Oui, mais, nous serine-t-on, des islamistes modérés. »

L'absurdité, à force d'être répétée, finira-t-elle par s'imposer comme vérité ? Nos « importants » semblent le croire.[28]

S'agissant de peuples qui sont à nos marches, n'aurions-nous pas dû, au plus tôt, essayer de découvrir ce que recouvrait leur allégeance à l'Islam, précisément à son contenu politique ?

Plus d'un demi-siècle après les guerres d'indépendance, plus de trente ans après l'instauration de l'Etat musulman d'Iran, deux automnes après « les printemps arabes », aucun des penseurs de la bien-pensance n'a encore eu le courage de mettre l'identité musulmane au centre de sa réflexion sur l'état présent et le devenir des peuples musulmans, ainsi que sur les perspectives de cohabitation ou de conflit entre ces peuples et les autres.

EN EUROPE : TOUJOURS LES MÊMES TRICHES

Comme tous les Musulmans dans le monde, les millions de Musulmans installés en Europe occidentale revendiquent avec de plus en plus de véhémence le droit à la libre expression de leurs particularismes. Deux civilisations sont présentes désormais sur le même territoire.

28. Seule parmi les « élites » politiques, Jeannette Bougrab, alors ministre des Sports, eut le cran d'exprimer son désaccord avec ses pairs. En novembre 2011, elle déclara : « Je ne connais pas d'islamisme modéré. Il n'y a pas de charia *light*. »

Les Européens ont-ils saisi la nature du phénomène ? En ont-ils pris la mesure ? Ont-ils commencé à envisager ses conséquences ?

Les « importants » tiennent le même discours depuis que les premiers indices de la résurgence de l'Islam sont apparus dans la communauté immigrée en Europe. Un discours réducteur, apaisant, un décalque de celui qu'ils déversent à propos des Musulmans de l'extérieur. Un discours, au mieux sans consistance, au pire fallacieux, construit sur quelques « trucs » : un concept ethnocentriste, des précédents historiques non pertinents, des préconisations rassurantes, mais inopérantes.

Concept ethnocentriste

– La cohabitation des Européens d'origine et de ces nouveaux Européens que sont les Musulmans ne doit pas faire difficulté. Il ne saurait y avoir de confrontation, puisque l'Islam est… une religion parmi d'autres, seulement une religion, seulement une de plus en Europe. »

Bien évidemment, les « importants » donnent au mot « religion » le sens que lui attribuent les Européens de notre siècle : une foi, du domaine privée, et quelques rites, d'ailleurs de moins en moins suivis dans nos pays (nos églises se vident ; bientôt, les mosquées connaîtront le même abandon).

Ignorer ou feindre d'ignorer que l'Islam, autant qu'une religion, est une identité, un droit, une civilisation, une culture, réduire la foi des Musulmans à un vague credo comparable à celui des chrétiens « festifs » ou des juifs « déjuivés », mettre sur le même plan leurs pratiques innombrables, contraignantes, et les quelques actes cultuels plus ou moins facultatifs qui subsistent dans le catholicisme ou le judaïsme contemporain, faire l'impasse sur le devoir sacré d'expansion par la guerre imposé à la communauté, ce n'est que proférer, au choix, une erreur, une utopie ou un mensonge.

En outre, comment ne pas reconnaître que l'Islam, bien loin de s'affadir ou de perdre de sa force de mobilisation, est en pleine renaissance ?

Pseudo-précédent historique

– Les étrangers adeptes de cette religion finiront bien par s'intégrer dans les nations d'accueil, comme le firent autrefois tant d'immigrés. »

Un parallèle qui ne repose sur rien.

En France, pays qui reçut le plus grand nombre d'étrangers entre les deux guerres mondiales, quel était le pourcentage des vagues d'immigration par rapport à la population d'accueil ? 1, 2, au maximum 3 pour cent.

Les immigrés qui, hier, venaient pour rester à demeure avaient la volonté de s'assimiler ; ils francisaient leur nom, choisissaient de donner des prénoms français à leurs enfants, interdisaient souvent à ceux-ci de parler en famille une autre langue que le français...

Originaires de pays européens voisins, ils avaient tous en commun avec les Français un fonds de culture européenne.

Ils ne songeaient pas à opposer leurs valeurs, leurs pratiques, leurs coutumes, leurs lois à celles du pays d'accueil.

Ils étaient reconnaissants à ceux qui les avaient reçus, leur avaient offert les libertés, du travail, des soins médicaux, l'éducation pour leurs enfants... Jamais des Polonais n'ont sifflé *la Marseillaise*, n'ont hurlé la haine de la France et des Français dans une chanson ; jamais des Italiens n'ont brûlé des écoles, des salles de sport, des voitures, n'ont tendu des embuscades à des pompiers, à des médecins ; jamais des Arméniens n'ont organisé des émeutes

Aujourd'hui, les immigrés représentent au moins 10 pour cent de la population totale. La majorité d'entre eux, musulmans, conservent les marqueurs de leurs origines, comme les prénoms, et revendiquent une identité qui relève d'une culture qui, non seulement, est totalement incompatible avec la culture européenne, mais lui est, de naissance et sans rémission, hostile.

Il y a cinquante ans, l'assimilation était la seule politique que les gouvernants admettaient pour les étrangers voulant s'établir en France. Les services publics veillaient à la faciliter, voire par quelques obligations, d'ailleurs facilement acceptées : par exemple, lors des naturalisations, les noms de famille difficiles à prononcer étaient modifiés ; les prénoms étaient choisis dans un répertoire... L'assimilation, parce que voulu des deux parties, se faisait sans heurts. Elle était complète dès la deuxième génération.

De nos jours, combien d'immigrés sont parfaitement assimilés après une, deux, trois générations ?

Combien d'immigrés souhaitent l'assimilation ?

Combien de Français croient que l'assimilation peut être une solution aux problèmes posés par l'immigration ?

Préconisation rassurante

« L'intégration[29] des Musulmans en Europe n'est qu'une question de moyens. Assurons-leur l'égalité avec les autochtones par la promotion économique, la discrimination positive en matière d'éducation et d'emploi, la construction de lieux de culte en nombre suffisant… et l'Islam se révèlera tout à fait compatible avec nos lois et nos mœurs. »

Comme s'il était possible de dissoudre une identité en changeant le niveau de vie de ceux qui s'en revendiquent ! Dans ces temps de « mondialisme », où l'argent est, pour tant d'Occidentaux, la valeur suprême qui peut tout acheter, la solution paraît raisonnable à beaucoup.

Récemment, l'un de ces optimistes m'a fait remarquer que, jadis, dans les colonies, les indigènes nés dans la bourgeoisie ou qui y avaient accédé adoptaient nos modes de vie, notre langue, et même nos principes républicains. Certes, mais ne sont-ce pas ces occidentalisés mêmes qui ont rassemblé et mis en mouvement les peuples contre l'Occident ? L'économie et l'instruction n'ont pas de prise sur l'identité d'hommes et de femmes qui sont fiers d'appartenir à une grande civilisation.

Une fois de plus, nous réduisons l'Islam, nous le défigurons ou nous le nions avec tout le mépris, la suffisance, le cynisme des impérialistes, des colonisateurs, que nous fûmes et que nous demeurons dans nos têtes. Une fois de plus, nous refusons d'affronter avec honnêteté et lucidité les problèmes qu'il nous pose. Une fois de plus, nous ouvrons grandes les portes aux affrontements extrêmes, à la tragédie. De combien de temps disposons-nous encore avant que le réel nous rappelle qu'il n'y a pas d'échappatoire à ses exigences ?

29. Le même mot-valise qui fut rabâché en Algérie par les autorités françaises, comme un mantra conjurateur du Mal, dans les années cinquante, quand les problèmes posés par la présence de Musulmans et d'Européens sur un même territoire étaient devenus insolubles.

LES INTELLECTUELS : TOUJOURS ETHNOCENTRISTES ?

Les peuples croient de moins en moins au discours des « élites » sur l'Islam et particulièrement sur l'Islam en Europe, tous les sondages le prouvent.[30] Cependant, cette construction sans consistance est encore acceptée par des gens, par ailleurs intelligents et d'esprit plutôt libre, notamment des journalistes, des universitaires, des cadres supérieurs, des professionnels libéraux.... disons : des intellectuels. Je fais cette constatation presque chaque jour en prenant connaissance de propos d'hommes et de femmes estimables, qui sont justement inquiets de la place prise par l'Islam sur notre continent et des ferments de violence qu'on y constate, mais qui ne distinguent pas le caractère particulier, exogène, des phénomènes auxquels nous devons faire face.

Illustration : un de nos plus grands criminologues, justement renommé pour ses connaissances et ses diagnostics, réduisait, il y a peu encore, les Musulmans en guerre sur notre territoire à quelques voyous organisés en bande et recommandait, pour lutter contre eux, les remèdes de simple police qui avaient brisé les gangs de Chicago au temps de la prohibition.[31]

Pourquoi un tel aveuglement ?

Parce que la «doctrine officielle », qui nie les identités culturelles, est répétée, imposée, présentée comme seule possible, acceptable, moralement convenable (tout individu qui s'y oppose est raciste, xénophobe, etc.), au point qu'elle stérilise la réflexion ?

Parce que les intellectuels fréquentent presque uniquement des Musulmans européanisés, aux caractéristiques culturelles d'origine très affaiblies ? Parce qu'ils habitent et travaillent loin des « quartiers » où la cohabitation entre Européens de souche et Musulmans est, comme on dit pudiquement, « difficile » ?

Certainement, mais aussi parce que l'ethnocentrisme, que nous avons ingurgité avec nos premiers cours à l'école primaire, est demeuré par la suite bien incrusté dans notre encéphale. Pour nous guérir de

30. Voir page 230.

31. Au cours d'une émission de radio à laquelle nous participions, en 2012, je citais le mot *taqiyya* (voir pages 128 et suivantes). « Cela ne concerne que les shiites », me dit ce criminologue, sûr de lui. Je dus lui faire un cours rapide sur les tactiques de guerre des Arabes avant et depuis l'apparition de l'Islam, les nombreuses actions de *taqiyya* attribuées par la Tradition au Prophète... Je ne suis pas certain d'avoir suscité son intérêt au point qu'il ait cherché à en savoir plus.

cette malformation intellectuelle, il faut que nous acception de nous livrer à une véritable « révolution culturelle » personnelle. Or, les plus instruits parmi nous sont, souvent, les moins disposés à un telle remise en question : accrochés comme à une bouée au bagage qu'ils se sont constitué peu à peu, avec persévérance, souvent ardument, au long des années, ils sont parmi les plus conservateurs de nos concitoyens, quand bien même ils se réclament en paroles du « doute systématique » ou de « la révolution permanente ».

Au fait, l'ethnocentrisme de nos intellectuels n'aurait-il pas encore empiré après l'arrivée d'une diaspora musulmane ?

Un intellectuel européen d'aujourd'hui consent volontiers à reconnaître ses ignorances en ce qui concerne des civilisations géographiquement éloignées, comme la chinoise ou l'indienne. Mais le même n'est-il pas convaincu n'avoir rien à apprendre sur ces Musulmans, qui, d'étrangers plus ou moins lointains, sont devenus ses proches voisins ? Comment des hommes et des femmes, qu'il côtoie tous les jours, pourraient-ils avoir des conceptions, des sensibilités, des motivations qui auraient échappé à son intelligence ?

Au moins, jadis, à cause même du mépris qu'ils leur portaient, les colonisateurs – et tous les Européens l'étaient plus ou moins dans leur tête, intellectuels anticolonialistes compris –, attribuaient aux Musulmans une personnalité quelque peu différente de la leur : ici, les civilisés, « les races supérieures » (Jules Ferry) ; là-bas, dans des pays lointains, des attardés, des primitifs, « les races inférieures » ; sur la ligne de l'évolution, comme sur les cartes de géographie, nos parents lisaient deux conceptions du monde, éloignées, bien séparées, différentes. Maintenant, parce qu'ils sont mêlés à nous, les Musulmans ne sont plus du tout « exotiques » et plus personne ne leur applique la distinction ancienne entre primitifs et civilisés. Une fois pour toutes, ils sont devenus nos égaux. *Ergo*, pourquoi chercher à distinguer, entre eux et nous, des différences, qui pourraient être interprétées comme des motifs pour remettre en cause le dogme républicain de l'égalité ? Ce serait prendre le risque d'une faute morale. (Le dogme de l'égalité républicaine entre immigrés et Européens de souche s'est ajouté au dogme du droit égal au progrès entre peuples économiquement attardés et peuples plus développés avec les mêmes connotations « morales » pour interdire la réflexion du *vulgum pecus* et condamner les hérétiques.)

Entre Saint-Germain-des-Prés et la rue Soufflot comme dans les salles de rédaction du *Nouvel Observateur* ou de *Libération*, dire « identité musulmane » provoquerait une insurrection des consciences, au même titre que « race » ou « tribalisme africain ». Ce sont là des mots interdits, impudiques, indécents, immoraux. Vous ne les entendrez jamais dans les concerts d'une chorale qui chante à longueur de temps le refrain de l'homme universel et de la civilisation mondialiste, avec les couplets adjacents sur l'inexistence des races, la disparition des ethnies, la fin prochaine des nations, l'aspiration de tous les Terriens à notre modèle démocratique et à nos droits de l'homme...[32]

Pour ces raisons – ou d'autres encore, je ne sais trop[33] –, la plupart de nos intellectuels se sont persuadés que les Musulmans de notre temps ne peuvent avoir des conceptions très éloignées des nôtres (« Ce ne sont tout de même pas des Chinois ou des Japonais ! ») sur des notions aussi « basiques » que le temps, la divinité, la relation de l'homme à la divinité, la vie et la mort, l'homme et la femme, l'autre, l'ami et l'ennemi... en gros, tous les *topoï* de la philosophie classique.

Et pourtant...

L'EUROPE DOIT CONSIDÉRER L'ALTÉRITÉ DE L'ISLAM

Dégager l'identité musulmane de la gangue de nos idées toutes faites est, pour nous, Européens, une tâche des plus urgentes.

Nous ne pouvons continuer à plaquer presque automatiquement nos concepts sur les concepts de l'Islam, qu'ils ne recouvrent jamais pièce à pièce ; nous ne pouvons persister dans nos actions en porte-à-faux, nos cécités, nos mensonges, nos utopies. Nous mettons en jeu la

32. Au siècle dernier, il y eut une « chorale d'intellectuels » animée par des scrupules « moraux » du même ordre, dont Jean-Paul Sartre fut le *Kapellmeister*. Quiconque écrivait ou enseignait était prié de chanter le communisme à l'unisson de ses confrères, sans s'écarter de la partition. Rien de détonnant sur l'Union soviétique, « patrie des travailleurs », n'était autorisé : on risquait de blesser la classe ouvrière et, en « désespérant Billancourt », de « l'affaiblir dans sa lutte contre le capitalisme ». Raymond Aron et Albert Camus, qui refusèrent de se plier à la discipline majoritaire, furent couverts d'injures. L'avenir a jugé les uns et les autres.

33. Nos « intellectuels » ne sont-ils pas encore imbibés à leur insu de la pensée marxiste qui fait de la religion – et l'Islam n'est qu'une religion, n'est-ce pas ? – une « superstructure », conjoncturelle et somme toute négligeable ? Une idée que l'affaiblissement continu des Eglises chrétiennes en Europe ne peut que conforter chez des intellectuels ethnocentristes, européocentristes.

stabilité interne de nos nations et leur vitalité, la paix à l'intérieur de nos frontières, à terme la survie même de notre civilisation.

Les devoirs des Européens qui veulent éviter ces catastrophes sont évidents :

– Se défaire de leur ethnocentrisme et de leur suffisance,

– Cesser de « se raconter des histoires » (de Gaulle) pour se rassurer, de se fermer au réel avec des mensonges ou des songes comme des minots peureux,

– Prendre en considération l'identité musulmane sans préjugés,

pour, ensuite définir une stratégie à l'égard d'une civilisation hégémonique qu'ils ne sont plus en mesure d'ignorer ou de soumettre.

L'Islam s'est constitué dans la langue arabe, dans un milieu de culture arabe ;[34] l'homme qui l'a « inventé » était arabe ; ceux qui, avec lui et dans sa succession immédiate, l'ont développé comme civilisation ont suivi un système de création du droit et des comportements qui étaient arabes. Ses composants génétiques sont tous arabes. L'Islam est ainsi radicalement différent de la civilisation européenne, qui s'est construite sur un système linguistique autre, avec des concepts qui étaient autres, dans un contexte et avec une dynamique de développement civilisationnel qui étaient autres.

Cerner l'altérité de l'Islam sera l'objet des chapitres qui viennent.

A PROPOS DE L'IGNORANCE DES EUROPÉENS À L'ÉGARD DE L'ISLAM

Il y a cinquante ans, les universités européennes comptaient plusieurs centaines d'érudits de l'Islam. Combien, aujourd'hui ? Une vingtaine ? Moins ? En France, le tarissement du vivier que constituaient les études classiques, avec latin et grec : les « humanités », a eu des effets dévastateurs. Nos universitaires qui se consacrent à l'étude de l'Islam médiéval – et ignorer l'Islam du Moyen Âge, c'est ne rien comprendre à l'Islam contemporain – sont chaque année

34. Les Européens de langue indoeuropéenne (Français, Anglais, Allemands, Russes...) ne connaissent généralement de langues étrangères qu'indoeuropéennes. Ils ne peuvent concevoir à quel point des langues appartenant à d'autres systèmes linguistiques peuvent véhiculer des analyses et des affects différents, d'où erreurs, incompréhensions, triches... On peut se faire une idée du sujet à propos de textes familiers aux Européens, les *Evangiles*, qui nous sont parvenus dans des versions indoeuropéennes (en grec, puis en latin) qui recouvraient un substrat sémitique (araméen, hébreu), dans Eric Edelman : *Jésus parlait araméen* (Les Editions du Relié, 2000).
Sur la singularité de chaque langue : Claude Hagège : *Contre la pensée unique* (Odile Jacob, 2012).

moins nombreux. Ceux qui ont une connaissance fine et critique des textes classiques – et on ne pénètre intimement l'Islam que par une connaissance à la fois vaste et précise de l'arabe, sa langue matricielle – sont les derniers spécimens d'une espèce en voie de disparition.

Et la situation n'est pas près de s'améliorer.

En France, en 2006, le ministère de l'Education nationale a décidé que le concours d'agrégation pour l'arabe n'aurait plus lieu qu'une année sur deux ; en 2012, le ministère a offert 1248 postes d'agrégé au total, dont, pour l'arabe, au concours externe : 2 ; au concours interne : 0.[35]

Et combien formons-nous de spécialistes des autres langues et cultures de l'Islam, qui concernent des millions de nos contemporains. Où sont les grands universitaires européens (et américains) des mondes perse, turc, mongol, afghan, ourdou, etc. ?

A bisto de nas, le différentiel entre le nombre d'Occidentaux de souche parlant et écrivant une des langues autochtones des pays musulmans et le nombre de Musulmans maniant l'anglais ou le français serait de un à plusieurs milliers, voire dizaine de milliers. Et encore, les bilingues travaillent dans l'Université, le journalisme, les services de traduction... c'est-à-dire qu'ils n'appartiennent pas aux cercles qui prennent les décisions politiques.

Question : combien d'Occidentaux parlent le pashtoun ou le dari, langues officielles d'un pays, l'Afghanistan, où nous faisons la guerre, pour, nous dit-on, « conquérir le cœur » des populations ? (Remarque : outre ses deux idiomes officiels, l'Afghanistan compte encore une vingtaine de langues ou dialectes.)

Autre question : y a-t-il au sein de l'Assemblée nationale, du Sénat, du Conseil constitutionnel, qui ont mission de légiférer sur la présence de l'Islam en France, un seul individu (non-Musulman s'entend, Français de souche) qui se soit donné la peine de s'initier suffisamment à la langue arabe pour lire un verset du Coran ou le titre d'un quotidien arabe, qui s'est fait commenter par un spécialiste indiscutable les termes arabes qui constituent l'essentiel du droit musulman ?

Les derniers érudits français ne sont jamais invités sur les grands médias. Serait-ce parce qu'Anne-Marie Delcambre, Dominique Urvoy, Marie-Thérèse Urvoy (dont je citerai à nouveau les noms)... quand ils parlent de l'Islam en France, tiennent des propos fort inquiétants, à contre-courant du tiédisme dominant ?

Presque systématiquement, les questions de notre actualité la plus préoccupante sont traitées par des étrangers : des Libanais chrétiens, des

35. Site officiel du ministère : education.gouv.fr.

Musulmans maghrébins...[36] Ce n'est pas diminuer les qualités de ces journalistes et essayistes que de dire que, lorsqu'il s'agit de commenter ce qui se passe dans les banlieues de nos grandes villes, ils ne peuvent avoir l'instinct, le ressenti immédiat, le *feeling*, d'un Auvergnat ou d'un Breton pour pénétrer le ressenti de nos compatriotes, par exemple devant la multiplication des voiles féminins ou l'édification d'une mosquée, l'islamisation progressive de notre pays, sa possible libanisation. Comment pourraient-ils appréhender pleinement la surprise, puis le rejet instinctif éprouvés par les autochtones devant des greffes culturelles imposées, des viols de l'identité...[37] alors que leur sensibilité personnelle profonde s'est formée, pendant l'enfance et la jeunesse, dans des régions où l'Islam était la banalité même – au reste, un Islam peu politique, bien différent de l'Islam actuel ? Leur cerveau gauche, rationnel, peut comprendre, mais leur cerveau droit, affectif, ne « sentira » pas et influera forcément sur leurs analyses. (Le même constat peut être fait à propos de certains pieds-noirs, politiciens ou historiens.)

APRÈS AVOIR LU LE LIVRE DE MICHEL ONFRAY : *L'ORDRE LIBERTAIRE. LA VIE PHILOSOPHIQUE D'ALBERT CAMUS*[38]

Le déni d'une identité culturelle, la sienne propre ou celle d'un autre, peut être due à des causes inconscientes, obscures, enfouies au plus intime de l'être. Qui pourra dire pourquoi Albert Camus, toujours honnête envers lui-même, a toujours nié son identité européenne, pourtant patente ? Il prétendait être « un Méditerranéen », ce qui aurait demandé quelques précisions, ou, avec plus de flou encore, « un Africain ». Etait-ce pour lui un moyen indirect et inconscient de refuser de reconnaître qu'il y avait en Algérie, non pas une seule identité, mais deux identités : l'européenne, qui était la sienne, et la musulmane ? Il ne peut certes pas être suspecté de « racisme » : nul n'a fait preuve de plus d'attention et de générosité à l'égard de ceux qu'il appelait « les Arabes » (englobant sous ce terme les Berbères), et non « les Musulmans ». Homme raisonnant et raisonnable, il devait bien savoir que les propositions qu'il avançait pour apporter plus de justice en Algérie ne pourraient jamais être mises en œuvre, qu'elles demeureraient des utopies, et cela, notamment, à cause de l'identité musulmane, totalitaire, téléologique... Niant son identité européenne, il niait inconsciemment l'existence de l'identité musulmane ; quelque chose en lui essayait de le convaincre de la faisabilité de son projet en écartant un des principaux obstacles à sa réalisation – et, ainsi, de ne pas sombrer dans le désespoir nihiliste.

36. ... quand ce n'est pas par ce chouchou des médias, Malek Chebel, qui, lui, est une taupe de l'Islam en guerre.

37. Lire Maurice Vidal : *La colère d'un Français* (éd. Riposte laïque, 2010).

38. (Flammarion, 2011).

DEUXIÈME PARTIE

L'Islam, prisonnier de sa génétique

CHAPITRE 3

Au commencement, un Arabe, que nous nommons Mahomet

A l'origine de l'Islam, à une certaine époque, dans un certain milieu, il y a un homme, sa personnalité, ses émotions, ses décisions et ses actions, ses réussites et ses échecs : Muhammad ibn 'Abd-Allâh al-Hâshimî, que, depuis le XVIe siècle, les locuteurs de langue française appellent Mahomet (auparavant : Mahon ou Mahom).[39]

– Muhammad : le très loué, le très digne de louange. Le Coran, dans une sourate délivrée au début de la révélation (61. 6), l'appelle Ahmad, mot de même racine et de sens proche.
– Ibn 'Abd Allâh : fils d'Esclave d'Allâh. Il est possible que le nom du père de Mahomet ait été changé à une époque indéterminée pour le placer sous le signe de l'unique divinité de l'Islam.
– Al-Hâshimî : du clan de Hâshim.

Que savons-nous de lui ?

Les Musulmans sont persuadés que la biographie de Mahomet qui leur est transmise depuis des siècles est d'une authenticité sans faille. C'est là, pour tous les Croyants, comme une « vérité d'évidence », qui leur a été enseignée dès la plus tendre enfance et sur laquelle, devenus adultes, ils ne s'interrogeront jamais. On chercherait en vain, de Tanger à Djakarta, un intellectuel : historien, théologien, essayiste... qui mette en question les récits de la Tradition.

D'ailleurs, quiconque évoquerait, même dans une œuvre de fiction, de possibles falsifications ou des incertitudes, attirerait aussitôt sur lui des foudres jaillies de tous les espaces de la société. Et pour une raison qu'on ne soulignera jamais suffisamment et sur laquelle je reviendrai avec insistance : c'est sur les actes et paroles du Prophète et de ses premiers Compagnons que s'est tissé l'Islam comme une tapisserie sur une chaîne de lisse ; accepter de laisser toucher aux fils de support, c'est prendre le risque que se dévide peu à peu un tissu serré de certitudes et que se « détricote » une identité, une religion, un droit, une organisation sociale, une culture, une civilisation.

39. Je renvoie à mon livre : *Mahomet. Contre-enquête* (Editions de l'Echiquier, 2006).

Pourtant, la version « officielle » de la *sîra* (: conduite, biographie)[40] de Mahomet n'est pas née d'un bloc. Du vivant même du Prophète, des querelles ont opposé les Musulmans sur la réalité de certains de ses propos ou de ses actes ; dès le lendemain de sa mort, des partis lui ont attribué des décisions, quant à sa succession notamment, récusées par d'autres. Les divergences, les luttes et, en conséquence, les forgeries se sont donné libre cours pendant deux siècles, jusqu'à une « mise en ordre » qui commença dans la deuxième moitié du IXe siècle et dura plusieurs décennies.[41]

Les chercheurs occidentaux ont mis au jour des points occultés ou trafiqués de la Tradition, ont mentionné des obscurités, relevé des contradictions, posé des questions demeurées sans réponse. Leurs écrits, dont aucun n'a été traduit en arabe ou dans une autre langue d'un pays musulman, n'ont en rien ébranlé les convictions des oulémas[42], ni de la masse des Croyants.

Le travail de « fouille des textes » est loin d'être achevé.

– Les érudits qui s'y sont consacrés ont toujours été peu nombreux : depuis la naissance de l'érudition orientaliste, au début du XIXe siècle, entre vingt et trente peut-être pour toute l'Europe à chaque génération ; de moins en moins depuis quarante ans.

– On a assisté après la Première Guerre mondiale à une véritable déviation de la recherche :

– Sous l'influence du marxisme, la plupart des universitaires se sont détournés de l'homme créateur de l'Islam pour se consacrer à la détection de données sociales qui étaient censées expliquer pourquoi le polythéisme arabe devait faire place nécessairement au monothéisme, jugé supérieur et inscrit « dans le sens de l'histoire » ; pourquoi, tout aussi fatal, était le remplacement du tribalisme arabe par une supra-identité musulmane.

– A cause de la « mauvaise conscience coloniale », beaucoup d'Européens, à gauche et à droite, étaient en quête d'un « Islam présentable », qui permettrait de sortir les Musulmans contemporains

40. Titre de la première biographie du Prophète (voir page 102 et suivantes). Le terme est devenu rapidement générique.
41. Voir chapitre 4.
42. Les oulémas (*'ulamâ'*, pluriel de *'âlim*) sont des « savants » dont l'autorité est reconnue pour ce qui concerne l'histoire de la fondation de l'Islam, les textes de cette époque, la Loi (couvrant à la fois la théologie, le droit, la morale, les mœurs, les comportements, selon nos mots) qui en est issue, son interprétation et son application.

des stéréotypes négatifs qui les définissaient dans l'opinion commune. On en fit les héritiers d'une grande civilisation, dont il convenait de célébrer les apports au patrimoine universel ; ils devinrent les adeptes d'une grande religion, comparable à n'importe quelle autre, peut-être même plus avancée que d'autres (le christianisme ?) dans la voie vers le monothéisme, cet étage insurpassable de la spiritualité. C'est l'époque où catholiques et protestants jacassent et scribouillent d'abondance sur « les trois monothéismes », « les gens du Livre », « les enfants d'Abraham... » et, avec mauvaise foi et impudeur, camouflent les dogmes, le droit et la pratique (guerre, pillage, esclavage, contrainte sociale...) de l'Islam derrière quelques-unes de ses excroissances mystiques. Immergés dans ce flot, des chercheurs, consciemment ou non, édulcorent, relativisent, affadissent, gomment tout ce qui dans la vie du chef de bande ou du chef de guerre peut être en contradiction avec l'idée qu'on se fait d'un fondateur de religion en Occident.

Des universitaires de haute chaire furent saisis de délire devant Mahomet et les siens.

Le plus illustre des biographes de Mahomet, le Révérend (révérant ?) Montgomery Watt a au moins l'honnêteté de prévenir dans la préface à ses livres : « ... je me suis imposé de ne rien déclarer qui puisse être en contradiction avec l'une ou l'autre des doctrines fondamentales de l'Islam. [...] Point n'est besoin d'abîme infranchissable entre la science de l'Occident et la foi de l'Islam. » Puis il sombre dans l'idolâtrie divagante : un chapitre est intitulé « L'homme et sa grandeur » ; Mahomet fut « l'un des plus grands fils d'Adam », « un homme d'Etat plein de sagesse » ; « d'une grande douceur et sensibilité », il ne s'est jamais rendu coupable que de « prétendus manquements à la morale ».[43] (Il est affligeant de devoir signaler qu'aucun travail universitaire de même envergure n'est encore venu redresser les aberrations de Watt.)

A mentionner encore :

– Les biographies truquées :

– Le désir qu'ont les « élites » en Occident d'un « Islam présentable » a incité, depuis quelques années, des Musulmans installés en Europe à rédiger des biographies de leur Prophète qui sont de pures affabulations. Ces livres et ces articles, d'où sont effacés ou « recomposés » les épisodes susceptibles de choquer les mentalités des non-Musulmans et de

43. *Muhammad at Mecca* et *Muhammad at Medina* (Oxford University Press, 1957 et 1958); traduction française (Payot, 1958 et 1959), rééditée en un volume : *Mahomet* (Payot, 1989).

porter atteinte à l'image d'un Islam, « religion d'amour, de tolérance et de paix », ne sont que des outils de propagande, de désinformation, pour tromper les Infidèles, des armes de guerre, fabriquées par une Cinquième Colonne, par des taupes de l'invasion islamique.[44]

– Actuellement, dans tous les pays d'Europe, la grande masse des articles de presse, des documentaires télévisés[45], des dictionnaires, des brochures et des sites Internet des services administratifs ou des associations, ainsi que les manuels d'histoire pour les enseignements primaire et secondaire, diffusent des biographies de Mahomet qui pourraient être qualifiées de « nullités crasses » s'il ne s'agissait pas d'une entreprise délibérée ayant pour but de faire accepter le libre déploiement de l'Islam, « religion comme les autres », « un des trois monothéismes », etc. dans nos démocraties.

– Les biographies « négationnistes » :

Des auteurs occidentaux, partant des nombreux emprunts de l'Islam au judaïsme et, dans une moindre mesure, au christianisme, ont fait du Prophète le disciple rebelle d'un rabbin ou d'un moine ; d'autres ont nié son existence. Les premiers ouvrages sur ces thèmes datent du milieu du XIXe siècle.

Pour avoir passé de nombreux mois à lire et relire les textes de base, je n'adhère pas à ces thèses : la biographie traditionnelle de Mahomet, aussi traficotée qu'elle ait été, présente des personnages et des événements qui ne peuvent avoir été inventés de toutes pièces, qui

---

44. En français, notamment *Muhammad. Vie du Prophète*, par Tariq Ramadan (Presses du Châtelet, Paris, 2006). Un monument de Tartuferie ! Voir, à titre d'exemple, l'épisode de la prise de Khaybar et du « mariage » de Safiyya, page 246 : le viol d'une fille de dix-sept ans, dont le mari vient d'être torturé et tué, quelques heures plus tôt, sur l'ordre du Prophète sexagénaire, est transformé en un conte : coup de foudre de la victime, conversion subite de celle-ci et idylle (dans le présent livre, page 117).
Tariq Ramadan, neveu du fondateur des Frères musulman, est le « prédicateur » musulman le plus fréquemment invité dans les médias occidentaux. De nationalité suisse, il a occupé des chaires universitaires en Allemagne, en Grande-Bretagne, aux Etats-Unis. Il est un maître en double langage. Lire notamment Paul Landau : *Le Sabre et le Coran. Tariq Ramadan et les Frères musulmans à la conquête de l'Europe* (Editions du Rocher, 2005).

45. En septembre 2012, la chaîne *Histoire* a diffusé en France une série de trois films, présentés comme « un documentaire américain réalisé par Faris Kermani » : *La vie de Mahomet. Le chercheur de Dieu.* C'est un modèle du genre : Mahomet est un précurseur de la tolérance et de la liberté religieuse, un homme profondément pacifique qui n'a recours à la violence que pour défendre la communauté de ses disciples, aussi humanistes et désintéressés que lui. Le même mois, la chaîne britannique *Channel 4* avait programmé une émission intitulée *Islam : The Untold Story*, dans laquelle le professeur Tom Holland exposait des vues peu conformes à la Tradition musulmane relatives à la naissance de l'Islam. Sous la pression du lobby musulman, la chaîne a renoncé à diffuser l'émission. On ne sache pas qu'une autre télévision, européenne ou américaine, ait programmé la production censurée.

sont réalistes dans leurs contradictions mêmes... Il suffit de débarrasser l'intrigue des faux-semblants hagiographiques et des trucages d'origine politique faciles à détecter pour qu'apparaisse une histoire tout à fait vraisemblable, d'une grande logique interne, foisonnante, vivante – ce à quoi n'arrivent jamais les auteurs « négationnistes ».

Ici, je retiendrai les grands faits relatés dans les textes qui sont à l'origine de la Tradition musulmane, avec des corrections et suppléments apportés par les orientalistes ; en chemin, je serai amené à relever des contradictions ici et là et à émettre des hypothèses.

EVITER L'ETHNOCENTRISME ET LES IDÉES REÇUES

Sur le chapitre de la vie de Mahomet, les Occidentaux doivent éviter l'ethnocentrisme avec un soin particulier. Bien des actions du Prophète sont, à l'aune de notre morale, indéfendables, injustifiables ; mensonges, ruses, assassinats, massacre... Pour les Musulmans qui les ont fait connaître, elles étaient des titres de gloire. De nos jours, rien ne saurait en ternir l'éclat aux yeux des oulémas et autres cadres de l'Islam, même pas l'excuse de « autres temps, autres mœurs », puisque, pour ceux-ci, nous sommes dans un système de références qui échappe au déroulé de l'histoire.[46]

Les Occidentaux ont à se défaire d'une idée très répandue : l'Islam serait apparu dans le désert, quelque part dans les vastes étendues vides de l'Arabie, parmi des nomades vivant de dattes et de sauterelles.

Non. Il faut changer le décor et redessiner les personnages.

L'Islam naît, vers 610, dans une ville, La Mekke, dont les habitants ne mettent jamais les pieds dans les grands déserts. La plupart des protagonistes sont des commerçants, qui sont en relation d'affaires avec Byzance ; certains sont des richards (l'un d'eux, qui sera l'ancêtre de la première dynastie arabe, les Omeyyades, possède une vaste propriété en Syrie et paie l'impôt aux Grecs). La nouvelle « religion » prend son essor, une dizaine d'années plus tard, dans une autre ville prospère, Médine, peuplée majoritairement de Juifs agriculteurs et artisans. Les Arabes nomades ne sont que des figurants ou des « utilités ».

46. 33. Sur le temps et l'histoire en Islam, voir chapitre 5.

LA MEKKE, LE HEDJAZ

La Mekke (*Makka*), où Mahomet voit le jour aux alentours de 570, est la plus grande cité-Etat de la péninsule arabique.

La ville a bâti son économie sur deux piliers : un monopole commercial et une primauté religieuse.

A cette époque, le commerce entre la Méditerranée et l'Orient ne peut se faire[47] que par une seule voie à deux tronçons : un tronçon terrestre, le Hedjaz, bande côtière à l'ouest de l'Arabie, entre la Syrie-Jordanie et le Yémen ; un tronçon maritime entre le Yémen et l'Orient, où les navires utilisent le système saisonnier de la mousson pour des allers-retours.

La tribu arabe de Quraysh (: petit requin – un ancien sobriquet ?), qui gouverne à La Mekke, s'est assuré le monopole du transport-import-export sur le tronçon terrestre. Elle a passé des accords avec les Arabes et les Juifs qui tiennent les oasis sur cette route et ses caravanes font du cabotage d'étape en étape en toute sécurité, sans avoir recours à des accompagnateurs armés.

La Mekke, agglomération de commerçants, banquiers-usuriers, spéculateurs… est, en même temps, la capitale du polythéisme arabe. Elle renferme un temple, la Kaaba, où sont honorées une centaine d'idoles et auquel se rendent en pèlerinage chaque année des milliers de fidèles de toutes les régions de l'Arabie. C'est là pour les Quraysh une source de revenus – et l'occasion de contacts fructueux – auxquels, en hommes d'argent, ils sont attachés, mais aussi un moyen d'affirmer leur prééminence sur les autres tribus.

Les Quraysh gouvernent avec une assemblée délibérante, une sorte de « conseil des doges » (*al-malâ'*), dans lequel on peut être admis par privilège de naissance, mais aussi en raison de ses mérites personnels.

L'ORPHELIN

Mahomet est de la tribu de Quraysh, d'un clan qui a eu ses heures de gloire, mais dont certaines branches, dont la sienne, ont connu des revers de fortune.

47. L'anarchie et l'insécurité règnent sur les autres parcours, notamment sur la « route de la soie », où les caravanes doivent affronter à la fois les brigands et les potentats locaux, qui leur imposent des péages.

Son père meurt avant sa naissance ou peu après. Sa mère vit pauvrement, aidée d'une esclave. Elle décède quand il a cinq ou six ans, dans des circonstances qui ont dû être traumatisantes pour lui : elle est allée, avec son fils et la servante, visiter des parents dans la ville de Yathrib (Médine), à trois cents kilomètres au nord de La Mekke ; une brusque maladie l'emporte lors d'une étape sur le chemin du retour. L'enfant est ramené à La Mekke par l'esclave et est confié à son grand-père paternel, qui est à la tête du clan hâshimite. La Tradition nous montre le vieillard octogénaire et son petit-fils baignant dans une tendresse réciproque (dont on peut douter : devenu l'Envoyé d'Allâh, Mahomet déclarera que son ancêtre est en Enfer).

A la mort de son grand-père, en 578, le nouveau chef de clan, un de ses oncles, Abû Tâlib, le recueille. Abû Tâlib sera un éducateur et un protecteur attentif et, lorsque son neveu sera en butte à l'hostilité des notables mekkois à cause de sa prédication, il le défendra avec constance. (Lui-même ne se fera jamais musulman.)

On ne sait rien de précis sur les années de jeunesse du futur prophète et chef d'Etat. La Tradition mentionne un voyage qu'il fit, vers dix ou douze ans, en Syrie avec son oncle. A partir d'un âge mal défini, il travaille dans le commerce caravanier.

L'ÉPOUX DE LA COMMERÇANTE

Vers vingt-cinq ans, il épouse sa patronne, une riche veuve, son aînée d'une quinzaine d'années. Khadîja gère seule une affaire de transport-import-export. Les Mekkois l'appellent « la Commerçante ».[48]

La Tradition nous présente un « couple modèle », lié par un amour réciproque, et tout n'est pas faux dans la belle image. Khadîja mit au monde six ou sept enfants (quatre filles seulement atteindront l'âge adulte) avec les risques que comportaient grossesses et accouchements à son âge ; elle saura réconforter son mari lorsque, après la première révélation, il se réfugiera auprès d'elle, terrorisé, se croyant la proie des djinns. Elle sera toujours à ses côtés, malgré les épreuves, jusqu'à ce qu'elle décède, en 619.

48. Les biographies trafiquées à l'intention des Occidentaux prétendent souvent que Mahomet améliora le statut des femmes en Arabie. Mais où a-t-on vu jamais, en terre d'Islam, une femme, sous tutelle à vie par la Loi, dirigeant sa propre entreprise, ainsi que le faisait Khadîja ?

On peut, en revanche, émettre des doutes sur d'autres affirmations de la Tradition.

– Mahomet, qui n'avait plus d'enfant mâle alors que Khadîja était devenue par l'âge incapable de procréer, aurait renoncé à prendre une autre épouse à cause de l'affection qu'il lui portait. Mais le contrat de mariage entre la femme d'affaires et son jeune employé ne comportait-il pas une clause stipulant qu'elle serait sa seule épouse ?

– La Tradition nous dit que, après son mariage, Mahomet devient un riche notable, dont les avis sont sollicités pour leur sagesse. Riche ? Tabarî, auteur de référence,[49] écrit qu'il ne disposait pas des biens de son épouse : « il était riche de sa fortune » – à elle. Un notable ? Il ne participe pas à la vie de la cité ; il ne fut pas sollicité d'entrer au « conseil des doges », dont ses titres familiaux lui entrouvraient les portes.

Quand on aborde le chapitre des premières révélations, qui ont lieu vers 610, il faut poser la question : Mahomet, qui a la quarantaine, âge de la pleine maturité, n'est-il pas, au regard de ses compatriotes mekkois et à ses propres yeux, un raté ?

Il n'a pas d'enfant mâle ; Khadîja est vieille et laide : dans l'espoir de diminuer les traces de l'âge, elle se maquille exagérément (on le sait par une de ses futures épouses, Aïcha, qui a près de soixante ans de moins que la Commerçante et a eu maintes occasions de rencontrer celle-ci dans sa petite enfance) ; il n'a pas contracté d'autre mariage, n'a pas de concubine ; il dépend financièrement de sa femme ; il n'a pas de « position sociale »... Ce n'est pas brillant pour un noble Quraychite. Le Coran nous apprend qu'il a été moqué, voire insulté.[50] Est-il à la recherche d'une sorte de « consolation spirituelle » quand il effectue de courtes retraites dans les grottes d'une montagne proche de La Mekke ?

L'ILLUMINÉ

C'est là que, une nuit, au milieu d'une lumière éblouissante et de sons assourdissants, il est interpellé par une voix inconnue. :

49. Voir page 86.

50. Dans la sourate 108, composée de trois versets seulement, comme un cri, révélée sans doute très tôt, il est dit qu'on l'a traité de *abtar*. Une insulte avec laquelle les traducteurs sont mal à l'aise, certains donnant comme équivalant « stérile » ou « déshérité », d'autres rappelant que l'on désigne ainsi « un chien à la queue coupée ».

– *Iqra'* : lis, récite. (D'où le terme « Coran » : *al-Qur'ân* : la lecture, la récitation.)

Il est effrayé. Tabarî nous révèle qu'il a déjà eu des « bouffées délirantes », qu'il a entendu des voix en passant près de lieux fréquentés par les djinns, lorsqu'il s'isolait pour faire ses besoins... Mais, cette fois, il s'agit d'un événement d'une autre ampleur. Il rentre en toute hâte à son domicile, où Khadîja le rassure.

Les révélations se poursuivent. Elles annoncent le Jugement dernier, le châtiment des méchants, la récompense des bons. Puis elles s'interrompent pendant trois ans (phénomène connu chez d'autres mystiques à vision et/ou audition). Quand elles reprennent, elles sont « socialisées » : elles ont une cause, une logique interne et une logique externe, une finalité ; elles ont trouvé leur place dans la vie sociale du sujet. Mahomet est chargé par Allâh de faire connaître les messages qui lui sont délivrés.

Celui qui est désormais l'Envoyé[51] d'Allâh va prêcher un monothéisme de plus en plus rigoureux. Une menace pour le statut religieux de la cité-Etat, donc pour son prestige et sa prospérité. Les Mekkois, qui apparaissent assez indifférents au contenu spirituel de la Révélation, usent à son endroit, d'abord de la persuasion, puis de l'intimidation et, enfin, de la pression économique : son clan fait l'objet d'un décret de boycott, qui sera plus ou moins respecté. Mais lui s'obstine, bien qu'il ne parvienne jamais à réunir plus de quelques dizaines de fidèles. La confrontation se conclue à son détriment.

619 est « l'année du deuil » ou « de la tristesse ». Khadîja meurt, ruinée, suivie peu après dans la tombe par l'oncle tuteur. Le nouveau chef des Hâshimites demande à l'illuminé de renoncer à ses extravagances, qui ridiculisent les siens. Devant son refus, il le chasse solennellement du clan. Cette exclusion est une véritable condamnation à la mort civique ; elle laisse un Arabe sans protection : n'importe qui peut le tuer en toute impunité, sans même avoir à acquitter le prix du sang.

51. *rasûl Allâh* : cette affirmation figure dans la *shahâda*, l'attestation de foi, après l'énonciation ; « Pas d'autre dieu qu'Allâh ». Il faut donner au mot un sens fort et ne pas en faire un synonyme de « porteur de message » ou « courrier ». Avant l'invention des moyens modernes de communication, un envoyé, représentant d'un puissant, pouvait être investi d'une délégation plus ou moins étendue pour agir au nom de celui-ci (quitte à se faire désavouer plus tard si ses décisions n'étaient pas – ou n'étaient plus – approuvées par son mandant).

Mahomet cherche une cité où s'établir. Après un échec humiliant à Tâ'if, une « filiale » de La Mekke, il prend contact, selon la Tradition, « avec quinze tribus ». En vain.

Finalement, il envoie ses disciples – entre soixante et cent – par petits groupes, clandestinement, à Médine. Il les y rejoint, le 24 septembre 622 (c'est de ce jour que débutera le calendrier musulman).[52]

Médine[53], à 300 kilomètres au nord de La Mekke, est la plus riche oasis agricole de l'Arabie. Créée, dit-on, par les Juifs, ceux-ci en ont été longtemps, sinon les seuls occupants, du moins les maîtres incontestés. Vers le milieu du siècle précédent, les chefs de la cité ont accueilli des Arabes du Yémen, des agriculteurs privés de leurs ressources par la rupture d'un barrage de retenue dont l'eau irriguait leurs champs. Cet apport de main d'œuvre a été reçu volontiers. Cependant, la population arabe a crû au fil des ans par une sorte de « rapprochement ethnique », au point de devenir une véritable invasion, et, peu à peu, les Juifs ont été dessaisis de leur pouvoir politique par les immigrés. Depuis vingt ou trente ans, deux tribus arabes et trois tribus juives, les unes et les autres divisées en clans et sous-clans, s'épuisent dans un jeu incessant d'alliances, de confrontations, de trahisons, de compromis bancals. En 617, une guerre a mis aux prises une tribu arabe, alliée aux Juifs, à l'autre tribu arabe. Quand Mahomet arrive, l'ancienne cité juive n'est plus qu'une « ville ouverte », où le pouvoir est à prendre.

La Tradition prétend que le Prophète a été sollicité de venir s'établir à Médine par des Arabes de l'oasis, convertis à l'Islam. A la suite de négociations, qui auraient duré deux ans, il aurait été désigné comme une sorte d'arbitre suprême entre les factions juives et arabes. A son arrivée, il aurait été accueilli triomphalement par la quasi-totalité de la population. Cette histoire n'est pas crédible : au regard des Arabes, Mahomet était un homme complètement discrédité ; il n'avait aucun titre pour occuper quelque fonction que ce fût, être honoré de n'importe quelle dignité en Arabie. Conscients de l'invraisemblance de cette thèse, des orientalistes en ont avancé une autre : il aurait été appelé à Médine par « les » Juifs ou « des » Juifs (une ou plusieurs factions),

52. L'Hégire : *hijra* : fuite, départ avec l'intention de s'installer, exil.

53. La cité était nommée le plus souvent *yathrib*, mais *al-madîna* (: la ville) était peut-être déjà utilisée parfois pour la désigner. Elle deviendra : *madînat al-nabî*, la ville du Prophète. Pour la distinguer du terme générique, elle est souvent désignée par *al-madîna al-munawwara* : la ville illuminée.

désireux de s'assurer un renfort arabe ou de créer de la dissension parmi les Arabes. L'hypothèse la plus vraisemblable est que lui-même et les siens sont venus dans la cité pluriethnique comme des immigrés ordinaires, banalement, avec, peut-être, la complicité de certains Médinois, arabes ou juifs, chefs de clans ou simples particuliers.

NAKHLA : L'ENTRÉE EN VIOLENCE, DEUXIÈME NAISSANCE DE L'ISLAM

Pendant plus d'une année, les Musulmans végètent dans une pauvreté que la Tradition nous décrit comme extrême : beaucoup d'immigrés souffrent de malnutrition, de maladie, de froid. Ces commerçants et transporteurs demeurent sans emploi au milieu des agriculteurs et des artisans ; originaires d'une ville au climat très sec, ils sont sujets à de multiples infections dans une oasis où abondent les eaux stagnantes : puits, mares, canaux d'irrigation.

En rapportant les difficultés rencontrées par les Musulmans, la Tradition se contredit : si Mahomet avait été ce personnage puissant, ce « maire-arbitre », qui nous est présenté, il n'est pas douteux que beaucoup de Médinois se seraient empressés de rechercher ses bonnes grâces en lui offrant de quoi subsister et entretenir ses quelques disciples.

Pour s'extraire de la misère, le chef des immigrés musulmans a recours à une forme de brigandage, traditionnel dans la civilisation arabe du désert, chanté encore dans la poésie dont raffolent les Arabes, mais strictement interdit sur la grand-route qu'empruntent et contrôlent les Qurayshites : la razzia, le rezzou.

A partir d'août 623, il monte des expéditions. Six échouent. En janvier 624, à Nakhla, au sud de La Mekke, une bande de huit à douze hommes, tous musulmans, sortis clandestinement de Médine sous la conduite d'un cousin du Prophète, attaquent une toute petite caravane, de quatre hommes, transportant des fruits, du cuir et des objets sans grande valeur. L'affaire est dérisoire. Mais l'attaque a eu lieu en territoire mekkois et un caravanier a été tué : les Mekkois peuvent réclamer le prix du sang aux Médinois. D'autre part, les Musulmans ont ajouté un double sacrilège au délit de droit commun : ils ont attaqué pendant le mois sacré de *rajab*, un temps de « trêve » durant lequel, guerres et querelles devant cesser et le sang ne plus couler, beaucoup d'Arabes se rendent en pèlerinage à la Kaaba ; l'un des agresseurs s'est déguisé en pèlerin pour abuser les caravaniers.[54]

Les Médinois vont-ils condamner à mort l'Arabe sans clan, qui a pris le risque de les brouiller avec leurs puissants voisins ? Le livrer aux Qurayshites ? Vont-ils chasser les immigrés ? Mahomet se tient coi, se gardant de faire étalage du butin et de le répartir. Mais rien ne se passe : les Mekkois sont indifférents aux méfaits minables d'un marginal incontrôlable dont ils ont été ravis de se débarrasser ; à Médine, il n'y a plus aucun pouvoir politique capable de s'opposer à la bande des Musulmans, soudée autour de son chef charismatique.

Constatant ces réalités et ayant reçu une révélation qui justifie ses agissements (Cor. 2. 214), Mahomet, au bout d'un mois, distribue le butin, en énonçant des règles de répartition qui, dit-il, seront connues de tous et qu'il fera respecter. C'est par là annoncer de nouvelles expéditions.

Sans attendre, l'Envoyé d'Allâh prépare un raid, et, cette fois, il vise gros : rien de moins que d'attaquer, sur son chemin de retour de Syrie, « la » grande caravane que les Mekkois de tous clans montent une fois par an.

En mars, il se met en marche à la tête d'une troupe de trois cents hommes[55] : dans la cité sans lois, les ralliements au nouvel homme fort ne se sont pas fait attendre. Les Mekkois, alertés, appellent des renforts de leur ville. Le combat a lieu près de Badr, une petite localité célèbre pour sa foire, au sud-ouest de Médine. Il est bref, mais fait des dizaines de morts. Les assaillants l'emportent. Ils laissent la vie sauve à soixante-dix captifs, dont la libération contre rançon rapportera beaucoup ; le butin matériel : montures, armes, marchandises, monnaies… est énorme.

La Tradition justifiera l'attaque de Badr en prétendant que La Mekke avait déclaré la guerre aux Musulmans, qui n'ont fait que se

54. Nakhla est citée par la Tradition pour un autre événement : c'est là que, en 619, revenant à La Mekke après avoir été repoussé par les notables de Tâ'if, Mahomet a converti les djinns à l'Islam.

55. Dans la Tradition, Mahomet est censé avoir été appelé à Médine par des Musulmans de la ville, que l'on appelle les *ansâr* (les aides, les auxiliaires, en vue d'une victoire). Par la suite, les textes nommeront de ce nom tous les Médinois soumis à lui, c'est-à-dire, bientôt, l'ensemble des habitants de l'oasis, quelle que soit la date de leur ralliement, qu'il ait été volontaire ou forcé. Ce glissement de sens accréditera l'idée que, dès son arrivée, tous les Médinois ou presque l'avaient reconnu comme chef.

défendre ; alors, pourquoi la caravane mekkoise était-elle sans escorte armée ?

CHEF D'ETAT, CHEF DE GUERRE, LÉGISLATEUR

Mahomet est désormais le maître de Médine. Il est riche ; sa troupe d'affidés[56] va encore s'agrandir. Personne, parmi les Arabes ou les Juifs de la cité, n'est en mesure de contester sa suprématie.

Immédiatement – son intelligence de l'action est grande : il sait tirer parti de l'occasion et, aussi bien, jouer sur le long terme – il montre sa force. Il le fait par la violence, une violence voulue, revendiquée, affichée, spectaculaire, pour effrayer les faibles et les hésitants.

Un de ses fidèles assassine une femme poète, qui s'était moquée des Musulmans et de leur chef. Le meurtre a lieu dans des conditions atroces : elle est éventrée, dans sa maison, de nuit, alors qu'elle dort au milieu de ses enfants, son dernier-né reposant sur sa poitrine. Un crime commandité, sans aucun doute. Quand l'assassin rend compte de son action à l'Envoyé d'Allâh, celui-ci se contente de laisser tomber : « Deux chèvres ne se prendraient pas aux cornes pour elle. »

Suivront d'autres « assassinats ciblés », à commencer par celui d'un autre poète, un vieillard qu'on disait centenaire et qui était protégé par les Juifs.

Les Médinois, Arabes et Juifs, doivent comprendre que le nouveau maître de la cité ne reculera devant rien pour maintenir et accroître sa domination et qu'il dispose d'hommes qui sont prêts à le seconder par n'importe quelle exaction.

Mahomet réalisera l'ambition des Arabes de Médine : s'emparer des biens des Juifs et les chasser.

« L'épuration ethnique » commence un mois après Badr : une première tribu juive est expulsée de Médine[57] ; une deuxième suivra en 625. La troisième, les Banû Qurayza, est anéantie : les hommes,

56. Selon Alfred-Louis de Prémare : *Les Fondations de l'islam. Entre écriture et histoire.* (Tétraèdre, Paris, 2004), le mot *mu'minûn*, que nous traduisons par « Croyants », sens que lui donnent de nos jours tous les arabophones, aurait pu signifier, au départ, « ceux qui se sont portés garants les uns des autres », « qui peuvent se fier les uns aux autres ». Dans cette hypothèse, le terme aurait pu désigner à la fois les Musulmans et des Juifs de Médine alliés aux Musulmans.

57. Cette tribu était composée d'artisans. Ne peut-on supposer qu'elle a été choisie pour la première expulsion, de préférence aux deux autres tribus, qui ne comprenaient que des

entre six cents et neuf cents, depuis les garçonnets à peine pubères jusqu'aux plus extrêmes vieillards, sont égorgés en une journée de mars 627 sur la place du marché devant la population de la cité conviée pour la circonstance (Mahomet en personne préside la cérémonie, sa toute jeune épouse Aïcha à son côté) ; les femmes et les enfants seront vendus comme esclaves. (L'Envoyé d'Allâh s'est réservé la veuve d'une des victimes, Rayhâna, « une jeune fille très belle », selon Tabarî).

Ce terrorisme à grand spectacle lui amène sans délais des ralliements. Il sera bientôt en mesure de couper la route caravanière, ruinant l'économie de La Mekke. En janvier 630, les chefs qurayshites lui livrent leur cité contre des places de choix dans son équipe dirigeante.

Tous ces actes de violence, depuis l'assassinat des poètes jusqu'au massacre des Juifs, sont classés par la Tradition dans les *maghâzî*, les « campagnes » ou « expéditions » du Prophète. Ils témoignent « de la puissance de la religion ».

En même temps, Mahomet a renforcé sans cesse son système d'alliance et de vassalisation. Quand il meurt, en juin 632, il est à la veille de contrôler l'ensemble de la péninsule arabique.

Depuis Nakhla, au fur et à mesure qu'il a agi, l'Envoyé d'Allâh a modifié complètement l'Islam qui, de phénomène religieux, spirituel, limité à quelques dogmes et pratiques cultuelles, est devenu un système de gouvernement des peuples et des individus. Il a créé une civilisation.

NOUVELLE IDENTITÉ, FIERTÉ D'APPARTENANCE

A La Mekke, le Prophète n'avait de pouvoir que sur sa petite communauté. Ses décisions furent rares et concernaient les pratiques : prières, jeûne… Il s'adressait à ses disciples avant tout pour les inciter à une conduite sans péché, à la soumission à Allah… En tant que chef d'un groupe, il n'a donné d'ordres « profanes » qu'à deux reprises : le départ d'un petit nombre de convertis en Ethiopie, vers 615-617, et l'exil à Médine de l'ensemble des Croyants.

Quand, après l'Hégire, il s'empare de Médine, puis lorsqu'il étend son emprise sur l'Arabie, le chef d'Etat qu'il est devenu est naturellement conduit à multiplier les actes de gouvernement. Certes,

agriculteurs, parce que son départ livrait aux Musulmans un riche butin de stocks et de matières premières ?

il reste un chef « religieux » : il édicte de nouveaux rituels pour l'appel à la prière, la prière elle-même, le pèlerinage... ; le nombre des prières quotidiennes passe de trois à cinq... mais, en même temps, il assume pleinement les pouvoirs exécutif, législatif et judiciaire. Il tranche même souverainement dans des questions qui touchent au plus intime des individus : ce que nous nommons la sphère privée ou la liberté individuelle relève, comme tout le reste, de son pouvoir discrétionnaire.

En tout domaine, il se conduit en autocrate absolu,[58] ne s'imposant aucune limitation de quelque sorte. Impérieux, intolérant, il ne souffre aucune contradiction ou opposition, ni même aucune divergence, différence ou indifférence. Il n'hésite pas à contrevenir aux coutumes arabes les plus respectées, comme il l'a fait à Nakhla ou en ordonnant le massacre des Banû Qurayza (le massacre n'était pas dans les traditions arabes). Il lui arrive d'agir en contradiction avec des commandements qu'il a lui-même prescrits.

Le Coran, dont il sait maintenant qu'il lui est transmis par l'ange Gabriel, continue à justifier tous ses actes comme émanant de la divinité[59]. L'ange approuve toujours, et même des décisions relatives à sa vie personnelle qui étaient contestées par son entourage : par exemple, son mariage avec la femme, répudiée sur sa recommandation, de son fils adoptif Zayd – ce qui était un inceste selon les codes arabes. Sa toute jeune épouse Aïcha, qu'il a épousée peu après l'Hégire alors qu'elle avait huit ou neuf ans (il s'était fiancé à elle trois ans plus tôt), lui fit remarquer un jour que Gabriel était vraiment très complaisant avec lui.

Et toute mesure prise par l'homme Mahomet, avalisée par la Révélation, est marquée du sceau d'Allah, l'Eternel, l'Incréé. Elle devient une loi, qui ne peut être discutée, contestée, annulée, amendée, une loi valable pour tous les hommes, à commencer bien sûr par les Croyants, et pour la durée des temps. Le respect de l'ensemble de ces lois, de cette Loi, est un devoir sacré. Aucune place n'est laissée à ce

58. Un de ses premiers actes à son entrée à La Mekke, en 630, a été de supprimer le « conseil des doges ».

59. ... au prix, parfois, de contradictions. La Révélation explique qu'Allah « n'abroge ou ne fait oublier » un verset sans lui en substituer un autre, « meilleur ou semblable » (Cor. 2. 100). Des contemporains refusaient d'être dupes, comme l'atteste un passage du Livre : « Quand Nous substituons une *aya* [verset] à une *aya* – Allah sait très bien ce qu'il fait descendre – [les Infidèles] disent : « Tu n'es qu'un faussaire ! » Mais la plupart ne savent point. » (16. 103). Traduction de Régis Blachère : *Le Coran* (Maisonneuve et Larose, première édition : 1956.)

que nous nommons le libre-arbitre, la liberté de conscience, la sphère privée. Aucun espace non plus pour le non-sacré, le profane.

En huit ans, de Nakhla, en janvier 624, à sa mort, en juin 632, Mahomet a changé profondément la société arabe.

– Il a modifié le statut des femmes, des captifs, des esclaves... ;

– Il a rassemblé sous son autorité des clans arabes dispersés et les a mis en position d'obéissance absolue ;

– Chaque membre de la communauté qu'il a fondée (*al-umma*) est soumis, dans tous les compartiments de sa vie, à des règles qu'il doit connaître et appliquer : l'opposition, la marginalité ne sont pas tolérées ; des sanctions tombent sur le contrevenant ;

– Il a doté sa communauté d'une « idéologie » : « ensemble systématisé de croyances et d'idées justifiant et prônant des comportements individuels et collectifs », lesquels trouvent leur justification dans un absolu non discutable : la volonté du Tout-Puissant ;

– Il a fixé à la communauté et à chacun des individus qui la composent des « objectifs de développement » susceptibles de mobiliser les potentialités de chacun et de maintenir et renforcer la cohésion interne et le dynamisme du groupe ;

– Il a démontré par ses succès que son système était efficace pour enrichir la communauté, accroître sa puissance et son rayonnement ;

– Il a également apporté la preuve que chacun de ses adeptes pouvait espérer réaliser pleinement ses ambitions, matérielles ou spirituelles, en dehors de tout préalable de naissance ;

– Il a donné à chacun le sentiment d'appartenir à « la meilleure des communautés », laquelle, missionné par le Tout-Puissant et se conformant à Sa volonté, ne pouvait qu'aller de victoire en victoire.

Il a créé chez les Arabes placés sous son autorité une *identité culturelle* et une *fierté d'appartenance*.[60]

60. Ce serait une erreur d'anachronisme, commune à beaucoup d'historiens, de penser que Mahomet a, de son vivant, songé à remplacer l'identité arabe par une identité nouvelle : l'identité musulmane. Il a « chapeauté », restructuré et réorienté l'identité arabe sans chercher à y porter atteinte. Jamais il n'a envisagé l'entrée massive de non-Arabes dans la communauté des Croyants (*al-umma*) sur un pied d'égalité avec les Arabes. Les Musulmans, Arabes, avaient reçu de lui mission d'amener les Arabes, et seulement les Arabes, à l'Islam ; les non-Arabes devaient être « soumis », et non pas « convertis » ou assimilés (voir page 94). Les quelques Musulmans d'origine étrangère cités par la *sunna*, comme l'esclave éthiopien Bilâl ou l'esclave persan Salmân, sont des exceptions ; ils étaient de condition inférieure, sans attache avec une

Avec les mots de notre temps, nous dirons que nous avons affaire à une théocratie totalitaire ou, si l'on préfère, un totalitarisme théocratique.

Définitions : « Théocratie : mode de gouvernement censé émaner de la volonté divine. »

« Totalitaire : qui s'impose à tous et en toute chose, couvrant la vie privée au même titre que la vie publique. » Mahomet a fait connaître et appliquer ses décrets dans des secteurs qui, selon notre vocabulaire et nos classifications, relèvent de la politique, du droit public, du droit privé, de la morale, des mœurs, de la vie privée...

Le totalitarisme, nous le verrons, va étendre son champ, se ramifier et se durcir encore sans que, jamais, ses principes, ses fondements, ses premiers articles soient remis en cause. La société musulmane avait pris ses traits distinctifs du vivant même de Mahomet.

Et parmi les articles de fondation : la guerre pour l'expansion de l'Islam.

LA GUERRE, DEVOIR SACRÉ ; LE BUTIN, RÉCOMPENSE DIVINE

Dans les huit dernières années de sa vie, Mahomet ne cesse de faire la guerre. Tout d'abord à l'intérieur de la péninsule, puis, à partir de l'automne 629, vers l'extérieur. Un nombre important des versets délivrés à Médine (le tiers peut-être, directement ou indirectement) est lié au *jihâd* (racine indiquant l'effort, « la mobilisation ») ou à son synonyme, *qitâl* (racine : tuer). L'érudite Anne-Marie Delcambre note avec justesse : « Dans le Coran, Parole de Dieu, il est difficile de nier que les ordres de Dieu n'appellent à la paix que lorsqu'il n'est pas possible de faire autrement. »[61]

La guerre est un devoir dicté par Allâh à la Communauté (*fard kifâya*). Tous les Musulmans y sont assujettis, d'une manière ou d'une autre, soit comme individus combattants, soit comme contributeurs à « l'effort de guerre ». La société est organisée autour de cette obligation sacrée : les récalcitrants et les déserteurs doivent être dénoncés par les Croyants et punis ; les anciens combattants ont droit à une pension ;

communauté organisée en Arabie – on pourrait dire : sans appartenance, sans identité autre que leur dépendance envers leurs maîtres arabes.

61. *L'islam n'a pas deux visages* (Site Libertyvox.com. 25 juin 2006).

les veuves de guerre, jusqu'à leur remariage, et leurs enfants sont pris en charge par le Trésor public...

La guerre « dans le chemin d'Allâh » fait l'objet d'une double rétribution de la part de la divinité :

– après la mort, pour ceux qui tombent au combat, le paradis et ses délices toujours renouvelées ;

– sur terre, pour les courageux et pour la Communauté tout entière, qui en prend sa part, le butin. Une sourate du Coran, la 8e, porte ce nom en titre (*al-anfâl*, d'une racine axée sur : cadeau, gratification) et le sujet est traité en plusieurs endroits du Livre.

Par butin, il faut entendre, non seulement les objets et animaux que l'on emporte, les terres, les maisons et les temples qu'on accapare, les combattants prisonniers, dont on pourra tirer une rançon, les femmes, qu'on prendra comme concubines ou qu'on vendra comme esclaves avec les enfants, mais aussi les taxes qu'on imposera aux populations vaincues, et dont les non-Musulmans, Juifs ou Chrétiens, ne se libèreront jamais.[62]

Du vivant de Mahomet, le butin fut la seule source d'enrichissement de la Communauté. Il fut aussi la principale motivation de ses troupes et la cause, avec la crainte de l'asservissement ou de la mort, de ralliements de plus en plus nombreux[63].

Résumons : à sa mort, Mahomet a placé ses fidèles sous un régime disciplinaire qui soumet chacun à des lois d'origine divine touchant à toutes les occurrences de la vie humaine. Il les a enrichis par la guerre et il les a motivés pour la guerre par la promesse d'un enrichissement à venir voulu par la divinité.

Il faut une aire d'expansion à cette communauté sous les armes et qui brûle de repartir à l'assaut : ce sera *al-rûm*, les Romains, Byzance, les Grecs, on pourrait dire : la Chrétienté ou l'Europe. En 629, avant même la reddition de La Mekke, le Prophète a lancé vers le nord une expédition qui s'est heurtée à des mercenaires arabes de Byzance et a échoué. Dans les derniers jours précédant sa mort, il préparait une autre offensive contre l'empire chrétien.

---

62. Voir chapitre 9.

63. ...dénommés au plus vite « conversions » par ceux qui, aujourd'hui, réduisent l'Islam à une religion.

RIDDA : LA RÉVOLTE GÉNÉRALISÉE

Mais l'édifice construit en quelques années n'est-il pas encore fragile ? Beaucoup le pensent en Arabie. Dès la mort du fondateur, toute la péninsule se révolte contre l'Islam, ses contraintes (l'interdiction du vin est mal acceptée), ses impôts, ses petits chefs. La rébellion, (*ridda* : rejet, ou apostasie, tout étant placé sous le signe d'Allâh) est réprimée impitoyablement par les aristocrates mekkois. Ces ralliés de la dernière heure tiennent à préserver intact l'héritage que leur a laissé l'un des leurs ; ils ont compris l'efficacité de l'Islam comme mode de gouvernement, système policier et militaire ; abandonnant les servitudes du commerce et les aléas de la spéculation pour la guerre et le butin, ils ne songent plus qu'à utiliser la Communauté des Croyants pour des expéditions fructueuses. Pour leur plus grand profit, espèrent-ils. Et dans ce but, ils doivent s'emparer du pouvoir pleinement et pour longtemps.

FITNA, SIFFÎN : SUNNITES, SHIITES, KHÂRIDJITES

Mahomet n'avait pas désigné son successeur à la tête de la Communauté. Il n'est pas encore enterré que la bataille fait rage entre les prétendants : Ali (*'alî*), qui est tout à la fois son cousin, son fils adoptif et son gendre, espère bien recueillir l'héritage, mais il est écarté par une coalition dirigée contre lui et qui choisit un calife (*khalîfa* : successeur) de transition en la personne du plus ancien Compagnon du Prophète, Abû Bakr[64]. Dans l'ombre du vieil homme, c'est le géant Omar (*'umar*), « bras fort » de l'Islam depuis son ralliement quatorze ou quinze ans plus tôt, qui gouverne avant de lui succéder, en 634. Omar organise l'administration musulmane et donne à la Conquête son élan décisif. Il est assassiné en 644.

Les aristocrates mekkois, du clan des Omeyyades, qui, sous son règne, ont considérablement accru leur puissance, placent à la tête de la Communauté un des leurs, 'Uthmân, choisi officiellement parce que Compagnon et gendre du Prophète. Quand 'Uthmân meurt, assassiné, en 656, ils sont bien résolus à ne pas laisser Ali prendre l'avantage. Désigné khalife par ses seuls partisans, Ali, toujours prétendant, toujours berné, cherche désespérément à se faire reconnaître par

64. Abû Bakr était aussi le beau-père de Mahomet, qui avait épousé sa fille Aïsha (*'Â'isha*).

l'ensemble des Croyants. Des combats opposent les deux partis. La Tradition désigne cette période du mot *fitna* (sédition).

En 657, à Siffîn, sur les rives de l'Euphrate, près de la ville actuelle de Raqqa, en Syrie, 50 000 partisans d'Ali font face à 80 000 opposants. Après un premier choc, puis une trêve d'un mois, une nouvelle confrontation armée se révèle indécise. Ali finit par accepter que la question du califat soit soumise à un « arbitrage », à la décision d'un groupe d'hommes sages.

C'est au cours de la *fitna*, pendant et peu après la bataille de Siffîn, que sont nées, à propos de la question de la succession, du califat, les trois grandes branches de l'Islam :

– Les sunnites ou gens de la *sunna* [65], alors partisans des Omeyyades, qui représentent aujourd'hui les neuf dixièmes des Croyants ;

– Les shiites (de *shî'a* : parti), qui ne reconnaissent de légitimité qu'à la lignée d'Ali : ils sont présents aujourd'hui en Iran, où ils sont très largement majoritaires, en Irak, à Bahreïn… comme minorités en Syrie, en Arabie saoudite…

– Les khâridjites (: ceux qui sortent, qui n'ont pas accepté le principe de l'arbitrage) : refusant le système dynastique (« Même un esclave noir peut être choisi comme calife par les Croyants », disaient-ils), considérés comme les « puritains de l'Islam », ils furent de dangereux agitateurs, mais ne réussirent jamais à installer un pouvoir durable. Ils ne sont plus représentés que par d'infimes minorités ; des « islamistes », adversaires des monarchies de l'Arabie et du Golfe, sont accusés par les oulémas sunnites de suivre leur doctrine hérétique.

Peu après Siffîn, Ali se laissera convaincre de renoncer à ses droits. Il sera assassiné, en 661, par un khâridjite. Un de ses fils, Hasan, sera soudoyé et, sans doute, empoisonné par les Omeyyades ; son autre fils, Husayn, sera tué par les mêmes.

Les Omeyyades fonderont la première dynastie musulmane en 661. Ils auront à combattre les shiites et les khâridjites, ainsi qu'un prétendant autoproclamé, Abd Allâh ibn-Zubayr, qui s'était installé avec des troupes à La Mekke : pour le réduire, ils n'hésiteront pas à bombarder à la catapulte et incendier la Kaaba, en 683.

65. Sur ce mot, voir chapitres suivants.

Ils seront remplacés, en 749, par les Abbassides, descendants d'un des oncles de Mahomet[66].

LA CONQUÊTE

De 634 à 647, sous les trois premiers califes, les Musulmans se sont emparés des terres de Byzance de la Syrie à la Tripolitaine et ils ont mis à bas l'Empire perse.

Longtemps, les Byzantins et les Perses crurent avoir affaire à des rezzous, comme ils en avaient connu beaucoup de la part de nomades. Ils ignoraient que, pour la première fois de leur histoire, des Arabes avaient l'intention d'occuper les territoires conquis, que, à la différence des bédouins, les anciens commerçants mekkois, clients, fournisseurs et sous-traitants des Byzantins, connaissaient les avantages de la fiscalité, qui assure la pérennité des prélèvements, sur le pillage sans lendemain.

La conquête ne fut pas « ce grand élan de piété, de ferveur, de foi qui allait tout emporter sur son passage, qui allait convertir tant de peuples »[67]. La Tradition fait état sans honte ni remords d'une offensive guerrière ponctuée de batailles acharnées. Le siège de Damas dura six mois ; celui de Jérusalem, deux ans. A Yarmouk, en août 636, « le sang coula comme un fleuve » (Tabarî) ; il y aurait eu 120 000 morts du côté chrétien pendant la bataille, puis 40 000 chrétiens auraient été tués dans les jours suivants. Ces chiffres sont, sans aucun doute, exagérés, mais ils donnent une idée des masses armées engagées, de la rudesse des combats et du caractère féroce des massacres de civils.[68]

Les Musulmans suivaient l'exemple donné par Mahomet, dont le Coran avait fait « le beau modèle »[69], lors de sa « campagne » contre la tribu juive des Qurayza, à Médine. Il était proposé aux ennemis la soumission avec paiement d'un tribut ou, en cas de refus suivi de

---

66. Comme l'ancêtre des Omeyyades, il avait été un « rallié de la dernière heure ».
Un an après s'être emparé du pouvoir, le 25 juin 750, le premier calife abbaside, Abû l-Abbâs al-Saffâh (mot qu'on peut traduire aussi bien par « le généreux » que par « le sanguinaire ») réunit l'ensemble du clan omeyyade – cent cinquante personnes – pour un banquet de réconciliation et il les fait massacrer. Puis, « il fit étendre un tapis de cuir sur lequel on servit un repas à ceux qui assistaient à cette scène et qui mangèrent pendant que les victimes agonisaient. » (Tabarî)
67. … comme devait le dire Nicolas Sarkozy, le 14 janvier 2008, en Arabie saoudite, devant « l'assemblée » du royaume, *majlis al-shûra*, dont tous les membres sont désignés par le souverain.
68. Louis Chagnon : *Les débuts des conquêtes arabo-musulmanes. Mythes et réalités.* (Godefroy de Bouillon, 2007) ; *La conquête musulmane de l'Egypte - 639-646.* (Economica, 2008).
69. Voir chapitre 4.

défaite, la mort pour les hommes et l'esclavage pour les femmes et les enfants.

Au demeurant, parler de « conversion » n'a pas grand sens. Un individu qui se soumet (*aslama* : à la fois « se soumettre » et « se faire musulman ») doit impérativement respecter les commandements de la communauté musulmane, mais il n'est pas un Musulman « à part entière », quand bien même il a prononcé la formule de conversion (*al-shahâda* : le témoignage)[70] : il a le statut de *mawlâ*, client d'un puissant ou esclave affranchi, qui doit demeurer, sa vie durant, auprès de son maître arabe (un statut qui est « peu valorisant », a fait remarquer Anne-Marie Delcambre) ; jusqu'au règne du calife Omar II (682-717-720), il est assujetti à la taxe due par les non-Musulmans, la *jizya*. D'ailleurs les Musulmans n'encourageaient guère l'entrée des vaincus dans la *umma*, sinon pour accroître leurs forces armées de soldats du rang : le Trésor veillait à ce que le fruit des conquêtes ne fût pas entamé par des questions « religieuses » et les chefs tenaient à « rester entre Arabes »[71].

Pendant toute la Grande Conquête, Islam, guerre et butin sont indissociables. L'Islam est, sans doute, pour certains cadres, l'idéologie justificatrice, mais le moteur de la guerre est bien, pour les cadres comme pour la troupe, le butin.

L'ORIGINE DU CORAN, LA « MALADIE MENTALE » DU PROPHÈTE, SA « SINCÉRITÉ »

Des éléments de réponse aux deux questions que me posent le plus fréquemment lecteurs et auditeurs occidentaux sur la naissance de l'Islam et son expansion éclair.

Sur la psychologie de Mahomet, et notamment sur les « crises » et les changements de comportement à plusieurs moments de sa vie, nous ne disposons pas de l'avis de psychiatres, psychologues, neurologues… qui aient également de solides connaissances historiques, ethnologiques, linguistiques… sur les milieux où il a évolué. Des données sont disponibles en abondance dans

70. Voir page 125.

71. … et même entre Mekkois, et même entre qurayshites : les grands généraux de la première vague de conquêtes, Khâlid ibn al-Walîd pour le nord et l'est, 'Amr ibn al-'Âs pour l'Egypte, plus tard 'Uqba ibn Nâfi' pour l'Afrique du Nord, étaient originaires de la même tribu que le Prophète – tout comme les quatre premiers califes dit « Bien guidés ». Qurayshites aussi seront les Omeyyades, les Abbassides…

les textes arabes, mais aucun chercheur – ou groupe de chercheurs – à la fois intéressé et compétent ne s'est encore manifesté.

Lors de la rédaction de mon livre *Mahomet – Contre-enquête*, j'ai pris connaissance de quelques études qui portaient sur les causes neurologiques des révélations. Plusieurs hypothèses étaient émises, entre lesquelles je n'étais pas en mesure de trancher et qui ne pouvaient intéresser que des spécialistes. N'estimant pas la question essentielle à mon propos, je n'en ai pas fait mention.

Par ailleurs, à cette époque, je me suis entretenu successivement avec trois médecins ayant traité des « hallucinations auditives et/ou visuelles » récurrentes.

– En ce qui concerne les premières hallucinations (les Croyants diront : révélations), qui ont surpris et bouleversé le quadragénaire, les médecins ont été d'accord pour dire que, à leur avis, « le sujet » les avait reçues passivement et les avait transmises avec fidélité ; ils ont estimé plausible l'environnement de son et de lumière retenu par la Tradition.

– Sur les causes psychologiques, neurologiques, sociales... des « troubles », mes interlocuteurs m'ont dit ne pouvoir émettre que des hypothèses impossibles à vérifier. Ils se sont montrés critiques à l'égard de leurs confrères ayant publié des articles conclusifs sur la question.

– Sur la forme et le contenu des messages, ils se sont déclarés incompétents.

– La question de la « sincérité » du Prophète devait être posée, selon eux, après la période de « latence », à partir du moment où il décide de faire part des messages en public, agissant selon les ordres qu'il dit avoir reçus. La sincérité du sujet est-elle constante ? totale ? Provoque-t-il les crises ? Certaines crises ? Pour quelles raisons ? Simule-t-il ? parfois, souvent ou toujours ? Invente-t-il des messages, partiellement ou totalement ? parfois, souvent, constamment ? etc.

Mes interlocuteurs pensaient, comme moi, que seule une étude pluridisciplinaire permettrait d'arriver à des hypothèses étayées. D'un commun accord, nous avons décidé que je ne ferai pas état de nos échanges dans mon livre.

En tout état de cause, les hypothèses ne sauraient retenir l'attention que d'historiens non musulmans. En notre siècle, on n'a jamais entendu dire qu'un Croyant ait mis en doute que le Coran soit intégralement parole d'Allâh.

A PROPOS DE LA RAPIDITÉ DES CONQUÊTES MUSULMANES

Aux causes multiples signalées par les historiens (Byzantins et Perses étaient épuisés de leurs guerres mutuelles ; les uns et les autres ont cru à des rezzous sans lendemain...), je voudrais en ajouter une, que je n'ai trouvée mentionnée nulle part dans les ouvrages des spécialistes de l'Islam, de Byzance ou de la Perse traitant de ce sujet : la peste dite justinienne, du nom de l'empereur byzantin qui régna au 6e siècle (483-527-565).

La pandémie apparaît en Egypte en 541. Byzance est touchée dès l'année suivante. Tous les pays riverains de la Méditerranée sont ravagés, avec un paroxysme en 592. Le fléau ne cesse de s'étendre, jusqu'à la Grande-Bretagne et l'Irlande. Il ne disparait qu'en 767. Des historiens ont parlé de cent millions de victimes.

Ne doit-on pas faire entrer en ligne de compte ce désastre sanitaire – plus ample que celui qui frappera l'Europe au XIVe siècle et laissera le continent affaibli pendant longtemps – pour expliquer partiellement la déroute des peuples contaminés face à des assaillants épargnés par le mal ?

Qu'un tel évènement n'ait pas été signalé par la plupart des historiens (tous ?) en dit long quant aux faiblesses de nos connaissances sur les invasions musulmanes.

CHAPITRE 4

La sunna : le totalitarisme...

Du vivant de Mahomet, ses fidèles se conformaient aux mœurs, coutumes et valeurs de la société arabe tant que celles-ci n'entraient pas en contradiction avec les règles édictées par le chef.

Quand il mourut, il laissait un ensemble de lois d'essence théocratique, qui enserrait la société et chaque individu dans un lacis d'obligations et qui mobilisait tous et chacun pour la guerre. Le système allait montrer son efficacité par la rapidité et l'ampleur des conquêtes. Mais il était insuffisant pour gouverner un immense empire. Il fallait élaborer un code qui fût applicable à des populations vivant dans des environnements bien différents des déserts et cités d'Arabie ; des populations qui avaient été, ou qui étaient demeurées, chrétiennes, zoroastrienne, juives, animistes... et dont les lois, coutumes ou modes de vie étaient inconnus des conquérants ou contrevenaient au cadre réglementaire musulman.

UNE LOI POUR UN EMPIRE

Les califes entendaient maintenir dans ses principes le système de gouvernement de la Communauté et des individus qui réussissait si bien. Le code qui régirait l'empire ne pouvait être qu'une extension de la Loi instaurée par Mahomet :

– Comme celle-ci, il aurait vocation à couvrir tous les secteurs de la vie humaine : il serait totalitaire ;

– Ce serait la Loi, non de Mahomet ou de ses successeurs, mais la Loi d'Allah : il serait d'essence théocratique.

LA *SUNNA*

Les chefs musulmans, tous arabes, eurent recours à un principe juridique immémorial chez les Arabes : la *sunna*, (étymologiquement : une voie beaucoup utilisée, au point que ses marques sont profondes et qu'on ne peut s'en égarer), qui fonde la légitimité d'un droit ou d'une pratique sur le précédent. Dit sommairement : on peut ou on doit agir de telle manière parce qu'il en a toujours été ainsi dans la communauté ou parce que tel ancêtre vénéré a agi ainsi.

La *sunna* prit pour référence :

– Le Prophète, le beau modèle : Cor. 33. 21 : *Vous avez dans l'Apôtre d'Allah un bel exemple pour quiconque espère en Allah et au Dernier Jour et invoque Allah sans trêve* ; Cor. 53. 3 : *Il ne parle pas par propre impulsion* ; Cor. 68. 4 : *En vérité, tu es d'une condition morale éminente*, et *passim*.[72]

– Et ses premiers Compagnons, qui bénéficient d'une grâce particulière d'Allâh : Cor. 48. 18 : *Il a fait descendre sur eux la Présence divine.*

On recueillit, on inventa, on tria selon des critères parfois rationnels, parfois politiques, les faits et dits de ces personnages dans des recueils nommés *hadîth* (: ce qui vient d'arriver, ce dont on parle).[73] Dans son principe même, le *hadîth* ne laisse aucun domaine de la vie humaine en dehors de son champ de compétence.

Coran et *hadîth* sont les deux sources de la Loi (*al-sharî'a* : la Charia, étym. : le chemin qui conduit à l'abreuvoir).

A ces textes, il faut ajouter les premières biographies du Prophète, qui ne constituent pas juridiquement une source de la Loi, mais dont l'influence fut certaine dans son élaboration.

Le mot *sunna* finit par désigner à la fois :

– Le principe,

– Les textes reconnus comme authentiques, fondateurs et référentiels : Coran, *hadîth* et, dans une moindre mesure, premières biographies de Mahomet,

– La Tradition, c'est-à-dire la Loi, *sharî'a*, et son interprétation, sa jurisprudence.

72. Trad. Régis Blachère.

73. En français, *le hadîth, les hadîth, les hadiths :* l'usage n'est pas fixé.

L'ORTHODOXIE REDÉFINIE ET IMPOSÉE PAR LE POUVOIR POLITIQUE

Pendant les quatre-vingt-dix ans du califat omeyyade et les premières décennies du califat abbasside, des querelles de doctrines viennent compliquer le jeu politique.

– Plusieurs versions du Coran circulent, dont une version shiite dans laquelle la famille d'Ali est désignée pour le califat.

– Des mystiques, les soufis (étym. : de *sûf* : laine ? – matière de leurs vêtements ?), prétendent interpréter le texte sacré dans un sens symbolique et prônent des rituels particuliers.

– Des « intellectuels », les *mu'tazilites* (: ceux qui s'isolent – des querelles sur le califat ?) récusent le dogme du Coran éternel, incréé, au nom de l'unicité divine (Seul Allâh est éternel, incréé) ; d'autre part, ils affirment que certains passages du Livre saint ne peuvent avoir été révélés par Allâh, parce que contraires à la raison qu'Allâh a mise en l'homme.

Influence du monachisme chrétien là ? De la pensée grecque ici ? De telles divergences ne peuvent subsister au sein de l'Islam sans risquer de le fractionner, sans détruire son idéologie totalitaire.

Pendant le même temps, les peuples vaincus se réveillent et réclament la reconnaissance de leur identité ; des mouvements sociaux ébranlent la forteresse administrative et financière ; un califat omeyyade, rival de celui de Bagdad, est créé, en 756, en Espagne par un rescapé de la tuerie qui, sept ans plus tôt, avait liquidé les membres de sa famille…

L'Islam est le seul lien qui maintient ensemble les différentes fractions et factions de l'empire, le seul ferment d'unité.

Certes, mais quelle variété d'Islam parmi celles qui se sont constituées en deux cents ans ?

Accédant au pouvoir en 813, après avoir vaincu par les armes son frère, héritier légitime, le calife al-Ma'mûn (786-833) tente, tout d'abord, d'imposer le shiisme. Il échoue, à cause du peu de qualité du membre de la famille d'Ali qu'il a choisi pour incarner sa cause. Il proclame alors, en 627, le mu'tazilisme seule doctrine et, avec détermination et sans reculer devant les moyens les plus coercitifs et les plus rudes, il force les cadres du régime à proclamer que le Coran est une création, un fait d'histoire. Un peu avant sa mort, en 833, il met en place une sorte de police du dogme, d'« Inquisition » (*al-mihna* – racine : épreuve) aux méthodes brutales : prison, fouet, torture, décapitation…

Sa tentative ne lui survivra pas longtemps. Arrivé au califat en 847, al-Mutawwakil (822-861) et le « juriste » Ibn Hanbal (780-855) lancent une contre-réforme qui s'en prend durement à tous les déviants : soufis comme mu'tazilistes, khâridjites, shiites, « identitaires »… (sans ménager Juifs et Chrétiens).

L'œuvre d'unification doctrinale durera plus d'un siècle, dans une surprenante convergence entre des partis, sunnites, shiites, khârijites, qui ne cessent de se faire la guerre.

– Les *hadîth*-s sont épurés. Il en circulerait plusieurs centaines de milliers, la plupart fabriqués de toute pièce pour des raisons de circonstances politiques. Al-Bukhârî (809-869), qui sera une autorité de référence pour les sunnites, déclare qu'il en a consulté de 200 à 300 000 pour n'en retenir que 7 397, déclarés « sains ».

– La biographie de Mahomet est réécrite par des auteurs appointés par le pouvoir. Deux feront autorité :

– Ibn Hishâm, mort en 833, se serait contenté d'éditer l'œuvre (la première *sîra*), perdue, d'un écrivain mort en 750 (ou plus tard : dernière date signalée : 767), Ibn Ishâq.[74]

– Tabarî (839-923), polygraphe, auteur d'un volumineux commentaire du Coran, écrit une *Chronique des prophètes et des rois*, qui commence à la Genèse et s'achève huit ans avant sa mort.[75]

– Les articles du dogme sont édictés incontestables. En particulier, le dogme du Coran incréé, Parole d'Allâh, éternelle comme Lui. Professer le dogme du Coran créé est assimilé au crime d'apostasie, puni de mort.

– Un seul Coran – sunnite – est décrété authentique.

A l'image du Coran, découlant du Livre saint, directement ou via le *hadîth*, au service de despotes absolus, la Loi traite de tous les domaines qui, dans notre civilisation, ressortissent aussi bien à la religion qu'à la

74. Il est possible que la biographie d'Ibn Hishâm, rédigée alors que mu'tazilisme était la doctrine officielle, ait elle-même été « retravaillée » avant publication. En français : *Muhammad*, traduction de 'Abdurrahmân Badawî. 2 volumes (Les éditions Albouraq, Beyrouth, 1992).
75. En français ; *La Chronique. Histoire des prophètes et des rois*. Traduit du persan par Hermann Zotenberg. 2 volumes (Actes Sud/Sindbad, 1980-1983).

politique, aussi bien au droit public, au droit privé, qu'à la morale et aux mœurs… Rien n'échappe à la Loi.

Le processus d'élaboration du droit est complet et définitif. Il ne changera plus.

La Loi sera bientôt déclarée achevée. Chez les sunnites, la recherche personnelle (*ijtihâd*) est interdite : la Loi ne peut être interprétée ou commentée que dans le cadre de quatre écoles juridiques, et, partout, la novation (*bid'a*) est un crime-péché majeur : la novation est le privilège d'Allâh seul.

ORTHOPRAXIE ET PRESSION SOCIALE

L'orthodoxie est aussi une orthopraxie.

Tout comportement ou acte humain est qualifié ou peut être qualifié en fonction de la Loi suivant un barème à cinq niveaux : obligatoire, recommandé, indifférent, blâmable, interdit, avec un système de sanctions positives ou négatives qui s'inscrit à la fois dans ce monde-ci et dans l'Au-delà.

Un Musulman, dans toutes les circonstances de sa vie, doit se conduire d'une manière qui est précisée par la Loi.

Un système croisé de contrôle assure le respect de la Loi :

– Verticalement, les cadres de l'Islam. Dans le shiisme, un clergé ; ailleurs, des *qâdî, muftî, 'ulamâ'*… qui constituent bel et bien un clergé de fait, ou une magistrature, selon nos mots.

– Horizontalement : l'ensemble des Croyants. Chaque Musulman a pour devoir de surveiller les membres de la Communauté, de dénoncer et de corriger les contrevenants. Pères, frères, maris, voisins… sont requis en permanence au service de la Loi, et le manque de vigilance ou de zèle est lui-même faute punissable.

D'où la force de la pression sociale.

Les médias occidentaux nous ont fourni mille exemples de ces Croyants sanctionnés : homme buvant ou mangeant au cours d'une journée de ramadan, femme qui laisse apparaître ses cheveux en dehors du voile ou a coloré ses ongles de vernis… Les moindres manquements sont remarqués, interdits, éventuellement punis, et leur développement, leur effet d'imitation ou de « contagion », est arrêté aussitôt.

Le totalitarisme qui était en germe dans le Coran et dans la conduite de Mahomet est institutionnalisé.

Et il ne fera que s'aggraver.

LA LOI, JUSQU'À L'EXTRÊME LIMITE DU POSSIBLE

Privés de la possibilité de remettre en cause les bases de la Loi, les juristes musulmans vont exercer leur dynamisme – on n'ose écrire : leur créativité – à aller toujours plus loin dans le détail. Puisque toutes les occurrences d'une vie humaine sont objets du droit, toutes peuvent être objets de normes et, une fois les normes édictées, toutes les actions d'un individu peuvent être soumises à enquête, jugement, sanction. La jurisprudence, sous prétexte de rappeler ou préciser la Loi pour traiter des cas d'espèce, va rendre celle-ci de plus en plus tatillonne et contraignante. Les cadres multiplieront les fatouas (*fatwa* : consultation juridique).

On en arrive, à partir du Xe siècle, à une mainmise de la Loi sur l'individu comme il n'en a jamais existé ailleurs. Les fatouas sur le comportement d'un homme avec ses épouses sont innombrables ; presque aussi nombreuses, les fatouas sur les interdictions et prescriptions applicables à un individu… lorsqu'il est seul.

La prolifération ne se ralentit pendant la domination occidentale que pour reprendre de plus belle par la suite. Au siècle dernier, l'imam Khomeiny promulgua, dans son « Petit Livre vert »[76] des règles précises sur la manière dont un Croyant doit se conduire en toutes circonstances, notamment… aux toilettes : entrer du pied gauche, se couvrir la tête, ne pas se placer face ou dos à la direction de La Mekke, se taire de peur de prononcer le nom d'Allâh ou de Mahomet, n'utiliser que la main gauche…[77] Le même, dans son devoir d'être exhaustif, de ne rien

76. En français : *Principes politiques, philosophiques, sociaux et religieux* (Editions libres-Hallier. 1979).

77. L'Iranien ne faisait que rappeler des devoirs maintes fois énoncés par des oulémas sunnites ou chiites. Les prescriptions d'un docteur sunnite (de l'école juridique chaféite) du XIVe siècle, Shahâb al-dîn al-masry, encore plus détaillés que celles du chiite Khomeiny, ont été rééditées à l'intention des fidèles par l'Institut al-Azhar du Caire, la plus haute autorité de l'Islam sunnite, en 1991. Cette fatoua comporte une bonne centaine d'interdictions, recommandations ou obligations.

laisser au libre-arbitre des Croyants et de leur éviter de contrevenir à la Loi d'Allâh, envisage des situations… improbables : « Si un homme sodomise le fils, le frère ou le père de sa femme après son mariage, ce mariage reste valide. »[78]

En Egypte, en 2011, quand les « religieux » ont senti que la pression des militaires et des politiques plus ou moins « laïques » se relâchait, ils se sont empressés de rappeler à leurs ouailles des fatouas oubliées ou négligées et d'en émettre de nouvelles, traitant aussi bien de la forme du gouvernement que du vernis à ongle ou de la forme des chaussures ;

Exemples :

– Abdel Moneim al-Shabat, par ailleurs candidat aux élections législatives : La démocratie est une forme d'apostasie.

– Mahmoud Amer : Il est interdit aux Musulmans de voter pour les candidats coptes ou pour des Musulmans qui ne prient pas régulièrement (un Musulman ne doit pas accepter d'être sous l'autorité d'un non-Musulman ou – raisonnement par analogie – d'un mauvais Musulman).

– Mustafa al-Adawi : Une femme ne peut porter des talons hauts que pour séduire son mari et elle ne peut pas le faire en dehors de sa maison.

Etc.

Un Croyant se trouve à tout instant placé « sous la double menace du sabre et de l'Enfer », selon l'expression d'un militant français de la laïcité, Pascal Hilout[79].

A PROPOS DES RAPPORTS ENTRE « RELIGIEUX ET DIRIGEANTS POLITIQUES

Les juristes musulmans ont souvent posé d'eux-mêmes une limite à leur zèle : la compatibilité de leurs rappels à la Loi avec le désir des puissants du moment.

Par exemple, ils surent toujours jongler avec l'interdiction de la nouveauté. Pas question de refuser aux conquérants la poudre ou la bombarde. Mais l'imprimerie fut strictement interdite : quand Bonaparte arriva en Egypte, en 1798, il n'y

78. Dans le livre cité ci-dessus, chapitre *Du mariage, de l'adultère et des rapports conjugaux*, n° 27, page 227 de l'édition en français.
79. … qui, fils d'un Marocain d'origine, ajoute toujours à l'énoncé de son nom « né Mohamed ».

avait pas une seule imprimerie dans la Maison de l'Islam (il créa l'Imprimerie nationale d'Egypte). Lorsque, au siècle dernier, le roi d'Arabie saoudite voulut doter son pays de la télévision, les oulémas du royaume hurlèrent à la « novation » peccamineuse pour, quelques mois plus tard, trouver l'argument qui permettait de répondre favorablement à la demande du souverain : l'instrument était mis à la disposition des Croyants par Allâh pour répandre Sa parole.

Y eut-il jamais une décision prise ou une pratique suivie par un pouvoir fort qui n'ait été approuvée par des fatouas ? Les religieux ne sont jamais en manque d'arguments pour justifier, même le pire.

Exemple : le fratricide des sultans ottomans.

C'est Mehmed II, le conquérant d'Istanbul et maints autres lieux (1432-1481), qui inaugura le système. Quand il monte sur le trône vers sa vingtième année, il décide de supprimer immédiatement tous ses frères et demi-frères, qui pourraient, un jour, alléguer un droit dynastique à contester son pouvoir. Un exemple qui sera suivi par ses successeurs pendant un siècle et demi (en 1595, à la mort de son père Mourad III, Mehmet III élimina en un jour ses dix-neuf frères et plus de vingt de ses sœurs). Les « religieux » louèrent ces massacres devenus rituels : celui qui était appelé au trône « par décret d'Allâh » assurait la force et la continuité de la dynastie, donc de la Communauté des Croyants. Il leur fallait cependant la caution d'un texte de la *sunna* : que pouvaient-ils avancer de plus convaincant que la Parole d'Allâh ? Ils arguèrent d'une phrase du Coran, citée dans deux versets, dont ils détournèrent complètement le sens originel : *La* fitna (sédition, discorde entre Musulmans) *est pire que le combat* (ou meurtre) Cor. 2. 191. 217. (Le contexte est sans ambigüité : le Coran faisait allusion au fait de tuer des non-Musulmans, en l'occurrence : des Mekkois polythéistes.)

Les rapports qu'entretiennent les cadres « religieux » et le pouvoir « politique » dans les différents pays musulmans sont difficiles à saisir pour des Européens.

Le parallèle avec les relations entre nos rois et l'Eglise, qui nous vient naturellement à l'esprit, n'est pas pertinent, au moins pour les pays sunnites, parce que le « clergé » de l'Islam a toujours été dépourvu d'un statut, d'un cadre juridique global, qui lui eût permis de se prétendre, comme l'Eglise, une force au-dessus des dynasties et l'eût protégé des empiètements des pouvoirs locaux.

Il nous est malaisé de suivre les péripéties de ces rapports à travers les temps, les lieux, les hommes. Hier, dans des pays dits laïques, comme la Tunisie de Bourguiba ou l'Egypte de Nasser, les « religieux » ne faisaient qu'enregistrer et cautionner les décisions du pouvoir politique tandis que, dans les Etats pétroliers ou au Pakistan, il leur est arrivé de jouer un rôle de censeur ou, plus, d'orienteur, et même, de décideur.

Dissimulée au plus grand nombre ou publique, feutrée ou véhémente, la rivalité est quasiment incessante entre ces deux instances, qui se surveillent, se craignent et se disputent des espaces de pouvoir, mais tiennent pareillement à maintenir une base civilisationnelle commune.

Les médias occidentaux nous informent régulièrement sur les tensions qui existent en Iran entre les autorités religieuses et les gouvernants ; dans ce pays shiite, les relations entre les deux pouvoirs sont institutionnalisées, donc visibles, au moins partiellement. Dans les Etats sunnites, la partie se déroule de manière généralement souterraine, mais elle n'en est pas moins permanente et elle a toujours des conséquences sur ce que nous appelons la morale, les mœurs, la vie quotidienne, mais aussi sur la politique intérieure : justice et police, enseignement, fiscalité... et, parfois, tout autant sur la politique étrangère. Le passé et la situation présente de l'Arabie saoudite illustrent l'importance de cette constante de l'histoire de l'Islam.

LES SAOUD, LES WAHHÂBITES ET LES AUTRES

En 1744, un chef de tribu du Najd (on dit parfois : Nedjed), désert au centre de la péninsule arabique, Muhammad ibn Sa'ûd, conclut un pacte (au sens fort : *'ahd*) avec un théologien, Ibn al-Wahhâb, de l'école juridique hanbalite, particulièrement fondamentaliste et rigoureux. Les deux hommes se proposent « d'établir le royaume d'Allâh sur terre ». L'alliance prospère, en particulier à cause de son démarquage arabe par rapport au pouvoir ottoman, qui est turc, et elle étend peu à peu sa domination sur plusieurs provinces. Après la Première Guerre mondiale, elle bénéficie de l'appui des Britanniques et, à la suite d'une série de batailles, 'Abd al-'Aziz ibn Sa'ûd proclame, en 1932, le Royaume d'Arabie saoudite. Le drapeau du nouvel Etat, s'orne, sur fond vert, de la formule d'adhésion à l'Islam (*al-shahâda*) et de deux sabres entrecroisés, soit d'une part l'affirmation de l'idéologie justificatrice, l'Islam, d'autre part le rappel de la légalité et du devoir de l'islamisation par les armes, du djihad. (Ce drapeau ne peut être mis en berne, car « ce serait abaisser Allâh ».)

Les alliés sont désormais gardiens des Lieux Saints,[80] ce qui leur vaut un grand prestige et quelques revenus, mais ne fait pas de leur pays une puissance qui compte sur la scène internationale. Soudain, miracle ! des vastes surface de roche et de sable, jaillit le pactole de l'or noir. Aux Britanniques succèdent bientôt les Etats-Uniens comme mentors et protecteurs de la dynastie. Sur son chemin de retour de Yalta, où il a découpé le monde avec Staline et Churchill, le

80. Les gardiens traditionnels étaient les Hashimites, descendants du Prophète. Les Britanniques, faute de donner à ceux-ci le « grand royaume arabe » qu'ils leur avaient promis pendant la guerre, les ont placés sur les trônes de deux nouveaux Etats : la Jordanie et d'Irak, qu'ils entendaient contrôler.

président Roosevelt reçoit à bord de l'*U.S.S. Quincy*, au large de Djeddah, le 3 février 1945, le roi Ibn Saoud et conclut avec lui un accord qui peut s'énoncer en quelques mots : les Etats-Unis garantiront la sécurité internationale du royaume contre l'exploitation de ses richesses pétrolières.

Le pacte a été scrupuleusement respecté depuis près de soixante-dix ans, mais il a été considérablement élargi :

– Il a été étendu aux autres Etats arabes et sunnites de la région riches en hydrocarbures ;

– Les Etats-Unis ne se sont pas contentés de « protéger » l'Arabie saoudite : ils l'ont aidée de toutes leurs forces quand, devenue immensément riche, elle a repris le jihad contre ses voisins laïques ou shiites et en Europe ;

– Les deux comparses ont mené des actions combinées, comme les deux guerres du Golfe, au point qu'il a été difficile de dire qui était le meneur, ou le principal profiteur, au point également que les autres pays embarqués dans les coalitions ont été parfois fort perplexes quant à la finalité des conflits auxquels ils participaient.

Une complicité aussi étroite avec une puissance infidèle ne pouvait qu'être surveillée de près par les sourcilleux oulémas wahhâbites.

A l'intérieur, la Charia est La Loi, toute la Loi, et elle est appliquée avec rigueur. Une police veille à ce que les femmes soient strictement voilées, qu'aucune d'elles ne conduise une voiture, que les magasins ferment pendant la prière...

Les oulémas avalisent ainsi la légitimité de la dynastie en garantissant la légalité des pratiques à l'intérieur du royaume.

Indirectement, ils cautionnent aussi des alliances légalement (selon la Charia) contestables (dont ils approuvent d'ailleurs certaines actions : les chefs « laïques » arabes sont des hérétiques qu'il convient d'abattre et les ayatollahs iraniens shiites ne méritent pas mieux). En outre, ils savent fermer les yeux sur des « innovations »... ou sur le comportement un peu « léger » de quelques membres de la famille régnante (le premier successeur d'Ibn Saoud était notoirement alcoolique)[81].

---

81. Fils du fondateur de la dynastie, Saoud ben Abdelaziz, né en 1902, avait déjà une réputation de noceur et d'alcoolique lorsqu'il accéda au trône en 1953. Il dut abdiquer onze ans plus tard sous la pression du conseil des oulémas activé par son frère Faysal, de deux ans son cadet, qui lui succéda et l'exila. Il ne changea pas sa conduite, allant de palace en palais sur les deux rives de la Méditerranée. A sa mort, en 1969, il laissait 53 fils et 56 filles. Faysal fut assassiné en 1975 par un de ses neveux.

Mais les oulémas ne peuvent aller trop loin dans la « tolérance » : ils ont eux-mêmes en leur sein ou sur leur marge des extrémistes. (Plus de deux cents de ces purs se sont rendus maîtres pendant deux semaines, en 1979, de la grande mosquée de La Mekke. Ils déclaraient notamment que la dynastie saoudienne était illégitime à cause de sa politique d'ouverture à l'Occident. Il a fallu l'intervention de gendarmes français, convertis en un tournemain à l'Islam, pour les déloger. Bilan : 250 morts, 600 blessés, 63 prisonniers décapités, plus quelques exécutions secrètes).

Le pouvoir conjoint des dynastes et des oulémas doit donc ménager la branche la plus dure des religieux, qui, manipulée ou spontanément, représente un danger pour les uns et les autres.

Le couple s'assure la neutralité ou la bienveillance de ces censeurs éventuels en se posant en champion de l'expansion de l'Islam, du seul islam authentique : l'Islam wahhâbite.

C'est pour garantir la paix intérieure et la pérennité des pouvoirs en place – « politiques » et « religieux » – que l'Arabie saoudite, ainsi que les émirats du Golfe qui connaissent des situations identiques, financent sans limitation de fonds l'islamisation ou la réislamisation de l'Europe (Bosnie, Albanie, Europe occidentale), de la Russie, des républiques d'Asie centrale, de l'Afrique noire ; c'est pour les mêmes raisons qu'ils ont été acteurs dans les « printemps arabes », qu'ils interviennent dans les guerres de Syrie, du Yémen, du Mali… L'actuelle offensive de l'Islam dans nos pays plonge ses racines dans la structure traditionnelle du pouvoir en Islam, la *sunna*. Rien ne s'explique complètement dans l'Islam contemporain sans référence au passé et à la Tradition.

CHAPITRE 5

La sunna (suite) : le temps, l'humanité, la Terre coupés en deux, la guerre universelle et perpétuelle...

Sur un sujet aussi essentiel que le temps, la civilisation européenne et la civilisation islamique divergent totalement, et ces deux conceptions ont des conséquences jusque dans le quotidien des Européens et des Musulmans.

Je ne parle pas ici d'une appréciation différente des mêmes faits d'histoire, de la hiérarchisation de leur importance, de la valorisation ou de l'abaissement de tel ou tel personnage... comme cela est constatable de peuple à peuple, de parti à parti, d'école de pensée à école de pensée, d'individu à individu. Mais de quelque chose de plus profond, d'inné, peut-être de non révisable dans la vision du monde (*Weltanschauung*) des deux civilisations et, en conséquence, de plus déterminant dans les idées et les actions des hommes et des femmes qui en sont les sujets.

LE TEMPS BINAIRE

Les Européens vivent avec une structure du temps tridimensionnelle :
- Passé.
- Présent.
- Futur.

Les Musulmans, avec une structure binaire :
- L'accompli, le passé révolu.
- L'inaccompli, en cours, inachevé.

(Ces divisions sont sans doute inhérentes à leurs systèmes linguistiques originels, l'indoeuropéen et le sémitique. Mais traiter cette question excéderait le cadre du présent livre.)

Pour les Européens, l'histoire de l'humanité est constituée d'une suite d'évènements, d'importance inégale quant à leur ampleur ou à leurs conséquences, certes, mais dont aucun ne marque une fracture radicale, essentielle et définitive. Nous vivons depuis toujours et pour toujours dans un continuum passé-présent-futur.

Pour les Musulmans, l'histoire est coupée en deux par la révélation du Coran à Mahomet :

– Avant cet événement : l'accompli, une période de *jâhiliyya* (sauvagerie, ignorance), dont le déroulement historique est négligeable et dont les valeurs sont dépassées, invalidées par la Révélation, donc à combattre.

– Après : un en-cours non achevé, non accompli, dans lequel notre notion de temps s'évapore sur la longue durée au profit de la seule réalité qui importe : l'Islam.

Tous les Musulmans, même ceux qui n'ont jamais croisé leurs jambes dans une madrasa, connaissent cette distinction entre la *jâhiliyya* et l'ère de l'Islam.

Autour d'eux, d'ailleurs, nombreux sont les signes qui leur rappellent que, au VIIe siècle, l'humanité est entrée dans une période tout à fait nouvelle, qui ne finira pas, sinon au Jour du Jugement dernier, et dans laquelle il n'existe pas d'enchainement passé-présent-futur autre que superficiel, anecdotique.

Citons, comme significatifs de cet en-cours musulman :

– La permanence des dogmes et des rituels religieux : l'Islam n'a pas eu d'*aggiornamento***.** On prie, on se marie, on enterre… de la même manière depuis la fin de la *jâhiliyya.*

– La permanence des règles morales, des obligations et des interdits.

– La permanence des coutumes, des mœurs, de certains vêtements…

– La fixité de la langue arabe, langue matricielle et rituelle de l'Islam, inchangée dans ses structures grammaticales, morphologie et syntaxe, ainsi que dans son vocabulaire de base en quatorze siècles. Après avoir appris les mots désignant une « automobile » (*sayyâra* : reprise d'un vieux mot, d'une racine indiquant la marche, le voyage) ou la « démocratie » (*dîmûqrâtiyya*), un lettré arabe du IXe siècle de notre ère, transporté dans notre époque, suivrait sans difficultés une émission télévisée, lirait un journal, soutiendrait une conversation… Un cas unique parmi les grandes langues de civilisation, qui n'est nullement en obsolescence et qui semble prouver que les Musulmans ne sont pas à la veille de sortir de leur en-cours.

– Très concrètement : quand des Musulmans accusent des Occidentaux d'être des « croisés » ou des « colonialistes », les mots ont dans leur bouche une « présence », dans tous les sens du terme, que nous avons peine à imaginer (mais il nous faudrait faire cet effort). Nous sommes véritablement à la semblance de nos ancêtres, avec les mêmes objectifs et les mêmes comportements : seuls quelques détails conjoncturels nous distinguent d'eux, comme notre armement ou nos habits.

– Autre indice de ce « temps arrêté » : la prospective est absente. Il est symptomatique que les révoltes du « printemps arabe », en 2011, se sont faites sur deux slogans redondants : « Dégage ! » et « Le peuple veut la chute du régime », sans aucun mot d'ordre qui exprime un projet.

MAISON DE L'ISLAM ET MAISON DE LA GUERRE

Cette distinction dans le temps est inséparable d'une distinction dans l'humanité.

Les peuples non musulmans sont, en tous points, comparables aux peuples de la *jâhiliyya*. L'Islam a séparé à jamais les hommes entre Musulmans et non-Musulmans.

Dès le début de sa prédication, à La Mekke, vers 710, Mahomet a tout normalement distingué ses fidèles de ceux qui ne le suivaient pas, valorisant les premiers et dépréciant les autres. Rien là que de banal. Mais la séparation n'a fait que s'accentuer avec les années : quand il a eu le pouvoir, à Médine, à partir de 624 (hold-up de Badr), le Prophète a demandé à ses sectateurs de ne pas fréquenter les autres, puis de les combattre. Les autres, tous les autres, furent condamnés sans distinction à l'Enfer *post mortem* ; de leur vivant, ils n'étaient plus que des proies désignées dans une guerre qui ne cesserait qu'avec leur soumission ou leur disparition. Le Coran consacre de nombreux versets au sujet ; le *hadîth* et la *sîra* sont encore plus explicites.

Dans les siècles suivants, cet apartheid s'est renforcé tandis que l'Islam s'étendait et durait, créant une Loi interne d'obligations et d'interdits couvrant l'ensemble des activités humaines, multipliant ses signes marqueurs, enfermant ses sujets non musulmans dans un statut discriminant, livrant guerre sur guerre aux peuples infidèles…

Les peuples non musulmans doivent être amenés à l'Islam, par tous les moyens, y compris la guerre. Dans le droit, la distinction est tranchante comme la lame d'un cimeterre :

– D'un côté la Maison de l'Islam (*dâr al-islâm*), les pays où s'applique la Loi musulmane.

– De l'autre la Maison de la guerre (*dâr al-harb*), c'est-à-dire, tous les autres pays.

La coupure en deux est à la fois dans l'espace et dans l'humanité, elle-même.

La Maison de la guerre s'entend à la fois comme territoire à envahir et comme portion de l'humanité à combattre, asservir, convertir ou exterminer jusqu'au triomphe total de l'Islam.

La Charia interdit à un Musulman de s'établir ou même de séjourner longuement dans la Maison de la guerre : ses mœurs peuvent s'y corrompre et, surtout, il n'est pas en mesure d'y respecter l'intégralité de ses obligations légales, devoirs et interdictions. (Cette position était encore exprimée au milieu du siècle dernier par le Frère musulman égyptien Sayyid Qutb ; elle est reprise depuis plusieurs années au Proche-Orient par différents prêcheurs que les Occidentaux qualifient « d'islamistes ». Les imams qui vivent en Europe et mènent sous le masque le combat pour l'islamisation du continent ne la mentionnent jamais – et pour cause : ils s'exposeraient à la question : « Que faites-vous ici, sinon acte de guerre ? »)

JUIFS ET CHRÉTIENS : DES *UNTERMENSCHEN* SOCIAUX

Les Juifs et les Chrétiens peuvent « bénéficier » d'un statut particulier, devenir, au sein de la Maison de l'Islam, des *dhimmî*-s (protégés, par les Musulmans, et de qui ? des Musulmans eux-mêmes ?).

Le statut de dhimmi fait des Juifs et des Chrétiens « protégés » des « sous-hommes », des *Untermenschen* sociaux. Initié par Mahomet, sans doute lors de la prise de la ville juive de Khaybar en 628, il fut complété peu après la mort du Prophète par son deuxième successeur, Omar, créateur de l'administration musulmane, quand, du fait de la Conquête, les Juifs et les Chrétiens représentèrent, et de loin, la majorité de la population soumise à son pouvoir.

Les dhimmis doivent un impôt spécial (*jizya*), qui prit la suite, au profit des Musulmans, de la « taxe de protection » que les nomades arabes environnant imposaient aux riches banquiers, usuriers, joailliers... juifs de Khaybar ; ils doivent, en outre, se plier à de nombreuses interdictions.

Voici *in extenso* le Pacte d'Omar :

« Nous ne construirons dans nos cités ou dans leurs environs ni monastère, église, ermitage ou cellule de moine.

Nous ne réparerons pas, de jour comme de nuit, ce qui est tombé en ruine ou ce qui se trouve dans un quartier musulman.

Nous maintiendrons nos portes grandes ouvertes pour les passants et les voyageurs. Nous fournirons trois jours de nourriture et un logement à tout musulman qui s'arrêterait chez nous (var. : dans une église).

Nous n'abriterons aucun espion dans nos églises ni dans nos demeures, ni ne les cacherons aux musulmans.

Nous n'enseignerons pas le Coran à nos enfants.

Nous n'organiserons pas de cérémonie publique.

Nous ne ferons pas de prosélytisme.

Nous n'empêcherons aucun de nos parents d'embrasser l'Islam s'il le désire.

Nous montrerons de la déférence envers les Musulmans.

Nous nous différencierons des Musulmans par nos tenues vestimentaires.

Nous ne porterons pas de noms musulmans.

Nous leur céderons la place quand ils désireront s'asseoir.

Nous n'essaierons pas de ressembler aux Musulmans de quelque manière que ce soit.

Nous ne chevaucherons pas sur des selles.

Nous ne porterons pas d'épée ou n'importe quelle autre arme, ni ne les transporterons.

Nous ne vendrons pas de porc.

Nous couperons nos mèches de cheveux.

Nous ne devons pas porter une frange courte.

Nous devons nous ceindre la taille d'une écharpe.

Nous ne montrerons pas nos croix ou nos livres dans les rues empruntées par les Musulmans ou sur les marchés.

Nous ne ferons sonner nos cloches que dans nos églises et très discrètement.

Nous n'élèverons pas la voix en récitant nos prières, ni en présence d'un Musulman. Nous n'élèverons pas non plus nos voix pendant les processions funéraires.

Nous ne porterons pas de bougies pendant les funérailles.

Nous ne porterons pas de rameaux le dimanche des Rameaux.

Nous ne construirons pas nos maisons plus hautes que celles des Musulmans.

Nous ne pouvons pas acheter des esclaves capturés par des Musulmans en temps de guerre.

Quiconque frappe délibérément un Musulman perd la protection de ce pacte. »

Il est précisé *in fine* :

« S'ils (Juifs et Chrétiens) enfreignent le moindre de ces interdits, ils ne seront plus protégés, et les Musulmans pourront disposer d'eux comme ils disposent de ceux qui leur résistent. »[82]

Cherchant à échapper à leur situation d'infériorité, Juifs et Chrétiens commencèrent à se faire musulmans en masse sous les califes omeyyades (661-750)[83]. Mais le Trésor public ne trouvait pas son compte dans cette affaire : les « conversions » furent souvent découragées et même, parfois, interdites (par exemple, par le gouverneur d'Irak sous le calife omeyyade 'Abd al-Malik (646-685-705).

Le Pacte ne mit pas les individus et les communautés à l'abri des brimades, vexations, spoliations, meurtres, conversions forcées...

La jurisprudence donna une interprétation large du texte : dans une contestation juridique entre un Musulman et un infidèle, le verdict était assuré en faveur du Musulman ; un Musulman n'était pas mis à

82. Les érudits disputent pour savoir si Omar est bien le rédacteur du texte ou bien s'il ne fit qu'en esquisser la trame, la rédaction définitive ayant eu lieu sous le calife omeyyade, Omar II (682-717-720). Le « pacte » édicté lors de la prise de Jérusalem, en 638, ne s'appliquait-il qu'aux Chrétiens ? Fut-il proposé (!) par ceux-ci à leur vainqueur pour éviter un sort plus dur ? D'autre part, il est évident que le terme « Pacte » (arabe : racine *'-h-d : ' ahd, al- uhda al-'umariyya*) ne satisfaisait guère les *dhimmî*-s qui, parfois, préféraient parler des « conditions (*shurût*) d'Omar ».

En 640, Omar chassa les Juifs d'Arabie, ainsi que les chrétiens (de leur cité de Najran, au sud-ouest de l'Arabie, près de la frontière avec le Yémen). Le calife prétendait exaucer le dernier vœu du Prophète, mort huit ans plus tôt. La tradition offre sept versions de la phrase qu'aurait prononcée par Mahomet sur son lit de mort, la plus répandue étant : « Que deux religions ne se trouvent pas ensemble dans la Péninsule des Arabes ». De nos jours encore, une zone comprenant La Mekke et Médine (*al-balad al-harâm*) est interdite aux non-Musulmans sous peine d'emprisonnement, voire de mort.

83. Parallèle historique : dans quelle mesure l'expansion du christianisme au sein de l'Empire romain est-il dû au fait que, à partir du règne de Théodose (346-379-395), les non-chrétiens furent cantonnés dans un statut social inférieur ?

mort pour le meurtre d'un infidèle ; le mariage et les relations sexuelles d'un infidèle avec une Musulmane entrainaient la mort ; dans les rues, les infidèles devaient, non seulement s'effacer devant un Musulman, mais marcher à petits pas pressés, garder le regard baissé ; la possession d'une Bible ou d'un crucifix, même à l'intérieur de leurs demeures, leur était interdite… Des pogroms eurent lieu, notamment sous les Almohades (1130-1232), en Espagne et au Maghreb.

Et comment concilier le *devshirmeh* avec les « garanties » du pacte d'Omar ?

A partir du XVIe siècle, la troupe d'élite et garde prétorienne des sultans ottomans fut recrutée uniquement par le système du *devshirme* (turc : la récolte, le ramassage, la cueillette). Régulièrement, la Sublime Porte organisait des expéditions militaires dans les régions chrétiennes de l'Empire : Chypre, Grèce, Macédoine, Albanie, Bulgarie, Hongrie, Serbie… avec mission d'enlever les plus beaux des garçonnets. Il en était choisi un sur quarante, les familles des trente-neuf autres devant s'acquitter d'une taxe destinée à couvrir les frais de l'opération. (Des parents en arrivaient à défigurer leurs fils pour ne pas les perdre.) Les jeunes déportés ne devaient pas avoir moins de sept ans : au-dessous de cet âge, ils risquaient de ne pas survivre aux épreuves du déracinement et du déplacement. Propriétés du sultan selon la Loi, ils étaient, dès leur arrivée dans la capitale, Istanbul, « convertis » à l'Islam et formés immédiatement et intensément au métier des armes. C'est ainsi que se constituait la « nouvelle milice » (*yeni sheri*, dont nous avons fait : janissaires), qui comptait 30 000 hommes sous Soliman le Magnifique (1494-1520-1566).

Le sort des minorités « protégées » perdura tant que l'Islam fut maître de son destin. La dhimmitude, qui castrait de naissance Juifs et Chrétiens de leur vie sociale et les condamnait à vivre dans l'humiliation, la peur et la violence, interdisait leur plein épanouissement personnel. Peu à peu, les communautés s'étiolèrent, perdirent leur vitalité, victimes de ce qu'on pourrait appeler une guerre longue par attrition lente et continue.[84]

De nos jours, le pacte d'Omar est en application, légalement ou de fait, dans sa totalité en Arabie saoudite, dans les émirats du Golfe,

84. « attrition » est un terme technique de stratégie militaire. Il désigne un type de guerre dans lequel on ruine systématiquement un pays, on détruit les biens de ses habitants, leurs maisons, on les prive de nourriture, on les humilie… de façon à leur retirer tout espoir, toute volonté de survivre.

au Soudan du Nord, au Pakistan, en Afghanistan… Dans les pays prétendument « démocratiques », juifs et chrétiens ne peuvent accéder à des postes de responsabilité dans la fonction publique, l'armée, l'Université (« un Musulman ne peut être soumis à l'autorité d'un non-Musulman ») ; ils sont interdits de prosélytisme. En tout lieu et à tout instant, ils doivent faire « profil bas » : en terre d'Islam, on est facilement condamné pour atteinte à l'Islam, blasphème…

Une évidence s'impose : l'impôt était la meilleure protection des Juifs et des Chrétiens. Par le droit et la pratique, les Musulmans veillaient sur eux « avec l'attention d'un éleveur pour son bétail » (l'orientaliste Gaston Wiet). Depuis qu'il a été supprimé, ils ne leur reste qu'à fuir dès que possible pour échapper aux brimades ou, pire, aux massacres.

L'ANTIJUDAÏSME, PLUS VIRULENT QUE JAMAIS

L'antijudaïsme est un des traits fondamentaux, constitutifs, de l'Islam. Le Coran retentit d'imprécations contre les Juifs, accusés d'avoir falsifié le message divin délivré par leurs prophètes, mais aussi d'avoir de multiples défauts : ils sont traîtres, menteurs ; ils pratiquent l'usure… tous les textes de la Tradition recommandent de les combattre. Un ordre du Prophète est terrible : « Tuez tout homme juif dont vous vous emparez »[85]

Dès qu'il dispose du pouvoir à Médine, en 624, Mahomet engage le combat contre les Juifs, et avec d'autant plus de vigueur, semble-t-il, qu'il avait été déçu de n'avoir pu les ranger à ses côtés dans sa lutte contre ses adversaires arabes et qu'il leur avait emprunté beaucoup de leur message monothéiste et avait calqué plusieurs de leurs pratiques. Comme il a été dit, les rares Juifs qui demeuraient en Arabie après lui en furent chassés par le deuxième calife, Omar, et, par la suite, les communautés juives ne durent de survivre qu'au statut fiscal des dhimmis. (Dans quelques contrées et à certaines époques, notamment dans l'Empire ottoman, des juifs surent habilement jouer un rôle d'intermédiaire entre Chrétiens d'Europe et Musulmans, mais aucun n'accéda jamais à un poste de réelle responsabilité politique.)

La création de l'Etat d'Israël, en 1947, sur une parcelle du territoire de la Maison de l'Islam, a été ressentie par tous les Musulmans comme une injure infligée à eux par les Occidentaux. Les conditions

85. *In* Ibn Ishâq : *op.cit.*

brutales dans lesquelles se sont installées en Palestine les juifs venus d'Europe, les nombreuses expulsions et spoliations... ont amené les Arabes à parler de *nakba* (: catastrophe – équivalent de l'hébreu *shoah*). L'antijudaïsme, qui avait été comprimé par les colonisateurs, a connu immédiatement un nouvel élan. Trois guerres ont été perdues par les Arabes contre les Sionistes, en 1948-49, en 1967, en 1973. La reconnaissance diplomatique a été accordée à l'Etat hébreu par l'Egypte, en 1979, puis par la Jordanie, en 1994. La Mauritanie, qui avait établi des relations avec celui-ci en 1999, les a « gelées » en 2009, puis rompues l'année suivante. La Turquie, qui fut longtemps son seul allié au Proche-Orient, distend ses liens au fur et à mesure que ses gouvernants islamistes l'éloignent du laïcisme kémaliste...

Quid de l'antijudaïsme dans les têtes et les cœurs des Musulmans d'aujourd'hui ?

L'antijudaïsme musulman est radicalement différent de l'antisémitisme chrétien, qui est une trahison du message christique[86], ou hitlérien (racial), ou marxiste (à fondement économique) : il est dans la parole d'Allâh lui-même, non discutable ; il est dans les actes et paroles du Beau Modèle et de ses Compagnons ; il est dans la Loi. Contrairement à ce que voudraient nous faire croire certains Occidentaux pro-musulmans, embarrassés par ce « racisme » de leurs amis, l'antisionisme ne peut le résumer : l'Etat d'Israël disparaîtrait que l'antijudaïsme musulman resterait vivace. Dans les pays musulmans comme dans la diaspora, l'antijudaïsme se réfère, certes, à un antisionisme « politique », mais aussi à la *sunna*.

Illustration : En France, en 2010 et 2011, des groupes violents de Musulmans, qui s'intitulaient « les Cavaliers de la fierté » (*fursân al-'izza*), manifestaient fréquemment aux cris de « *Khaybar, yâ yahûd !* » (« Khaybar, oh Juifs ! »).[87] Un rappel de la prise par Mahomet de la plus riche cité juive d'Arabie, en mai 627 ? Certainement. Un rappel de l'instauration d'un statut diminué et de la *jizya* sur les Juifs ? Sans

86. D'après les auteurs (Claude Tresmontant, Jean Carmignac) des dernières rétroversions des évangiles, parvenus à nous en langue grecque, dans les langues sémitiques parlées dans la Palestine du premier siècle, l'araméen et l'hébreu, le terme « Juif » serait une erreur de traduction : il recouvrirait « Judéen ». Les Judéens, et notamment les membres de la caste sacerdotale de Jérusalem, n'avaient qu'une considération médiocre pour les habitants de la province pluriculturelle de Galilée (*galil ha-goyim* : district des non-Juifs), d'où Jésus et la plupart de ses disciples étaient originaires. Le Nouveau Testament contient plusieurs attestations d'une inimitié réciproque entre ces deux composantes du peuple juif.

87. Le ministère de l'Intérieur a prononcé, en janvier 2012, la « dissolution » de ce groupe, « jugeant insupportable que dans notre pays un groupe forme des personnes à la lutte armée ».

aucun doute. Un rappel aussi du viol que le Prophète perpétra à cette occasion sur une jeune femme de dix-sept ans, Safiyya ?

Les faits sont donnés par la Tradition la plus certaine (mais systématiquement ignorés ou édulcorés dans les biographies de Mahomet rédigées par des taupes de l'islamisation de l'Europe). Le père et le frère de la jeune femme ont été tués dans la bataille ; son mari est torturé « avec la flamme d'un briquet sur la poitrine », « de l'amidon enflammé sur le visage et la barbe », pour avouer l'emplacement d'un trésor supposé. Comme le malheureux s'obstine à ne rien révéler – et pour cause –, Mahomet le fait tuer. L'Envoyé d'Allah couche avec Safiyya le soir même de la mort de son époux, contrevenant d'ailleurs à un de ses commandements : ne pas avoir de relations sexuelles avec une captive avant la fin d'une période menstruelle.

Qui pourra expliquer les cris « Khaybar ! » par le sionisme ?

Le nom de la ville juive fut également scandé par quelques deux cents Musulmans à Paris, place de la Concorde, le samedi 15 septembre 2012. Et sans doute pour que son interprétation ne donnât lieu à aucune ambiguïté, les manifestants, par six fois, (la scène a été filmée et diffusée sur Internet), hurlèrent ; « Egorgez les Juifs ! » en arabe (*idhbahû l-yahûd*). (Les nombreux CRS présents restèrent impassibles. Leurs chefs n'avaient pas prévu de traducteur ?)

Faut-il souligner qu'un des plus grands succès de librairie dans les pays musulmans est *Mein Kampf*, d'Adolf Hitler ? Il a été traduit en arabe (*Kifâhî*), en turc (*Kavgam*), en indonésien… le grand magasin Virgin Megastore de Doha, au Qatar, le recommandait à ses clients par voie d'affiche en novembre 2011.[88] Un autre classique de l'antijudaïsme européen, *Les Protocoles des Sages de Sion*, se vend aussi très bien.

Le « savant » (ouléma) le plus influent de l'Islam contemporain, le cheikh Yûsuf al-Qaradâwî, ne fait pas mystère de son antijudaïsme. Ce Frère musulman égyptien, déchu de sa nationalité par Nasser et chassé de son pays, a trouvé refuge au Qatar, où il devint une sommité en matière de « religion » et de « droit », directeur du Centre de recherches sur la *sunna* et la *sîra*. Il anime, sur la chaîne *al-Jazîra*, financée et dirigée par la famille régnante, une émission hebdomadaire *La Charia et la vie*, qui est, sans conteste, l'émission de propagande « religieuse » la plus suivie dans le monde arabe. Voici ce que dit ce grand docteur en Islam, à la fois président de l'Union internationale des Ouléma et

88. Source : site *L'observatoire de l'islamisation.*

directeur au Centre européen de la fatoua et de la recherche, référence pour tous les imams sunnites, en Europe comme ailleurs[89] : « Tout au long de l'histoire, Allah a imposé aux Juifs des personnes qui les puniraient de leur corruption. Le dernier châtiment a été infligé par Hitler. Avec tout ce qu'il leur a fait – et bien que les Juifs aient exagéré les faits –, il a réussi à les remettre à leur place. C'était un châtiment divin. Si Allah veut, ce sera par la main des Musulman. » (Sur *al-Jazeera*, le 30 janvier 2009.) Et le grand ouléma justifie les attentats aveugles en Israël.[90]

Y a-t-il encore des juifs en terre d'Islam ? En 2010, dans la Tunisie « laïque » de Ben Ali, il restait mille juifs ; il y en avait cent mille avant l'indépendance (précisons ; des juifs dont, pour la plupart, les ancêtres étaient présents en Afrique du Nord avant l'arrivée des conquérants musulmans).

Les communautés chrétiennes également sont en voie de disparition.

CHRÉTIENS : L'ÉPURATION ETHNIQUE S'ACCÉLÈRE

Dans la mentalité collective des Musulmans contemporains, les chrétiens sont des ennemis de l'Islam, d'abord en tant que polythéistes, « associateurs » (singulier : *mushrik*). Les Musulmans, monothéistes rigoureux, rejettent comme des preuves d'idolâtrie les grands dogmes du christianisme : Jésus, fils de Dieu et Dieu, la virginité de Marie, la Trinité, la passion et la résurrection... ainsi que l'hyperdulie de Marie et le culte des saints. Pour tout dire, les chrétiens apparaissent

89. Lire Sylvain Besson : *La conquête de l'Occident. Le projet secret des islamistes* (Editions du Seuil, 2005). Sur al-Qaradâwî, chapitre 4 : Le père spirituel.
Tariq Ramadan « éprouve un profond respect pour l'homme et le savant » – qui a obtenu pour lui la direction du Centre de recherche pour la législation islamique et l'éthique, créé, en 2012, à Doha, au Qatar.

90. En revanche, il n'a pas approuvé le bombardement des tours du World Trade Center, en septembre 2001 : de tels actes risquent de dresser les Occidentaux contre l'Islam ; ils sont nuisibles à la conquête, notamment de l'Europe qui doit tomber comme un fruit mûr. Invités à Paris à un congrès de l'Union des organisations islamiques de France (UOIF), proche des Frères Musulmans, il s'est vu refuser, en 2012, un visa, qui lui avait été d'abord accordé. Une décision qui s'explique sans doute par l'émotion suscitée dans l'opinion par un attentat récent particulièrement odieux et la campagne menée sur Internet par des sites de résistance à l'islamisation, dont, principalement, *l'Observatoire de l'islamisation.* L'UOIF a déploré la mesure d'interdiction : « Cheikh Qaradawi est un homme de paix et de tolérance qui a œuvré pour l'ouverture et la modération et dont les positions ont toujours été en faveur de la justice et de la liberté des peuples. » L'employeur et financier du cheikh, l'émir du Qatar, est l'objet de toutes les complaisances de la part des dirigeants français, de droite comme de gauche. Voir notamment page 311 et suivantes.

surtout comme des êtres irrationnels et, comme tels, peu dignes de considération.

Ils sont accablés d'autres tares, qu'on peut qualifier de conjoncturelles : ils sont des agents de l'Occident, liés, hier, aux puissances coloniales, aujourd'hui, aux Etats-Unis ; ils ne pensent qu'à s'enrichir (de fait, dans les classes moyennes et basses, ils sont souvent plus à l'aise que les Musulmans) ; ils corrompent les mœurs des Musulmans, notamment en laissant leurs femmes s'exhiber... Les fantasmes à leur propos courent les rues et les souks, le plus répandu étant qu'ils enlèvent des Musulmanes pour les violer ou les convertir de force.

Dans les pays dirigés par des nationalistes plus ou moins laïques, les chrétiens bénéficiaient d'une relative protection. Leur communauté, minoritaire et sans influence politique, n'était pas un danger pour les dictateurs ; elle pouvait être exhibée comme preuve de tolérance et de démocratie devant les instances internationales...

Avec l'arrivée au pouvoir de partis dépendant, pour les élections, de la *vox populi*, leur situation s'est considérablement aggravée. Les brimades et les injures se sont multipliées, souvent accompagnées d'actes violents (incendies d'églises, meurtres...) que les gouvernants n'ont jamais envisagé de réprimer. (Parenthèse : a-t-on entendu des Musulmans, égyptiens, irakiens, pakistanais, nigérians... déplorer le sort fait à des « compatriotes » chrétiens par des Musulmans ?)

Désespérés, constatant l'indifférence de l'opinion internationale, sachant que les choses ne peuvent aller que de mal en pis, les chrétiens sont de plus en plus nombreux à chercher leur salut dans l'exil.

Avant la destruction par les Occidentaux du régime « laïque » de Saddam Hussein, en 2003, il y avait un million cinq cent mille chrétiens en Iraq ; huit ans plus tard, il en restait cinq ou six cent mille. Dans les douze mois qui ont suivi la destitution de Hosni Moubarak au cours du printemps arabe, quatre-vingt-dix mille coptes auraient fui l'Egypte.

Il n'y a aucune raison pour que l'exode se ralentisse : les brimades contre les personnes ne donnent lieu à aucune poursuite ; les attaques contre les monastères et les églises se perdent dans le dédale des causes sans suite judiciaire. En Egypte, les chrétiens ont très bien compris ce que voulaient dire les proclamations des orateurs des partis musulmans : « un Musulman ne peut être placé sous l'autorité d'un non-Musulman ». Le statut de dhimmitude était réactivé ; Frères musulmans et salafistes du parti al-Nour veilleraient à ce qu'il soit appliqué.

A preuve : le candidat des Frères musulmans à l'élection présidentielle en Egypte en 2012, arrivé en tête au premier tour, Mohamed Morsi a déclaré entre les deux tours, vouloir « parvenir à la conquête de l'Egypte pour la deuxième fois ». Les chrétiens « doivent savoir qu'ils devront se convertir, payer la *jizya* ou émigrer. »[91] (Mohamed Morsi est devenu président de la République arabe d'Egypte le 30 juin 2012.)

Dans une allocution prononcée en français, au Vatican, le 9 janvier 2012, devant les 178 ambassadeurs accrédités près le Saint-Siège, à l'occasion de la cérémonie des vœux, le pape Benoît XVI a bien résumé le sort qui est fait aux chrétiens : ils sont relégués au rôle de « spectateurs secondaires de la vie nationale » quand ils ne sont pas contraints à « abandonner des pays qu'ils ont contribué à édifier ». On peut regretter que, à aucun moment, le Saint-Père, n'ait prononcé les mots « Islam » ou « Musulman », ou désigné un seul des pays dans lesquels, a-t-il dit, « les chrétiens sont privés des droits fondamentaux ».[92]

Selon Henri Boulad, directeur du Centre culturel jésuite d'Alexandrie, les chrétiens représentaient vingt pour cent de la population du Proche-Orient il y a un siècle ; aujourd'hui, ils n'excèdent pas deux pour cent.[93]

Si l'on prolonge les courbes statistiques, on peut prévoir que l'épuration ethnique sera achevée dans les vingt ans qui viennent. La Maison de l'Islam se sera nettoyée de ses chrétiens au XXIe siècle, comme elle l'a fait de ses juifs au siècle précédent.

LES SANS RELIGION : INCONNUS

Quant aux athées, agnostiques ou indifférents en matière religieuse… dans les pays musulmans, ils se terrent. D'ailleurs, ils n'existent pas. Là où il faut faire état de sa religion sur sa carte

---

91. Déclaration à *El Bashayer*, le 27 mai 2012, rapporté par le *Washington Times*

92. Alexandre del Valle : *Pourquoi on tue des chrétiens aujourd'hui dans le monde. La nouvelle christianophobie.* Préface de Denis Tillinac (Maxima, 2011) ; Annie Laurent : *Les chrétiens d'Orient vont-ils disparaitre ? Entre souffrance et espérance* (Salvator, 2008). De nombreux livres rapportent des témoignages sur les conditions de vie des chrétiens dans les pays de la Maison de l'Islam.

93. Interview à la chaîne *France 24*, le 25 juin 2012

d'identité ou son passeport, que pourraient-ils indiquer ? En général, ils mentent, se prétendant adeptes de la religion qui est la plus plausible pour eux en fonction de leur patronyme ou du teint de leur peau. S'ils se manifestaient, leur sort serait le même que celui qui est réservé aux Musulmans apostats : la mort ou, pour le moins, la mort sociale.

Dans la mentalité collective des Musulmans de ce siècle, après les intermèdes de la colonisation et des nationalismes, le sentiment d'une différence essentielle entre deux parties de l'humanité, dont l'une est supérieure à l'autre et a pouvoir d'édicter des lois à son encontre, demeure.

LE DEVOIR D'EXPANSION PAR LA GUERRE

Les Musulmans ont pour devoir de répandre l'Islam, par tous les moyens, y compris la guerre. Et à ce devoir, aucun pouvoir musulman ne manqua jamais. La guerre n'est pas un état passager, exceptionnel, de la société. C'est la paix qui est a-normale ; la paix est un état transitoire pendant lequel la guerre n'est pas jugée possible à cause des rapports de force avec l'ennemi.

L'Islam ne cessa jamais de faire la guerre aux autres.

– Il n'interrompit ses offensives que lorsqu'il était en position de faiblesse. Au long de l'histoire, aucun pouvoir musulman se sentant en capacité d'étendre le domaine de l'Islam ne s'est abstenu de faire la guerre.

– Y eut-il jamais, jusqu'au XIXe siècle, un Etat musulman qui dût ses richesses à d'autres moyens que la guerre de conquête ou l'exploitation de populations soumises ?

C'est vrai de Mahomet, immigré pauvre dans les premiers mois de son séjour à Médine, qui s'enrichit par les « campagnes » de Nakhla, Badr, Khaybar… L'Envoyé d'Allah détruisant les palmiers de Médine, riant en regardant une charrue… sont des scènes de la Tradition. La Grande Conquête déversera dans le Trésor public des tonnes d'or et d'argent ; les Ottomans ont systématiquement détroussé les peuples conquis, multiplié les incursions de pillage (hommes et biens) en terre infidèle, pratiqué le piratage (*al-jihâd al-bahrî* : le djihad maritime)…[94]

94. Sur la piraterie et l'esclavage en Méditerranée : les livres de Jacques Heers, déjà signalés (note page 45) ; Robert C. Davies : *Christian Slaves, Muslim Masters. White Slavery in the Mediterranean, the Barbary Coast and Italy. 1500-1800* (Palgrave MacMillan, 2003) ; traduction

– Aucun pouvoir musulman ne conclut de trêve ou d'alliance avec des non-Musulmans que pour des raisons d'opportunité, dans son intérêt propre et unique.

La Loi musulmane est formelle : aucune paix entre des Musulmans et des infidèles n'est licite. Les trêves (singulier : *hudna*), sont commandées par l'infériorité temporaire du parti musulman, pour lui permettre de se renforcer, mener à bien une manœuvre, nouer une alliance… et elles ne peuvent excéder dix ans. Cette durée est fixée en référence à la trêve passée par le Prophète avec les Mekkois, à Hudaybiyya, en mars 628 (afin de concentrer ses forces contre la riche cité juive de Khaybar, dont il s'empare en juin ; le temps aussi de conclure ses pourparlers avec les « collabos » qui vont lui livrer La Mekke moins de deux ans plus tard).

Cette interdiction est toujours en vigueur, même si elle n'est jamais invoquée devant des non-Musulmans. C'est en la rappelant que Oussama ben Laden obtint des Saoudiens, en 2000, qu'ils retirent aux Américains les bases qu'ils leur avaient concédées dix ans plus tôt ; on remarquera que le parti palestinien Hamas n'a jamais proposé à Israël qu'un armistice de dix ans.

LA RUSE AUSSI

Mahomet avait conquis le pouvoir et étendu sa domination en utilisant les moyens violents : brigandage, assassinat, bataille, massacre, soumission forcée, intimidation… Il avait aussi largement fait usage de la ruse.

Deux exemples :

– La ville de Khaybar, aux mains de financiers et de joailliers juifs, est la plus riche cité-Etat du Hedjaz. Le Prophète la guigne depuis qu'il commande à des troupes. En mai 627, une trentaine de Musulmans y arrivent, chargés, disent-ils, d'un message : Mahomet souhaite s'entretenir à Médine avec des représentants de la ville afin d'aboutir à un accord de bon voisinage. C'est un piège. Les Juifs forment une

---

française : *Esclaves blancs, maîtres musulmans* (Acte Sud, 2007) ; Giles Milton : *Captifs en Barbarie. L'histoire extraordinaire des esclaves européens en terre d'Islam* (Editeur : Noir sur Blanc, 2006).
Sur le commerce des esclaves noirs, Tidiane N'daye : *Le génocide voilé* (Gallimard, 2008). L'auteur fait état des conséquences à long terme des razzias sur les populations qui en étaient victimes.

commission, composée de leur dirigeant, Ossayr ibn Razim, et de trente hommes. En chemin, tous les Juifs sont tués par surprise. A leur retour à Médine, les assassins sont félicités par l'Envoyé d'Allâh.

– Les Juifs de Khaybar achètent leur tranquillité auprès des turbulentes tribus nomades qui entourent leur ville en payant une « taxe de protection ». Avec promesse de butin, Mahomet rallie ces tribus. Une fois la ville prise, il substitue ses impôts à ceux des nomades.

La ruse était traditionnelle chez les Arabes avant l'Islam. Par le principe de la *sunna* et en référence avec les comportements du « beau modèle », elle fut inscrite dans la Loi musulmane. Notamment, elle s'impose lorsque le parti musulman n'est pas en position de force. Des traités de droit précisent même à partir de quel pourcentage de combattants musulmans par rapport aux adversaires il devient blâmable de ne pas attaquer. Moyen de rappeler que, jusque-là, les Musulmans doivent conclure une trêve tout à fait provisoire, le temps d'accroître leurs capacités… et de continuer la guerre par la ruse.

La ruse est légale avant la bataille, pendant la bataille, mais aussi après la bataille, pour présenter une version « améliorée » des causes, du déroulement et des conséquences de l'affrontement, en vue de se mettre dans la meilleure position lors du prochain combat.

Exemples : les versions données par Mahomet sur les causes de Badr, l'élimination des Juifs de Médine… versions reprises sans vergogne par les taupes qui, en Occident, ont écrit des biographies du Prophète.

La ruse est désignée par plusieurs mots : *mahr*, *kitmân*, *taqiyya*… avec des nuances diverses : rouerie, dissimulation, mensonge... Les shiites l'ont théorisée, mais les sunnites en ont toujours fait un emploi aussi large qu'eux.

De nos jours, le terme *taqiyya*[95] s'est imposé pour désigner le type de guerre que l'Islam mène en Europe contre l'Europe.

Et sous ce terme, il convient de ranger la communication, la propagande, et, en première ligne des techniques, celles de l'audiovisuel.

Les chaînes de télévision satellitaire d'Arabie saoudite ou du Qatar ont été créées pour être des armes de guerre au service de l'expansion de l'Islam wahhâbite et elles remplissent parfaitement leur rôle. Ces

95. D'une racine dont le sens général est « se préserver, se prémunir » (qui a donné, à l'époque contemporaine, les mots pour « vaccin, vacciner ») et – une dérivation ou l'origine ? – « craindre Dieu, être pieux ».

deux pays consacrent des moyens considérables au « djihad hertzien » contre d'autres pays musulmans et contre l'Europe ; ils ont recruté à l'étranger ou formé sur place des réalisateurs, des techniciens de toutes spécialités et des « journalistes », dont le savoir-faire n'a rien à envier à leurs collègues européens et américains ; les bureaux de correspondants couvrent l'ensemble de la planète en un réseau serré ; certains présentateurs sont devenus des stars dans l'ensemble du monde arabe ; le prédicateur al-Qaradâwî est une référence « incontournable ». Depuis une dizaine d'années, les réseaux saoudien *al-Arabiyya* et qatari *al-Jazeera* ont fait maintes fois la preuve de leur efficacité sur un front désormais essentiel.

En résumé : Les Musulmans contemporains, comme leurs ancêtres au long de quatorze siècles, considèrent qu'un de leurs devoirs les plus sacrés est de ne jamais cesser de tenter d'étendre leur domination, ce qui peut se traduire, en termes d'idéologie : de répandre l'Islam.

Parmi les moyens de leur expansion, la guerre.

Et la guerre, c'est autant la ruse, la *taqiyya*, que l'affrontement armé, le massacre, l'attentat, l'assassinat ciblé... Les méthodes et moyens différeront en fonction des opportunités, mais la finalité reste la même.

On peut dire sans outrer des réalités :

– Dès sa naissance, dans ses textes fondateurs les plus sacrés et interdits de réforme, l'Islam a déclaré au reste de l'humanité une guerre universelle et perpétuelle.

– Par ces textes, la paix lui est interdite.

– Tout au long de son histoire, il n'a cessé ses offensives que contraint.

AUCUNE CURIOSITÉ POUR LES NON-MUSULMANS

Conséquences, parmi d'autres, de la dichotomie du temps et du monde dans l'Islam : le manque de curiosité des Musulmans pour les autres :

A l'exception de deux périodes : les deux premiers siècles et l'occupation coloniale, les Musulmans ne se sont jamais intéressés, si ce n'est pour des raisons politiques, guerrières ou pratiques, aux peuples extérieurs, demeurés dans la *jâhiliyya*.

– Aucun de leurs grands penseurs ne se soucia jamais d'apprendre une langue étrangère, morte ou vivante. Les « philosophes », comme Avicenne (Ibn Sînâ – XIe siècle) ou Averroès (Ibn Rushd – XIIe siècle), qui se référaient à Aristote – dans un but d'apologétique musulmane – ne connaissaient pas un mot de grec.

– Leurs voyageurs-géographes[96] ne se sont pas aventurés après le Xe siècle au-delà des marches de l'Islam et ils n'ont fait que rédiger des guides pratiques pour pèlerins, commerçants (d'esclaves notamment) ou... éventuels conquérants. Une exception : al-Idrîsî (XIIe siècle), qui travaillait pour le compte du roi normand de Sicile et fut considéré comme un renégat.

– Avant l'expédition de Bonaparte en Egypte, ni les Arabes ni les Turcs n'avaient jeté un regard sur les Pyramides ou les vestiges des civilisations mésopotamiennes, perses ou romaines. Par la suite, les « savants » musulmans n'ont porté aucune attention aux travaux des historiens occidentaux sur leur passé, islamique ou antéislamique, si ce n'est, très épisodiquement, pour prélever, dans les écrits d'orientalistes « éblouis par le soleil d'Allah », des parcelles d'information mentionnant des apports, réels ou supposés, de l'Islam à la civilisation européenne.

– L'aversion des Musulmans « pieux » pour les monuments préislamiques qui ne peuvent être convertis en mosquées est indéniable. En 2001, le bombardement par les talibans des bouddhas géants de la vallée de Bâmiyân avait ému l'opinion internationale... qui ignorait sans doute que cet acte de vandalisme faisait suite à beaucoup d'autres. On a pu dire que, s'ils l'avaient pu, les Musulmans auraient rasé les pyramides. Au moins ont-ils commencé, au XIVe siècle, à détruire le Sphinx. Devant l'étendue de la tâche, ils ont baissé les bras.[97] Mais qu'à cela ne tienne ! Les techniques modernes peuvent permettre de réaliser le vieux rêve : successivement, le cheikh saoudien Ali bin Said al Rabî'i, puis le « cheikh des cheikhs » sunnites de Bahreïn, président de l'Union nationale, ont appelé à détruire ces « symboles du paganisme », « à réaliser ce que Amr bin al-Âs, le conquérant de l'Egypte, n'était pas en mesure de faire au VIIe siècle » ; d'autres oulémas demandent que ces monuments soient recouverts de cire.[98]

– Le prédicateur le plus célèbre de la télévision égyptienne, le sheikh Sharawi (de la fin des années 70 à sa mort, en 1998, son émission, chaque vendredi, *nûr*

96. Le tant vanté Ibn Battûta (XIVe siècle) aurait poussé jusqu'en Chine à partir d'un sultanat du nord de Sumatra. Les érudits doutent qu'il soit allé au-delà de Quanzhu, port de départ vers l'Océan indien, où vivait une importante colonie musulmane.

97. Information cueillie dans le documentaire de télévision *Le pharaon et le sphynx*, de Clive Maltby (Atlantic Productions, 2005), diffusé sur *La Cinq*, le 15 juin 2012.

98. Source : site *Poste de veille.*

'ala nûr, *Lumière sur lumière*, atteignait des sommets d'audience) se vantait de ne pas avoir lu un livre pendant quarante ans.[99]

– Selon une source crédible, cette information (qu'il m'a été impossible de vérifier précisément, mais que, par recoupements divers, je crois plausible) : la totalité des livres traduits en arabe depuis l'arrivée de Bonaparte en Egypte jusqu'à maintenant représenterait à peu près l'équivalent des traductions en espagnol pendant une année.

99. Interview d'Henri Boulad, directeur du Centre culturel jésuite d'Alexandrie, à *Radio Canada*, le 5 février 2012.

CHAPITRE 6

La sunna (suite) : l'involution, retour aux origines

Après le Xe siècle et tant que l'Islam fut maître de son destin, aucune contestation intellectuelle, aucune révolte populaire, aucun changement de dynastie ne se fit sur une autre revendication que le retour à l'Islam des origines, considéré comme étant le plus pur, le plus authentique, ce qui, sans glose ni excès de langage, signifie : le plus contraignant. Les rebelles demandaient l'application de la Loi dans sa rigueur et son intégralité… et les pouvoirs les combattaient en se réclamant du même mot d'ordre. Et cette Loi, via le Coran et le *hadîth*, était censée être en tous points conforme à la volonté d'Allâh, aux enseignements du Prophète et de ses premiers Compagnons, à leur comportement exemplaire. Les paroles et les faits intervenus aux premiers temps de l'Islam étaient les seules références. Des références insurpassables et toujours à reproduire.

AUCUNE AUTRE RÉFÉRENCE QUE LES ORIGINES

La rencontre avec l'Occident au XIXe siècle et les nationalismes qui en naquirent ébranlèrent le principe, mais pour combien de temps ?

La dynamique de l'Islam, c'est le mouvement vers un certain passé ; c'est le contraire de l'évolution, c'est *l'involution.*

Fondamentalisme, involution… Ce sont là des traits d'origine, génétiques, qui, avec d'autres, distinguent l'Islam radicalement des autres civilisations. Encore convient-il de préciser ces mots pour qu'ils ne soient pas lus avec des filtres ethnocentristes.

UN FONDAMENTALISME D'IMITATION

Le terme « fondamentalisme » est d'usage courant dans toutes les religions. Il désigne le respect strict des enseignements contenus dans les textes fondateurs. On parle ainsi couramment d'un fondamentalisme chrétien. S'agissant de l'Islam, on réserve souvent le mot en Occident à ceux que nous appelons les « Islamistes ». Une approche réaliste oblige à quelques précisions.

– L'Islam est par nature fondamentaliste. Tout Musulman est fondamentaliste. Il n'est pas de variété d'Islam qui ne se réfère au Coran, texte dicté par Allâh, indiscutable, dont toutes les affirmations et tous les commandements sont valables à jamais. Et les textes rapportant les actes et les propos du Prophète et de ses Compagnons, le(s) *hadîth*(s), sont tout aussi indiscutables et tout aussi normatifs, au point que le hadîth l'emporte parfois sur le Coran : par exemple, dans le Coran, la femme « adultère » est passible de la flagellation alors que le *hadîth* la condamne à la lapidation, châtiment qui est retenu aujourd'hui par les oulémas dans toutes les sociétés musulmanes.

C'est le principe même de la *sunna*, commun à toutes les branches de l'Islam, qui induit nécessairement le fondamentalisme.

– Le fondamentalisme chrétien et le fondamentalisme musulman recouvrent deux attitudes différentes.

– Les Eglises chrétiennes ont toujours cherché dans le Nouveau Testament les éléments du dogme et des règles de comportement, mais aussi une source d'inspiration pour que les hommes, usant de la raison et de la liberté que Dieu leur a données, se déterminent dans l'action. Elles seront qualifiées de fondamentalistes si elles accordent une place prépondérante aux « vérités » et aux commandements exprimés dans les textes fondateurs sur leur interprétation par la liberté et la raison. Mais, même pour les plus rigoristes, il n'est jamais question de renoncer à la liberté et à la raison. Nous pouvons parler d'un fondamentalisme d'*inspiration*.

– Rien de cela en Islam : le fondamentalisme est de pure conformité, d'*imitation*.

Le Croyant doit se comporter comme il est prescrit dans les textes fondateurs et dans la Loi qui en est le développement. Aucune marge d'interprétation ne lui est laissée, sinon dans le cadre d'écoles juridiques estampillées orthodoxes (sunnites) ou sous le contrôle d'un clergé chargé de l'application de la Loi (shiites). La liberté individuelle n'existe pas.

Dans toutes les branches de l'Islam, la raison ne peut qu'être mise au service de la Tradition. S'il y a conflit entre la Raison et la Tradition, la Raison s'effacera.[100]

Et il ne saurait être question de contester les fondements mêmes de la Loi : celui qui s'y risque est apostat, au même titre que celui qui quitte l'Islam ; il est condamné à la mort et tout Croyant peut exécuter la sentence.

D'autre part, dans le système totalitaire qu'est l'Islam, le fondamentalisme ne se limite pas au dogme ou à la morale. Il n'a pas de sphère précise, pas de limitation : il peut aller jusqu'à la reproduction à l'identique des grands ancêtres dans tous les actes de la vie quotidienne.

L'INVOLUTION : LA PREUVE PAR LES FAITS

L'involution est une notion que les Occidentaux ont beaucoup de difficulté à saisir. Elle est complètement à l'opposé de leurs conceptions. Alors que l'involution est partout à l'œuvre dans les pays musulmans et la diaspora musulmane, ils se refusent à en prendre acte. Parce qu'elle trouble leur confort ? Sans doute, mais aussi parce qu'elle leur est complètement étrangère, quasiment incompréhensible, inadmissible par leurs facultés raisonnantes.

Elle se prouve, comme toute réalité, par les faits.

Faits d'histoire : je l'ai mentionné, on chercherait en vain, après la mise en ordre abbasside et jusqu'au XIXe siècle, un quelconque mouvement de contestation de l'Islam à l'intérieur de l'Islam, une demande de Réforme. Les partis sectaires les plus éloignés du sunnisme ou du shiisme dominants ont, eux-mêmes, toujours avancé les textes d'origine et les normes des premiers temps pour justifier leur remise en question de règles de l'orthodoxie qui prévalaient. Aucun n'a demandé un renouvellement ou une évolution. Tous ont présenté leurs revendications comme une restauration[101]. Colonisation,

---

100. Le lecteur intéressé par les questions philosophiques ou l'histoire des idées pourra se reporter aux livres de Dominique Urvoy, notamment *Les Penseurs libres dans l'islam classique* (Albin Michel, 1996 ; Flammarion, 2003) ; *Histoire de la pensée arabe et islamique* (Editions du Seuil, 2006).

101. Deux mots sont utilisés en arabe pour dire Réforme. *Tajdîd*, qui signifie rénovation ou renouvellement : *islâh*, conformation, amélioration, accomplissement, en fait : restauration. Les taupes de l'islamisation de l'Europe nous parlent souvent de la « réforme de l'islam ». Il ne s'agit pas de *tajdîd*, mais d'*islâh*. Dans certains pays, le seul emploi du mot *tajdîd* appliqué

décolonisation, nationalismes « laïques » n'auront été que des parenthèses. La ligne générale, qui s'écrivait alors en pointillé, a repris sa pleine vigueur et au grand jour au cours des cinquante dernières années.

En vrac, quelques faits d'actualité :

– Dans les 57 pays de l'Organisation de la coopération islamique[102], la Charia est, soit la législation tout entière, soit « la source principale de la législation ». Imagine-t-on un autre groupe civilisationnel basant son système juridique sur un code datant de plus de onze siècles ou, plus étonnant encore, appliquant l'ensemble des articles de ce code ?

– Car, plusieurs pays s'en tiennent strictement à la Charia. En Arabie saoudite, dans les émirats du Golfe, dont le Qatar, la version de la Charia qui est de règle est la plus rigoureuse qui soit. Relevant du rite d'Ibn Hanbal (le doctrinaire de la contre-réforme au IXe siècle), elle est basée sur l'enseignement d'Ibn Taymiyya (1263-1328). Celui-ci récusait toute innovation et ne reconnaissait de valeur absolue qu'à la Tradition. Sa doctrine a été appliquée, au XVIIIe siècle, par Muhammad ibn al-Wahhâb (1703-1792). Comme il a été rappelé précédemment, les Wahhâbites ont aidé les Saoud à accéder au pouvoir dans les années trente du siècle dernier et ils continuent de contrôler étroitement la monarchie.

– Ibn Taymiyya est le maître à penser d'un parti, le salafisme (de *salaf* : ancêtre). Les salafistes demandent le retour pur et simple aux lois et comportements du VIIe siècle ; l'imitation doit être, dans tous les secteurs de la vie, aussi poussée que possible. La limite à la copie pure et simple est fixée par la nécessaire défense de l'Islam face aux Infidèles : en conséquence, seuls les moyens de transport et de propagande, les armes, certains outils, des pratiques chirurgicales et médicales échappent au champ des innovations interdites.

Il y a quelques années encore, il n'y avait que les talibans présents en Afghanistan et au Pakistan pour prôner cette imitation à l'identique, ces talibans qui apparaissaient à tous les Occidentaux comme des survivants appelés à disparaître bientôt. Maintenant, les talibans, sous le nom de salafistes, sont présents dans tous les pays musulmans et dans la diaspora.

à l'Islam vaudrait condamnation immédiate pour apostasie. (Note rédigée après consultation, pour confirmation, d'un « religieux » musulman parfaitement bilingue.)

102. Voir page 142 et *passim*.

– Un réactionnaire trouve toujours plus réactionnaire que lui. Au Koweït, pays de stricte obédience wahhâbite, le 2 février 2011, des élections au « parlement » ont vu la victoire des « islamistes », Frères musulmans et salafistes, contre les partisans de l'émir, qui ne disposent plus de la majorité.

– Le parti des Frères musulmans, né en Egypte en 1928[103], a pour slogan : « L'Islam est la solution ». L'Islam en question, c'est la Charia, avec cependant quelques amodiations, comme le costume-cravate et un peu d'éducation pour les filles. Les « Frères » ont beaucoup essaimé dans l'ensemble du monde arabe et dans la diaspora musulmane en Europe.

– Au milieu du siècle dernier, le voile pour les femmes, signe de l'appartenance à l'Islam, disparaissait peu à peu dans les grandes villes d'Egypte, d'Algérie, du Maroc… En Tunisie, Bourguiba l'avait interdit. En Europe, il était inconnu. Aujourd'hui, en terre d'Islam, mais aussi dans la diaspora, une femme qui ne veut pas se voiler doit résister à une pression communautaire souvent brutale.

– Même quand les nationalistes dits laïques régnaient en maîtres absolus sur leurs concitoyens, l'involution était à l'œuvre dans la population et les gouvernants devaient en tenir compte. En Egypte, en Tunisie, jusque dans la Syrie ou l'Irak baasistes, les despotes ont cédé aux réactionnaires des pans entiers de leur pouvoir en matière de justice, d'enseignement, de mœurs…

Un exemple de la reculade des nationalistes : Dans l'Egypte de Nasser, la Constitution ne faisait aucune allusion à la Charia ; en 1971, Sadat régnant, la Charia devenait « une des sources de la loi » ; après 1980, sous Moubarak, elle était « la source principale de la loi ». Dans leur Constitution adoptée à l'automne 2012, les « islamistes » et salafistes n'ont eu qu'à ajouter que les lois devront être validées par les oulémas d'al-Azhar, qui s'assureront de leur conformité avec la jurisprudence sunnite.

– Les partis les plus réactionnaires sont en accroissement constant partout, au Pakistan comme en Somalie, en Indonésie comme au Nigéria. Dans le monde arabe, ce sont les seuls qui recrutent. Les partis laïques, qui ont gouverné longtemps sans partage dans les pays

103. … avec la complicité ou à l'initiative des Britanniques, désireux de réduire l'influence des mouvements nationalistes où Musulmans et coptes militaient main dans la main.

qui avaient été colonisés, sont réduits à la défensive, certains en état comateux.

– A la surprise des « observateurs » occidentaux, les élections en Egypte, en décembre 2011 et janvier 2012 ont vu le triomphe des Frères musulmans : ils ont obtenu la moitié des sièges à l'Assemblée. Et, à la stupéfaction des dits « observateurs », ces islamistes dits « modérés » (!) étaient talonnés par les salafistes d'al-Nour, qui allaient occuper le quart des sièges.

– Dans un pays qui passait pour un modèle de modernisme, la Tunisie, les premières élections libres ont donné la victoire, en novembre 2011, à un parti qui est le frère jumeau des Frères Musulmans égyptiens.

– On aurait pu croire que la diaspora tunisienne en France (500 000 nationaux tunisiens et binationaux) se distinguerait par la volonté de faire évoluer son pays d'origine : pour 10 sièges à pourvoir dans l'assemblée constituante, elle a désigné 4 « islamistes ».

– Dans la diaspora musulmane de France, l'Islam le plus réactionnaire prend une place de plus en plus grande. Le chercheur Gilles Kepel, qui avait découvert l'Islam des banlieues à son apparition, a constaté, lors d'une enquête, réalisée en 2011 en Seine Saint-Denis[104], le rôle de plus en plus important joué par l'Islam au sein des populations immigrées, mais, surtout, il a été surpris par la place prise par les salafistes, inconnus dix ans plus tôt.

On n'en finirait pas d'énumérer les preuves, tirées de l'histoire récente ou de notre actualité, de l'involution de l'Islam.

LES PEUPLES, DEMANDEURS DE L'INVOLUTION

La vague de fond de l'involution est en train de recouvrir tout l'Islam. Non pas par la décision de quelque pouvoir, mais portée par les masses elles-mêmes. Les quelques sondages qui ont été réalisés dans des pays musulmans démontrent cette réalité.

Voici des extraits de deux sondages effectués en Egypte parmi les Musulmans :

104. *Les Banlieues de l'Islam. Naissance d'une religion en France* (Le Seuil, 1987) ; *Banlieue de la République. Société, politique et religion à Clichy-sous-Bois et Montfermeil* (Gallimard, 2011) ; *Quatre-vingt-treize* (Gallimard. 2012).

– 82 % en faveur de la lapidation pour adultère.

– 84 % pour la peine de mort pour ceux qui quittent l'islam.

– 77 % pour la lapidation et l'amputation des mains des voleurs. (*Pew*. 2010)

– 81 % favorables à l'application stricte de la Charia dans les pays musulmans (*World Public Opinion*. 2009).

Ces sondages, comme les résultats des élections libres, prouvent l'adhésion des masses à l'Islam le plus traditionnel et, en parallèle, leur refus des changements dans les pratiques islamiques.

Déjà, au IXe siècle, la contre-réforme avait bénéficié d'un large appui populaire. Au siècle dernier, les nationalistes ne purent imposer des réformes, comme Bourguiba en Tunisie (dispense du ramadan, monogamie, divorce...), que lorsque, bénéficiant de l'aura que leur avait value la décolonisation, ils étaient au faîte de leur autoritarisme et pouvaient s'abstenir de consulter leurs concitoyens. Il est révélateur que le roi du Maroc Hassan II, pourtant Commandeur des Croyants, n'ait jamais été suivi de ses sujets quand il a recommandé une réforme « moderniste » : alors que la Tradition demande que chaque chef de famille égorge un mouton à l'occasion de l'Aïd al-Kabîr, il proposait que lui seul sacrifiât un animal.

Les Croyants ordinaires se sont toujours montrés attachés à l'Islam le plus réactionnaire ; aucun grand parti moderniste ou réformiste n'a jamais pris corps parmi eux.

Les « élites » de l'Occident ne veulent pas voir des faits qui leur disent, sans discussion possible, que les Musulmans de ce début de siècle rejettent très majoritairement les modèles de la civilisation occidentale, même dans sa version mondialisée, humaniste, onusienne, et qu'ils revendiquent leur identité musulmane dans son intégralité : fondamentalisme, totalitarisme, involution. Ce qui signifie l'application de la Charia, l'inégalité hommes-femmes, la séparation entre Musulmans et non-Musulmans, entre Maison de l'Islam et Maison de la guerre, la guerre perpétuelle et universelle, frontale ou par la *taqiyya*... Pendant combien de temps encore les oligarques occidentaux refuseront-ils d'admettre que l'Islam, en pleine renaissance, renoue avec son identité par un retour aux valeurs, aux lois et pratiques de ses origines, et que, dans ce mouvement qui l'emporte, il refait son unité, en son sein et contre les autres, et retrouve sa fierté d'appartenance ?

A L'OPPOSÉ DE L'INVOLUTION MUSULMANE, LE TEMPS ET LE « PROGRÈS » DES EUROPÉENS

Depuis des siècles – peut-être depuis ses origines –, notre civilisation est habitée par l'espoir d'un futur plus satisfaisant que le présent. Certes, notre Antiquité a connu « le mythe de l'Âge d'or » et, depuis toujours, nos personnes âgées ont regretté « le bon vieux temps ». Mais jamais un Européen n'a cru possible de revenir à ces périodes bénies et n'a agi en conséquence. Pour nous, c'est là de la matière pour de la rêverie, de la poésie, quand, dans d'autres civilisations, comme l'Islam, le retour à un certain passé est un impératif comportemental.

Nous pensons que nous *pouvons* faire en sorte que demain soit « mieux » qu'aujourd'hui et, donc, que nous *devons* « dépasser le passé ». Des Grecs Solon et Clisthène à nos élus de cantons, nos dirigeants ont toujours promis, non pas de retourner à un ordre ancien ou de maintenir l'état présent, mais, plus ou moins, de « changer la vie » ; nos innombrables révoltes et révolutions se sont levées pour des « lendemains qui chantent » ; dans les arts, des « modernes » ont constamment querellé les « anciens » avec l'intention de les mettre au rancart ; le XIXe siècle avait fait du Progrès un dieu qui, grâce à la science, la technique et l'éducation généralisée, allait répondre à toutes nos interrogations et résoudre tous nos problèmes.

Depuis trente ou quarante ans, la publicité et les médias, omniprésents, nous injectent à chaque instant la névrose de la « néomanie » : seul compte ce qui est nouveau. Le meilleur argument pour nous faire acheter un gadget, dont nous n'avons nul besoin, pour nous faire applaudir un artiste, qui sera oublié demain, c'est de nous persuader que « c'est nouveau, inédit, sans précédent ». Ce qui est ancien est à priori suspect d'être de piètre qualité, ou, au moins, dépassé, inadapté à nos personnes actuelles, au monde tel qu'il a évolué. Le critère de la nouveauté l'emporte sur tout autre. Le rendement, l'efficacité même, qui sont pourtant de nos valeurs prioritaires, s'effacent devant ce dominateur. Nous avons abandonné, du jour au lendemain, des méthodes d'enseignement de la lecture, de l'écriture et du calcul qui avaient fait leurs preuves depuis des siècles pour les élucubrations de pédagogues Nimbus que personne n'avait expérimentées et qui n'avaient d'autre mérite que d'être aussi nouvelles que le dernier shampoing colorant ou le dernier écran tactile[105]. Nous sommes de plus en plus indifférents à notre héritage culturel, qui, peu à peu, nous devient étranger, inconnu ; nos écoles n'enseignent plus notre histoire, ne font plus lire les chefs-d'œuvre de nos

105. … et qui se sont révélées catastrophiques. Selon le site officiel du ministère français de l'Education nationale, education.gouv.fr, en 2007, 19 % des élèves ont des difficultés de lecture en classe de sixième (14,9 % dix ans plus tôt). En 2012, le ministère annonce 10,6 % de jeunes de dix-sept ans ayant lesdites difficultés, « dont la moitié est quasi-analphabète ».

littératures… Nous ne cherchons plus à savoir d'où nous venons, ce qui nous a constitués et nous maintient comme êtres sociaux.[106]

Pour nous, le passé « meurt vite », de plus en plus vite, et souvent sans laisser de traces immédiatement constatables. De là, nous inférons qu'il en est de même dans toutes les civilisations.

CONDAMNÉ AUJOURD'HUI, PARCE QUE, AU VIIE SIÈCLE…

Je soumets au lecteur d'Occident une anecdote qui illustre le fondamentalisme et l'involution dans l'Islam.

Il y a quelques années, je regardais une émission de la chaîne qatarie *al-Jazeera* en arabe, au cours de laquelle s'affrontaient des Musulmans de diverses tendances, tous sunnites, et un partisan d'al-Qaida, donc sunnite lui aussi. « L'extrémiste » fut accusé par les autres de n'être qu'un « khâridjite », c'est-à-dire un hérétique, au même titre qu'un shiite. (J'avais déjà entendu cette accusation, sans d'ailleurs que la raison en fût jamais donnée sur la chaîne financée par l'émir. Comme les membres d'al-Qaida sont des Musulmans à l'orthopraxie sunnite rigoureuse, il est difficile de les présenter comme de « mauvais musulmans » ; alors, on les satanise comme hérétiques, comme khâridjites – sans trop insister sur les tenants et aboutissants de la qualification. En fait, il leur est reproché surtout d'être opposés au principe héréditaire pour l'accession au pouvoir et de vilipender régulièrement les rois et émirs en place pour leur mauvaise conduite, leurs alliances avec des Infidèles…)

Dans un réquisitoire contre al-Qaida, un des intervenants déclara :

– Il n'y avait aucun Compagnon du Prophète – sur Lui la prière et la bénédiction – dans vos rangs à la bataille de Siffîn. »

La bataille de Siffîn, en 657 ! Des hommes morts depuis quatorze siècles !

---

106. La néomanie rend impossible d'intéresser l'opinion publique pendant plus de quelques jours à des problèmes politiques importants ou à de grandes catastrophes humanitaires. Exemple : en 2011, la famine qui frappait les populations de la Corne de l'Afrique a occupé la une des médias occidentaux pendant quatre ou cinq jours, puis il n'en a plus été question, alors que la situation ne cessait d'empirer. Nous « zappons » vite ce qui ne nous surprend plus par sa nouveauté et, accessoirement, risque de nous déranger, – un réflexe acquis de plus en plus tôt devant l'écran du téléviseur, de l'ordinateur, de la console de jeux vidéo…

L'argument ne choqua personne. Et même, il était décisif pour tous.

Je laisse méditer les Occidentaux qui douteraient encore que la relation des Musulmans avec le temps et l'histoire n'est pas différente de la nôtre, ou qui voudraient réfléchir sur les fondements du droit en Islam et chez nous, sur la possibilité de conciliation entre Loi musulmane et droits occidentaux, sur le « droit universel » dont de bonnes âmes nous entretiennent souvent – et d'autres sujets qui conditionnent notre avenir avec l'Islam.

CHAPITRE 7

Unité de l'Islam et fierté de l'homme musulman

Il y aurait 47 variétés d'Islam. Le chiffre traîne un peu partout en Occident. D'où vient-il ? Nul ne peut le dire. Comme d'autres affirmations reçues sans examen, il ne sert qu'à nous rassurer : s'il y a tant de variétés d'Islam, il doit bien s'en trouver quelques-unes avec lesquelles nous pourrions faire affaire pacifiquement ; peut-être même, une de celles-là finira-t-elle par l'emporter sur les autres, par trop violentes et hégémoniques !

LES FONDAMENTAUX

Tous les Musulmans adhèrent à la *shahâda* (témoignage), formule qui marque leur adhésion à l'Islam : « Il n'y a d'autre dieu qu'Allâh et Mahomet est Son envoyé ». C'est le premier des cinq piliers[107] de l'Islam, le support même du temple. (Les autres concernent des pratiques : prière, « jeûne » du ramadan, pèlerinage, « aumône » légale, auxquelles les khâridjites ajoutaient le djihad).

La phrase est courte, magnifiquement rythmée en langue arabe,[108] mais, derrière une apparente simplicité, elle induit beaucoup ; elle engage une vie dans toutes ses composantes. La limiter à l'affirmation de l'unicité divine et à la reconnaissance d'un prophète, comme beaucoup d'Occidentaux le pensent, est une grossière erreur.

Essayons-nous à un bref inventaire des articles de foi d'un Musulman, à quelque « variété » qu'il appartienne :

– Allâh est unique. Strictement. Les Musulmans ne reconnaissent qu'un seul monothéisme en dehors de l'Islam : le judaïsme. Pour eux, les chrétiens sont polythéistes (singulier : *mushrik* : associateur) à cause

107. *Arkân* (pluriel de *rukn*). Notre *arcanes* viendrait du latin *arcanus* : discret, secret (même origine que *arca* : arche, coffre). Il y aurait eu fusion des deux vocables homophones dans les milieux de l'alchimie.

108. Comme *allâh akbar* : Allâh est grand, très grand, le plus grand. La langue arabe, par ses structures phonologiques et morphologiques, ainsi que par son lexique, relie, beaucoup plus que les langues indo-européennes, le cerveau gauche de la logique et de la locution, au cerveau droit de l'affectivité. Voir page 152.

de la Trinité, de la filiation divine de Jésus, du culte des saints... Ils n'ont que faire de l'expression « les trois monothéismes », tellement à la mode dans certains milieux chrétiens soucieux de leur complaire.

– Allâh a révélé aux hommes le Coran, livre éternel comme Lui, valable pour tous les hommes de tous les temps et de tous les lieux. Depuis le IXe siècle (IIIe siècle de l'Hégire), mettre en doute l'éternité du Coran est commettre le crime péché d'apostasie, punissable de la mort. Tous les Musulmans lisent aujourd'hui le même Coran.

– Il n'a créé qu'une humanité et, pour cette humanité, une seule religion-loi, qui est l'Islam. Avant Mahomet, des prophètes ont tenté de faire connaître à leurs contemporains cette religion-loi, mais Juifs et Chrétiens ne les ont pas entendus, les ont persécutés et ils ont dénaturé la parole d'Allâh ; les faussaires ont tous été condamnés à l'Enfer. Mahomet, qui sera le dernier des prophètes (« le sceau de la prophétie »), est venu rétablir la Loi d'Allâh. Elle ne devra plus être modifiée.

– La source de la Loi est divine. Aucune loi d'origine humaine ne peut lui être opposée.

– Les fondements de la Loi sont le Coran d'une part, les faits et dits de l'Envoyé d'Allah et de ses premiers Compagnons.

– La finalité de la Loi est de conduire l'humanité tout entière à se conformer à la volonté d'Allâh.

– Le devoir de tout Musulman est de se conformer à la Loi.

– La Loi stipule des sanctions pour ceux qui la transgressent. Lesquels seront également punis après leur mort.

– La Loi garantit des récompenses dans l'Au-delà pour les bons Musulmans.

– La Loi recouvre tous les aspects de la vie humaine, y compris les mœurs, les coutumes, les manières de se vêtir, manger, forniquer, déféquer... La liberté individuelle n'existe pas. L'autonomie de comportement d'un individu n'est tolérée que dans le cadre de la Loi.

– Les distinctions sacré-profane, religion-politique, péché-crime, religion-morale, droit public-droit privé... essentielles dans la civilisation européenne, ne sont pas transposables en Islam.

– Il n'existe pas de liberté de conscience. L'enfant d'un père musulman est musulman, quelle que soit la religion de la mère. Pour un Musulman, de naissance ou converti, renoncer à l'Islam, mettre en doute les fondements de l'Islam (l'authenticité du Coran incréé, la *sunna*), faire de la propagande pour une autre religion, chercher à dénaturer l'Islam sont constitutifs du crime d'apostasie, à punir de la mort.

– Comme l'enseigne le Coran, Mahomet et ses premiers Compagnons sont des exemples à imiter. (Chez les shiites, 'Ali, cousin, fils adoptif et gendre du Prophète, fait l'objet d'une vénération spéciale, ainsi que, à un degré moindre, les premiers imams). Ce que rapporte la Tradition sur leurs vies est vérité historique bien établie. Contester la Tradition, c'est contester l'Islam lui-même.

–Les Musulmans, hommes pieux, moraux, élus d'Allâh, sont d'une essence supérieure aux autres hommes, parce que chargés de mission par Allâh.

–L'Islam conquerra le monde, car telle est la volonté d'Allâh.

– Le devoir de tout Musulman est d'œuvrer à cette fin par les moyens recommandés par la Loi, dont la guerre, différentes autres formes de violence et la ruse, en imitant le beau modèle Mahomet.

Et cette énumération est minimale.

Ce sont là des « vérités », auxquelles adhèrent tous les Musulmans, dont aucune n'est reniée ou seulement mise en doute par les représentants des 57 pays membres de l'OCI. Elles structurent la civilisation islamique. Elles sont les arcs portants de la Loi islamique, la Charia. Elles imprègnent profondément les mentalités des Croyants dès l'enfance.

UNE COMMUNAUTÉ

Par ces articles de foi qu'ils ont en commun, les hommes et femmes qui, sur la surface du globe, se disent Musulmans – ils seraient un milliard six cent millions – ont tous le sentiment d'appartenir à une même communauté : *al-umma* et d'être différents du reste de l'humanité. Le sentiment d'appartenance à l'Islam, y compris dans son versant négatif à l'égard des autres, est unanime ; il transcende les divergences, querelles, haines, excommunications même,

Il est un proverbe, qu'on dit arabe, qui s'applique parfaitement à la *umma*, où les querelles entre factions sont incessantes, souvent sanglantes, mais où tout le monde s'accorde pour se considérer comme membre d'un bloc uni face aux non-Musulmans : « Moi contre mon frère ; moi et mon frère contre mon cousin ; moi, mon frère, mon cousin contre le voisin ; moi, mon frère, mon cousin et mon voisin contre l'étranger. »

La preuve irréfutable de ce sentiment unitaire des Musulmans à travers le monde est l'existence de l'Organisation de la coopération islamique.

Fondée en 1969 à Djeddah, où se trouve son siège, sous le nom d'Organisation de la conférence islamique, devenue en 2011 Organisation de la coopération islamique, l'OCI groupe 57 Etats. Reconnue par l'ONU, elle intègre une dizaine d' « organes subsidiaires » et davantage d'« institutions spécialisées et affiliées ». Ses statuts prévoient une réunion des ministres des Affaires étrangères tous les ans, des chefs d'Etat et de gouvernement tous les trois ans. Elle se présente à juste titre dans ses documents comme « *la deuxième organisation gouvernementale la plus nombreuse après l'ONU* ».

L'OCI est une expression de l'*umma*. Elle est l'organe politique commun à tous les Etats musulmans, sunnites ou shiites de diverses tendances. En son sein siègent côte à côte des représentants d'Etats qui sont en rivalité, qui même se font la guerre. Les décisions se prennent presque toujours à l'unanimité : en août 2012, quand il s'est agi d'exclure un membre, la Syrie, seul l'accusé a refusé de se joindre à l'unisson.

Aucune autre alliance, aucune autre idéologie ou religion ne dispose d'un organe politique d'une ampleur géographique et démographique équivalente, groupant autant de pays aux régimes divers et dont les membres sont aussi solidaires, aussi soudés, aussi homogènes, face aux autres.

« L'HOMME NOUVEAU » D'UN TOTALITARISME

On peut dire que l'Islam a réalisé le rêve de tout totalitarisme : créer un « homme nouveau ». Il a réussi là où ont échoué, au siècle dernier, Staline, Mao, Pol-Pot.

Cet homme :

– Est imprégné dès l'enfance d'une idéologie qui :

- Est à la fois une vision et une explication du monde.
- Se suffit à elle-même.
- Contient sa propre justification.

– Coupe toute curiosité pour une idée ou un comportement extérieurs, *a priori* discrédités.

– Est dressé par voie autoritaire à des comportements stéréotypés :

- Dont la communauté, formatée dans sa majorité, ou le groupe dirigeant ne lui permettront pas de dévier.
- Qu'il ne saurait remettre en cause de lui-même par ignorance de possibilités divergentes, par manque de curiosité, par peur d'anéantissement social ou d'affaiblissement personnel.

La fabrication de l'homme musulman s'est faite à partir d'un fond arabe. Elle a commencé, en janvier 624, quand Mahomet est sorti de la légalité arabe à l'occasion du hold-up de Nakhla ; le fondateur a poursuivi son œuvre de remodelage de l'homme arabe sans relâche durant les années suivantes. Après sa mort, le processus s'est développé sur les prémices contenues dans la *sunna* ; il a été validé, accéléré, conforté par les succès militaires ; il peut être considéré comme achevé vers le dixième siècle, époque à laquelle cessa toute rébellion contre l'Islam à l'intérieur de la Maison de l'Islam. Il existe alors un stéréotype de l'homme musulman qui va demeurer inchangé pendant les siècles. La colonisation ne fera que lui porter quelques coups sans conséquences sur le long terme.

LA FIERTÉ

Se concevant comme d'une essence différente du reste de l'humanité, chargée par la Divinité pour répandre et faire appliquer Sa Loi partout dans le monde, la Communauté musulmane a toujours manifesté une fierté d'appartenance.

Sur ce point aussi, le Coran est la première référence :

Vous constituez la meilleure des communautés. 3. 106.

Et à considérer la manière dont sont qualifiées les autres communautés, on ne peut trouver dans le Livre saint que confirmation de cette assertion.

La langue du Coran est insurpassable. C'est un miracle (*i'jâz*). Et qu'Allâh ait choisi cette langue, et ceux qui la parlent, pour la plus noble des entreprises ne peut que gonfler d'orgueil les bénéficiaires d'une telle grâce.

La fierté d'appartenance se fonde également sur « la force de la religion ». Les victoires de Mahomet sont des preuves de cette vérité. On trouve, dans la *sîra*, d'autres preuves, qui ne peuvent que surprendre un Occidental.

Un homme tue un commerçant de ses connaissances uniquement parce qu'il est juif et pour obéir à Mahomet qui a dit : « Tuez tout homme juif dont vous vous emparez ». A son frère, il déclare qu'il agirait de même avec lui si Le Prophète le lui ordonnait. Aussitôt, ledit frère se convertit : « Une religion qui te rend ainsi est quelque chose d'extraordinaire. »[109]

LES SIÈCLES D'OR MYTHIFIÉS

Les victoires militaires qui, en un siècle, vont placer sous la domination des Musulmans les peuples de la Caspienne à l'Espagne et la puissante civilisation qui leur a fait suite sont entrées, évidemment, dans le capital qui a nourri la fierté de la Communauté.

Aujourd'hui, ces causes de fierté sont toujours là. On remarquera cependant un changement d'optique qui mérite attention.

Les livres d'histoire sur cette période signés d'auteurs musulmans de notre temps sont rarissimes. Ce sont les Occidentaux qui ont écrit les ouvrages les plus documentés, mais avec un regard différent de celui des Musulmans. Ce qui a modifié beaucoup la vision des Musulmans eux-mêmes.

Les premiers historiens des IX-Xe siècles (Tabarî, Baladhurî[110]) font des récits qui ruissellent de sang : Mahomet est un chef de guerre, et sous le terme de *maghâzî*, qu'on traduit généralement par « campagnes », on raconte aussi bien des batailles que des assassinats ciblés ou le massacre des Qurayza. Dans la même veine, la conquête est présentée comme une expédition guerrière, très meurtrière. En Occident, dans les années qui ont suivi la Première Guerre mondiale et au cours desquelles la « mauvaise conscience coloniale » commença à s'installer, notamment dans les milieux chrétiens, en même temps que l'Université se plaçait

109. *In* Ibn Ishâq : *op. cit.*

110. Al-Balâdhurî (9e siècle) est l'auteur d'un livre consacré aux premières conquêtes musulmanes : *Kitâb futûh al-buldân.*

peu à peu sous la tyrannie du marxisme, l'Islam fut revu et corrigé pour qu'il devienne présentable à des « humanistes ». On inventa des fables : l'Islam avait vaincu au VIIe siècle, non pas par les armes, mais parce que la société arabe était prête à accueillir le monothéisme, puis, lors de la Conquête, parce que les peuples attaqués lui avaient ouvert les bras ; cette religion hégémonique et guerrière fut réduite par des chrétiens à certaines variétés douces du soufisme, qui n'eurent jamais aucune influence politique et furent souvent persécutées par les pouvoirs ; *al-andalus*[111], où les dhimmis avaient vécu constamment sous la férule de maîtres musulmans, devint une Cocagne de tolérance...

Si bien que beaucoup de Musulmans aujourd'hui véhiculent ces faussetés et fadaises, en Europe notamment où la quête d'un Islam présentable est plus que jamais à l'ordre du jour dans certains milieux. Ils en tirent des raisons de fierté, non plus guerrières, mais « humanistes ». Et les taupes de l'islamisation de l'Europe font leurs choux gras de ces fabrications, qui ne sont que du toc.

(La désinformation a-t-elle vécu ses plus beaux jours ? Depuis quelques années, l'apparition dans nos médias d'un Islam combattant – al-Qaida et consorts – qui, sans dissimulation mais avec ostentation, pratique le *jihâd*, réhabilite les vertus guerrières, justifie les attentats et les ruses meurtrières... replace l'histoire des Siècles d'or dans un éclairage plus réaliste.)

Dans le même chapitre qu'on pourrait intituler « Quand l'Occident réinvente l'Islam », il faut ajouter la fable selon laquelle les Européens auraient redécouvert les penseurs grecs grâce à des traductions arabes, la Renaissance serait due pour une large part à l'Islam...[112] La fierté musulmane aurait tort de se priver de ces louanges que lui décernent les gens de la Maison de la guerre, décidément bien benêts.

111. *al-andalus* ne se réduit pas à l'Andalousie actuelle. Sous ce vocable, les Musulmans place les territoires, à géométrie variable, qu'ils occupèrent au nord du Maghreb (*al-maghrib* : l'ouest, l'occident) entre 711 et 1492. Sur le sujet : Serafin Fanjul : *Al-Andalus contra Espana. La forja de un mito* (Siglo XXI, 2000) ; *La Quimera de al-Andalus* (Siglo XXI, 2004-2005).

112. Des savants incontestables, comme Jacques Heers ou Rémi Brague, combattent cette thèse absurde et très répandue (d'où sort-elle ?). Les textes d'origine, à Constantinople, et leurs traductions en latin, en Europe occidentale, furent de tout temps conservés et lus par des clercs. En 2008, pour avoir étayé ce point de vue dans *Aristote au Mont-Saint-Michel* (édit. Albin Michel), le jeune historien Sylvain Gouguenheim, pourtant déjà auteur d'ouvrages d'érudition de grande qualité, fut victime d'un procès stalinien de la part d'universitaires et de journalistes. Au demeurant, la question ne peut être traitée avec les précisions permettant de clore définitivement le débat que par des chercheurs couvrant les champs de la philosophie, de la théologie, du droit, des mœurs, de la philologie... dans les civilisations et les langues grecque, syriaque, arabe, latine... Où trouver aujourd'hui de tels oiseaux rares ?

Ajoutons au titre de la fierté musulmane, les guerres de la décolonisation, la « victoire » de Nasser sur les Français et les Britanniques en 1956, les attentats aux Etats-Unis le 11 septembre 2001…

Et toutes les reculades imposées aux Occidentaux dans leurs propres pays, les « accommodements raisonnables » de toute sorte qui, pour les Musulmans, sont d'abord des avancées de l'Islam dans une confrontation commencée au VIIe siècle et qui ne finira que par la disparition de la partie adverse.

SELON LES CRITÈRES OCCIDENTAUX

En ce qui concerne le droit, la morale, la vie en société d'une manière générale, les Musulmans estiment que les principes qui les régissent sont d'une essence qui les place bien au-dessus des Occidentaux.

Aux droits (conjoncturels, discutables, révisables) de l'homme (faillible), ils opposent les droits d'un dieu éternel et omniscient ; aux lois des hommes, la Loi d'Allâh ; à l'humanisme, l'absolu… La différence est à la fois de nature et de degré. Elle positionne les Occidentaux comme ontologiquement en dessous des Musulmans.

Quand ils se comparent aux Occidentaux en prenant uniquement les mêmes critères de qualité que ceux-ci, les Musulmans se sentent également supérieurs :

– La moralité : ils obéissent à un code moral, autrement exigeant que celui des Occidentaux, qui leur impose une conduite irréprochable à tout instant ; ils ne boivent pas d'alcool et ne consomment pas de drogues ; leurs femmes ne sont pas impudiques ; la licence sexuelle et la pornographie leur sont inconnues…

– La justice et le droit : leur justice est d'une grande clarté et ils l'appliquent avec rigueur.

– L'argent : la finance musulmane interdit le prêt à intérêt.

Etc.[113]

Mais c'est sans doute sur un point, où les Occidentaux ne les attendent pas, que les Musulmans contemporains éprouvent le plus de fierté : la rationalité.

113. *Infra* chapitre 14 : Les Musulmans, sûrs de vaincre.

– Leur religion est née « dans la lumière de l'histoire » ; Mahomet est un homme ordinaire, fils d'un homme et d'une femme ; on ne lui attribue pas de miracles ; ses actions et ses paroles ont été établies de manière scientifique, par la critique interne et externe des textes.

– Leur monothéisme n'est pas contaminé par des dogmes absurdes, par de l'idolâtrie humaine, par la croyance aux miracles.

– La supériorité intrinsèque de l'Islam est prouvée par ses victoires sur beaucoup d'autres religions et le fait que, une fois convertis, éclairés sur la rationalité de l'Islam, les peuples ne reviennent jamais à leur ancienne foi.

– La victoire finale de l'Islam, donnée comme certaine par Allâh et son Envoyé, n'est-elle pas hautement probable pour un esprit rationnel si l'on considère son expansion continue ?

Les Européens, et au premier rang les Français qui se veulent si « cartésiens », n'imaginent pas à quel point ces Musulmans, dont les coutumes et les comportements leur semblent souvent dénués de logique, sont imprégnés de la conviction de leur supériorité sur eux au plan de la rationalité. Pensent-ils parfois que la plupart des Musulmans ne comprennent pas pourquoi les « chrétiens » ne se convertissent pas à l'Islam par le simple effet du raisonnement ? Pour contrebattre ces idées, encore faut-il savoir qu'elles sont au centre de la mentalité commune à la majorité des Musulmans.

Les Occidentaux devraient prendre en considération la « rationalité » de l'Islam et des Musulmans pour un motif qui n'est pas de pure théorie : les enquêtes établissent que beaucoup de jeunes Occidentaux convertis à l'Islam ont commencé par rejeter les dogmes chrétiens qui sont des « mystères », comme la Trinité, et qu'ils ont été séduits, d'abord, par la simplicité – pourquoi ne pas dire : la rationalité ? – du credo et des pratiques de la religion musulmane.[114]

SENTIMENT D'UNE INJUSTICE

La mythologie est ancienne : les Musulmans n'attaquent jamais ; ils n'ont jamais nui à personne, jamais déclaré une guerre ; quand ils ont pris les armes, c'était, toujours, pour se défendre.

114. Paul Landau : *Pour Allah jusqu'à la mort. Enquête sur les convertis à l'islam radical* (Editions du Rocher, 2008).

Déjà, dans la *sunna*, Mahomet est persécuté à La Mekke. Aucun Musulman, au cours du temps, ne semble s'être avisé que cet illuminé qui, par sa prédication monothéiste, risquait de porter atteinte à la prospérité de la ville sainte du polythéisme, a pu parler et agir pendant plus de dix ans sans être même blessé physiquement, quand lui-même, dès qu'il disposera d'un peu de pouvoir à Médine, fera assassiner à tour de bras.

Autre cas : l'attaque de la caravane à Badr. Les Mekkois auraient déclaré la guerre aux Musulmans. La tradition, cette fois encore, dévoile la réalité pour peu qu'on la lise sans œillère : la caravane circulait à proximité de Médine sans aucune garde armée. La bataille de Badr n'est qu'un acte de brigandage.

La liste des guerres défensives de l'Islam est interminable. Même les conquêtes les plus sauvages sont des ripostes pour mettre fin au comportement malfaisant de voisins. Quand il est question des croisades, qui, parmi les Musulmans contemporains, songerait à mettre en parallèle la conquête des terres chrétiennes quatre siècles plus tôt ?

Il est bien connu que le débarquement à Alger, en 1830, n'avait pas pour objet de mettre fin à la piraterie barbaresque, mais que ce fut une razzia sur un peuple pacifique, qui fut suivie d'un génocide[115] (la population passa de 2 millions à 10 millions en 130 ans).

Et en Europe, les Musulmans ne sont-ils pas brimés, stigmatisés ? Ce que ne manquent pas de confirmer un certain nombre d'Européens, « éblouis par le soleil d'Allah » ou grisés par « le sentimentalisme victimotrope ». La ritournelle est chantée à longueur de temps dans nos médias.

L'imprudent qui osera dire ; « Alors pourquoi ces malheureux ne vont-ils pas s'installer ailleurs ? pourquoi un si grand nombre des leurs quittent-ils chaque année la Maison de l'Islam pour gagner les terres des Infidèles ? », celui-là sera vite brimé, stigmatisé (et pour de bon).

Les Musulmans sont aussi des victimes économiques. L'ensemble des pays musulmans, à l'exception des pétromonarchies, présentent un retard considérable sur l'Occident ? C'est la faute des autres, des Occidentaux qui les ont dépouillés après les avoir attaqués lâchement. La logique voudrait que :

115. Terme employé par le Premier ministre turc, Recep Erdogan, en décembre 2011.

– On leur signale que le solde de la colonisation est largement positif pour les peuples occupés et négatif du côté des métropoles.[116]

– On leur demande : « Qu'avez-vous réalisé vous-mêmes pendant votre demi-siècle d'indépendance ? ».

La remarque et la question sont taboues.[117]

Le statut de victime appelle nécessairement un besoin de justice, de réparation, de revanche.

Et c'est là un autre trait fondamental.

Comme on attribue sa mauvaise situation aux autres, on les hait, on profitera de la première occasion de se venger d'eux. Et on agira avec la conviction de réparer une injustice – quasiment un devoir pour une communauté moralement supérieure et missionnée par la Divinité.

Voilà, brièvement résumés, des traits essentiels de l'identité musulmane.

Le plus profond est sans doute le refus de l'autre, comme le définissait le grand ethnologue Lévi-Strauss[118] : « … l'intolérance musulmane adopte une forme inconsciente chez ceux qui s'en rendent coupables. [...] (Les Musulmans) sont incapables de supporter l'existence d'autrui comme autrui. Le seul moyen pour eux de se mettre à l'abri du doute et de l'humiliation consiste dans une « néantisation » d'autrui considéré comme témoin d'une autre foi et d'une autre conduite. »[119]

LA LANGUE ARABE ET L'ISLAM

Il était indispensable que le sujet fût abordé dans ce livre. Cependant sa complexité et son importance mêmes m'ont fait hésiter à me lancer dans un exposé qui risquait d'être trop sommaire et insuffisamment démontré. Je me

116. Sur le sujet : Bernard Lugan : *Pour en finir avec la colonisation* (Editions du Rocher, 2006) ; Daniel Lefeuvre : *Chère Algérie (*Flammarion, 2005) ; du même : *Pour en finir avec la repentance coloniale* (Flammarion, 2006) ; Arnaud Raffard de Brienne : *La désinformation autour de la colonisation* (Atelier Fol'Fer, 2007).

117. La question fut posée (enfin !) par Marine Le Pen sur la chaîne *LCI,* le dimanche 4 novembre 2012. La présidente du Front national parlait à la cantonade. Personne ne s'est signalé pour lui apporter une réponse.

118. *Tristes Tropiques*, publié en 1955.

119. Parmi les livres présentant l'Islam sans langue de bois : Anne-Marie Delcambre : *L'islam des interdits* (Desclée de Brouwer, 2003) ; Wafa Sultan : *L'islam en question* (H&O, 2011) ; Hamid Zanaz : *L'islamisme, vrai visage de l'islam* (Les éditions de Paris-Max Chaleil, 2012) ; David Vaucher : *Vérités sur l'islam* (Edité par l'auteur, 2011). (David Vaucher est le président du Mouvement Suisse contre l'Islamisation – MOSCI) ; Christophe Geffroy et Annie Laurent : *L'islam, un danger pour l'Europe ? Enquête* (La Nef, 2009) (Réponse à un questionnaire par 14 contributeurs) ; Norbert Multeau : *L'islam chez lui chez nous* (Editions de l'AEncre, 2012).

contenterai d'indications, que j'ai voulues schématiques mais que je ne pense pas contestables.

Aucune civilisation n'a eu de relations aussi étroites et déterminantes avec une langue que l'Islam avec l'arabe, et cela dès l'origine et constamment jusqu'à aujourd'hui. Or, cette langue – comme toutes les autres, à la fois système d'analyse du monde, d'expression des pensées et des affects, de communication entre les hommes – a des caractéristiques qui la distinguent nettement des idiomes divers sur lesquels se sont construites les autres grandes civilisations. Au point qu'il est impossible à un Européen, un Chinois, un Japonais… d'avoir une connaissance approfondie de l'Islam sans une certaine maîtrise de l'arabe, de ses mots, et notamment des charges affectives dont ils peuvent être revêtus.

La langue des poètes et des chamanes

Au début du VIIe siècle, lorsqu'apparait l'Islam, les Arabes parlent une langue à dialectes – comme les Européens pendant des siècles avant que s'imposent les langues nationales. Des érudits ont retrouvé quelques traces des variantes des parlers utilisés par différentes tribus dans des inscriptions ou dans des textes ultérieurs qui en font mention. Rien qui permette de reconstituer une grammaire ou un lexique, mais suffisamment pour établir que le système linguistique utilisé était un système dialectal.

En outre, les Arabes avaient à leur disposition ce que les savants appellent une *koinè*, en référence à la *koinè dialektos*, la langue grecque commune pendant les époques hellénistique et romaine.[120]

Cette langue, les Arabes la nomment *al-'arabiyya al-fusha* (l'arabe le plus ou très éloquent), par opposition à *al-'arabiyya al-dârija* (l'arabe courant, le dialecte). Elle était utilisée par les poètes – la poésie était le seul art des Arabes –, ainsi que par les chamans et les desservants des cultes polythéistes. En Occident, on l'appelle généralement « l'arabe classique » ou « littéraire ».

La langue matricielle de l'Islam

Les révélations à Mahomet sont faites dans cette koïnè. (C'est là une des raisons pour lesquelles il craint d'être la proie de djinns ou est soupçonné d'être un sorcier.) Elle devient la langue de l'administration islamique. C'est dans cette langue que sont recueillies les versions du Coran et les *hadith,* qu'Arabes

120. En 1902, deux archéologues, Dussault et Macler, en mirent au jour la première attestation à Nemâra, dans le Haurân. C'est une inscription gravée sur un monument funéraire élevée en l'honneur d'un roi lakhmide qui régna à Hîra entre 250 et 330. (L'écriture est proche du nabatéen ; les premières inscriptions connues dans une écriture arabe, encore très rudimentaire, sont datées du début du 6e siècle.) *in* Henri Fleisch : *Introduction à l'étude des langues sémitiques* (Librairie d'Amérique et d'Orient, 1947).

et originaires des pays conquis enrichissent la civilisation islamique d'œuvres de poésie, de théologie-droit, d'histoire…

Tout Arabe est « bilingue »

Les troupes de la Conquête ont utilisé les dialectes de leurs tribus, qui, au contact avec les langues locales qui les ont influencés, sont à l'origine des dialectes existant actuellement. A aucun moment, nulle part, la langue classique ne devint la langue unique. La langue première d'un arabophone a toujours été un dialecte, mais à aucun moment, nulle part, un dialecte n'a accédé au statut de langue de culture ou de gouvernement ; aucun dialecte n'a jamais été enseigné, n'a fait l'objet d'une préservation ou d'une étude systématique (sauf par des orientalistes occidentaux).

Tout Arabe cultivé a toujours été, et aujourd'hui comme hier, bilingue. L'arabe classique n'est jamais la langue avec laquelle il a construit son affectivité première ; ce n'est donc pas la langue de sa spontanéité. C'est une langue dont les règles nombreuses et rigoureuses, le vocabulaire foisonnant et nuancé lui ont été appris par contrainte : une langue de la Loi, pourrait-on dire. (On voudrait connaître les conséquences de ce « bilinguisme » sur la construction de la personnalité des individus : attitude sociale, potentiel de créativité...)

Vénération et conservatisme

Très tôt, l'arabe « classique » a été l'objet de vénération. N'est-ce pas la langue choisie par Allâh pour transmettre Sa parole définitive ? La forme même du Coran est qualifiée d' « insurpassable ». Le conservatisme arabe, puis musulman, fera que les structures phonologiques et grammaticales de l'idiome ne varieront pas au cours des siècles, et pas davantage le vocabulaire de base : les néologismes et emprunts, rendus indispensables par les changements techniques ou civilisationnels, se plieront aux cadres premiers.

Langue des deux cerveaux

L'arabe appartient au groupe des langues dites sémitiques, avec lesquelles il partage des structures et des fonctions.

Pour ce bref aperçu, disons sommairement que chaque mot de l'arabe classique est construit sur une racine de trois consonnes qui exprime un sens, lequel sens sera précisé par des outils grammaticaux qui, s'agrégeant à ce noyau dur, fixe, déterminent des catégories de temps ou d'aspect, de genre, de personne, de nombre, mais aussi des catégories telles que, pour les substantifs : instrument, lieu… pour les verbes : intensité, visée, formes diverses de passif…

Il résulte de ce système de construction que chaque mot est toujours, automatiquement, en résonnance avec tous les mots de même racine[121] et tous les mots de même forme grammaticale. Ce qui, concrètement, amène le locuteur ou le scripteur à jouer de redondances, d'allitérations, à chercher des harmoniques… à « faire de la musique ».

Et d'autant plus aisément que le système phonologique lui-même est très riche en potentialités sonores : trente-deux consommes, dont des simples et des « emphatiques », trois voyelles seulement, mais brèves ou longues… Un véritable clavier.

Cet idiome met constamment en relation le cerveau gauche de la rationalité et le cerveau droit de l'affectivité. Cette mise en résonnance des deux cerveaux trouve sa pleine expression dans certains slogans ou discours, dans des réunions politiques ou religieuses ; il atteint un niveau mystique avec l'art de la psalmodie du Coran. L'arabe a une force unique pour rassembler des foules dans une communion affective. (Une étude systématique avec imagerie cérébrale serait bienvenue. Avis aux chercheurs !)

Mal adapté à la science et aux techniques

Cette langue, qui semble véritablement avoir été créée pour être le véhicule des chamans et des poètes, est mal adaptée à la science et à la technique contemporaines : celles-ci sont nées dans un groupe linguistique indo-européen très différent, notamment par le système de dérivation morphologique à caractère sémantique. (Les particules, comme le *a* privatif, comme *infra*, *supra*, *des*… qui sont les briques de notre logique et nous permettent de créer constamment de nouveaux mots, n'existent pas en sémitique et leur transposition en arabe demande à chaque fois des périphrases ; le conservatisme n'a pas permis de fabriquer des équivalents d'usage aussi simple, comme ce fut le cas dans d'autres langues non indoeuropéennes.)

Le système de graphisme complique encore les choses : les voyelles brèves ne seront généralement pas notées, les majuscules n'existent pas… si bien que le lecteur, quand il entame un texte, doit toujours « un peu deviner ». Ajoutons à cela la grammaire, qui renferme des subtilités que rien sinon l'usage ne justifie, ainsi que l'immense vocabulaire accumulé avec le temps, et disons que l'apprentissage de cet instrument est difficile pour un arabophone de naissance, très difficile pour un non-arabophone.

121. Dans les langues indo-européennes, les mots de même origine ne sont pas perçus comme tels dans l'usage courant ; le vocabulaire est constitué de mots-individus, à statut de droit privé en quelque sorte. En arabe, l'origine, la racine, est prégnante : les mots sont ressentis comme dérivés à partir d'une racine, ce qu'on pourrait traduire par : prioritairement membres d'un groupe. Peut-on faire un rapprochement entre la structure des langues et celle des sociétés ?

« L'arabe moderne »

Cependant, le développement de la presse, puis des médias audiovisuels a heureusement conduit à l'apparition d'un arabe classique basique, que parlent et écrivent de plus en plus de personnes. Cet « arabe moderne » permet des échanges rationnels (entre cerveaux gauches), mais les tribuns politiques et religieux savent habilement le faire dériver vers l'affectif, vers « la musique » : l'arabe garde intacte une incomparable puissance de mobilisation des masses.

Et les Musulmans non arabophones ?

Les peuples musulmans non arabes ont une relation très particulière à la civilisation arabe et à la langue arabe. Ce sujet aussi demanderait de longs développements.

Je citerai ici quelques phrases éclairantes de l'écrivain indien V.S. Naipaul, prix Nobel de littérature 2001, qui a fréquenté beaucoup de Musulmans non arabes en Indonésie, en Iran, au Pakistan, en Malaisie[122] et a écrit ses livres avec la sensibilité d'un grand artiste et la lucidité d'un enquêteur exceptionnel : « L'islam est à l'origine une religion arabe. Tout musulman non arabe est un converti. Loin d'être simplement affaire de conscience ou de croyance personnelle, l'islam présente des exigences impérieuses. Le converti voit sa conception du monde se transformer ; ses lieux saints se trouvent en terre arabe ; sa langue sacrée est l'arabe. Sa vision de l'histoire se modifie : il rejette la sienne ; il devient, bon gré mal gré, un fragment de l'histoire arabe. Le converti doit se détourner de tout ce qui lui appartient en propre. Au prix d'un bouleversement immense des sociétés, qui, même au bout d'un millier d'années, peut rester inaccompli : rupture sans cesse recommencée. Qui sont-ils ? Que sont-ils ? Les gens échafaudent des fantasmes. Et l'islam des pays convertis comporte une dimension névrotique et nihiliste. Ces pays peuvent aisément s'embraser. »[123]

On aimerait disposer d'un texte aussi pénétrant sur les Musulmans qui, dans la diaspora, sont écartelés entre deux civilisations. (Peut-on espérer une étude pluridisciplinaire ?)

Et les madrasas ?

Le Coran vénéré a toujours été enseigné pour être appris par cœur par des enfants. Il est le premier objet de l'instruction dans beaucoup de madrasas, un peu partout dans la Maison de l'Islam, le reste du programme se limitant aux rituels et observances ordinaires plus des rudiments de textes de la Tradition et de la Charia. De jeunes arabophones peuvent, avec quelques explications,

122. V.S. Naipaul, prix Nobel de littérature 2001 : *Among the believers* (1981). Trad. fr. : *Crépuscule sur l'islam, Beyond Belief* (1998) ; trad. fr. : *Jusqu'au bout de la foi. Excursions islamiques chez les peuples convertis* (Editions Plon).
123. Prologue à *Jusqu'au bout de la foi.*

arriver à saisir le sens du texte qu'ils ânonnent, mais que penser du déversement dans les cerveaux vierges de petits pashtouns ou de petits Sénégalais des milliers de mots qui n'ont aucun sens pour eux ? Lavage de cerveau ? Mutilation intellectuelle d'enfants ? Tératopraxie pour fabriquer des hommes-machines, dont l'idéal sera de devenir « martyr dans le chemin d'Allâh » ? (Là aussi, une étude serait bienvenue.)

CHAPITRE 8

Cohabitation possible ?

Une communauté musulmane peut-elle cohabiter pacifiquement avec une autre communauté sur un même territoire ?

La question est cruciale pour les Européens qui vivent désormais avec, chez eux, une diaspora musulmane.

DES CONSTATATIONS

Si l'on veut examiner la question de la présence de l'Islam et d'une autre civilisation à l'intérieur d'une même nation, d'une même région, d'une même agglomération, il ne peut être que profitable de regarder ce qui s'est passé et ce qui se passe de nos jours dans les endroits où ce fait s'est accompli.

– Là où les Musulmans sont majoritaires et détiennent le pouvoir, les populations minoritaires sont victimes de brimades ou de persécutions.

Partout, tout au long de l'histoire, pendant quatorze siècles, l'Islam n'a cessé de maltraiter les minorités que dans les périodes où il a été mis dans l'impossibilité de manifester son adversité à l'égard de celles-ci (pendant la colonisation, par exemple).

Partout, de nos jours, les minorités ne peuvent jouir de droits égaux aux Musulmans et, partout, elles sont victimes d'actes violents de manière récurrente. Inutile d'insister.

– Dans les pays où les Musulmans sont suffisamment nombreux pour constituer une communauté reconnue politiquement sans disposer de la totalité du pouvoir, la situation n'est jamais paisible. Quand les Musulmans se sentent en force, des membres de la Communauté engagent la lutte armée et la masse des Croyants se joint bientôt à eux, ou approuve, ou laisse faire.

Exemples en notre temps : l'Inde, le Soudan, qu'il a fallu scinder en deux Etats, l'Indonésie, le Nigéria, le Liban, les Philippines, la Birmanie, etc.

– Dans les pays où ils sont minoritaires, les Musulmans demeurent en marge de la société d'accueil.

En Europe, les échecs de l'intégration ressortent des statistiques :

– Les chiffres du chômage, partout supérieurs aux moyennes nationales ; en France, les immigrés de la deuxième génération, donc de nationalité française, sont au chômage dans la proportion de 24 %, soit le double de la moyenne nationale… et de la moyenne de la génération de leurs parents ;

– Les taux d'élèves n'ayant pas terminé leurs études, ce qui laisse mal augurer de l'avenir : en Allemagne : moyenne nationale : 1,6 % ; étrangers, majoritairement musulmans : 4,4.[124]

– A partir d'un certain seuil démographique, les Musulmans se constituent en communauté de fait. Dans l'attente du point de bascule vers la reconnaissance officielle de cette communauté et, possiblement, de l'épreuve de force, ils accentuent leur prise de distance vis-à-vis du reste de la population, et de manières multiples.

En Europe, l'assimilation des individus « d'origine musulmane » a été rendue impossible par la pression sociale des Musulmans dès que la communauté a atteint un certain niveau quantitatif ; les revendications pour la reconnaissance d'une spécificité au sein des nations se sont multipliées ; les quartiers où les Musulmans étaient devenus majoritaires se sont vidés de leurs premiers habitants ; le taux de criminalité des Musulmans s'est élevé bien au-dessus de la moyenne nationale…

LA DIASPORA MUSULMANE EN EUROPE : COMMUNAUTÉ CRIMINOGÈNE

La réalité de la « surcriminalité » musulmane en Europe ne peut faire débat, sauf à tenir pour rien la vérité des chiffres. En voici quelques-uns glanés au hasard de la lecture de journaux :

Selon le *Washington Post*, du 26 avril 2012, en France, 60 à 70 pour cent des détenus sont des Musulmans alors que, dit le journal, l'ensemble des Musulmans représente « à peine 12 pour cent de la population totale ». En Grande-Bretagne, le rapport est de 11 pour

124. Lire Malika Sorel : *Le Puzzle de l'intégration : les pièces qui vous manquent* (Mille et une nuits, 2007) ; *Immigration. Intégration : le langage de vérité* (Fayard/Mille et une nuits, 2011).

cent de détenus pour une communauté de 3 pour cent ; en Belgique, le rapport est de 16 à 2 : aux Pays Bas, de 20 à 5,5 (d'après une étude de l'ONG Open Society). En Allemagne, près de la moitié des actes violents sont commis par des personnes issues de l'immigration ; en Suisse, plus de 60 % des détenus sont des étrangers, en grande majorité musulmans (statistiques fédérales suisses) ; en Espagne, 70 % des détenus sont musulmans ; en Norvège, 100 % des viols qui ont donné lieu à une plainte en 2008 à Oslo ont été le fait d'immigrés non occidentaux, en majorités kurdes et africains (statistiques de la police)...

Nous disposons maintenant d'une étude sérieuse sur les causes de la criminalité des Musulmans en Europe.

Un psychologue danois, Nicolaï Sennels, a travaillé, de 2005 à 2008, dans le quartier des jeunes délinquants de la prison de Sonderbro, à Copenhague. Il a passé de longues heures à s'entretenir avec, au total, 150 jeunes Musulmans incarcérés pour des crimes et délits divers. Ses conclusions sont nettes. [125]

Par l'éducation et la culture de son milieu d'origine, désormais transplantées telles quelles en Europe, le jeune Musulman est formaté pour vivre dans une société de la Loi, dans laquelle les conduites sont stéréotypées et les sanctions connues de tous. Dans les sociétés européennes, où l'individu est constamment confronté à des choix personnels, où son libre arbitre est sollicité en permanence, il est « paumé ». Il ne dispose pas du « forum intérieur » qui lui permettrait de se déterminer. Il se tourne vers la violence d'autant plus facilement que la culture musulmane fait une place admise à la violence et que, même, elle prône la violence à l'égard des non-Musulmans que nous sommes. Une communauté musulmane en Europe, dit sans ambiguïté le psychologue, ne peut être que criminogène. Il a remarqué que nos sanctions judiciaires sont de peu d'effets sur les délinquants : « l'unique chose que les Musulmans craignent, écrit-il, c'est d'être renvoyés au pays ». Il recommande donc aux autorités européennes d'arrêter l'immigration de Musulmans sur leur territoire.

En juillet 2010, Nicolaï Sennels a écrit au Premier Ministre britannique, David Cameron, qui, au cours d'un voyage en Turquie, venait de rappeler sa position en faveur de l'entrée de ce pays dans

125. Nicolaï Sennels est l'auteur d'un livre, qui aurait été traduit en suédois, en anglais et en français et qui est introuvable actuellement en France. Titre anglais : *Among criminal muslims. A psychologist's experiences with the Copenhagen Municipality*. (Source : site *Bivouac-ID*)

l'Union européenne. Il a repris les mises en garde exposés dans son livre. Il a même eu le front de formuler cette phrase qui, dans beaucoup de pays, dont la France, l'aurait conduit à coup sûr devant un tribunal : « Le Coran est un livre criminel qui force les gens à commettre des actes criminels. »[126]

En se basant seulement sur les chiffres, incontestables, de la surcriminalité musulmane, la question de la cohabitation des Européens avec une communauté musulmane à l'intérieur de leurs pays ne devrait avoir qu'une réponse, dictée par la réalité, le bon sens et l'instinct de préservation : « Non. »

DES IMMIGRÉS « SCHIZOPHRÈNES »

Pour expliquer la violence de beaucoup d'immigrés musulmans, il faut tenir du compte du fait que nous avons accepté que les immigrés laissent cohabiter en chacun d'eux deux identités incompatibles, celle de leurs origines et celle de leur pays d'accueil.

Nous avons renoncé à exiger de ceux d'entre eux qui s'installaient chez nous définitivement qu'ils s'assimilent complètement aux Européens de souche. Par démagogie, par ignorance de ce qu'est une civilisation, par bonne volonté naïve, nous leur avons offert la possibilité de « garder leur racines », de conserver leurs coutumes, acceptant même les plus contraires à nos valeurs et à nos mœurs, comme le voile pour les femmes, tolérant même les pratiques les plus barbares, comme l'excision ; nous les avons encouragés à se cultiver dans la langue d'origine, à apprendre celle-ci quand les parents l'avaient oublié… Résultat : nous en avons faits des êtres déchirés, écartelés, « schizophrènes ».

Où trouver son identité et sa fierté d'appartenance quand on vous demande d'être à la fois fils de Jésus et de Mahomet, de prendre vos

126. La surcriminalité d'origine musulmane en Europe n'est pas un fait récent. Le 28 septembre 1949, le préfet de police de Paris déclarait : « Le problème des Nord-Africains constitue vraiment un grave danger à Paris, où ils fournissent maintenant les deux tiers des auteurs d'agression. » *in* Thierry Bouclier : *La République amnésique* (Ed. Rémi Perrin, 2008) – pages 64-65.
Les médias ne mentionnent jamais l'origine ethnique des suspects et coupables : les noms et prénoms révélateurs sont dissimulés ou changés, les voyous en bande et les émeutiers deviennent « des jeunes ». Le site *Fdesouche* recense quotidiennement les faits divers en évitant, autant que la loi le permet, ces escamotages.

règles de conduite chez Socrate et dans la Charia ?[127] Quelques êtres d'exception jonglent sans doute avec cet impossible. Les médias aiment nous exhiber un comédien, un homme d'affaires, un écrivain qui semblent parfaitement à l'aise avec leur « double culture » : «– Une double richesse », nous disent-ils. Quelle est la part de l'imposture dans la posture de ces « poissons volants » ? Les enfants lambda de nos quartiers savent bien, eux, qu'ils ne seront jamais des Musulmans accomplis dès lors qu'ils devront se plier aux règles d'une société européenne ; ils sont persuadés aussi qu'ils n'arriveront jamais à être des Européens comme les autres, sauf à se couper radicalement de leur ascendance – ce qui serait, à leurs yeux (et nous leur enfonçons ça dans la tête) une trahison..

Alors ils vont chercher la fierté d'appartenance, qui est indispensable à tout humain, dans des identités de remplacement, dérisoires, comme le quartier, la bande... Leur violence est due d'abord à un sentiment profond, inconscient souvent, que chacun d'eux porte en lui : n'étant pas pleinement membres d'une communauté identitaire qui leur donnerait à la fois sécurité et fierté, ils ne sont pas sur la voie d'un accomplissement, ils sont condamnés à vivre en-dessous de leurs potentialités. De cette mutilation ontologique, ils cherchent à sortir. Par la violence parfois. Bien sûr : comme des animaux enfermés, pris dans un piège.

Croyons-nous vraiment que des millions d'individus accepteront longtemps, définitivement, de vivre dans une « schizophrénie » qui les dégrade ?

La première civilisation qui offrira aux « sauvageons » (: jeunes pousses non greffées) une pleine appartenance se les attachera. Maintenant, seul l'Islam est prêt à les accueillir et a la force d'attraction pour le faire ; seul il offre une véritable solidarité communautaire ; seul il exerce une pression sociale pour attirer les entre-deux.

Les mesures que proposent les Européens : un peu plus d'enseignement, des cours de civisme, de la discrimination positive... ne peuvent répondre à des soifs profondes, identitaires, ontologiques. Elles seront sans résultats. Parce qu'elles participent d'une vision fausse, réductrice, du problème, basée sur une vision fausse, réductrice, de

---

127. J'ai rédigé une chronique sur le sujet pour la revue *Reconquête* (n° 206 – mars 2004). Le texte a été repris dans Bernard Antony : *L'islam sans complaisance* (Godefroy de Bouillon, 2006) sous le titre : La pensée dominante condamne les immigrés de France au déchirement entre deux cultures.

l'homme : l'*homo economicus*, comme si une certaine réussite matérielle et sociale suffisait à éteindre en l'homme toute autre aspiration, comme si l'homme ne vivait que de pain et de contrats de travail. Seule l'appartenance à une grande civilisation, avec la fierté qu'elle apporte et ses possibilités de réalisation personnelle dans toutes les dimensions, horizontales et verticales, de l'homme, peut résoudre le problème de la violence chez un individu mal dans sa peau.

DE LA CRIMINALITÉ À L'HOSTILITÉ CIVILISATIONNELLE

Si l'Islam, à ce jour, n'a pas intégré tous les jeunes immigrés, c'est que ceux-ci avaient encore, par les enseignements des parents et par l'école, quelques adhérences à l'Europe et parce qu'il n'y avait pas encore suffisamment de Musulmans formés à la mission de les prendre en main. Mais, ces agents recruteurs de l'Islam, nous sommes en train de les faire ou de les laisser venir en nombre et de leur donner tous les moyens d'agir : mosquées, centres de formation et de propagande, « accommodements raisonnables », apports financiers, pouvoir politique…

Pourquoi une telle complaisance pour abandonner les jeunes immigrés à l'Islam ? Dans la tête de nos politiques, règne l'idée que les « religieux » musulmans sont les seuls qui puissent avoir quelque autorité sur les « jeunes », être en mesure, un jour, peut-être, d'arrêter les trafics. Dans l'espoir de mettre fin à la turbulence de nos « quartiers sensibles », nous favorisons autant que faire se peut la progression de l'Islam – un Islam que nous espérons conforme à nos souhaits.

Les apprentis sorciers n'ont-ils pas déjà remarqué que la criminalité musulmane ne diminue pas avec la montée en puissance de l'Islam dans nos villes ? Les statistiques démontrent même qu'elle s'aggrave, et de manière constante.

Il ne peut en être autrement. La violence des Musulmans est en train de muter : chez les « jeunes, la schizophrénie identitaire fait place à la fierté identitaire musulmane ; parallèlement, la marginalité de droit commun se transforme en une hostilité civilisationnelle qui justifie la violence et l'encourage.

L'Islam, en effet, apporte la justification idéologique, religieuse, juridique (en référence au droit musulman) au refus de l'assimilation, au refus des règles du pays d'accueil, à la marginalité, à la prédation. L'hostilité à l'égard des Infidèles (re)devient un devoir. Les actes de violence ne sont plus que la réparation d'injustices ; ils sont commis pour défendre une communauté « stigmatisée », brimée, spoliée, attaquée. La distinction entre Maison de l'Islam et Maison de la guerre est réactivée, même si elle n'est pas formulée. L'Islam exonère les « jeunes » de toute culpabilité en même temps qu'il leur procure l'identité valorisante, l'estime de soi, la fierté d'appartenance, qu'ils cherchaient en vain.

L'islamisation de la délinquance a pour conséquence de développer le sentiment communautaire. Déjà, dans les « cités », l'omerta s'impose quand la police cherche à élucider un délit ou un crime. Demain, la *umma* ne lâchera jamais un des siens. Elle se sentira tout entière homogène, unie, une, face à la société autochtone et l'hostilité envers les non-Musulmans, devoir sacré, ne fera que s'accentuer.

Le mouvement est en cours ; il s'accélère et s'étend continûment. Qui, parmi les dirigeants européens l'a remarqué, l'a étudié, propose des remèdes pour l'arrêter ?

LE SYNDROME D'ADÈLE

La plupart des Européens veulent croire en la possibilité d'une coexistence sans heurts majeurs entre les Musulmans qu'ils côtoient et eux-mêmes. Pourquoi ?

Parce que, derrière la question de l'Islam en Europe, se profile la question de l'Islam dans le monde, l'Islam tel qu'il est, expansionniste et guerrier, mais aussi puissant par le nombre de ses ressortissants et les richesses du sous-sol qu'il détient.

Et l'hypothèse d'un affrontement de l'Europe avec l'Islam fait surgir des visions de cauchemars, sur le territoire même de l'Europe et peut-être à l'échelle mondiale.

Un journaliste et essayiste, spécialiste de géopolitique, Laurent Artur du Plessis[128], a utilisé, un jour, dans une conversation que nous avions devant un verre de vin, l'expression « le syndrome d'Adèle ».

128. Auteur de plusieurs livres de géopolitique, dont *La 3e Guerre mondiale a commencé* (Jean-Cyrille Godefroy, 2002) ; trad. espagnole : *La 3a Guerra Mundial ha commenzado* (Inedita editores, 2004). Chez Jean-Cyrile Godefroy, *Islam-Occident, la guerre totale* (2004) ; *10 questions sur la Turquie... et 10 réponses qui dérangent* (2005) ; *De la crise à la guerre : la faillite*

« Adèle ne peut pas me tromper, dit le cocu d'un vieux vaudeville. Ce serait trop horrible. »

Transposons : « L'Islam ne peut faire la guerre à l'Europe. Ce serait trop horrible. »

Alors, comme le cocu de la comédie, les Européens se refusent à voir ce qui devrait leur sauter aux yeux et ils cherchent de bonnes raisons pour se convaincre que les doutes, qui tout de même les affleurent de temps en temps, sont sans fondements : « L'Islam en Europe ? Ce n'est jamais qu'une religion de plus »

Ou : « Nos pays ont assimilé d'autres vagues migratoires. » Des anesthésiants !

Lors des « printemps arabes » de 2011, les Occidentaux se sont bercés de l'illusion que la démocratie allait – enfin ! – apparaître en Islam, que c'était le souhait, jusque-là brimé, de la majorité des Musulmans, et notamment des jeunes diplômés, manieurs d'informatique, qui détenaient les clefs de l'avenir. Une façon d'espérer que si l'Islam pouvait être compatible avec la démocratie, si les Musulmans massivement désiraient la démocratie, les Musulmans d'Europe seraient bientôt des Européens « comme les autres ».

Ces aveugles étaient convaincus que la mondialisation, et singulièrement par les moyens de communication (Internet, réseaux sociaux...), crée des comportements semblables sur l'ensemble de la planète, comportements qui induisent des types de gouvernement semblables.

Ils pensaient, d'autre part, englués dans leur indécrottable ethnocentrisme, que l'aspiration à la démocratie est commune à tous les hommes, que cette aspiration se traduira tôt ou tard par l'instauration de modes de gouvernement et de comportements individuels semblables aux nôtres, donc à l'abandon de l'identité musulmane, qui se réduira à un vague folklore.

LA DÉMOCRATIE RÉDUITE AUX ÉLECTIONS

Mais quand avaient-ils entendu, ces rêveurs éveillés, les masses musulmanes réclamer la liberté et la démocratie ? Ce sont les médias

des élites (2011). Dans ce dernier livre, l'auteur recense les économistes qui avaient prévu la crise financière de 2008 et avaient préconisé des moyens pour l'éviter.

occidentaux qui employaient ces mots. Les manifestants ne scandaient que des slogans hostiles au pouvoir en place et leurs meneurs ont déclaré qu'ils avaient obtenu satisfaction dès que leur dictateur a été déchu et qu'ils ont pu annoncer des élections pour désigner de nouveaux dirigeants.

La démocratie pourrait-elle être réduite aux élections ? Alors l'Iran des ayatollahs, qui a organisé de temps à autre des élections (et toutes n'ont pas été trafiquées), serait une démocratie. Et le nazisme, porté au pouvoir par des élections irréprochables, aurait été démocratique. Et qui ne connaît les excès auxquels conduit en Afrique, dans des pays à fort tribalisme, le blanc-seing donné par les élections à des chefs d'une ethnie majoritaire pour tyranniser les minorités ?

Des élections conduisent à la démocratie à deux conditions :

– Que les gouvernants issus de la consultation aient la volonté d'appliquer des lois démocratiques,

– Que le peuple ait une identité qui fait place aux composantes de la démocratie : la liberté de conscience, le respect de la sphère privée, le respect de l'autre…

HIER ET À L'HORIZON, AUCUN GOUVERNANT DÉMOCRATE

Dans les pays musulmans, y eut-il jamais des gouvernants qui ont essayé d'installer une démocratie ?

Tout au plus, certains nationalistes imposèrent-ils des réformes à contre-courant du totalitarisme islamique, par le haut et par la force.

Atatürk en Turquie, les Pahlavi en Iran, Bourguiba en Tunisie, d'autres… ne reculèrent jamais devant l'emploi de méthodes dictatoriales et ils ne se maintinrent au pouvoir qu'en usant largement de la contrainte.

Peut-on même dire que les réformes « démocratiques » décidées par les nationalistes ont été accueillies favorablement en leur temps par la population ? On n'en saura jamais rien, puisque les réformateurs se sont bien gardés de consulter leur peuple sur les lois qu'ils promulguaient et aucun d'entre eux n'a fait légitimer son autorité par des voies authentiquement démocratiques.

L'élan donné au changement s'est toujours ralenti après la mort de l'initiateur. Les successeurs ont maintenu le cap pendant quelque temps (une cinquantaine d'années en Turquie, moins de dix ans au Pakistan, trente à quarante ans en Egypte ou en Tunisie) en louvoyant et en jetant par-dessus bord la cargaison par petits paquets, et enfin ils ont été écartés. [129] Le discours résolument « moderniste », « laïque », que tenaient les nationalistes du siècle dernier n'est repris par aucun parti au pouvoir aujourd'hui.

L'involution, qui avait brisé la réforme du calife al-Ma'mûn au IXe siècle, a joué pleinement. Au Moyen Âge comme à notre époque, la greffe de la nouveauté n'a jamais pris en Islam.

Leurs espoirs ayant été déçus, les messianiste de la démocratie en Islam nous demandent de faire preuve de patience : le processus de démocratisation est en cours ou ne saurait tarder, mais il sera long. Ils nous rappellent que la France a dû passer par une révolution sanglante et près d'un siècle d'empire ou de monarchie avant que la république s'installe.

Cette comparaison est vide de sens. La démocratie n'est pas née en 1789, mais dans la Grèce antique, peut-être même avant, et elle s'est construite sur des facteurs identitaires qui, sous tous les régimes, même les plus dictatoriaux, ont subsisté dans les populations, à commencer par l'existence d'une sphère privée. Aujourd'hui, ces facteurs ont une traduction dans nos droits, mais ils ne sont pas issus d'une volonté juridique. Pourquoi apparaîtraient-ils du jour au lendemain dans une civilisation qui les a toujours ignorés ou combattus, alors que nos pays, nos régimes politiques, nos mœurs, n'y représentent plus rien de positif, que nous n'y exerçons aucune force d'attraction ou d'imitation ?

Avec la sphère privée, l'autre pilier de la démocratie est l'agora, le forum, le libre échange d'opinions entre membres de la communauté.

Dans tous les pays musulmans, l'opposition à la « ligne générale du parti » est mal acceptée des dirigeants, souvent réprimée, parfois interdite et condamnée. Quant à la critique de l'Islam, qui est partout l'assise idéologique du pouvoir, elle est proprement inenvisageable : la prison ou la mort frapperait immédiatement le coupable « d'apostasie » ; les

129. En Egypte, la « laïcité » nassérienne ne fut préservée (partiellement) que par « l'état d'urgence ». Décidée au lendemain de l'assassinat de Sadat par des « intégristes », cette mise entre parenthèse de la légalité a duré 31 ans, de 1981 à 2012.

derniers contestataires déclarés de l'Islam à l'intérieur de l'Islam ont disparu il y a plus de trente ans.

Sans la liberté – absolue, inscrite dans les lois, mais aussi dans les pratiques et, d'abord, dans les esprits – de s'opposer à un régime, et jusque dans les fondements de sa légitimité, il ne peut y avoir de démocratie. L'Islam, nulle part, n'a fait le premier pas dans cette direction.

Certains Occidentaux sont persuadés que la démocratie s'installera nécessairement en Islam, parce que des coutumes, des pratiques, des articles de la Loi musulmane, qui leur paraissent, à eux, insupportables, seront abandonnés par les Musulmans dès qu'ils en auront l'occasion. Ils « savent » en particulier que les femmes ne peuvent, comme les Occidentales, que souhaiter leur libération. Par exemple, le voile. Certes, au XXe siècle, beaucoup de femmes musulmanes militèrent pour l'abolition du voile (*al-sufûr*), mais, aujourd'hui, on ne remarque plus que quelques isolées, toutes biculturelles, qui osent se montrer tête nue dans les lieux publics. Avons-nous idée de ce que peut être « l'aliénation » de la plupart des Musulmanes ? Une Libanaise, chrétienne, donc non voilée, me disait qu'une femme, voilée dès l'adolescence, « se sentirait nue si on l'obligeait à sortir hors de sa maison sans son foulard ». Alors, les niqabées ? les burqatées ?

A L'USAGE DES INFIDÈLES : TRICHES ET MENSONGES

Dans un monde qui retentit partout de l'universalité des Droits de l'homme, il est des principes, constitutifs de la démocratie, avec lesquels les tribuns de l'Islam doivent tricher pour faire figure honorable.

Exemples : l'égalité entre Musulmans et non-Musulmans, l'égalité hommes-femmes.

– L'article premier de tous les textes fondamentaux sur les droits de l'homme en Occident : « Tous les hommes naissent libres et égaux en droit » n'est pas vraiment récusé. Qui oserait, en notre siècle, devant les instances internationales, se dire opposé à la liberté et à l'égalité ?

En 1990, au Caire, l'OCI a adopté «la déclaration des droits de l'homme en Islam ». Dans son premier article, ce texte déclare : « Tous les êtres humains forment une famille dont les membres sont unis par leur soumission à Dieu (*Allâh*) et par le fait qu'ils descende d'Adam. [...] Tous les êtres humains sont les sujets de Dieu (*Allâh*). »

Une manière de ne pas renier l'inégalité juridique entre Croyants et Infidèles tout en évitant de la reconnaître.

Une belle escobarderie. Un tour de passe-passe.

– L'inégalité homme-femme est coranique. La femme est soumise à tutelle de la naissance à sa mort ; elle ne reçoit que la moitié de la part d'un homme en héritage ; son témoignage est aussi de valeur réduite : il faut deux femmes pour valoir un homme ; son mari a le droit de la battre ; elle peut être répudiée par simple décision de son conjoint ; elle ne peut épouser qu'un Musulman, etc. Les versets du Coran et les hadîth qui marquent cette infériorité sont nombreux ; la Charia la confirme ; des fatouas la commentent et l'illustrent à l'infini.

Cette inégalité « la fiche mal » dans les enceintes internationales. Que faire ?

« La déclaration des droits de l'homme en Islam » précise, dans son article 6 : « La femme est l'égale de l'homme au plan de la dignité humaine ».

Encore une escroquerie juridique, qui ne peut tromper que qui veut l'être...

– La liberté d'expression est traitée également dans le texte islamique.

Article 22 : « Tout homme a le droit d'exposer librement son opinion pourvu qu'elle ne soit pas en contradiction avec les principes de la Charia. » Etc.

D'autres constituants de la Loi musulmane rendent aléatoire la cohabitation pacifique entre l'Islam et une autre civilisation :

– La liberté de conscience : un Musulman ne peut renoncer à l'Islam sous peine de mort ; n›importe quel Croyant a qualité pour appliquer la peine. On décapite encore en Arabie saoudite pour apostasie[130]. Tout enfant d'un mâle musulman est obligatoirement musulman, et il ne pourra renoncer à l'Islam.

130. ... au sabre et en public. Dans l'Egypte nationaliste, on se contentait d'appliquer les peines annexes à la mort prévues par la Charia : la dissolution du mariage, l'enlèvement des enfants et la privation du droit de succession, et de contraindre le coupable à quitter le pays.

– Le statut des non-Musulmans, statut juridique ou de fait, lui aussi d'origine coranique.

– L'expansion par la violence et la ruse.

Pour tenter d'épuiser la problématique, examinons la possibilité d'une évolution de l'Islam sous deux autres angles :

– la réforme, dans certains pays musulmans, de lois à portée limitée, dans des domaines qui, chez nous, ressortissent au profane, lois de droits privé ou public selon nos définitions;

– la Réforme de l'Islam proprement dit, comme ensemble de dogmes, corpus de croyances, source de la législation, de la morale, des mœurs.

LA RÉFORME DES LOIS « PROFANES » : RIEN EN VUE

Rappel :

– L'origine, le principe des lois : c'est, pour nous, le peuple (même si nous avons souvent triché) ; pour les Musulmans, la Loi est la Loi d'Allah, transmise aux hommes par le Coran et la *sunna*.

– Pour nous, les lois, œuvre humaine, sont, à tout moment, révisables. La Loi musulmane est intouchable.

– Les lois ne sauraient empiéter sur notre liberté individuelle, en particulier notre liberté de pensée et d'expression. Par la Loi, l'Islam prescrit à tous les Croyants ses comportements en tout domaine ; leur latitude d'interprétation est très limitée.

La distinction entre nos lois, de facture humaine, et la Loi musulmane, d'origine divine, est essentielle. Alors que nos législateurs ont totale liberté, le législateur musulman est enfermé dans un cadre rigide, intouchable, le Coran et les hadiths, sources de la Charia.[131] Des dictateurs nationalistes ont osé sortir de ce cadre, ponctuellement. Incontestablement, l'instauration du divorce en remplacement de la répudiation ou l'interdiction du voile contrevenaient à la Charia. Mais ces réformes n'ont été possibles que parce que, à l'époque, l'Islam, après les années de colonisation, était considérablement affaibli. Quel

131. Sur l'incompatibilité du Coran avec la démocratie et, plus généralement, avec la civilisation européenne, trois livres, parus aux éditions de Paris : Laurent Lagartempe : *Petit Guide du Coran* (2004) ; du même : *Le Coran conte la République. Les versets incompatibles* (2006) ; Aïssa Moussa : *Le Coran comme on ne l'a jamais lu* (2005).

dirigeant musulman, en ce début de XXIe siècle, dispose d'une liberté de manœuvre comparable à celle d'un Bourguiba ou d'un Nasser ? Compte tenu de l'influence actuelle des « religieux » et de l'état de l'opinion musulmane, quel chef d'Etat aurait l'audace de proposer des lois « profanes » en rupture nette avec la Charia, comme l'abolition des délits – ou crimes – de blasphème ou d'apostasie ? Quel parti, dans quel pays a inscrit dans son programme l'instauration de la liberté de conscience et d'expression, même à échéance lointaine ?

LA RÉFORME DE L'ISLAM : IMPOSSIBLE

Un constat : en quatorze siècles, l'Islam n'a pas connu de Réforme portant sur les dogmes, les lois fondamentales, les pratiques...

Les trois grandes variétés de l'Islam sont apparues à l'occasion de la bataille de Siffîn, en 657. Par la suite, sont nées des variétés qu'on peut appeler sectaires, comme les Druzes ou les Alevis, mais le grand bloc islamique n'a pas bougé.

Les peuples ont toujours été majoritairement conservateurs. Les penseurs qui ont avancé des idées de Réforme ont été peu nombreux et timides dans leurs propositions ; ils n'ont jamais eu d'influence sur la doctrine. Aujourd'hui, on ne note aucune demande de Réforme de l'Islam dans les pays musulmans.

Pourquoi ?

– Les Musulmans sont satisfaits de l'Islam :
– Qui leur fournit des réponses à toutes les questions existentielles,
– Qui leur dit à tout moment comment se conduire,
– Parce que tous les hommes finiront par être musulmans.

Quiconque a connu la foi des communistes européens dans leurs plus belles années ne sera pas étonné de ces certitudes chez les Musulmans : le communisme expliquait tout et l'ensemble de l'humanité deviendrait communiste : c'était prouvé scientifiquement, le sens de l'histoire le démontrait.

– Que pourrait-on bien modifier dans l'Islam ?
– Le dogme ? Personne ne s'en préoccupe.
– L'Islam est moral, les Musulmans sont parfaits. Ce qu'on dit sur eux est du dénigrement.

A rapprocher des dénégations des communistes concernant les procès staliniens, le goulag.

– Le double contrôle, vertical par les « religieux », horizontal par les croyants ordinaires, coupe toute remise en cause, toute interrogation, à la naissance.

– L'absence de liberté de pensée, de conscience, de religion… n'est pas perçue : il n'y a pas de « forum intérieur ».

– La terreur n'est pas vue comme telle : ce n'est que l'application de la Loi d'Allâh. Les châtiments les plus cruels ne sont que des actes de « purification » (*tathîr*).

– L'Islam apporte la fierté d'appartenance. Et l'Islam seul, par son histoire mythifiée, mais surtout par la doctrine qui fait des Musulmans des êtres supérieurs et missionnés, moraux, porteurs d'idéal, préférés de la divinité…

Quel pourrait être le substitut de l'Islam comme vecteur de fierté identitaire ? Les Musulmans ont perdu toutes les guerres auxquelles ils ont pris part depuis la fin de la colonisation ; ils ne peuvent se prévaloir d'aucune réussite économique, scientifique, artistique à l'échelle mondiale.

– Dans le système totalitaire musulman, toutes les composantes sont imbriquées, à savoir ce que nous nommons le religieux, le juridique, la morale, le comportement privé… forme un ensemble insécable. Tout est du ressort d'une Loi, unique, d'origine divine. Par où, dans ces conditions, commencer une réforme et porter atteinte à une seule brique ne ferait-il pas s'écrouler la maison tout entière ?

Ajoutons :
- la fermeture aux autres,
- le mépris des autres,
- le manque de curiosité,
- le refus des apports extérieurs,
- le péché d'innovation.

A supposer qu'un pouvoir décide d'engager une Réforme de l'Islam, quels obstacles devrait-il lever ?

D'abord, préparer le peuple à cette révolution. Existe-t-il, aujourd'hui, un chef d'Etat désireux et ayant la capacité, par son rayonnement personnel, de faire l'annonce d'une Réforme ? Non.

Imaginons tout de même... Le courageux devrait, pour commencer, libérer les recherches sur les premiers temps de l'Islam, et libérer la parole. La censure sur la période est totale. Cas extrême : en 1985, au Soudan, Mahmoud Mohamed Taha, 76 ans, président de l'Association islamique des frères républicains, fut condamné à mort et pendu parce qu'il avait demandé aux Musulmans de reconnaître comme pertinente la distinction entre les sourates mekkoises et médinoises du Coran. Or, l'interdiction d'étudier librement l'histoire des premiers temps et les textes fondateurs rend impossible toute réforme de l'Islam d'aujourd'hui, qui repose tout entier sur ces matériaux.

Continuons dans les conjectures : à supposer qu'un réformateur franchisse la barrière du libre examen de la période au cours de laquelle l'Islam s'est constitué et des personnages, même qu'il réussisse à relativiser les paroles et actes de Mahomet et de ses premiers Compagnons, les *hadîth*, pourra-t-il agir de la même manière avec le Coran ? Quel chef d'Etat dirait : – Peut-être le Coran n'est-il pas incréé ? Faisons le tri entre les versets qui ont une valeur pour l'éternité et ceux qui sont liés à des circonstances historiques, à l'état de la société arabe du 7e siècle et qui, aujourd'hui, peuvent être abrogés. » La condamnation tomberait aussitôt, et des oulémas et, à leur suite, du peuple tout entier :

« La mort pour l'apostat ! »

LES « RÉFORMATEURS » DANS LA DIASPORA : TOUS DES TAUPES

Il n'y a qu'au sein de la diaspora musulmane qu'on parle d'une Réforme de l'Islam. En Europe, c'est devenu la spécialité d'un certain nombre d'intellectuels ou « d'imams », qui sont invités régulièrement à s'exprimer par les journalistes, qui sont même les seuls Musulmans choisis par les grands médias, parce qu'ils montrent à tous un Islam « présentable » ou qui ne va pas tarder à l'être.

En France, l'Islam réformé, reformaté à nos normes, s'appelle « l'Islam à la française ». C'est quasiment une orthodoxie ; sa réalisation est certaine et imminente. Les « élites » de toutes couleurs, dont les politiques de tous bords, sont formels à cet égard.

« Un Islam de France, et non pas un Islam en France. »

Belle formule : les Français vont créer « leur » Islam. Un miracle, sans doute, mais à notre portée. N'est-il pas connu que le coq gaulois, dressé sur son tas de fumier, fait lever le Soleil chaque matin ?

Un Islam différent de celui de l'*umma* d'un milliard six cent millions d'êtres humains ?

Oui, et quelques-uns disent même qu'il pourrait servir de modèle, essaimer sur l'ensemble de la planète.

Ne faudrait-il pas se demander ce que pourrait valoir en Arabie saoudite, au Pakistan, en Indonésie... une Réforme élaborée, dans un pays peuplé majoritairement d'Infidèles, par des « imams » reconnus par ceux-ci ?

Et à supposer que, par impossible, cet Islam de France puisse naître un jour, combien de temps tiendrait-il ? Combien d'années avant que l'involution le mette à bas ? Vivrait-il plus longtemps que les régimes laïques d'Afghanistan, de Turquie, d'Iran... que les nationalismes d'Afrique du Nord ou du Proche et du Moyen-Orient au siècle dernier, que le mu'tazilisme aux VIIIe et IXe siècles ? C'est pour créer cet enfant mort-né que nos gouvernants dépensent de l'argent public, multiplient compromis et compromissions, s'abaissent, trahissent leurs peuples.

Le projet ne sert qu'à permettre aux « élites » de gagner du temps, de ne pas poser tout de suite la question de la cohabitation des Européens et des Musulmans. Il est tellement grotesque qu'il ne mériterait que la dérision si ses promoteurs n'étaient pas les seuls « spécialistes » autorisés par la censure politique et médiatique à parler de l'Islam aux citoyens.

Citons quelques-unes des figures de l'Islam réformé ou en cours de réforme et résumons en quelques mots leur propagande :

– Malek Chebel s'est fait une spécialité : « l'Islam des Lumières », dont il nous assure qu'il a existé et qu'il ne demande qu'à renaître. Il ment comme il respire, sur la vie de Mahomet, l'histoire de l'Islam, ses dogmes et ses lois.

– Abdennour Bidar est un nietzschéen, qui dénonce les « maladies de l'islam », explique comment en sortir, prône un « self islam », un Islam que chaque Musulman taillerait à sa convenance. Le culot extrême !

– Tariq Ramadan voudrait faire son marché en prenant une loi en Tunisie, une autre au Sénégal, une autre ailleurs… jusqu'à constituer un patchwork plaisant à l'œil. Maître Tartufe !

– Hassen Chalghoumy, imam de Drancy, dans la région parisienne, signataire d'un *Islam à la Française*, est un comique du même tonneau. Les contradictions ne le gênent guère : il a mis ses filles dans une école catholique, parce que, dans cet établissement, on accepte qu'elles soient voilées.

– Mohammed Moussaoui, président du Conseil français du Culte musulman, ès qualités promoteur d'un Islam-religion compatible avec la démocratie française : ce prof de math marocain ment avec si peu de finesse qu'on voit régulièrement son nez s'allonger.

– La caution suprême, c'est Dalil Boubakeur, le recteur de la mosquée de Paris, premier président du CFCM. Lui, botte en touche dès qu'on pose une question qui peut fâcher.

Tous, évidemment, démontrent que l'Islam, tout bien considéré, n'est qu'amour, tolérance et paix.

Ces comiques ne me font pas rire.

Ils veulent répandre l'Islam. Normal. Et qui le leur reprocherait ? N'est-ce pas la mission la plus sacrée de tout Musulman ?

Eux, tous, sont en guerre, par la *taqiyya*.

Eux, tous, sont des taupes de l'Islam dans la guerre contre l'Europe.

Ce sont, sans exception, des soldats en mission de djihâd.[132]

Et les « aumôniers » (le mot n'existe pas en Islam) qui sont dans nos armées, dans nos prisons, sont des taupes comme les autres.

Et les « imams » que nous « formons » à l'Institut catholique (quelle dérision !) seront des taupes comme les autres.

A propos des taupes de tous pelages, il faut remarquer que :
– Aucun n'évoque jamais, dans ses propositions de réforme, de changer la définition du Coran, incréé, éternel, parole d'Allah, d'en faire un phénomène d'histoire, discutable, amendable, en reconnaissant

132. Sur le site *Riposte laïque*, chroniques de Jérôme Capistran : Tous les imams d'Europe sont des taupes (29 novembre 2010), et les démonstrations concernant Hassen Chalghoumi (4 octobre 2010), Malek Chebel (3 janvier 2011), Abdenour Bidar (14 novembre 2011). Lire aussi, sur le même site, la chronique humoristique de Bernard Dick sur Chalghoumi : Je rêve d'être le nouveau chef de l'islam de France (30 novembre 2012).

pour commencer que la version que nous connaissons a été imposée, parmi d'autres, par un pouvoir politique.

– Leurs mensonges sur la vie de Mahomet ne connaissent aucune limite, l'omission étant le péché le plus véniel : il est certain que présenter l'homme, en Occident, comme un chef « religieux », un envoyé de Dieu, en révélant qu'il a pratiqué le massacre, l'assassinat ciblé… (et que dire de sa sexualité ?) serait une gageure ; ajouter que Dieu lui-même l'a désigné de toute éternité comme le « beau modèle » conduirait forcément au fiasco.

Ces favoris de nos politiques et de nos journalistes se gardent bien d'exposer leurs thèses hors des démocraties. Dans les pays qui se proclament musulmans, ils seraient vite dénoncés, jugés, condamnés. Un Bidar ou un Chebel, en Arabie saoudite, connaîtrait promptement les joies d'être décapité aux cris de *Allâh akbar*.

Leurs mensonges sont si peu conformes à l'Islam réel que, même chez nous, ils provoquent parfois des réactions étonnées de Croyants sincères : l'imam de Drancy a été dénoncé comme « l'imam des juifs » et, en conséquence, il a été quelque peu bousculé. Ce sont là les risques du métier d'agent double en territoire ennemi.

SUPRÊMES ESPOIRS : LA MUTATION, LE DISCRÉDIT

Des changements institutionnels, à supposer qu'ils aient lieu, suffiraient-ils à changer l'identité musulmane ? On peut en douter. Les institutions créées après la domination occidentale n'ont fait qu'effriter un bloc qui a, ensuite, bien vite effacé les atteintes qui lui avaient été portées. Tocqueville, qui avait vu naître le mouvement d'occidentalisation en Islam, notait : « la religion s'en va ; le despotisme seul […] reste. »

Au demeurant, de grands bouleversements politiques comme l'unité allemande ou l'unité italienne ont-elles modifié la personnalité des peuples concernés ? Entre 1789 et aujourd'hui, la France a connu de multiples régimes et Constitutions, et les Français demeurent bien les mêmes. (Ont-ils même beaucoup changé depuis que Jules César les a décrits sous un autre nom ?)

Les optimistes obstinés qui veulent croire à une possible métamorphose de l'Islam s'accrochent à deux hypothèses :

– Sous l'effet de la mondialisation et des nouvelles technologies de la communication, l'Islam mute en une religion non-politique, pacifique, acceptant la démocratie.

Le pari est risqué.

Il a déjà été perdu une première fois. En 2011, nos « élites » se réjouissaient que les réseaux sociaux et Internet aient rassemblé dans les rues de Tunisie ou d'Egypte des milliers de « démocrates » et que ces derniers aient obtenu le départ de dictateurs (seuls ? avec l'aide des Occidentaux et des wahhâbites ?) On sait ce qu'il est advenu de ces songes : partout, l'Islam le plus dur renforcé et la démocratie renvoyée à plus tard, beaucoup plus tard. Les révolutions arabes étaient des involutions.

– L'Islam sous sa forme la plus radicale (le wahhâbisme, le salafisme, ce que nous nommons « l'islamisme ») arrive au pouvoir dans l'ensemble des pays arabes, sinon dans toute la Maison de l'Islam ; il fait vite la preuve de son incapacité à résoudre les problèmes politiques et économiques, ses solutions se révèlent totalement inopérantes ; les peuples, déçus, se détournent de lui et font appel à des « modérés », laïcs et démocrates.

Ce scénario, qu'on peut nommer « de la dernière chance », est aussi peu convaincant que le précédent. Il suppose que les dirigeants « modérés » qui succèderaient aux « radicaux » puissent faire leur affaire de l'islamité de leurs administrés sans céder à l'involution inhérente à l'Islam. Pendant combien de temps durera l'épisode laïque et démocratique avant que la mécanique rétroflexe ne se remette en marche ?

L'Europe ne peut pas prendre le risque d'attendre passivement une transformation de l'Islam, que rien n'annonce. Elle doit traiter les problèmes que lui pose ce totalitarisme agressif, et au plus vite si elle ne veut pas payer un prix trop élevé pour recouvrer son sol et ses droits, si elle veut préserver sa civilisation sans avoir à faire une guerre de survie.

D'AUTRES DIVERGENCES IDENTITAIRES

Au-delà des questions de dogme et de droit qui séparent l'Europe et l'Islam, au-delà des grands concepts originels qui en sont le soubassement, l'inventaire des ingrédients qui nous constituent et de ceux qui font l'identité musulmane aboutit à un long catalogue de différences, qui sont autant de divergences, d'incompatibilités ou d'oppositions.

– *La vie et la mort :*

Combien de fois aurons-nous entendu, dans la bouche de Musulmans engagés dans de djihâd ouvert : « Vous aimez la vie ; nous aimons la mort » ? Avec quelle fierté les « islamistes » prêts au « martyre » proclament cette différence entre eux et nous !

– *La violence*[133] *:*

Les deux civilisations ont rivalisé, au cours de l'histoire, dans les violences de toutes sortes. Un palmarès du sang versé accablerait l'une comme l'autre. Cependant, depuis la fin des deux guerres mondiales et des totalitarismes nazi et communiste, l'Europe s'est efforcée de moins verser le sang, tant bien que mal, avec des rechutes, certes, mais le bilan est tout de même positif. Evolution emblématique : la peine de mort a été abolie dans les vingt-sept pays de l'Union européenne.

Dans les pays musulmans, rien ne change. Le conservatisme et l'involution maintiennent ou rétablissent la violence légale : la lapidation, les amputations, les égorgements et décapitations sont encore présentés par les cadres « religieux » (et juridiques) comme des actes de « purification » (*tathîr*).

Al-Qaradâwî, de retour en Egypte, interviewé sur la chaîne *al-Nahâr*, le 26 janvier 2012 : « Je pense que la Charia devrait être appliquée progressivement.[...] Il faut préparer les gens, leur enseigner, Les gens doivent apprendre. [...] Je pense que durant les cinq premières années, il ne devrait pas y avoir de mains amputées. Cette période doit être consacrée à l'enseignement. »

En Tunisie, un député du parti « islamiste modéré » al-Nahda, Sadok Courou demande à la tribune de la chambre, le 23 janvier 2011, que les blogueurs et sit-inneurs soient « tués, amputés, crucifiés ». Il s'appuie sur un verset du Coran et récidive ses propos dans une déclaration à une station de radio, *Mosaïque FM*, sept jours plus tard.

L'article du dogme qui fait de l'imitation de Mahomet un devoir justifie les comportements les plus sanguinaires par la *sunna*. En décembre 2011, le chef des salafistes égyptiens (lesquels obtiendront

133. Sur le sujet, notamment Malek Sibali : *L'islam, sacrée violence. Textes fondateurs* (Editions de Paris. 2011).

27 pour cent de voix aux élections qui commencent), Yasser al-Barhami, déclare : « *The christians of Egypt can be dealt with like jews of al-Medina.* » Les chrétiens d'Egypte peuvent être traités comme les juifs de Médine. C'est-à-dire : On peut les dépouiller, les chasser du pays fondé par leurs ancêtres, les asservir, les massacrer.

En Arabie saoudite, 72 décapitations ont eu lieu en 2011. La dernière personne exécutée était une femme ; elle avait été condamnée pour… sorcellerie. Les autres avaient commis des crimes-péchés aussi divers que le meurtre, le viol ou… l'apostasie.

Les châtiments physiques sont courants, pour les motifs, à nos yeux les plus futiles, comme le port du pantalon par une femme, qui est sanctionné par la flagellation en public.

– *Justifiés également par la Loi, les « crimes d'honneur » :*

Combien d'hommes musulmans, en terre d'Islam ou en Europe, punissent leur épouse, fille, nièce… pour ce qu'ils estiment être un manquement à l'Islam : la fréquentation d'un Infidèle, le refus d'un mariage forcé, le port de vêtements « indécents »… ? Combien de jeunes filles et de femmes battues, défigurées (vitriol, nez coupé…), tuées, au nom de la Loi d'Allâh ?

Dans quelle autre civilisation connaît-on de telles condamnations et de tels châtiments ? Et justifiés par la Loi d'un dieu ?

Quelle autorité musulmane dénonce, condamne, punit les crimes d'honneur ?

Les cas constatés ne sont pas en décroissance numérique, bien au contraire. Avec l'extension de la version wahhâbite de la Charia sur de nouveaux territoires, dans les pays musulmans et dans la diaspora, ils sont de plus en plus nombreux. D'après une enquête de la chaîne de télévision américaine CBS, 3000 crimes d'honneur auraient été commis en Grande-Bretagne en 2010.[134] Fondées sur des textes d'essence divine, qui ne peuvent être remis en cause, ces pratiques ne peuvent que perdurer. Elles révulsent un Occidental, qui n'y voit que des actes criminels.

134. Source : site *Observatoire de l'islamisation*, du 5/1/2011.

Toujours au chapitre de la violence :

– *L'égorgement rituel :*

En Islam, chaque chef de famille doit égorger lui-même[135] un animal lors de l'Ayd al-Kabîr. En général, l'abattage a lieu en présence de la famille, dont les petits enfants. Quel Occidental se sent le cœur pour une telle opération ? Lequel y convierait ses enfants ?

– *Les mutilations sexuelles :*

Circoncision, excision, infibulation, dont certaines sont justifiées par la Charia et d'autres, non, mais qui, toutes, là où elles sont pratiquées, sont considérées par les masses comme des obligations religieuses.[136]

– *Les mutilations* post mortem :

Pendant la guerre d'Algérie, la mutilation des cadavres de soldats tués au combat ou de civils, français ou algériens, « exécutés », fut générale alors qu'on ne peut pas citer un seul exemple de pareilles pratiques de la part d'Européens…

On n'en finirait pas d'aligner les différences, divergences et incompatibilités entre les deux civilisations :

– *La* 'asabiyya *:*

Ce mot arabe, intraduisible dans une langue indoeuropéenne, recouvre le système d'appartenances propre à l'Islam.[137]

135. *Bi yadihi* : de sa main. En France et dans d'autres pays d'Europe, l'abattage à domicile est interdit et l'égorgement est pratiqué par des « abatteurs » : certains de ceux-ci parviennent à tuer 350 moutons en deux jours tout en respectant les rituels. Les égorgements en appartement, clandestins, seraient encore nombreux. Dans tous les cas, l'animal est saigné sans avoir été préalablement étourdi, ce qui est contraire à la législation française.

136. Selon l'UNICEF, 130 millions de femmes sont excisées ; « une excision est pratiquée toutes les 15 secondes ».

Concernant l'infibulation (ablation du clitoris et des petites lèvres, rétrécissement de l'orifice vaginal par incision, suture et cicatrisation), l'UNICEF a interrogé 1350 personnes en Suisse, en juillet et août 2012. Un tiers des gynécologues interrogés (environ 40) déclare avoir dû pratiquer une défibulation, chiffre en augmentation par rapport à une étude menée en 2004. Le nombre de femmes vivant en Suisse « touchées ou menacées de mutilation génitale » est évalué à 10 700 (*Le Matin*. 28-12-2012).

137. Les dictionnaires en donnent des traductions fragmentaires : esprit de corps, de famille, de parti, sectarisme, fanatisme… La racine permet de composer des mots comme : troupe, bande, faction, acharnement, dureté, se ceindre, turban… Tel quel, le mot désigne aussi la parenté du côté paternel, la première des appartenances (après l'Islam, au-dessus de toute autre) pour un Musulman.

Un Musulman est membre par hérédité, dès sa naissance, de groupes : famille, clan, tribu, variété d'Islam… qui le définissent, qui lui assurent protection et auxquels il doit soumission absolue. Jamais il ne sera autorisé à s'en détacher peu ou prou. En Islam, on ne peut concevoir, par exemple, un homme patriote, certes, mais nullement nationaliste, n'appartenant à aucun Eglise, ayant des relations très distendus avec sa famille : oncles, cousins…

Aux poupées russes de ces appartenances héréditaires, un Musulman ajoutera éventuellement au cours de sa vie des appartenances à un parti, une coterie… (dans la diaspora : le quartier, voire l'immeuble), tout aussi prégnantes.

Il saura ainsi, en toute occasion, ce que sont ses droits et devoirs vis-à-vis des membres de ses appartenances et vis-à-vis des autres. Il n'aura jamais à faire intervenir son libre-arbitre. Il n'existe pas en tant qu'individu au sens que nous donnons à ce mot en Europe : une personne ayant pleine liberté par rapport à ses appartenances. Il est un empilement d'appartenances où l'autonomie personnelle n'a pas de place.

– *La « sphère privée » :*

Il faut insister sur ce point : Jamais un Occidental n'acceptera qu'un pouvoir ou qu'une loi intervienne dans certains secteurs de sa vie personnelle, comme la manière de faire l'amour entre époux ou le choix de ses vêtements. Un Musulman ne revendique aucun domaine qui puisse échapper à la Loi.

– *La relation homme-femme* [138] *:*

Quand a-t-on vu dans l'histoire ou la fiction musulmane un couple comme Hector et Andromaque, Ulysse et Pénélope… ? Le couple n'existe pas en Islam : une femme est la mère des enfants ou l'objet du plaisir sexuel du mâle. Au premier siècle avant notre ère, l'écrivain latin Salluste, écrivant l'histoire d'une guerre contre les Numides, soulignait qu'aucune des femmes d'un polygame « n'obtient le rang d'associée »[139]

138. Lire: Pinar Ilkaracan : *Women and Sexuality in Muslim Societies* (édit : *Women for Women's Human Rights* – WWHR,2009).

139. … ajoutant que « toutes sont pareillement sans valeur ». *in La guerre de Jugurtha*, 80, 6-7.

– *La pédophilie :*

La sexualité entre un adulte et une fillette impubère est bien admise en Islam. En référence au Prophète et à son mariage avec Aycha, la Loi en traite comme d'une pratique normale. En Occident, elle est objet de réprobation, de répulsion, de condamnation légale.

– *Le corps féminin :*

Les Musulmans le cachent ; nous l'adorons, le vénérons, le peignons et le sculptons nu.

– *L'art :*

Si l'Islam prenait le pouvoir chez nous, ne doutons pas que des Croyants brûleraient au plus vite la moitié de nos peintures pour cause d'impudeur ou de blasphème, sinon toutes, et réduiraient en poudre, pour les mêmes raisons, nos plus belles sculptures, sinon toutes.

Pour mieux connaître le champ des différences et des possibles similitudes ou convergences entre Islam et Europe, il serait, me semble-t-il, intéressant de faire une étude comparée des proverbes, ainsi que des apologues connus de tous, ce qu'on appelle parfois en français « la sagesse des nations ». On s'apercevrait vite que croire que cette sagesse-là est commune à tous les peuples n'est qu'une illusion ethnocentriste. Avis aux universitaires cherchant un sujet de thèse.

Nous ne sommes pas sur la même planète. Les deux civilisations, Europe et Islam, sont à l'opposé l'une de l'autre, et l'une d'elle veut détruire l'autre. Inutile de « se raconter des histoires » !

A PROPOS DU REFUS DE L'AGORA

Au sein de l'*umma*, à partir du Xe siècle, et mis à part la parenthèse de la colonisation, nul n'a jamais été autorisé à critiquer la doxa, émettre un doute sur l'authenticité des textes fondateurs, le caractère divin de leur origine, la justesse de la Loi ; la personne de Mahomet et de ses premiers Compagnons étaient l'objet d'un respect qui interdisait la moindre interrogation sur leur conduite. Par peur d'éventuelles sanctions ou par docilité consentie, les Croyants ont fait preuve unanimement d'un conformisme sans équivalent dans une autre civilisation. Les dhimmi pour leur part vivaient dans la crainte d'une incrimination sous le moindre prétexte. La libre pensée sur l'Islam ne s'exerçait que dans la Maison de la guerre, où les Musulmans étaient dénués de pouvoir répressif.

Depuis une trentaine d'année, la *umma* s'est arrogé un droit de jugement et de sanction, non seulement sur la diaspora musulmane nouvellement apparue, mais aussi sur les hommes extérieurs à l'Islam. Elle s'estime en droit de soumettre l'ensemble de l'humanité aux interdits qu'elle énonce. D'une part, les Musulmans de la diaspora sont avertis que la législation des pays d'accueil ne saurait les protéger des verdicts prononcés au nom de la Charia ; d'autre part, les Infidèles sont tous réduits à l'état de dhimmis, sujets de cette Loi. Des condamnations sont prononcées, des appels au meurtre, à l'émeute, sont lancés contre les uns et les autres. D'ores et déjà, le bilan de ces jugements, qui contreviennent à la législation internationale (les pays musulmans ne sont-ils pas membres de l'ONU ?), est déjà lourd et particulièrement sanglant.

Faut-il citer les noms de quelques condamnés à mort pour apostasie ou blasphème parmi les plus célèbres ?

Le Britannique Salman Rushdie, condamné en 1989 ; son traducteur japonais, Hitoshi Igarashi, a été assassiné en juillet 1991 ; son éditeur norvégien a été blessé gravement de plusieurs coups de feu en novembre 1991 ; la fatoua émise contre l'écrivain est toujours en vigueur ; en septembre 2012, une organisation religieuse iranienne a augmenté le montant de la prime réservée à son meurtrier : elle atteint maintenant 3,3 millions de dollars (2,5 millions d'euros) ;

La Bengladeshi Taslima Nasreen, condamnée en 1993 ;
L'Algérienne Djemila Benhabib[140], condamnée en 1994 ;
Le Néerlandais Théo Van Gogh, assassiné en novembre 2004 ;
La Néerlandaise d'origine somalienne Ayaan Hirsi Ali, condamnée en 2004 ;
Les caricaturiste danois de Mahomet, condamnés en 2005 ;
Le Français Robert Redeker, condamné en 2006 ;
La Canadienne Irshad Manji, la Tunisienne Nadia el-Fani, le Tunisien Nouri Bouzid, menacés de mort…

Ceux et celles qui ont échappé aux couteaux ou aux balles des assassins ont dû fuir leur pays, se cacher, pendant des années.

Quant aux émeutes, souvent avec incendies, qui ont accompagné ces verdicts, elles ont causé des dizaines de morts.

Les condamnations, les crimes, les assassinats, les émeutes, jamais dénoncés par l'Organisation de la coopération islamique, prouvent, mieux que n'importe quel exposé théorique, que l'Islam refuse, interdit, punit la liberté de pensée ; qu'il n'accepte aucune prise de distance de ses ressortissants par rapport à ses

140. Auteur de *Ma vie à contre-Coran* (VlB, 2009), *Les soldats d'Allah à l'assaut de l'Occident* (H&O, 2012).

dogmes et à ses lois ; qu'il ne tolère même pas le moindre jugement critique de la part d'étrangers.

ANECDOTE : UNE RÊVERIE, PARMI D'AUTRES, À PROPOS D'UNE RÉFORME POSSIBLE DE L'ISLAM

Récemment, dans une ville moyenne du centre de la France, alors que je venais de faire une conférence, un franc-maçon – il s'est, dès l'abord, présenté comme tel – m'a demandé un entretien particulier. Avec des airs mystérieux, il me confia que son « atelier » (je crois que c'est le mot qu'il a employé) avait trouvé le moyen de résoudre le problème de l'Islam en Occident – pas moins – et que son « vénérable » allait en faire part prochainement à ses « supérieurs » : il suffisait que les Musulmans renoncent aux versets du Coran qui prônent la discrimination, la violence, l'inégalité homme-femme... Il ajouta : « L'abrogation d'un verset n'est-elle pas légale en Islam ? » Je lui fis remarquer que l'abrogation par Allah lui-même est une chose et que l'abrogation par décision humaine en est une autre, et qu'elle me paraissait difficilement envisageable de nos jours (le mu'tazilisme est mort depuis longtemps). D'autre part, les versets qui seraient abrogés seraient logiquement les plus anciens, c'est-à-dire ceux qui ont été révélés à La Mekke, quand l'Islam n'était qu'une religion, et que subsisteraient tous les versets de Médine, ceux qui font de l'Islam le totalitarisme violent qui nous cause du souci. Je ne sais si la proposition farfelue est remontée jusqu'aux « supérieurs » du « vénérable ».

TROISIÈME PARTIE

Mahomet, Machiavel et Gribouille
ou
Comment l'Islam envahit l'Europe

CHAPITRE 9

Une guerre de conquête planifiée

1994. Les Français, qui n'ont accordé que peu d'attention à « l'islamisme » en Iran (le pays est lointain et mal connu : il y a peu d'Iraniens dans l'hexagone ; d'ailleurs, le phénomène, tellement anachronique, ne durera pas et ne s'étendra pas), ont découvert que l'Algérie aussi était vulnérable à « l'Islam politique », à « l'Islam radical », à « l'Islam violent ». Le FIS – Front islamique du salut –, mouvement « islamiste », est sorti grand vainqueur des élections locales en 1990 : il l'a emporté dans 953 communes sur 1533, dans 32 wilaya sur 48. En 1992, aux législatives, il s'assure dès le premier tour 231 sièges sur les 430 qui étaient à pourvoir. Affolé par cette percée qui annonce son élimination, le parti au pouvoir depuis l'indépendance, le FLN – Front de libération nationale – annule le scrutin. Frustré de sa victoire, le FIS déclenche une guerre civile qui, très vite, fait rage dans tout le pays. Mes compatriotes ne reconnaissent pas dans les barbus en *qamîs* que leur présentent les reportages de la télévision les concitoyens des Arabes et des Kabyles parlant français, habillés comme eux, vivant comme eux, qu'ils côtoient. En même temps, les écrans leur montrent parfois des individus encore plus étranges : les talibans d'Afghanistan, venus en notre temps du fin fond du Moyen-Âge le plus obscur et le plus cruel.

UN « ISLAMISTE » RÉVÈLE LE PLAN D'ISLAMISATION DE L'EUROPE

Les Français commencent à regarder les Maghrébins, leurs voisins de quartier ou collègues de travail, en se posant des questions. D'autant plus qu'ils ont vu se constituer, à la périphérie des grandes villes, notamment dans la « banlieue rouge » de Paris, de véritables cités arabes, qu'on leur dit que la « religion », ignorée des immigrés quelques années plus tôt, reprend du poil de la bête, et force leur est de constater que des types font le ramadan pendant les heures de boulot, des femmes sortent voilées dans les rues, des mosquées s'élèvent un peu partout... On s'interroge à l'atelier, au bureau, au café, en famille, et tout se termine par un haussement d'épaules, méprisant et fataliste : « Bah, finalement, ils ne changeront jamais ». On ne doute pas maintenant qu'« ils » sont trop nombreux pour s'assimiler, devenir des Français comme les autres. Les évènements sanglants de la guerre d'indépendance de l'Algérie, vécus ou racontés par les parents, les clichés sur l'Arabe « traître et féroce »... refont surface. De la méfiance, au bord du rejet, de l'hostilité. Les Français seraient-ils en train de devenir « racistes », comme le leur reproche une association, créée dix ans plus tôt par le parti socialiste au pouvoir ?

Les événements qui se déroulaient en Algérie, à nos portes, les évolutions au sein de la communauté musulmane de France, composée majoritairement d'Algériens, la fracture qui s'élargissait entre immigrés et Français de souche... ces faits, à l'évidence graves, auraient dû inciter politiques, journalistes et intellectuels à enquêter, à analyser, à informer. Rares, très rares, parmi « les élites », furent ceux qui s'exprimèrent, et ce fut la plupart du temps pour chantonner les apaisements endormeurs habituels sur « l'islamisme, expliqué par l'économie, phénomène passager », « les islamistes, qui défigurent et manipulent l'islam, qui sont ou seront bientôt rejetés par les masses »...

Seul, un universitaire, François Burgat, avait émis, dès le changement de pouvoir en Iran, en 1979, un diagnostic sur « l'islamisme » et les « islamistes » qui tranchait avec les narcotiques verbaux que les grands médias distribuaient à profusion. Il avait dit : « L'islamisme est la dernière étape de la décolonisation ». « Les Musulmans sont en train de récupérer leur personnalité, malmenée par la colonisation. » (Je cite de mémoire.)

Pour ma part, j'étais persuadé que la bonne explication était là.

Est-ce parce que j'avais exprimé devant des Musulmans ma conviction que François Burgat avait vu juste ? Ou bien parce que j'avais gardé quelques sympathies parmi des Maghrébins pour m'être montré, jadis, favorable à l'indépendance de l'Algérie[141]? Parce que, patriote attaché viscéralement à ma civilisation, j'avais toujours manifesté de la considération à l'égard des autres civilisations et avais toujours jugé toute forme de colonisation, d'acculturation forcée, comme à la fois absurde et immorale ? Ou pour toute autre raison ? Un Algérien, rencontré fortuitement et avec lequel je n'avais échangé que

141. ... en ajoutant toujours : « ... et, d'abord, dans l'intérêt de la France » (je ne voulais pas « d'une France algérienne ») et en prenant ma part du combat contre le FLN et ses méthodes atroces.

quelques mots, me ménagea un entretien avec un jeune combattant de la cause islamiste.

La rencontre eut lieu dans une brasserie parisienne un après-midi grisâtre de février 1994.

Mon interlocuteur se présenta sous le pseudonyme d'Abû Yazîd. (Dans l'histoire de l'Islam, le nom est connu. Abû Yazîd, dit « l'homme à l'âne », est un khâridjite qui, au Xe siècle, s'empara de l'actuelle Tunisie pour quelques années et la ravagea.)[142]

Il commença par quelques mots du *credo* – il employa ce mot – musulman :

« Allâh a créé une seule humanité et cette humanité doit être soumise à une seule Loi, la Sienne. »

Puis il m'exposa le plan – le « comment », dit-il – de la conquête de l'Islam sur la France.[143]

Au moment de le résumer, je veux préciser que ce plan visait, non seulement la France, mais tous les pays européens : c'est, aujourd'hui, pour moi une évidence. Au lecteur non français de tester sa validité pour le reste de l'Europe en y cherchant des éclaircissements sur les avancées de l'Islam au sein de sa nation au cours des dernières années.

ALLER, D'ABORD, EN DOUCEUR, VERS LA LIBANISATION, PUIS...

Le plan s'articule en deux grandes phases :
– Une première phase, qu'on pourrait qualifier de « douce » (*soft*) et que Abû Yazîd nomma le Rassemblement, en arabe : *al-tajammu'*.
– Une phase « dure » (*hard*) : la Massification, *al-takattul*.

Le Rassemblement

Trois actions doivent être conduites conjointement :
– Faire venir en France (en Europe) le plus grand nombre possible de Musulmans ou d'immigrés susceptibles de devenir musulmans (entendre pour la France : principalement, des Noirs africains).

142. Sur le moment, je n'attachais aucune signification particulière au pseudonyme. Je n'avais pas encore pris conscience de la réapparition des idées khâridjites.
143. Détails dans mon livre : *La France en danger d'islam. Entre* jihâd *et* Reconquista. (Editions de l'Âge d'Homme, Lausanne, Paris, 2002 ; réédition : Editions du Trident Paris, 2008) – chapitre 2.

– Les « réislamiser », en faire des Musulmans pratiquants, mobilisables pour la cause islamique.

– Habituer les Français (les Européens) au fait musulman, banaliser l'Islam, le faire admettre comme une composante définitive de la nation, l'installer peu à peu dans la coutume et dans le droit.

Pendant cette phase, tout doit se passer « en douceur », en évitant de provoquer une réaction de fermeté de la part des Français (des Européens), en jouant uniquement de la ruse. Toutefois, des actions violentes pourront être organisées, ponctuelles et de courte durée, pour obtenir la libération d'un cadre, par exemple, ou pour rendre les autorités attentives au potentiel de nuisance de la communauté.

La massification

Lorsque la communauté musulmane sera suffisamment bien implantée, obtenir du pouvoir légal l'attribution aux Musulmans de zones où la Loi musulmane sera appliquée. (Mon interlocuteur a cité les « places de sûreté » concédées aux protestants par le roi, catholique, pendant les guerres de Religion, en France, au XVIe siècle !)

A ce stade du conflit, les moyens de la guerre frontale et ouverte pourront être mis en œuvre, à commencer par les attentats.

Je vis immédiatement le futur de la France dessiné par mon interlocuteur : c'était la libanisation. La présence dans mon pays, réduit à un territoire sans personnalité propre, de communautés définies par leur appartenance religieuse ou ethnique.

Autrement dit : la guerre civile permanente.

Jusqu'à l'islamisation totale, voulue et promise aux Musulmans par Allâh (Il est puissant et grand) et Son Envoyé Muhammad (Sur lui la prière et le salut).

Brr…

DES COMPROMIS IMPOSÉS DE L'ÉTRANGER

Au cours de notre entretien, dont la durée avait été fixée à dix minutes mais qui déborda largement, je risquais une remarque (je cite un passage de mon livre) :

« Vous faites peu de cas, dis-je, de la capacité de réaction et de résistance du peuple français. »

Il sourit, plus largement que les fois précédentes.

Sa réplique fut cynique.

« Vous faites peu de cas, me dit-il, de l'influence de vos alliés américains, sionistes et européens, sur la politique de votre pays. »

Comprendre : pour vous imposer des solutions de compromis, qui permettront à notre cause de se préparer en vue de nouvelles étapes.

A PETITS PAS, JUSQU'AU TOTALITARISME

On le voit, tout le plan est une démarche habilement échelonnée, à petits pas, que j'ai définie comme « une conquête peau de panthère » : les taches islamiques doivent se multiplier et s'agrandir jusqu'à toutes se rejoindre et couvrir la totalité du pays.

Ces empiètements progressifs sont :

– Géographiques, territoriaux.

– Les divers compartiments du droit : civil, pénal, commercial, jusqu'à la Constitution y comprise, les règlements administratifs.

– Les services de l'Etat : justice, enseignement, armée, police... leurs effectifs et leurs modes de fonctionnement, les collectivités locales, les associations...

– Mais aussi les mœurs, les modes de vie et habitudes communes...

Tout ce qui constitue une civilisation, la maintient telle qu'elle est, différente de toute autre, et lui donne son dynamisme vital.

Totalitaire, l'Islam ne peut envisager de conquête sur un pays que totale, jusqu'à la mort de sa civilisation et son islamisation définitive.

Parce que totalitaire, l'Islam :

– A compris, mieux que les Européens sans doute, qu'une civilisation est un ensemble organique, un corps vivant, une personne, et que toute atteinte à l'une de ses parties affaiblit l'ensemble, le corps, la personne,

– En conséquence, dans l'actuelle guerre, il attaque toutes les composantes de la civilisation de l'ennemi : territoire, peuplement, droit, coutumes, services communs... sachant que les offensives partielles entreront en synergie avec les autres, jusqu'à réduire la proie à un état d'affaiblissement qui permettra de lui porter le coup fatal au moindre risque.

De place en place, de trêve en compromis, puis d'attentat-suicide en émeute sanglante, l'Islam couvrira l'ensemble de la France (de l'Europe ?) avant la fin du XXIe siècle. Telle était la conviction d'Abû Yazid et telle fut la conclusion qu'il réserva à notre insolite conversation.

CONFORME À LA TRADITION MUSULMANE

Je rentrai chez moi, un peu secoué par l'ampleur et la précision du plan de conquête, mais, au fond, je n'étais pas tellement surpris : ce plan était en tout point conforme à la tradition musulmane.

– Sur la volonté même de conquête :

Abû Yazîd me l'avait rappelé :

La guerre pour l'expansion de l'Islam est un devoir sacré. Le Coran, le *hadîth*, la Charia font obligation aux Musulmans de répandre l'Islam.

La Loi d'Allah est destinée à tous les hommes. L'humanité tout entière y sera soumise, ainsi qu'Allah l'a décidé.

Les Croyants ont pour devoir de hâter cette échéance par tous les moyens, et la guerre est un de ceux-ci. La guerre ne peut s'interrompre que lorsque l'Islam n'est pas en position de force ; une trêve ne peut pas être conclu pour une durée supérieure à dix ans.

La distinction classique entre Maison de l'Islam et Maison de la guerre résume parfaitement que l'Islam est, se veut et ne peut être qu'expansionniste et guerrier, et jusqu'à la fin des temps.

– Sur le fait que l'Europe soit désignée comme première terre à conquérir.

L'Islam, dès sa naissance a toujours fait la guerre à l'Europe. Il n'a cessé que lorsqu'il lui est apparu qu'il n'était pas en force pour quelque avancée.

La première expédition que Mahomet lance en dehors de l'Arabie est dirigée contre Byzance. La Grande Conquête s'empare des terres sous domination européenne jusqu'au sud de la France et en Arménie. L'état de guerre ne cesse jamais. Au XIVe siècle, alors que les fronts sont plus ou moins stabilisés à l'ouest, les Ottomans reprennent l'offensive à l'est. Il faut attendre le XIXe siècle pour que la puissance technique permette à l'Europe de prendre l'avantage pour plus de cent ans.

– Sur la première phase de la conquête, axée sur la dissimulation, la ruse :

La *taqiyya* est une méthode de guerre tout à fait licite, illustrée par le Prophète et ses premiers compagnons. C'est celle qui doit être adoptée quand les troupes d'Allah ne sont pas certains de l'emporter dans une confrontation violente. Contre l'Europe aujourd'hui et à l'intérieur même de son territoire, elle s'impose à l'*umma,* faible numériquement.

– Sur le devoir de réislamisation :

Assurer le respect de la Loi d'Allah, de l'orthopraxie, à l'intérieur de l'*umma*, est de la responsabilité de tout Musulman.

En outre, tout djihad a besoin de Musulmans fervents, ardents, militants, convaincus de la supériorité de leur foi, de la justesse de leur cause, acceptant facilement d'être encadrés, prêts à tous les sacrifice.

– Sur la conquête par remplacement de population :

C'est, exactement, ce qui s'est passé à Médine. Les Musulmans sont arrivés dans la cité juive presque inaperçus dans la masse et, en augmentant peu à peu leur nombre, en utilisant les divisions internes du milieu autochtone miné par le pluriethnisme, en recourant à des actes de violence qu'aucune autorité n'était en mesure de réprimer, l'épuration ethnique était achevée dans la ville d'abord, puis dans l'ensemble de l'Arabie en moins de vingt ans.

– Sur la deuxième phase, nécessairement violente, du plan :

Sortir de la légalité par toutes les formes de la violence n'a jamais fait reculer un Musulman en djihad. La vie du Prophète fournit les exemples : hold-up, assassinats ciblés, guet-apens meurtriers… et les justifications.

– Sur la domination totale après la victoire :

Anéantir les cultures des autres a toujours été l'objectif prioritaire, définitif, sacré, de l'Islam, le plus noble aux yeux des Musulmans.

Et jamais un pouvoir musulman n'a manqué à ce devoir, sauf à y surseoir quelque temps, par besoin des impôts des dhimmis ou pour se ménager des alliés de circonstances.

Le plan exposé par le jeune Musulman semblait sorti, comme d'une matrice, de la *sunna,* véritable manuel d'enseignement, complet et toujours pratique, pour les guerres d'invasion de l'Islam.

Avec la politique de communication afférente : « Nous avons été attaqués. Nous sommes des victimes. Nous sommes discriminés, stigmatisés… »

DES RÉACTIONS DIVERSES

Quand, en 1994, j'exposai ce plan autour de moi, j'eus affaire à des réactions diverses :

– Les quelques camarades que j'avais gardés de mes années d'études sur l'Islam, ainsi que des personnes (une dizaine au total) ayant travaillé dans les années récentes au Maghreb ou au Proche-Orient, dirent aussitôt : « Mais c'est bien sûr ! »

Même réaction de la part des ex-Musulmans européanisés que j'interrogeais.

– Auprès d'une vingtaine de personnes qui n'avaient qu'une connaissance superficielle de l'Islam : gens « ordinaires », journalistes, politiques… je recueillis une large majorité de Sans opinion. La plupart des autres exprimaient un scepticisme teinté de mépris pour les Musulmans – et pour moi-même : « Ils sont incapables de s'organiser entre eux. Vous vous êtes fait avoir par un exalté qui a repris le programme d'un groupuscule ou qui s'est bâti tout seul une utopie. » Quelques-uns laissaient entendre que, pas dupes, ils me soupçonnaient d'avoir tout inventé.

En 2002, je diffusai ce que j'avais appris dans un livre.[144] Mes révélations furent accueillies avec intérêt par des intellectuels situés dans la mouvance qu'on définit comme « la droite nationale » – que je ne connaissais pas. Je fus invité sur *Radio Courtoisie*, « la radio de toutes les droites »[145]; des sites Internet, nettement à droite de la droite, me

144. *La France en danger d'islam. Entre* jihâd *et* Reconquista, que j'ai déjà mentionné. Ce livre a été publié grâce au courage de Vladimir Dimitriyevitch, créateur et patron des éditions de l'Âge d'homme, dont je salue la mémoire. J'ai rencontré Dimitriyevitch par l'entremise de mon ami Olivier Delavault, écrivain et éditeur, spécialiste des Indiens d'Amérique (donc très au fait de la question des *cultures in contact*), que je tiens à remercier.

145. … d'abord, par Alain Griotteray (1922-2008), que j'admirais. Il s'engage dans l'armée en 1940, à 17 ans ; démobilisé, redevenu étudiant, il participe, le 11 novembre 1940, à Paris, devant l'Arc de triomphe, à la première manifestation d'opposition à l'occupant nazi ; en 1943,

demandèrent des entretiens… Je ne franchis jamais la barre des grands médias. Alors que je connaissais encore beaucoup de journalistes et de cadres de l'audiovisuel, que je tutoyais la plupart de ces anciens collègues, je compris qu'aucun ne m'inviterait à m'exprimer sur ses antennes : j'étais catalogué à l'extrême-droite, un endroit où, gaulliste, je ne me serais jamais situé.

J'eus la grande satisfaction de lire une recension de mon livre signée d'un savant pour lequel j'avais une grande estime, le père Antoine Moussali, un de nos meilleurs arabisants, sans aucun doute l'érudit le plus pointu sur « les trois monothéismes »[146]. Lui ne doutait pas. Dans un des premiers numéros de *la Nouvelle Revue d'Histoir*e (numéro de novembre-décembre 2002), il écrivait :

« Enfin ! Un livre dont je rêvais, que je souhaitais, que j'attendais. Il vient nous sortir de la « paranoïa » de « la pensée unique ». […] Il s'agit d'islamiser non seulement la France, mais l'humanité, la planète tout entière. Cela fait partie intégrante, essentielle de l'espérance messianique islamique qui « illumine », qui habite et soulève les peuples islamiques. L'auteur a raison d'affirmer que « l'islamisme, c'est l'islam ». […] L'islam est ontologiquement conquérant. […] « Islamiser la France » et toute la planète, cela s'inscrit dans un plan à long terme et qui est en cours. Le *jihâd* (et qu'on ne vienne pas nous dire qu'il s'agit avant tout d'effort moral et spirituel) est en cours. Les réseaux de toutes sortes sont en place et ce n'est pas l'argent qui manque. […] Et que l'on cesse de faire l'amalgame entre les immigrés venus de l'Europe et ceux venus de l'islam. Ceux-là partageaient la culture occidentale et n'ont eu aucun mal à se couler dans la population française et à s'y assimiler. Les immigrés de l'islam sont étrangers à la culture occidentale et à la francité pour lesquelles ils ont une aversion viscérale. Ce qui rend impensable l'idée d'une assimilation culturelle »[147]

---

il devient le plus jeune chef de réseau de la Résistance ; il combat jusqu'à la fin de la Deuxième Guerre mondiale comme parachutiste. Son courage intellectuel était à la mesure de son courage physique.

146. Antoine Moussali (1921-2003) a mené une carrière d'enseignant et de chercheur successivement au Liban, en Syrie, en Algérie, en France. Ordonné prêtre lazariste en 1944, il était, à la fin de sa vie, chargé des relations islamo-chrétiennes au diocèse d'Amiens. Il est l'auteur de traductions en arabe et en français. Ses ouvrages sur les rapports entre les monothéismes font autorité, notamment *Judaïsme, christianisme et islam – étude comparée* (Editions de Paris, 2000).

147. Le texte d'Antoine Moussali figure *in extenso* en préface de la réédition du livre en 2008, aux Editions du Trident.

DERRIÈRE LE PLAN, QUI ?

Après avoir pris connaissance du plan, sceptiques et convaincus me posaient les mêmes questions :

« Qui a conçu le plan ? Quand ? Où ? »

Je ne pouvais que répondre :

« Je n'en sais rien. »

J'étais – et je suis aujourd'hui encore – dans l'incapacité de dire si ce plan, à la fois général et précis, a été conçu par un homme ou un groupe, s'il est né spontanément de la tradition guerrière des Musulmans et a été seulement formalisé par la suite… Ce sont là, pour moi, des détails qu'on peut qualifier d'historiques. Je laisse aux fouineurs à venir le soin de résoudre ces mystères.

J'étais interrogé aussi sur la mise en œuvre :

« Qui conduit l'exécution de ce plan ? Qui est le chef d'état-major ? Sur quel appareil s'appuie-t-il pour faire exécuter ses ordres ? »

Là encore, je n'avais rien d'autre à dire que :

« Je ne sais pas. »

Et aujourd'hui, je ne suis pas mieux informé.

Je distingue bien le rôle joué par certains Etats, notamment les Etats wahhâbites : l'Arabie saoudite, le Qatar… par certaines organisations comme les Frères musulmans et leurs ramifications, telle, en France, l'UOIF (Union des Organisations islamiques de France) ; je discerne les parts du front attribuées à des groupes plus ou moins structurés ou à des individus… mais je ne saurais dire s'il y a, au sommet de la machine de guerre, un chef et un état-major.

Lors des guerres de conquêtes, les califes et sultans arabes et turcs ont toujours laissé la bride longue aux chefs sur le terrain, à telle enseigne que, souvent, le pouvoir ennemi a cru qu'ils échappaient à toute hiérarchie, que leurs actions n'étaient dictées que par leur bon vouloir. Ce qui était faux : il existait bien, à Médine ou à Istanbul, un commandement supérieur, qui, après avoir élaboré un plan de guerre et défini les responsabilités de chacun, contrôlait l'exécution au plus près, n'hésitant pas, par exemple, à destituer tout général, aussi puissant et prestigieux fût-il, qui faisait de l'ombre au chef suprême ou en prenait à l'aise avec la part du butin revenant à celui-ci.[148] C'est pourquoi j'ai

148. Contrairement à ce qu'ont cru beaucoup d'historiens, la Grande Conquête fut, dès le début, organisé et contrôlé par le califat. Le plus prestigieux chef militaire, Khâlid ibn al-Walîd,

toujours penché à croire à l'existence d'un centre de commandement, avec un état-major et un chef, pour l'invasion de l'Europe, mais sans que rien soit venu appuyer cette vague intuition.

Comment savoir ? Une organisation clandestine ne se laisse pas facilement percer à jour. Les guerres d'Algérie, d'Iraq, d'Afghanistan auraient dû nous apprendre que les milieux musulmans sont difficiles à pénétrer, à cause notamment de la question des langues et dialectes, et que les échelons supérieurs du commandement nous sont totalement fermés.

Ce que je sais aujourd'hui :
– La réalité et la pertinence du plan qui m'a été exposé sont prouvées par les succès qu'il a permis.
– Le rôle des combattants du front, des logisticiens de l'arrière, des taupes et collabos… ressort en toute clarté de l'étude des combats menés.

Ces sujets seront traités dans des chapitres à venir.

Auparavant, il convient de chercher à savoir quand et pourquoi des Musulmans ont décidé de reprendre le djihad contre l'Europe.

Ce qu'on peut formuler ainsi : quand et pourquoi des Musulmans ont estimé que l'Islam était à nouveau en position de vaincre l'Europe, de l'envahir ? Car dès lors qu'ils avaient la certitude de l'emporter, ils devaient agir : renoncer ou surseoir aurait été pécher contre Allah.

Incidemment, il est logique de se demander : Les Européens pouvaient-ils éviter cette guerre ? Ont-ils une part de responsabilité dans son déclenchement ? dans sa poursuite ?

Je m'efforcerai de répondre à ces questions par un survol de l'histoire de l'immigration en France, pays où les Musulmans ont remporté les victoires les plus marquantes et où l'on trouve, comme dans une encyclopédie, toutes les situations, manœuvres, alliances, complicités, naïvetés… que l'on peut détecter, mais souvent partielles et moins nettes, ailleurs en Europe.

---

dit Sayf al-Islâm (l'Epée de l'Islam), fut convoqué à Médine, en 639, par le calife Omar, qui avait des éclaircissements à lui demander sur l'origine des richesses dont il faisait étalage. Omar le destitua de tout commandement et l'assigna à résidence à l'intérieur de la ville sainte, où il mourut trois ans plus tard, dans son lit.

A PROPOS DU REGARD QUE LES MUSULMANS EN GUERRE CONTRE L'EUROPE PORTENT SUR LES « COLLABOS »

Le journaliste Joseph Paletou m'a rapporté des propos significatifs du président algérien Ben Bella. En mars 1964, correspondant de la télévision française à Alger, il interviewa, pour le magazine *Panorama*, l'homme politique, alors président de la République algérienne, à la veille d'entretiens que celui-ci devait avoir avec le général de Gaulle à Champs-sur-Marne. Dans la conversation *off the record*, qui suivit l'enregistrement de l'émission, le journaliste s'étonna de l'attitude de dureté, presque de répression, que le chef du FLN avait eue récemment à l'égard de « pieds-rouges »[149] qui avaient soutenu des protestations d'étudiants. « Ces gens-là ont trahi leur pays. Croyez-vous, Monsieur Paletou, qu'ils ne me trahiront pas, moi ? »

Pour ma part, je témoigne que les nationalistes que j'ai rencontrés pendant et après la guerre d'Algérie respectaient leurs adversaires qui s'engageaient dans le combat, y compris les membres de l'OAS, et cachaient à peine leur mépris pour les porteurs de valise et autres pieds-rouges qui collaboraient avec eux. En quête de fierté d'appartenance, ils reconnaissaient cette valeur et la saluaient chez les patriotes français ; je crois qu'ils « ne comprenaient pas » les « collabos » ; c'étaient, pour eux, des hommes incomplets ou faussés.

Aujourd'hui, les Musulmans ont-ils des sentiments bien différents à l'égard de leurs soutiens occidentaux ?

A PROPOS DE LA CONQUÊTE PAR REMPLACEMENT DE POPULATION

Les Européens de l'ouest du continent peinent à croire que des enclaves de droit musulman puissent se constituer dans leur pays, au point de le fractionner. Ils n'imaginent pas que certains de leurs alliés prêtent la main à de tels forfaits. Ont-il oublié les précédents de la Bosnie-Herzégovine, constituée par les Etats-Unis et leurs alliés dans l'intérêt des Musulmans, et du Kosovo, arraché à la Serbie chrétienne, notamment parce qu'il recèle la plus grande base américaine pour le Proche-Orient ?

Ont-ils connaissance de ce qui se passe à l'autre bout du monde, aux Philippines, suivant un processus comparable ?

Le pays est peuplé d'environ 90 millions de personnes, tous chrétiens, à l'exception de 5 à 8 pour cent de Musulmans, appelés Moros. En 1972, les

149. Pied-rouges : Français qui, après l'accession de l'Algérie à l'indépendance, en 1962, se mirent au service du nouvel Etat.
Les « porteurs de valise », dont il est question plus loin, étaient des Français de Métropole, qui pendant la guerre, collaboraient avec les nationalistes algériens, notamment en transportant des fonds et des faux-papiers.

Musulmans entrent en rébellion dans l'île de Mindanao, au sud de l'archipel, où ils sont majoritaires en plusieurs places. Depuis lors, les troubles n'ont pas cessé. Le bilan actuel est de 150 000 morts et de centaines de milliers de personnes déplacées. La région, riche de son sous-sol (or, cuivre…) et des potentialités de son agriculture, a été ravagée. De guerre lasse, le gouvernement de Manille a signé, le 6 octobre 2012, avec le principal mouvement de la rébellion musulmane, le Front moro islamique de Libération, un accord prévoyant « une zone semi-autonome » dans l'île de Mindanao. (La Malaisie, musulmane à plus de 60 pour cent de sa population, s'était entremise pour les négociations.) Un « accord de paix définitif » est prévu pour mi-2016.

Une conquête « peau de panthère ». Une de plus.

A PROPOS DE LA DIFFICULTÉ DE PÉNÉTRER L'ORGANISATION DE GUERRE D'UN TOTALITARISME

L'histoire du communisme, pourrait nous appeler à un peu de modestie quant aux possibilités qu'ont nos démocraties de se « renseigner » sur les organisations bien verrouillées d'un totalitarisme en guerre.

Depuis la Révolution d'octobre 1917 et la création, tout à fait officielle, du Komintern deux ans plus tard, le Diable seul sait combien de livres, combien d'articles ont été écrits sur le Parti communiste français ! De génération en génération, des spécialistes se sont relayés pour nous prouver qu'ils n'ignoraient rien du Parti des travailleurs, de ses chefs, de son organisation, de ses relais d'opinion, des luttes de clan en son sein… jusqu'à ce que soient ouvertes les archives du Kremlin, après 1992. On a alors découvert que, à partir de 1930 et pendant plus de dix ans, le Parti, alors le plus puissant de l'Europe occidentale, avait été dirigé par un Slovaque, officier du Komintern, qui était entouré d'une équipe rapprochée. Cet étranger a installé des dirigeants fidèles à Staline : Thorez, Duclos, Frachon, Marty et autres ; il a organisé les procès en exclusion, les manœuvres de rapprochement avec les socialistes pour constituer le Front populaire, la propagande pour faire avaler aux militants le pacte Hitler-Staline... Cet homme s'appelait Eugen Fried. Il recevait ses ordres directement du Kremlin, parfois de la bouche même de Staline ; les cadres français n'étaient que des marionnettes dont il maniait les fils. Personne, parmi les journalistes, les historiens, les militants de base et les petits chefs du PC français, leurs « compagnons de route », leurs adversaires, personne ne connaissait le nom de cet homme invisible avant que Stéphane Courtois et Annie Kriegel le découvrent à Moscou.[150]

Alors, qui peut croire que nous savons quoi que ce soit de certain sur l'organigramme de l'actuelle guerre de l'Islam contre l'Europe ?

---

150. Stéphane Courtois : *Le Bolchevisme à la française* (Arthème Fayard, 2010).

CHAPITRE 10

L'exemple français : de l'immigration de travail à la guerre d'invasion...

Un journaliste américain, Christopher Caldwell, a suivi la montée de l'immigration musulmane en Europe pendant dix ans. Dans le livre[151] où il a exposé ses observations et réflexions, il note que « le problème de l'immigration et celui de l'Islam sont similaires dans tous les pays de l'Europe de l'Ouest ». « Certes, dit-il, il y a des variantes », mais les élites européennes ont toutes « sous-estimé voire totalement éludé les effets sociaux, spirituels et politique de l'immigration musulmane, qui sont considérables et durables au profit des effets économiques qui sont faibles et transitoires. »

Le cas de la France est particulièrement révélateur. Il montre un processus qui commença presque imperceptiblement, de par la volonté de quelques gros entrepreneurs tenant en mains des politiciens, grandit de concours divers, pour beaucoup inattendus, et de son dynamisme propre, muta et devint incontrôlable, avec des « effets, sociaux, spirituels et politiques [...] considérables et durables »...

LE CHOIX D'UN PATRONAT PÉTEUX

Vers 1960-70, les industries dites de main d'œuvre : l'automobile, le bâtiment, les travaux publics... doivent faire face à « un « saut technologique », comparable à celui qu'elles avaient connu avec la taylorisation après la Première Guerre mondiale : de nouvelles machines, toujours plus automatisées, permettent d'accroître fortement la productivité tout en réduisant le nombre des salariés. Le Japon a déjà emprunté, et résolument, cette voie pour dynamiser son industrie renaissante ; il a pu ainsi tirer le meilleur parti des compétences et capacités de rendement de ses excellents travailleurs et pallier les déficiences de sa démographie. La France, qui a les mêmes atouts et les

151. *Réflexions on the revolution in Europe* (Doubleday, 2009). Traduction française par Johan Frederik Hel Guedj : *Une révolution sous nos yeux. Comment l'Islam va transformer la France et l'Europe.* Préface de Michèle Tribalat (Editions du Toucan, 2011). Prix du livre incorrect 2012.

mêmes faiblesses que cette puissance économique en pleine expansion, va-t-elle suivre son exemple ?

Les investissements qu'exigent les nouveaux modes de production sont lourds : ils portent sur les matériels, mais aussi sur la formation des hommes qui en assureront le fonctionnement et la maintenance. A cet égard, la mutation technologique s'accompagnera d'une mutation sociale : les O.S., manœuvres… qui forment les gros bataillons de la « classe ouvrière », seront peu à peu remplacés par des professionnels hautement qualifiés – on parle « d'ouvriers bacheliers » – qui s'agrègeront à la classe moyenne.

Les grands patrons français reculent devant les sommes à engager, le risque, la nouveauté… et, sans doute aussi, devant les syndicats, qui ne comptent pas laisser diminuer leurs troupes sans résistance. Pour conserver la compétitivité de leurs entreprises, Bouygues, numéro un mondial du BTP, Renault, Peugeot, Citroën et consorts décident de jouer uniquement sur la « variable d'ajustement » que constitue la main d'œuvre : on augmentera le nombre des ouvriers sans formation (ceux-là que les nouvelles machines pourraient remplacer) en resserrant leurs rémunérations. Il se peut qu'il soit difficile de trouver des Français en nombre suffisant pour accroître les effectifs jusqu'au niveau souhaité (le chômage est inconnu), surtout si on offre des salaires en chute libre. Alors, qu'on recoure à l'immigration ! Les syndicats ne trouvent rien à redire à cette politique : ils comptent bien enrôler cette plèbe qui débarque si opportunément alors que le nombre de leurs adhérents demeure désespérément bas.

D'où peut venir ce nouveau prolétariat ? L'Europe de l'est est verrouillée par les régimes communistes ; à l'ouest, le Portugal, dernier pays exportateur de main d'œuvre, a une démographie qui faiblit (et, après la révolution des Œillets, en 1974, l'émigration y cessera totalement). Reste, comme seuls gisements d'hommes, l'Afrique du Nord et l'Afrique sub-saharienne.

Dans ces régions, les candidats au départ vers l'ancienne métropole coloniale sont nombreux. Les nationalismes ont déçu : l'indépendance souhaitée, c'était, pour le moins, dans l'esprit des masses, la montée régulière et rapide vers le niveau de vie des Européens ; or, on est loin du compte. La stagnation économique, aggravée par la continuelle crue démographique, a jeté vers les villes des masses de plus en plus pauvres. L'Europe apparaît comme un Eldorado, où les besoins élémentaires : manger, avoir un lit et un toit, être soigné... seront satisfaits et, de là, l'expatrié pourra envoyer de l'argent à la famille restée au pays. L'acclimatation se fera facilement grâce à la langue française, largement pratiquée et encore enseignée en Afrique du Nord, devenue langue nationale dans les jeunes Etats d'Afrique noire.

Les premiers immigrés sont des hommes seuls, titulaires d'un contrat de travail individuel, à objet déterminé et durée limitée. Il est prévu que, à la fin de leur contrat, ils retourneront au pays, à l'exception de quelques individus, qui auront fait le choix de devenir des Français comme les autres, de « s'assimiler » comme on dit.

LE RAPPROCHEMENT FAMILIAL CHANGE TOUT

Le patronat est tout à fait satisfait de ses nouvelles recrues, qu'il paie peu (c'était prévu) et qui ne sont pas en mesure de revendiquer et manifester comme les Français (c'était prévu aussi). Il en demande de plus en plus. Il faut dire que, aux industries qui furent initiatrices, se sont jointes en quelques mois des sociétés de services, qui ont compris l'intérêt du « filon » : l'hôtellerie, la restauration, la sécurité, le gardiennage, le nettoyage des locaux... sont devenus à leur tour de gros consommateurs de ces salariés de seconde catégorie.

Cependant, les chefs d'entreprise déplorent que beaucoup de travailleurs étrangers, une fois leur contrat initial achevé, veuillent « retourner au pays », pour y vivre avec épouse et enfants. Cette « instabilité » ne permet pas de rentabiliser la formation élémentaire qui leur a été donnée. Les grands patrons plaident pour « le rapprochement familial »[152] – que le président de la République élu en 1975, Valéry Giscard d'Estaing, et son Premier ministre, Jacques Chirac, leur accordent en avril 1976.[153]

---

152. Francis Bouygues, dont l'entreprise emploie 80 pour cent d'étrangers, vient plaider la cause du patronat à la télévision française dans la populaire émission *Les dossiers de l'écran* (2e chaîne) en participant à un débat avec ligne ouverte qui suit la diffusion du film *Les chemins de l'espérance.* Les immigrés constituent, dit-il, « une excellente main d'œuvre, jeune, très solide physiquement, extrêmement courageuse » ; on n'a pas le droit d'empêcher ces hommes de fonder une famille ; la présence d'une épouse et d'enfants faciliterait « leur intégration ». 529 appels parviennent au standard de l'émission : 268, traduisent une opposition à un surcroît d'immigration, 167 y sont favorables, 74 sont difficiles à interpréter ; d'autre part, 55 pour cent des appels expriment des sentiments négatifs à l'égard des immigrés.

153. Les hommes politiques étaient-ils les obligés des hommes d'affaires ? Les campagnes électorales nationales coûtaient déjà très cher. Qui les finançait ? Des questions pour les historiens.

L'immigration change alors complètement de nature : s'installant avec leur famille dans un pays prospère et accueillant, les immigrés ne voient aucune raison de retourner « au bled » – sinon pour des vacances, pour y prendre épouse ou s'y faire enterrer ; ils prennent leurs quartiers dans l'hexagone.

Et la France devient de plus en plus attractive.

– Pour accroître encore sa main d'œuvre au rabais et la retenir, le patronat sollicite en sa faveur des mesures, que le pouvoir de droite s'empresse de lui accorder. Par exemple, les étrangers en fin de contrat bénéficieront des allocations chômage aux mêmes conditions que les Français…

– La situation dans les pays d'origine se dégradant toujours et les conditions faites aux immigrés en France s'améliorant continûment, de plus en plus nombreux sont, sur le continent africain, les jeunes hommes qui rêvent de rejoindre leurs compatriotes outre-Méditerranée sans même se préoccuper d'obtenir préalablement un contrat de travail. Des filières d'immigration clandestine s'organisent.

– L'arrivée de ces illégaux ne préoccupe guère les gouvernements : la France est encore riche.

– Chaque jour plus nombreux, les immigrés ont tendance à se regrouper par communautés d'origine dans des immeubles à bas coût, quand ce n'est pas dans des taudis où ils sont outrageusement exploités, parfois par des compatriotes. A la périphérie des grandes villes, poussent de premières « cités ethniques ».

– En même temps que l'immigration de travail mute, l'assimilation est abandonnée par les « élites » comme objectif pour les étrangers voulant s'installer définitivement en France. Eux-mêmes ne la sollicitent plus : ils bénéficient du même statut économique et social que les Français d'origine ; d'autre part, vivant en communautés, « entre eux », ils préservent leur « identité culturelle », gardent ou retrouvent leur « fierté d'appartenance » (il faut toujours revenir à ces notions).

– Les enfants, nés en France, de ces immigrés deviennent français automatiquement par « le droit du sol ». Leurs parents n'ayant pas cherché à s'assimiler, il est peu probable qu'eux-mêmes deviennent pleinement des Français, « comme les autres ». On fabrique des

« Français de papier », écartelés entre deux cultures incompatibles et, pour la majorité, ne pouvant s'épanouir ni dans l'une ni dans l'autre.

– Les immigrés sont d'ailleurs encouragés à préserver leurs particularismes culturels par des militants associatifs divers, de toutes les nuances de la gauche. Nous sommes dans les lendemains de mai 68 : il est de bon ton dans certains milieux qui se veulent progressistes de prôner l'enseignement des langues régionales, l'indépendance de la Bretagne ou de l'Occitanie...

C'est ainsi que le patronat reçoit l'aide des partis de gauche, pourtant défendeurs hautement proclamés des ouvriers. Les socialistes, leurs alliés du centre et de l'extrême-gauche (on perçoit cependant quelques réticences du côté du parti communiste), avec le concours de leurs pseudopodes dans les syndicats, les « cercles de pensée », les associations... deviennent les complices de la « finance » : ils feront désormais en sorte que les « capitalistes » disposent toujours de la quantité d'esclaves qu'ils demandent ; en outre, ils justifieront la trahison du « prolétariat » par une panoplie des nobles principes dont ils ne sont jamais avares.

La montée de la « mondialisation » ne va pas ralentir le processus.

Le patronat de la finance, qui a recours désormais à une main-d'œuvre encore plus intéressante dans les pays dits « à bas coût », supprime autant qu'il peut les entreprises sur le sol français pour les délocaliser, mais il continue à faire – ou laisser – venir en Europe Maghrébins et Noirs d'Afrique (plus nombreux ils sont, plus bas sont leurs salaires) sans même se préoccuper de quoi ces déracinés vivront : lorsque nécessaire, l'Etat les prendra en charge ! Les exploiteurs disposent désormais de deux catégories d'esclaves : *urbi et orbi*. Pendant le même temps, les consommateurs européens, de plus en plus travaillés à la néomanie par la pub, se cament avec les objets fabriqués par le sous-prolétariat *worldwide,* sans même se rendre compte qu'ils sont en train de ruiner la force de production du continent, leurs richesses, leurs emplois, leur avenir.

Cependant, la mécanique d'« intégration » des immigrés en France grippe quelque peu et connaît des à-coups : des émeutes éclatent en 1979 à Vaulx-en-Velin, dans la banlieue de Lyon ; des voitures sont brûlées en 1981 ; les ouvriers français, confrontés au chômage après la « crise pétrolière », se révèlent de plus en plus mal disposés à l'égard des étrangers qui les concurrencent (en 1983, il y aura des affrontements graves entre grévistes et immigrés à l'usine des automobiles Talbot, à Poissy).

Des chiffres commencent à courir sur le coût de l'immigration pour les contribuables.

MITTERRAND : LES IMMIGRÉS, INSTRUMENTS DE LA POLITICAILLERIE

Ce politicien chevronné, cynique, obstiné, cultivé, très intelligent, vient de l'extrême-droite fascisante. En 1940, il est passé chez Pétain, qui l'a décoré de la plus haute distinction du régime : la Francisque, puis il s'est refait une virginité comme résistant quand la Collaboration a perdu la partie. Sous la Quatrième République, il était de ces quelques caciques qui s'échangeaient les ministères au gré des crises. Lorsqu'éclate la guerre d'Algérie, il se distingue par sa « fermeté » : ministre de la Justice, il refuse la grâce à une soixantaine de nationalistes, qui sont guillotinés. Après 1958, il pose au grand adversaire de gauche au « dictateur » de Gaulle, ce qui lui permet d'accéder au rôle de rassembleur de la gauche. Une union qui va des communistes rouge vif aux radicaux cassoulet le porte à la présidence de la République en 1981. Une fantastique réussite par la dissimulation et la ruse (dira-t-on : par la *taqiyya* ?) !

Quand il arrive à l'Elysée, le Florentin a plus de quarante ans de vie politique derrière lui. Il a frôlé les sommets (il a failli être chef du gouvernement au milieu des années cinquante) et il a traversé quelques zones arides. Voluptueux, il veut jouir pleinement, et le plus longtemps possible, de son pouvoir, si durement acquis, de ses prérogatives de monarque élu. Il se garde bien de modifier la Constitution écrite par et pour de Gaulle, qu'il voulait, auparavant, purement et simplement abolir. Stratège sachant « donner du temps au temps », rompu à manœuvrer les petits hommes des partis qui ne connaissent que les petits coups sans lendemain, au sommet de son art, il élabore et met en œuvre un plan, en deux volets bien articulés et synergiques, qui se révélera d'une efficacité extrême.

Constituer un groupe charnière entre droite et gauche avec les immigrés

La Cinquième République conduit au bipartisme. Droite et gauche s'équilibrent dans l'opinion à 50 pour cent. La gauche a été longtemps écartée de la présidence parce qu'elle était divisée en deux grandes fractions : le Parti socialiste et le Parti communiste. Mitterrand l'a emporté après avoir rassemblé les deux branches.

Sous la Quatrième, l'habile homme avait constitué une petite formation charnière[154] qui, placée entre droite et gauche, faisait et défaisait les majorités à la Chambre suivant qu'elle apportait ses voix d'un côté ou de l'autre. Il se fixe de mettre sur pied patiemment un parti ou un groupe de ce genre, qui, devant tout à la gauche, lui restera attaché. Cette manigance, il va la monter en utilisant les immigrés, qui sont maintenant assez nombreux (et on peut en faire venir d'autres) pour peser de façon déterminante lors des élections.

Voici comment il compte procéder :

– Dans son programme en 110 propositions, il a prévu de donner le droit de vote aux étrangers dans les élections locales. Sous-entendu : en attendant davantage.

– Dès son arrivée au pouvoir, son gouvernement montre sa bienveillance à l'égard des immigrés : il commence par régulariser à tour de bras les illégaux, au besoin avec de faux contrats de travail ; il encourage la venue de nouveaux migrants, leur fait donner la priorité dans l'attribution de logements sociaux...

En même temps, les communicants (la communication est devenue une technique de gouvernement) répandent une idéologie qui flatte les immigrés et doit leur montrer où sont leurs seuls alliés et défenseurs.

– La gauche respecte les immigrés. Elle veut qu'ils gardent leur culture, leur langue... Exemple : depuis deux cents ans (loi du 11 germinal an XI), les nouveaux Français, enfants nés sur le territoire ou nationalisés, devaient être déclarés à l'état-civil avec un prénom pris «dans le calendrier ou parmi les personnages connus de l'histoire ancienne », moyen d'indiquer leur appartenance à la France et, pour les adultes, de signifier aux yeux de tous qu'ils renonçaient à leur appartenance d'origine. La Loi est abrogée en deux temps, en 1981 de fait et en 1993 formellement : désormais, les Musulmans pourront devenir français avec un prénom qui marque leur appartenance à une autre culture.

– Les immigrés sont, en fait, des victimes du colonialisme qui a été imposé à leurs pères et qui explique le retard de leurs pays d'origine.

154. L'UDSR, Union démocratique et socialiste de la Résistance, fondé en 1945.

Le colonialisme, la gauche l'a toujours combattu. (Aux oubliettes de l'Histoire, Jules Ferry, Guy Mollet… et Mitterrand lui-même.)

– Ils sont surtout victimes du racisme. C'est bien connu ; les Français sont d'indécrottables racistes ; c'est leur xénophobie foncière qui explique les difficultés diverses que les immigrés peuvent rencontrer en France. Il fallait un sacré culot pour lancer une telle injure à un peuple qui, au cours des siècles, a accueilli plus d'étrangers qu'aucun autre en Europe. Mais, comme disait Goebbels : « Plus le mensonge est gros… ».

– Bref, « les immigrés en France sont chez eux ». (François Mitterrand)[155].

Les cyniques qui sont à la manœuvre dans ces opérations sans grandeur embauchent toujours plus de naïfs :

– Des internationalistes en deuil d'un marxisme qui s'est révélé surabondamment sanguinaire ; ils demandent la fin des nations, déplorant les crimes des « nationalismes », et sont en quête d'un nouveau prolétariat à défendre.

– Des tiers-mondistes apitoyés par la triste condition de ressortissants des pays d'Afrique, (qui refusent de voir que l'émigration sans contrôle prive les jeunes nations de leurs citoyens les plus dynamiques et les mieux formés…).

Tous ceux-là relaient l'idéologie, s'exprimant haut et fort dans les médias, les manifs… Qu'il est doux et valorisant de porter des pancartes et de hurler des slogans pour de nobles causes !

Conscients de tout le parti à tirer de ces dadais, les marionnettistes lancent des associations pour mieux les utiliser : la plus paradante, S.O.S. Racisme, est fondée en 1984.[156] Afin de mieux contrôler leurs créations et leurs créatures, ils les arrosent abondamment. Les plus anciennes associations « humanistes », axées à gauche, ne voulant pas être en reste de slogans et… de subventions, s'alignent et, bientôt, rivalisent de zèle. Des chrétiens à la recherche d'un rôle charitable, des juifs qui ne veulent pas être accusés de faire le jeu du racisme, des soixante-huitards orphelins de leurs utopies… grossissent la troupe.

---

155. Conférence de presse du 21 novembre 1985.

156. Selon Jacques Attali qui fut un conseiller très proche de François Mitterrand pendant près de vingt ans, l'association fut créée de toutes pièces à l'Elysée (*Verbatim*. Fayard, 1993). Plus personne ne nie qu'elle fut financée par le parti socialiste.

Cependant, la politique du Parti socialiste commence à provoquer de la colère chez beaucoup d'autochtones : l'appareil du Parti communiste constate que l'électorat ouvrier, dindon de la farce, récrimine de plus en plus ; aux élections locales, la droite reprend du poil de la bête… Les sondages établissant que les Français sont farouchement opposés au droit de vote des étrangers, « le Grand Truque » sursoit à la constitution de son parti-charnière.

Heureusement, pour se maintenir au pouvoir, il peut tabler sur le deuxième volet de sa stratégie.

Scinder la droite

Mitterrand va porter son attaque sur la droite en l'amputant de sa composante la plus attachée à l'identité nationale, ce qui lui interdira tout espoir de vaincre à l'élection présidentielle et l'affaiblira dans les autres consultations. Dans ce but, il fera croître autant que possible un parti d'extrême-droite, qui, au départ, ne représente guère plus de 1 à 2 pour cent de l'électorat.

Ce parti, le Front national, est exhibé généreusement sur les chaînes d'Etat pour y faire sa propagande. En 1988, grâce à une nouvelle loi électorale, il bénéficie d'une large représentation au parlement.

En même temps, la communication joue sa partition. Il faut que ce parti soit présenté comme infréquentable, raciste, antirépublicain, fasciste (pourquoi pas ?) quand bien même il rallierait beaucoup de déçus de la gauche… Aucune formation républicaine ne pourrait, « sans renier ses valeurs », s'allier avec lui, même pour des élections locales. Les chefs de la droite acceptent la mutilation sans un grognement : depuis le septennat de Giscard, la plupart d'entre eux sont imprégnés des idées de gauche, dont ils ont fait des références en matière culturelle et sociale.

Le Front national grossit aussi spontanément – ce qui comble les vœux de la gauche. Il se nourrit de la colère des « classes populaires ».

– La déception est grande, et pas seulement dans « le peuple de gauche », devant les échecs économiques de la majorité, qui avait promis de « changer la vie ». Le chômage croît régulièrement et tous les salariés du secteur privé se sentent maintenant menacés de perdre leur emploi. La demande du Front national pour la « préférence nationale » rencontre une large approbation.

– Parmi les plus démunis, la « préférence étrangère » en matière de logements sociaux, de secours et primes de diverses sortes... est ressentie comme une injustice.

– Les immigrés, chaque jour plus nombreux, se montrent de plus en plus réticents à se conformer aux modes de vie autochtones. Ils affirment leurs particularismes. Ils sont perçus par le reste de la population comme un corps étranger, impossible à intégrer.

– La criminalité d'origine immigrée se développe.

– Les accusations de racisme adressées aux « Français de souche » (l'expression commence une longue et brillante carrière) ne font qu'exaspérer ceux qui sont injuriés et élargir la fracture entre la grande masse des citoyens et les immigrés.

Littéralement fascinés par les prêches de la gauche, les chefs de la droite, chaque fois qu'ils reviendront au pouvoir, appliqueront strictement la politique de leur adversaire à l'égard de l'immigration, refuseront de récupérer l'aile de leur électorat coupée par Mitterrand et, même, reprendront à leur compte les mots et les chants initiés par « le Prince des ruses ». Les citoyens qui les ont portés au pouvoir vocifèrent en vain pour obtenir des alliances avec le parti mis à l'écart... La droite perd élection sur élection.

LES IMMIGRÉS SE REDÉCOUVRENT MUSULMANS

En 1979, l'Iran, pays en cours d'occidentalisation accélérée, est devenu la première république islamique.

Les immigrés d'Europe réapprennent ce que les décennies de l'impérialisme occidental leur avaient fait oublier : l'Islam est aussi un système de gouvernement. L'Islam politique ne subsistait plus qu'au Pakistan, en Arabie saoudite et dans les émirats du Golfe, autant dire au bout du monde, où on ne comptait que des populations notoirement attardées. L'Islam, soudain, a fait la preuve qu'il peut gouverner un grand pays moderne. L'Islam, tel que l'a institué le Prophète, l'Islam des Siècles d'or, qui a conquis et soumis tant de peuples, est en train de renaître. Jusqu'où ira-t-il ? Partout, des hommes et des femmes, qui se voient misérables, exploités, brimés ou maltraités, sont emplis d'un espoir de prospérité, de revanche aussi ; ils rêvent d'un avenir où ils pourront s'enorgueillir de ce qu'ils sont, de leur histoire, de leurs modes de vie, de leur religion… Des sentiments comparables à ceux qui étaient nés chez les colonisés au moment des indépendances.

Dorénavant, les immigrés, les Nord-Africains, arabes ou berbères, comme les Turcs ou les Noirs maliens… seront, d'abord, des Musulmans, ce que beaucoup d'entre eux avaient oublié, et fiers de l'être.

Dans les années quatre-vingt, la vague apparue en Iran recouvre peu à peu toute la Maison de l'Islam. Les partis « islamistes » se montrent, recrutent, concurrencent les pouvoirs en place nés du nationalisme au moment de l'indépendance…

Parallèlement, on peut dire que, maintenant, il y a, en France et dans l'ensemble de l'Europe, une diaspora musulmane, tout à fait consciente de son appartenance musulmane, qui dépasse les autres clivages, comme la nationalité, la race, la tribu…

Cette mutation des milieux de l'immigration, les Occidentaux ne la remarquent pas. Mais elle est perçue rapidement dans les pays musulmans. Là, l'expansion de l'Islam est redevenue le devoir impérieux, sacré, défini par la Loi. Ouvertement, fièrement, des partis, tels les Frères musulmans d'Egypte, l'ont reprise à leur compte, mais aussi des Etats, comme l'Arabie saoudite et les émirats du Golfe. Désormais, les uns et les autres interviennent au sein de la diaspora d'Europe par l'argent ainsi que par l'envoi d'agents de propagande et d'encadrement. Désormais, Musulmans de la diaspora et des pays frères vivent en osmose, et plus étroitement au fur et à mesure que se répandent Internet et la télévision satellitaire.

LES MANIPULÉS MANIPULENT

Aucune statistique n'a jamais été autorisée sur le nombre des immigrés, le nombre des Musulmans. Tout ce qu'on peut dire, c'est que, dès la fin des années soixante-dix, aux yeux des autochtones, « ils sont beaucoup » ; ils sont « trop nombreux ». Valéry Giscard d'Estaing, en 1991, parle d'une « invasion », dont il souligne les risques pour la paix sociale et la cohésion nationale[157].

157. … dans le *Figaro-Magazine* du 21 septembre 1991. L'ancien président de la République ne pousse pas la lucidité jusqu'à reconnaître sa responsabilité dans la présence de ces « envahisseurs ». Il ne reviendra plus jamais sur le sujet : le bourgeois-gentilhomme avait sans doute des préoccupations moins… prosaïques concernant l'Europe onirique ou sa production de romancier du cœur.

Les immigrés, qui se prévalent maintenant ouvertement d'une appartenance qui les distingue des autochtones, qui les met « à part » du reste de la population, sont de plus en plus conscients de leur force face aux pouvoirs publics. Ils savent que le patronat a besoin d'eux et que, pour garder ceux qui sont là, arrivés légalement ou non, et en faire venir de nouveaux, droite et gauche sont prêtes à toutes les concessions.

En conséquence, ils accentuent leur pression dans deux directions :
– pour obtenir de nouveaux avantages matériels,
– pour faire reconnaître leur identité culturelle.

Tous les gouvernements cèderont au « lobby immigré » devenu tout autant le « lobby musulman » et, simultanément, la population se scinde davantage : l'insertion des allochtones dans la société d'accueil est de plus en plus difficile ; les enfants des premiers arrivants sont généralement moins bien intégrés que leurs parents.

L'EXPLICATION PAR L'ÉCONOMIE

Une thèse prévaut, à droite comme à gauche, pour expliquer les ratages de l'intégration.

– La volonté d'intégration des immigrés est certaine. Elle ne peut être mise en doute par personne (sinon par des « racistes »), malgré les signes et les manifestations par lesquels certains d'entre eux manifestent à l'occasion leur appartenance nationale ou islamique.

– Certes, le racisme des Français ne facilite pas les choses – et la droite elle-même stigmatise son aile perdue.

– L'essentiel cependant se résume à des questions d'ordre économique.

Nous sommes au début d'une époque qui expliquera tout par l'économie, comme la servante de Molière expliquait les malaises de son maître par une seule cause : « C'est le poumon, vous dis-je ! ». L'islamisme en Iran et ailleurs ? A cause de l'économie, à l'évidence. La violence dans les banlieues européennes ? L'économie, bien sûr.

Alors on dépense sans compter. On crée un ministère de la Ville. La Ville est un nom pudique pour désigner les zones à forte population immigrée, dont les 600 ou 700 « quartiers interdits » où les policiers ne peuvent pénétrer qu'avec l'autorisation des caïds et à condition de n'être que des promeneurs passifs.

Cette politique trahit l'ignorance, et même le mépris des dirigeants français à l'égard des étrangers présents sur notre sol. Croire qu'on peut en faire des Français comme les autres ou au moins des résidents paisibles par le pouvoir de l'argent relève d'une pensée à la fois sotte et basse.

Bien évidemment, aucun résultat n'est enregistré, année après année. Cependant, tous les gouvernements persistent dans le dogme – et augmentent les dépenses. A quoi attribuer un tel acharnement ? La stupidité, la cécité, la mauvaise foi, la triche, le mépris, le cynisme ?

Les historiens retiendront que la stratégie du patronat contemporain et des gouvernants à l'égard des immigrés est, sous certains angles, comparable à ce que fut, pendant les cent cinquante ans du colonialisme, celle du Comité des forges, le grand patronat de l'époque, dont l'homme lige le moins dissimulé fut le Lorrain Jules Ferry. Un certain nombre d'entreprises s'enrichissaient outre-mer, laissant à l'Etat, autrement dit : aux contribuables, les dépenses induites par leurs activités : infrastructures, armée, police, santé, formation… La colonisation fut, pour la Nation, du début à la fin, une catastrophe financière, dont les chiffres commencent seulement à être dévoilés. Combien de temps faudra-il attendre pour avoir un bilan financier de l'immigration ?[158]

Pour faire reconnaître leur identité musulmane, les immigrés vont avoir recours à une technique qu'ils ne cesseront de perfectionner et dont ils se révèleront des utilisateurs de plus en plus performants : l'aïkido, un art japonais de la guerre, qui consiste à utiliser les points forts de l'adversaire pour les retourner contre lui et réduire à néant son agressivité et sa capacité de résistance ou de riposte :

Pour demeurer fidèles aux principes de notre civilisation : démocratie, liberté de pensée, de croyance et d'expression, tolérance religieuse, solidarité, ouverture aux autres..., nous devons faire chez nous la place la plus large à l'Islam – ce totalitarisme, qui récuse et combat ces principes.

158. Voir note en bas de page 341.

A la base de la manœuvre, une affirmation assénée, jamais discutée, déclarée indiscutable et par les Musulmans et par les Européens eux-mêmes – et complètement fausse.

LA RELIGION, CHEVAL DE TROIE, PIÈGE MORTEL

La plus grande réussite des conquérants musulmans est d'avoir implanté l'idée que l'Islam était une religion, et que ce n'était qu'une religion parmi d'autres.

Ils n'ont pas eu grand mal à faire gober leur esche empoisonnée : les Européens se sont précipités dessus pour pouvoir affirmer que « l'Islam n'est pas un problème ».[159]

Monsieur Homais (vous pouvez l'appeler Chirac, Juppé, Jospin, Raffarin, de Villepin, Sarkozy, Fillon… choisir au hasard n'importe quel patronyme dans le trombinoscope de la classe politique) est péremptoire : « Cet Islam qui nous inquiétait, qui nous faisait peur parfois, tout compte fait, ce n'est qu'une religion. Quelque chose que nous connaissons bien : une foi, du domaine privé, et un culte, qui finira bien par être comme le nôtre, peu dérangeant et de moins en moins suivi. Et d'ailleurs, toutes les religions ne vont-elles pas s'anémier, avant de disparaître ? » Car Monsieur Homais, comme tous ses semblables ancrés dans leurs certitudes de myope, adhère aux vaticinations ethnocentristes du philosophe Auguste Comte, selon qui l'humanité tout entière doit nécessairement, après être passée par les états théologique ou fictif, puis métaphysique ou abstrait, arriver enfin ! en une époque dominée par la Raison, à l'état scientifique ou positif, autrement dit sans religion.[160]

Les francs-maçons de divers tabliers et tous leurs suiveurs et avoisinants ne peuvent qu'approuver.

Bien des cathos se retrouvent en terrain connu.

« Ces Musulmans sont, comme nous, enfants d'Abraham, gens du Livre… Ils appartiennent à ce monothéisme qui nous distingue des

159. Une chronique, que j'avais écrite pour *Riposte laïque* (13 septembre 2010), a fait l'objet d'un tirage spécial, en 2010, par l'association *Clarifier* sous le titre : *Piège mortel. Ne concevoir l'islam que comme une religion est un piège mortel pour les Européens.*

160. Auguste Comte était le maître à penser d'Habib Bourguiba. L'homme d'Etat tunisien a eu récemment quelques occasions de se retourner dans sa tombe et de reconsidérer les prophéties du philosophe positiviste.

autres. Et ils sont si pieux, si pratiquants… Ne nous donnent-ils pas des leçons ? »

L'Islam reconnu comme une religion parmi d'autres, c'est aussitôt l'interdiction à tout citoyen, au nom de nos principes : liberté de conscience, liberté religieuse… et en application des lois chargées de les faire respecter, de regarder de près l'Islam, de le critiquer, de s'opposer à sa pénétration et à son développement.

Plus vicieusement, c'est donner la possibilité de confondre la critique de l'Islam à la critique des Musulmans, donc, au nom de nos principes et de nos lois, d'accuser ceux qui critiquent l'Islam d'incitation à la haine de personnes en raison de leur religion – et, en France, plusieurs associations se sont fait une spécialité de cet amalgame pour faire condamner des « laïques »… et obtenir des indemnités.

Reconnaître à l'Islam le statut de religion, c'est aussi, de par notre principe d'égalité, nous engager à lui donner des moyens, en lieux de culte, en centres d'enseignement et de formation, en cadres, en argent… afin qu'il se hisse au niveau des religions plus anciennes sur le territoire.

L'Islam-religion ; le coup de maître des conquérants musulmans.

Car derrière le trompe-l'œil de l'Islam religion s'engouffre l'Islam tout entier, totalitarisme policier, expansionniste, guerrier, tueur de civilisations.

Le piège est mortel à terme. Il a fonctionné à merveille jusqu'à maintenant.

2001, AL QAIDA : LE CHANTAGE À L'EXTRÉMISME

Les attaques d'al-Qaida sur les Etats-Unis, le 11 septembre 2001, fournissent l'occasion aux immigrés de rendre encore plus efficace leur stratégie :

– La guerre ouverte d'al-Qaida occupe tous les écrans. L'équation djihad égale attentats vient opportunément dissimuler la guerre de l'Islam par la *taqiyya*.

– L'Islam fait peur. Les Européens, autant que les Américains, craignent d'avoir à subir des attentats de masse.

– Aussitôt, « nos » Musulmans se démarquent : ils ne sont pas comme les extrémistes, qui font la guerre, qui mènent le djihad. Eux sont pacifiques. Ils sont attachés à l'Islam authentique, une « religion » de paix et de tolérance.

« Mais, attention ! disent les chats fourrés, bien des Musulmans pourraient céder à l'appel d'al-Qaida. (« Vous nous avez toujours si mal traités et vous continuez à nous discriminer ici-même ».)

– Et vous savez bien que les Musulmans – tous les Musulmans – peuvent se montrer très violents.

– Nous sommes votre rempart le plus sûr à la fois contre l'extrémisme et contre la violence urbaine. Alors cédez à nos demandes. Sinon... »

Les politiques français se persuadent que ces « modérés » sont leur meilleure protection (leur seule protection possible ?). Il faut s'en faire des alliés au plus vite. Il n'est que temps de relancer un projet demeuré en couveuse trop longtemps.

INSTALLER UN ISLAM BRICOLÉ POUR CONTRÔLER LES MUSULMANS...

Depuis plusieurs années déjà, des promoteurs de l'immigration se demandent, au fond d'eux-mêmes, s'ils n'ont pas créé un Golem qui leur a échappé, qui s'encolère facilement, qui peut devenir dangereux. Des politiques ont émis l'idée de recourir à une vieille recette coloniale, utilisée maintes fois pour traiter les problèmes que posait une communauté de culture étrangère agitée et revendicatrice : trouver des « interlocuteurs valables », censés être « représentatifs » de ladite communauté, et les placer officiellement à sa tête avec l'espoir qu'ils la contrôleront – une manipe qui n'a jamais marché nulle part et qui, cette fois, se révélera particulièrement catastrophique.

Pour mettre sur pied un tel mécano, les Français, qui aiment les choses solennelles, les principes et les institutions, (au point d'en changer souvent), se sont référés naturellement à un de leurs grands principes, inscrit en tête de leur Constitution depuis 1946 : la laïcité.

« Les Musulmans sont des hommes, qui relèvent de nos sacro-saints Droits de l'homme, donc ils doivent jouir des mêmes droits que les Français.

Cependant, ils ne sont pas tout à fait comme les Français : ils ont des habitudes, des comportements qui les distinguent. C'est à cause de l'Islam, leur religion.

Nous référant à nos principes, nous allons faire sa place à cette religion dans la République, toute sa place, mais seulement sa place, comme nous l'avons fait pour le christianisme et le judaïsme.

Avec la laïcité comme flambeau, nous allons créer pour l'Islam quelque chose comme l'Assemblée des évêques catholiques ou le Consistoire juif. »

C'est ainsi qu'est née l'idée d'un « organisme représentatif des Musulmans de France », dont la réalisation fut ébauchée par un ministre de l'Intérieur socialiste, Pierre Joxe, en 1988, poursuivie cahin-caha par ses successeurs de droite et de gauche, finalisée sous le nom de Conseil français du Culte musulman, en 2003, par Nicolas Sarkozy, alors ministre de l'Intérieur, chargé des cultes.

Pour accoucher de ce Conseil, il a fallu tout le volontarisme du « Petit Nicolas », qui a bousculé les obstacles dans une charge de cuirassiers.

Comment désigner les membres, l'Islam sunnite n'ayant pas de clergé ? Pas de problème : on procèderait à l'élection de représentants « en proportion de la superficie des mosquées ».

Qui voterait ? Tous les Musulmans, les français comme les étrangers (et les étrangers en séjour illégal comme les autres).

Les Musulmans ne voulaient aucune allusion à la liberté de conscience, au droit à « l'apostasie » ? On ne parlerait pas d'un sujet aussi délicat, étant donné que ce droit est reconnu quelque part dans un texte de loi européen, que personne n'irait jamais consulter.

A peine formé, le Conseil est devenu le champ clos de batailles entre Algériens et Marocains. En outre, il se révélait complètement inutile pour barrer la route aux extrémistes : les plus influents en son sein étaient les représentants de l'Union des organisations islamiques de France, l'UOIF, émanation des Frères musulmans, du Wahhabisme d'Arabie saoudite et des émirats du Golfe, de Qaradâwî et autres « savants »...

Cependant le Conseil présentait un avantage, tout de façade, mais qui répondait au souhait de la classe dominante : maintenir la promesse d'un « Islam de France », qui repousserait à jamais un « Islam en France ».

Que pourrait être cet Islam de France ? Bien sûr, il serait pacifique, respectueux de nos lois, laïc, uniquement préoccupé de choses religieuses telles que définies par nous. Peut-être même, un jour, ses imams seraient-ils tous formés *at home* et prêcheraient-ils en français !

... ET L'ISLAM CROÎT ET PROSPÈRE

Et l'Islam a pris toutes ses aises dans la République : les mosquées ont poussé comme champignons après la pluie, les imams se comptent maintenant par centaines, les aumôniers sont dans l'armée, la gendarmerie, les prisons (dans l'armée, pour leur faire de la place, on a supprimé quelques postes d'aumôniers chrétiens), la viande halâl est partout, les « accommodements raisonnables » font florès... Les Musulmans sont de plus en plus pratiquants, de plus en plus rétifs à l'intégration ; les cités n'ont jamais été aussi fermées, prêtes pour l'insurrection ; les trafics aux mains de Musulmans sont en pleine expansion ; l'argent étranger n'a jamais été aussi abondant pour aider à l'islamisation...

Quant aux grands principes... On les avait trahis dès l'origine, et si le premier en date des traîtres fut Joxe, toute la classe politique qui a donné son aval au projet fut aussi coupable : le but dissimulé du conseil était de placer les immigrés d'origine musulmane – tous, sans exception – sous le contrôle de cadres religieux, c'est-à-dire de cadres d'un système totalitaire qui ignore la liberté individuelle, la liberté de conscience, la liberté religieuse, l'égalité homme-femme. On a sacrifié délibérément à l'autorité des « imams » et à la pression sociale que ces chefs autoproclamés ne manqueraient pas d'actionner des hommes et des femmes qui étaient athées ou agnostiques ou qui, simplement, voulaient s'affranchir du totalitarisme vert. Aujourd'hui, plus aucun immigré venu d'un pays musulman ne peut se dire non musulman, donner à ses enfants un prénom non musulman, devenir un Français comme les autres, à part entière. Beau résultat !

Oh certes, pendant le même temps, les Musulmans de nationalité française se sont multipliés. Mais que veut dire une nationalité réduite à un papier quand on refuse les lois, les coutumes, les traditions de la nation ?

LE CULTE MUSULMAN OU LA CHARIA TOUT ENTIÈRE

Le germe du Conseil était vérolé par un mot : *Culte.*

Quiconque a étudié un peu la langue arabe, langue fondatrice et centrale de l'Islam, sait que notre *Culte* n'y a pas d'équivalent.

La preuve, on la trouve dans un livre de référence : *La Risâla ou Epître sur les éléments du dogme et de la loi de l'Islâm selon le rite mâlikite,* d'Ibn Abî Zayd al-Qayrawânî. Ce texte, nul « savant » musulman ne le contestera jamais et, chez nous, il fait autorité en tout domaine, puisque au moins neuf sur dix des Musulmans présents sur notre sol sont de rite malekite. Il a été publié avec, page contre page, le texte arabe et sa traduction en français.[161] En fin de volume, un index en français relève les mots importants, de *abdomen* et *ablution* à *yeux* ; il doit compter cinq à six cents entrées. Vous n'y trouverez pas *culte.* Un index des mots arabes lui fait suite : vous y chercherez vainement les termes par lesquels, aujourd'hui, nos savants de « l'islâm de France » traduisent notre *culte,* à savoir *'ibâdât* (les cinq piliers) et *mu'âmalât* (tout le reste, du port de la barbe au djihad).

Déjà, dans notre langue, le mot n'est pas des plus clairs. Du latin *colere* « honorer les dieux », *cultus* est tardif : c'est du latin d'Eglise. Il a désigné pendant longtemps l'adoration (« le culte marial ») ; il prend le sens de « rites et pratiques d'une religion » au XVIe siècle, au moment des Guerres de religions, quand il s'agit de définir l'aire publique du protestantisme et du catholicisme ; aux XIXe et XXe siècles, lors de l'instauration de la laïcité par la loi, il finit par désigner une religion « considérée dans ses manifestations extérieures », puis, plus largement, un organisme religieux constitué – une Eglise, disait-on aussi couramment –, agissant dans la sphère publique. (La loi de 1905 de « séparation des Eglises et de l'Etat » l'utilise avec ce contenu.)

Si ce dernier sens était retenu par le législateur, il fallait organiser « l'Eglise islamique ». S'agissant de l'Islam sunnite, à coup sûr une absurdité... à laquelle on a tout de même donné une apparence de réalité par des élections (!), et sur quels critères (!!!).

Si l'on voulait réguler, avec des représentants (!) de l'Islam, les rites et pratiques de l'Islam dans la sphère publique, le mot ne convenait pas davantage : dans l'Islam, où commence et où s'arrête le religieux ? La pratique religieuse ? Tout est du domaine de la Loi, tout est rite.

161. Traduction de Léon Bercher (Editions Jules Carbonel, Alger, 1952).

Est-ce que le port du voile, la viande halâl, la barbe, le respect d'une fatoua sur les talons hauts pour les femmes... est-ce que tout cela est du domaine du culte ? Et si tel « savant » dit : « ceci est permis, licite (*halâl*) », tel autre : « ceci est interdit, illicite (*harâm*) », qui tranchera ? Le Conseil ? Celui qui contestera une décision du Conseil ne fera-t-il pas appel auprès d'autorités plus respectées dans le vaste monde musulman ?

L'Etat avait créé Le Conseil français de la Loi musulmane, de la Charia, reconnaissant du coup la Loi musulmane, la Charia, et par là-même l'autorité de ceux qui, en dehors de notre nation, ont pour fonction de dire cette Loi, de la commenter et de la faire appliquer.[162]

Les membres de cette assemblée en carton-pâte ont vite compris que l'appareil d'Etat leur assignait comme mission première de couper court aux interrogations sur la possibilité de faire cohabiter pacifiquement des Musulmans et des Européens. Ils devaient être la caution de la compatibilité de l'Islam et de la démocratie, de l'Islam et de nos lois, de l'Islam et de notre civilisation. Ils seraient ainsi la garantie de la naissance prochaine d'un « Islam de France ».

Musulmans, et Musulmans zélés, n'en doutons pas, ils ont saisi l'occasion qui leur était offerte de servir, sans grand risque, la cause de l'Islam. Constitués en instance suprême de la Loi musulmane au sein de la République, ils délivrent des certificats de conformité à toutes les avancées de l'Islam en France, passivement, par leur inactivité et leur silence. (Par là même, ils dédouanent les politiques de leurs concessions – et s'attirent encore plus de bienveillance de leur part, pour service rendu.) Quand ils estiment nécessaire, pour garder quelque crédibilité, de se démarquer de certains « islamistes » maladroits, dont des propos ont heurté l'opinion publique, l'un des leurs émet un avis emberlificoté et vide dont l'innocuité même le protège du couteau des zélotes. « Et voilà pourquoi Allah est grand ! »[163]

162. Sur la chaîne *al-Jazeera* en langue arabe, je n'ai jamais entendu que « le Conseil français pour l'Islam ». D'ailleurs, quel Croyant accepterait avec sincérité de réduire l'Islam à un « culte musulman » ? Le mot est réservé à la Maison de la guerre, pour tromper l'ennemi.
Le CFCM, tout entier sous l'influence de pays étrangers, serait plus justement dénommé : CMCF : Conseil multinational de la Charia pour la France.

163.... aurait dit le romancier et traducteur Alexandre Vialatte (1901-1971), qui terminait rituellement par cette formule ses chroniques – 898 au total – dans *la Montagne*, le quotidien de Clermont-Ferrand. Aujourd'hui, dès le premier jour, il aurait été traîné devant un tribunal par les associations prétendument antiracistes.

LA TROISIÈME MAISON : POUR LES GOGOS

Il est évident que le droit musulman est totalement incompatible avec les droits des démocraties européennes, comme l'a déclaré la Cour européenne des droits de l'homme, dans un arrêt du 31 juillet 2001 : « Les règles de la Charia sont incompatibles avec les principes démocratiques ».

La Constitution française, par exemple, précise, dès ses premières lignes, que la source du droit est le peuple ; l'Islam fonde tout son droit sur un texte d'origine divine et les actions et faits de quelques personnes ayant vécu au VIIe siècle. L'égalité homme-femme et le statut des minorités suffisent à démontrer les impossibilités de concilier les deux systèmes. Il ne peut y avoir de subsidiarité de l'un à l'autre, sauf à ce que l'un des deux renonce à ses fondements mêmes, par exemple que le droit musulman ne fasse plus de distinction entre Musulman et non-Musulman.

C'est à nous faire croire que cette acrobatie est possible que ce sont attachés des taupes de l'islamisation de l'Europe.

La distinction Maison de l'Islam-Maison de la guerre rendait la démonstration difficile.

« Cette distinction, ont-ils dit, est obsolète. Nous créons une Troisième Maison, dans laquelle le droit musulman ne s'appliquera que s'il n'est pas en contradiction avec le droit des démocraties européennes. »

Une formule des plus vagues. On a vu comment les Musulmans de France ont résisté à l'abandon de la criminalisation de l'apostasie en se référant à un texte du droit européen que personne n'a jamais lu. Il aurait fallu lister les domaines de contradiction et prendre des décisions : *quid* du voile dans l'espace public, par exemple ?

On avait inventé une « combine » qui, promue par le fraudeur CFCM, ne servirait que de camouflage – un de plus – à la guerre de l'Islam contre l'Europe.

Les noms mêmes donnés à cette Maison auraient dû amener les Européens à dresser l'oreille :

– *Dar al-da'wa* : c'est l'invitation, la prédication, mais c'est aussi l'appel. L'appel adressé aux ennemis à se soumettre avant l'assaut et, en cas de victoire des Musulmans, on connaît le sort qui est réservé à ceux qui leur ont résisté. Un mot de djihad.

– *Dâr al-shahâda* : le témoignage et le nom de la formule d'adhésion à l'Islam. Mais le témoignage, c'est aussi le martyre. Est *shahîd*, par excellence, le Musulman mort en combattant « dans le chemin d'Allah ». Un mot de djihad.

– *Dâr al-solh* : la paix. Mais pas *salâm*, qui est moins ambigu – et qui est un des noms d'Allah. *Solh* évoque la trêve, qui ne peut durer et se transformer en paix définitive. Un mot de djihad.

Toutes les tentatives pour installer l'Islam afin de le contrôler, depuis la construction d'une mosquée dans le plus petit Trifouillis-les-Oies jusqu'aux salamalecs ministériels devant le machin CFCM, n'ont eu qu'un résultat : hâter l'islamisation de l'Europe en le camouflant sous des habits d'honorabilité.

SARKOZY L'AMÉRICAIN

Quand il est élu à la présidence de la République en 2007, Nicolas Sarkozy est souvent dénommé par la gauche « l'Américain », tant il affiche son libéralisme économique et dissimule peu son goût pour la réussite personnelle et l'argent qu'elle apporte, mais aussi parce qu'il réintègre au plus tôt la France dans le commandement unifié de l'OTAN, d'où le général de Gaulle l'avait extraite en 1966.

S'aligner pour les affaires extérieures sur les Etats-Unis voulait dire, *ipso facto*, nouer des relations étroites avec les Etats wahhâbites. Une visite que le nouveau président fit en Arabie saoudite, en janvier 2008, restera dans les annales par la déférence dont il témoigna à l'égard de cette dictature. La même année, l'émir du Qatar avait droit à une place d'honneur (avec le Syrien el-Asad !) à la tribune officielle lors du défilé militaire de la fête nationale. Les amabilités envers le wahhâbisme se poursuivirent : le Qatar bénéficia d'avantages fiscaux ; il fut autorisé à investir sans limitation, y compris dans les industries stratégiques…[164]

Cette complaisance atteignit des sommets en 2011. Nicolas 1er engagea la France au premier rang de la guerre déclenchée par les Etats-Unis et les Etats wahhâbites contre les Etats nationalistes

164. Voir page 274 et *passim*.

plus ou moins laïques : Tunisie, Egypte, Libye[165]... Il alla jusqu'à la forfaiture : ayant obtenu l'autorisation de « protéger les populations civiles de Libye », l'OTAN, par l'intermédiaire de la France et de la Grande-Bretagne, outrepassa ce mandat en prenant part à la guerre intramusulmane jusqu'à l'assassinat du colonel Kadhafi – d'où s'ensuivirent la promulgation immédiate de la Charia, puis la proclamation d'une république islamique au nord du Mali. Etait-ce Sarkozy l'Américain ou Sarkozy le Musulman qui avait ainsi dégarni notre *limes* du sud pour le livrer aux wahhâbites et à leurs alliés ? Notons aussi que, l'année précédente, le président français avait fait intervenir des soldats français dans une guerre civile en Côte d'Ivoire afin de mettre au pouvoir un chef d'Etat musulman, contribuant à l'avancée de l'Islam en Afrique noire, avancée qui n'a été interrompue que par la colonisation.

Sur le plan intérieur, les résultats furent à même hauteur. Ministre de l'Intérieur à partir de 2003, il avait multiplié les mouvements de menton et les coups de gueule : il allait, disait-il, ramener la sécurité dans les quartiers, mais il laissa se développer les émeutes dites du ramadan en 2005[166]. Président, il persévéra dans les déclamations et gesticulations, tandis que le nombre des immigrés, clandestins et légaux augmentait encore, que des mosquées s'implantaient dans toutes nos agglomérations (son Premier ministre en inaugura une, avec, à ses côtés, une fillette voilée), la criminalité d'origine musulmane poursuivait sa progression, les voitures brûlaient en plus grand nombre...

Il fut mal récompensé de son islamophilie par les Musulmans qui participèrent massivement et de manière décisive à son éviction de la Présidence en 2012.[167]

165. Lire Jean Fleury : *Crise libyenne : la nouvelle donne géopolitique* (Ed. Picollec, 2012).

166. Du 27 octobre au 17 novembre, des dizaines de « quartiers sensibles » furent la proie d'émeutes violentes : jets de cocktails Molotov et tirs à balle réelle sur les forces de l'ordre, incendies ou vandalisations de nombreux immeubles publics (écoles, bibliothèques...) et privés, incendies de 10 000 véhicules (28 0000 véhicules avaient déjà brûlé entre le 1er janvier et le 30 septembre de la même année)... Le montant des dégâts a été évalué à 200 millions d'euros (soit plus que les dépenses annuelles de fonctionnement de toutes les sous-préfectures françaises).

167. Parmi les livres sur l'attitude des politiciens français pendant les dernières décennies, Jean Bothorel : *Requiem pour les Français. 30 ans de lâcheté politique* (Bourin Editeur, 2011).

PARTOUT EN EUROPE

Les autres pays européens ont connu au cours des trente dernières années des processus similaires :

– Des migrants musulmans arrivent, spontanément ou appelés par le patronat qui compte en tirer profit.

– Les autochtones pour la plupart les considèrent sans méfiance. Dans certains pays, comme le Danemark, la Suède ou la Norvège, on n'a jamais vu beaucoup d'Arabes, encore moins de Noirs, et on imagine les nouveaux venus comme des sortes de touristes, de voyageurs de passage ; les Pays-Bas ont une tradition ancienne de tolérance et d'accueil de l'étranger, qui interdit toute réserve et critique envers des populations allogènes ; l'Allemagne, par son droit du sang et son nationalisme, ne redoute rien de la présence sur son sol d'hommes d'une autre culture ; le Royaume-Uni a une longue habitude de la cohabitation avec des indigènes…

– Il se révèle que ces immigrés ne s'intègrent pas, qu'ils sont violents, qu'ils revendiquent leurs particularismes.

– Les pouvoirs essaient de pactiser avec eux (les « accommodements raisonnables »), puis de les contrôler avec des interlocuteurs valables, des organismes officiels.

– Ce qui ne fait qu'accélérer le mécanisme.

– Pendant le même temps, des partis politiques de gauche tentent d'incorporer les immigrés dans leurs troupes électorales ; les partis opposés à l'immigration croissent ; les immigrés affirment de plus en plus leurs spécificités… Les tensions s'avivent. Personne ne peut dire sur quoi débouchera cette situation.[168]

LE COMPLOT EURABIA ?

L'islamisation de l'Europe aurait-elle été décidée par un groupe de conspirateurs et conduite dans l'ombre avec systématisme ? C'est la thèse qu'expose avec talent et conviction Bat Yeor.[169]

---

168. Lire Roland Y. Dajoux : *Quand l'Occident s'éveillera* (Persée, 2012). L'auteur, médecin, Israélien né en Tunisie, complète le titre de son livre par : « … l'Islam tremblera ».

169. Bat Yeor est le pseudonyme de Gisèle Littman-Orebi, née au Caire en 1933 (elle a signé un de ses livres Yahoudiya Masriya : Juive Egyptienne). Nombreux articles et livres, dont *Eurabia. The Euro-Arab Axis.* 2005 ; trad. fr. : *Eurabia. L'axe euro-arabe* (Edit. Jean-Cyrille Godefroy, 2006) ; *L'Europe et le spectre du califat* (Ed. Les Provinciales, 2010).

Dans les années soixante-dix, à l'instigation de la France, plusieurs pays européens et arabo-musulmans conclurent secrètement un accord pour coordonner leurs politiques en vue d'arriver à un grand ensemble, Eurabia, qui donnerait à l'Europe le poids politique et économique pour rivaliser avec les Etats-Unis. En contrepartie d'une garantie de son approvisionnement en hydrocarbures, l'Europe s'engageait à apporter son soutien au mouvement palestinien et à demander la création d'un Etat palestinien, à laisser venir sur son territoire sans limitation des Arabes musulmans, à accorder progressivement à l'Islam une pleine reconnaissance de ses droits. Ce projet devait, à terme, conduire à la fusion des deux rives de la Méditerranée dans une civilisation unique, aux mains d'un exécutif unique.

Le plan Eurabia a été mis en œuvre en sous-main pendant vingt ans sous le nom de Dialogue franco-arabe. Il a abouti, en 1995, au Partenariat Euromed, dit aussi Pacte de Barcelone : les 27 Etats de l'Union européenne et 12 Etats du sud de la Méditerranée décidaient d'unir leurs efforts pour « la paix, la sécurité et une prospérité partagée ». Le président français Nicolas Sarkozy a entrepris de donner un nouveau souffle au Partenariat avec l'Union pour la Méditerranée, fondée à Paris le 23 juillet 2008, dotée d'instances dirigeantes devant lui assurer davantage de visibilité et d'efficacité.

Bat Yeor souligne que la conjuration a réussi à mettre en place ses réseaux sur l'ensemble de l'Europe, à infléchir la politique des gouvernements européens en direction des positions arabes contre Israël, à dominer les médias, à contrôler les esprits.

La thèse serait plus crédible si son auteur n'omettait de signaler les actions, publiques, bien prouvées, conduites par les Etats-Unis (et leur féal, le Royaume-Uni), en faveur de l'Islam, et notamment des Etats wahhâbites, et singulièrement contre l'Europe. Posons trois questions :

– Les Etats-Unis n'ont-ils pas été l'agent conducteur des politiques qui ont abouti à la création, sur le territoire même de l'Europe, par le mensonge[170] et les armes, de deux Etats musulmans : l'artificielle et inconsistante Bosnie-Herzégovine, en 1995, et le Kosovo mafieux, en 1999 ?

– N'ont-ils pas été, dès l'origine, les alliés actifs des wahhâbites dans leur guerre contre les pouvoirs laïques en Tunisie, Egypte, Libye, Syrie, aux marches mêmes de l'Europe, au bénéfice des Frères musulmans et des salafistes ?

– Ne sont-ils pas, depuis toujours, les plus fervents avocats de l'entrée de la Turquie, en cours de réislamisation accélérée, dans l'Union européenne ?

170. En 1999, pour pousser les Occidentaux à intervenir militairement, l'Allemagne révéla un plan de déportation des Albanais du Kosovo par les Serbes, le Plan Fer-à-cheval : c'était un faux. Sur les guerres dans l'ex-Yougoslavie, Alexis-Gilles Troude : *Balkans, un éclatement programmé* (Xenia, 2012).

Les gouvernements européens n'ont fait que suivre, docilement, honteusement, lamentablement la politique de Washington. C'est leur faire trop d'honneur que de croire que, après la disparition de de Gaulle et Adenauer, un politicien du vieux continent ait eu les tripes pour affronter, même sous le couvert d'une conspiration, le « grand frère » d'outre-Atlantique ?

Une remarque encore : certes, les professionnels des partis politiques de gouvernement et des médias sont muets, passifs devant l'islamisation de l'Europe quand ils ne l'encouragent pas. Serait-ce par antijudaïsme, comme le prétend Bat Yeor ? C'est feindre d'ignorer la place éminente occupée par des juifs dans ces secteurs. Ou bien aurions-nous affaire à une branche, particulièrement dissimulée de la conspiration, qui regrouperait des juifs antisionistes ?

L'ÉGOÏSME SACRÉ : LE LONDONISTAN

La palme du machiavélisme, de l'aveuglement ou du gribouilllisme, comme on voudra, peut être décernée aux Britanniques.

Eux aussi ont vu des Musulmans arriver en masse dans leurs villes. Colonisateurs, ils avaient toujours maintenu une certaine distance avec les indigènes, n'avaient jamais cherché à les « assimiler », connaissaient leurs particularismes culturels mieux que n'importe quel autre peuple ; ils ont compris que « l'islamisme » n'était pas un phénomène fugace. Avec un mépris impérial à la fois pour les *natives* et pour leurs voisins et « alliés » du continent européen, ils ont défini leur stratégie, comme d'habitude en toute logique égoïste : « Pour nous préserver de l'agressivité musulmane, ouvrons grandes les portes aux Musulmans les plus violents ; laissons-les s'exprimer et agir à leur guise. Si notre pays devient un sanctuaire pour eux, nous serons préservés. Ils dirigeront leur agressivité vers le Continent. En même temps, poussons, avec nos complices d'outre-Atlantique, à l'entrée de dizaines de millions de Turcs dans l'Union européenne, ce qui va certainement déliter la personnalité du vieux continent jusqu'à la moelle. Les Musulmans vont nous aider à anéantir cette Europe qui ne doit jamais devenir une puissance politique rivale de l'ensemble anglo-américain. Et la Grande-Bretagne, protectrice de l'Islam, aura en face d'elle un allié reconnaissant et bienveillant. »

Ils sont allés très loin, travaillistes, conservateurs et libéraux de la perfide Albion. Jusqu'à créer des tribunaux de la Charia pour régler les affaires familiales entre Musulmans (85, en 2012). Jusqu'à laisser des prêcheurs appeler aux attentats… ailleurs, *off course*.

On ne manipule pas longtemps l'Islam : les Britanniques auraient dû l'apprendre depuis les Croisades, depuis qu'ils ont favorisé les Musulmans contre les Hindous en Inde, créé les Frères musulmans en Egypte pour faire pièce aux nationalistes...

Ils ont eu, à Londres, le 7 juillet 2005, un attentat (l'explosion synchronisée de trois bombes dans trois lieux différents) qui a fait 56 morts et 700 blessés. Al-Qaida a revendiqué la tuerie, la justifiant par la participation de l'armée britannique à la guerre en Irak.

D'autre part, comme partout ailleurs dans la Maison de la guerre, la communauté d'immigrés musulmans ne se satisfait pas des faveurs qui lui ont été accordées ; elle demande toujours davantage. Seule l'islamisation totale pourrait la combler. Maintenant, tous les partis britanniques semblent d'accord pour freiner ses revendications. Mais le pourront-ils ?

Enfin, les frictions entre *natives* de différentes origines risquent de troubler le calme des gentlemen.

Le Royaume-Uni va devoir entrer lui aussi dans la contre-offensive face à l'Islam. Se joindra-t-il à la vieille Europe ? Après tout, l'alliance n'a pas trop mal marché lorsqu'il a fallu combattre un autre totalitarisme.

CHAPITRE 11

L'exemple français (suite) : 2012, « la libanisation, c'est maintenant »

En 2012, à l'élection présidentielle, la « droite de gouvernement » ayant refusé, une fois encore, tout accord avec le Front national, le candidat de la gauche l'emporta alors que le pays était majoritairement à droite.

PREMIER VOTE ETHNIQUE EN FRANCE : FRANÇOIS HOLLANDE, FAIT PRÉSIDENT PAR LES MUSULMANS

Cette élection démontra que le poids des immigrés dans les élections est désormais déterminant.

– Les Musulmans ont fait bloc : ils ont voté au second tour dans la proportion de 93 pour cent pour le candidat socialiste, François Hollande (étude réalisé par l'institut de sondages *OpinionWay* pour *le Figaro* auprès de 10 000 personnes). Dans le département de Seine-Saint-Denis, le candidat de la gauche atteint 65,32 % des suffrages ; il monte à 72,07 % à Clichy-sous-Bois, d'où sont parties les émeutes de 2005, à 89,04 % dans le quartier « sensible » du Val Fourré, à Mantes-la-Jolie.

– Selon une étude de l'*Institut français d'opinion publique-IFOP*, révélée en juillet 2012, les Musulmans ont voté, au second tour, à 86 pour cent pour François Hollande, soit plus de 34 points que la moyenne nationale. « Ce survote très important, note l'Institut, enregistré dans ce segment – constituant, on le rappelle, environ 5 pour cent des inscrits – représente 1,5 point du corps électoral, soit l'avance qui a permis à François Hollande de l'emporter. »

Disons les choses plus nettement : le président de la République française a été porté au pouvoir suprême par les Musulmans.

La France a connu son premier vote ethnique, comparable à celui qui a élu Obama en 2008 et en 2012 : le métis n'aurait jamais vaincu son rival républicain si les Noirs avaient réparti leurs voix entre démocrates et républicains comme ils l'avaient fait dans les élections précédentes au lieu de le soutenir massivement (à 93 pour cent en 2012) à cause de la couleur de sa peau. Avec cette différence toutefois que les électeurs noirs américains se proclament aussi bons patriotes que les autres, qu'ils se rangent tous la bannière étoilée, alors que les électeurs musulmans de Hollande se recommandent d'une identité (idéologie, droit, culture, civilisation) différente de celle des autres citoyens, incompatible avec celle des autres citoyens, hostile à celle des autres citoyens.

Le soir du vote, les Musulmans fêtaient la victoire de leur candidat place de la Bastille en arborant des drapeaux des pays d'origine : Algérie, Maroc, Tunisie, Turquie, Mali, Sénégal... plus, bien sûr Palestine, à l'exclusion de tout drapeau de la France... ou de tout autre pays. On peut se demander si la manifestation était spontanée ou résultait d'un mot d'ordre (donné par qui ?). Cette nuit-là, comme il fallait s'y attendre, quelques voitures ont été brulées ici et là : des feux de joie en quelque sorte !

Confirmation du vote ethnique à la présidentielle : aux élections législatives qui ont suivi, plusieurs candidats de gauche ont été élus grâce au vote des Musulmans : des élus de *l'umma,* des élus dhimmis.[171]

Plusieurs des députés de l'*umma* seront honorés de hauts postes : présidence de l'Assemblée, ministres....

Désormais, la gauche est en position despotique : présidence de la République et du gouvernement, majorité à l'Assemblée et au Sénat, dans les conseils de 20 régions sur 21, de la plupart des départements, des grandes villes. La prochaine étape de la manœuvre initiée par Mitterrand sera l'octroi du droit de vote aux étrangers, c'est-à-dire aux Musulmans, lors des élections locales, pour bétonner le monopole. Les Musulmans seront alors les maîtres dans tous les organes représentatifs de la République, au niveau local et au niveau national. Formant de fait un groupe charnière, ils pourront faire et défaire les majorités à la mairie, au Conseil général, au Conseil régional, à la Chambre, au Sénat, et pour la présidence de la République. Autant dire qu'ils contrôleront tous les pouvoirs législatifs et exécutifs dans la République.

Mitterrand aura gagné. Abû Yazîd aussi.

171. Il aurait été intéressant de connaître, circonscription par circonscription, le poids électoral des Musulmans. Ce travail d'analyse n'a été commandé par aucun média aux instituts spécialisés. Le vote musulman n'intéresse pas les journalistes ; les hommes politiques font mine de l'ignorer ; le grand public sait-il qu'il est dorénavant déterminant ?

PRIORITÉ : ACCROÎTRE LE POIDS DU VOTE MUSULMAN

Sans attendre, dans les mois qui ont suivi les élections législatives, la coalition de gauche s'est donné comme mission numéro un de renforcer son électorat musulman. Chaque jour, les médias nous apprenaient dans quelle considération elle tenait l'Islam et, plus concrètement, des mesures étaient prises ou annoncées comme imminentes en vue d'augmenter le nombre des Musulmans en France, accélérer leur réislamisation et, but final, leur accession aux bureaux de vote. Dans aucun autre domaine : économie, emploi, enseignement... la nouvelle équipe dirigeante n'a fait preuve d'un volontarisme comparable. Le plan d'Abû Yazîd était accéléré avec détermination et sans lésiner sur les moyens.

A son habitude, la gauche enrobe sa manœuvre sous un masque et un noble discours, mais aussi en agitant une peur :

– Le masque, c'est, depuis quelques années, « la Diversité », un mot de la novlangue pour désigner ceux qui, en France, ont la peau un peu plus colorée que les autres : les Arabes, les Noirs d'Afrique, mais aussi les Antillais ou les Réunionnais, adjoints pour faire masse et sans qu'on leur ait demandé leur avis sur l'amalgame. Le mot évite de parler explicitement de l'Islam et des Musulmans, qui constituent la très large majorité des populations allogènes.

– Le noble discours : La République ne peut pas laisser les hommes et les femmes de la Diversité en marge de la nation. En leur refusant une juste représentation, au besoin par des quotas et la discrimination positive, ils ne pourront jamais se sentir intégrés.

– La peur : Si nous n'agissons pas ainsi, les Musulmans (on reconnaît tout de même qu'il s'agit bien d'eux, et prioritairement) se tourneront vers les extrémistes.

DES POSTES POUR LA DIVERSITÉ

Voici un bref résumé des actions du Président, de son gouvernement et des élus de sa majorité pendant les premières semaines du règne en vue de fortifier l'Islam :

D'abord, il fallait montrer que l'on n'ignorait pas ce qu'on devait aux électeurs de la Diversité. Comment le faire mieux qu'en distribuant des postes et en marquant sa déférence envers l'Islam ?

Sur 34 ministres et ministres délégués du premier gouvernement, sept étaient « issus de la Diversité » : quatre « issus de l'Immigration », trois « issus de l'Outre-mer », soit 20 pour cent de l'ensemble.

Deux ministres étaient, par la double nationalité, citoyennes de pays musulmans :

– Najat Vallaud-Belkacem, ministre des Droits des femmes, porte-parole du gouvernement, avait siégé, jusqu'en décembre 2011, au sein du Conseil de la communauté marocaine à l'étranger, dont tous les membres sont nommés par le roi du Maroc. Il s'agit, dit-elle, d'une institution « qui rassemble des Marocains vivant à l'étranger ».[172] Cette « Marocaine vivant à l'étranger », désormais défenseur (ou défenseure ? ou défenseuse ?) des droits des femmes, s'était opposée à la loi interdisant le port de la burqa dans les lieux publics : « La République ne peut pas perdre son temps à faire des lois qui excluent, interdisent et stigmatisent ».

– Yamina Benguigui, connue pour ses téléfilms sur le racisme des Français qui entrave l'épanouissement des immigrés, est ministre déléguée à la Francophonie. Elle a vu le jour à Alger en 1957, donc elle est française de naissance. Comment se retrouve-t-elle également citoyenne algérienne ? Par décision de son père, nationaliste algérien ? Par choix personnel ? On aimerait savoir.

Ces deux-là sont au gouvernement pour de la figuration. Les grands rôles sont attribués à d'autres.

UN MINISTRE DE L'INTÉRIEUR FAUSSEMENT FERME ET VRAIMENT COOPÉRATIF : UN CHARLATAN

A peine nommé, le ministre de l'Intérieur, Manuel Valls est allé faire allégeance à l'Islam en inaugurant la grande mosquée de Cergy-Pontoise, en banlieue parisienne, le 6 juillet. A cette occasion, il prononça un long discours : « L'islam d'aujourd'hui est l'héritier de celui qui, pendant plusieurs siècles, à Cordoue, fut un accélérateur de connaissances, de culture et d'acceptation mutuelle. » Lui, qui

172. Déclaration à l'Agence France-Presse, le 28 avril 2007.

rappelle à tout propos qu'il est né espagnol, connaît aussi mal l'histoire de son pays d'origine sous l'occupation musulmane : dhimmitude, persécution, esclavagisme… que celle de l'Islam contemporain. D'un même élan, il évoqua « notre culture commune » avec l'Islam. (Une taupe avérée comme Malek Chebel aurait été plus nuancée.) Il parla de « la formation de *nos* imams » (les imams de la République laïque ?). Il eut aussi cette phrase ronflante : « Toute attaque contre une religion, contre un de ses fidèles ou un de ses lieux de culte est une attaque délibérée contre la République et ses valeurs. » Des mots auxquels souscrirait sans peine l'Organisation de la coopération islamique qui milite avec insistance pour que tous les pays se dotent de lois contre le blasphème (comprendre : interdisant de parler de l'Islam autrement qu'en termes louangeurs).

Au secours, Voltaire ! Reviens. Ils sont devenus fous.

Valls se présente comme un homme d'action, qui veut bâtir sa politique « à partir des réalités du terrain ». Sans doute, mais avec quelles finalités ? Une seule : renforcer l'électorat musulman de la gauche.

Il estime que les textes sur les « sans-papiers » sont interprétés de manière trop restrictive. En conséquence, il annonce une loi pour supprimer la garde à vue, qui permet de contrôler l'identité des illégaux et de vérifier leur situation en les retenant pendant deux jours : une garde à vue de seize heures au maximum suffira ; et si l'étranger est relâché, la police devra effacer toutes les informations le concernant. Valls adresse aux préfets une instruction pour leur enjoindre de mettre immédiatement un terme à la rétention des familles en instance d'expulsion : elles seront simplement assignées à résidence. L'aide aux illégaux ne sera plus un délit. Les illégaux pourront donc tranquillement se multiplier en attendant leur régularisation sûre et certaine.

Quant aux immigrés réguliers, ils bénéficieront d'un titre de séjour plus long (trois ans au lieu d'un) ; l'accession à la nationalité sera facilitée.[173]

On retiendra aussi que, comme ses prédécesseurs, le premier flic de France laisse se développer les émeutes sans donner l'ordre de réagir par la force. A Amiens, le 12 août, à la suite du contrôle par la police d'un automobiliste remontant une rue en sens interdit, une émeute éclate. Deux nuits plus tard, 16 membres des forces de l'ordre ont

173. Déclaration devant la commission des lois du Sénat, le 25 juillet.

été blessés (les « jeunes » ont tiré à la chevrotine et au mortier) ; une école maternelle, un centre de loisirs, une salle de sport, des voitures ont été incendiées. Les « jeunes » ont pu rentrer chez eux sans être inquiétés : la police avait reçu la consigne de « privilégier l'apaisement à la répression ».

Et, comme ses prédécesseurs, Vals se refuse à faire reconnaître la présomption de légitime défense pour les policiers ayant fait usage de leurs armes. Le droit français (art. 122-7 du code pénal) prescrit à l'individu attaqué d'apprécier d'abord « la gravité de la menace » dont il est l'objet avant de riposter ; un « acte nécessaire à la sauvegarde de la personne » sera sanctionné « s'il y a disproportion entre les moyens employés et la gravité de la menace ». C'est-à-dire que les criminels ne risquent pratiquement rien de leurs victimes et que celles-ci ont largement le temps de se faire assommer, voler, mutiler ou tuer avant d'avoir porté un jugement sur « la gravité de la menace » et la « proportionnalité » de la réplique qu'elles envisagent. Cet article de loi s'applique notamment aux policiers, qui n'osent plus dégainer leurs armes et dont plusieurs sont assassinés chaque année par des truands au cours d'opérations d'arrestations.

Valls essaie de se construire une image de Républicain pur et dur en démolissant les camps de Roms. S'en prendre à 20 000 misérables est plus aisé que de traiter les problèmes posés par des millions de Musulmans soutenus de l'étranger. Qui espère-t-il tromper ?

D'ailleurs, comme ses prédécesseurs – et comme tous les politiciens de droite et de gauche, relayés par tous les grands médias –, il ne manque jamais de rappeler que l'Islam ne pose pas de problème en France, que « la grande majorité des Musulmans » vivent chez nous leur foi en respectant les règles de la république. Et il met bien à part de la communauté musulmane, autant dire : à part de l'Islam, les « extrémistes », les tenants de « l'Islam politique » qui sont rejetés par « la grande majorité des Musulmans ». Pendant longtemps, le rôle de repoussoir fut tenu par al-Qaida, dont les attentats révulsaient les Occidentaux. La nébuleuse ne s'étant pas manifestée en Europe au cours des dernières années, ce rôle est attribué dans le scénario de notre ministre de l'Intérieur, à nos salafistes, nés sur notre sol, Musulmans par le père ou convertis.

Comme ses prédécesseurs place Beauvau, mais avec encore plus de détermination, Valls veut accorder considération et moyens aux « modérés », qui sont notre meilleure protection vis-à-vis des « extrémistes » et qui pourraient, si nous n'y prenions garde, basculer vers les « extrémistes ». Autrement dit : contribuons à la réalisation d'un volet essentiel de la phase 1 du plan d'Abû Yazîd (la réislamisation des immigrés musulmans) dans l'espoir d'éviter la phase 2 de ce plan. Une absurdité totale ! Ce que les historiens appellent l'hétérotélie : une stratégie qui aboutit au contraire des résultats escomptés (ou seulement annoncés ?). Plus simplement : une politique de gribouille qui permet de s'assurer un peu de confort pendant quelque temps en obérant l'avenir. Vis-à-vis du peuple que l'on trompe, ce n'est rien d'autre qu'une politique d'imposteur, de charlatan, d'escroc.

TOUS LES MINISTRES À L'OUVRAGE

Le (ou la) ministre de la Justice, elle, s'est chargée, dès le lendemain de l'élection présidentielle, de rassurer les délinquants, majoritairement musulmans comme plus personne ne peut le nier.

Tout de suite, elle arrête le programme « démagogique » de construction de prisons envisagé par la majorité précédente et, quelques jours plus tard, elle annonce qu'elle estime souhaitable que les faibles peines ne soient pas exécutées : il y a déjà 80 000 condamnés à la prison qui échappent à l'internement. Combien demain ?

Le plus tôt possible, plus de peines planchers pour les récidivistes majeurs ou mineurs (loi de 2007) ; plus de tribunal correctionnel pour les mineurs de seize à dix-huit ans récidivistes encourant une peine supérieure à trois ans (loi de 2001) ; à terme, plus de centres éducatifs fermés : lancés en 2002, ils accueillent des mineurs de 13 à 18 ans mutirécidivistes ou « multiréitérants ».

D'ailleurs le gouvernement renonce à récupérer « les quartiers interdits » (700 au moins). La Cour des comptes ayant constaté que les sommes engouffrées au cours des dix dernières années au titre de « la politique de la ville » n'ayant servi à rien[174], l'action publique concentrera ses moyens sur 15 points « sensibles », appelés « zones de sécurité prioritaire ». Que deviendront les autres ?[175]

174. Rapport du 17 juillet 2012 : en dix ans, « les écarts de développement entre les zones prioritaires et les villes environnantes ne se sont pas réduits ».

175. Devant la montée de la criminalité après l'arrivée au pouvoir des socialistes, le gouvernement décida en novembre, deux mois après avoir créé 15 « zones de sécurité prioritaire », de faire passer leur nombre à … 64, en un jour, d'un coup et d'un seul. Ira-t-il un jour jusqu'à 700 ?

Mais, au fait, ne conviendrait- il pas de créer de nouveaux « quartiers sensibles » ?

C'est le Premier ministre qui a fourni la réponse. La loi dite SRU (Solidarité et renouvellement urbain) sera durcie. Les communes de plus de 3 500 habitants devaient consacrer au moins 20 pour cent de leurs résidences principales au parc social ; le seuil sera fixé à 25 pour cent. Les amendes, pour les municipalités qui contreviendront à cet oukase digne de feu l'URSS, seront quintuplées. Les poches de réserve électorale pour le parti socialiste doivent impérativement se multiplier, et tant pis si, du même coup, apparaissent de nouvelle taches dans la peau de panthère de la conquête islamique !

Le (la) ministre de la Santé participe également à l'amélioration du rendement des pompes aspirantes de l'immigration : elle a rendu entièrement gratuits les soins de santé et de maternité pour les étrangers entrés illégalement dans le territoire,

Pour le cas où ces appels à venir bénéficier de la générosité française ne suffiraient pas, des signes ont été adressés aux deux pays qui sont les plus gros exportateurs de Musulmans vers la France.

Le 14 juillet, l'ambassadeur de France en Algérie a annoncé que le nombre des visas en 2012, prévu à 170 000, passerait à 200 0000 (il était de 100 000 en 2007).

Moins de deux semaines plus tard, Valls, en visite au Maroc, fait savoir que l'obtention des visas sera facilitée. Il trouve normal que le Maroc « refuse de jouer le rôle de gendarme de l'Europe », comme l'a dit le ministre marocain des Affaires étrangères, c'est-à-dire que la France accepte que le Maroc n'exerce aucun contrôle sur le départ de ses ressortissants vers notre territoire.

Le ramadan a été l'occasion pour nos excellences, gouvernants et élus divers de participer à quelques mangements cultuels, soit pour un *iftâr* quotidien, soit pour la fête du dernier jour, l'*Ayd el-fitr*. En se mettant en chaussettes pour dîner avec quelques militants de l'islamisation de l'Europe, les représentants du peuple français ont sans doute tenu à montrer symboliquement leur respect de la laïcité.

En passant, il faut citer aussi la contribution, passive et passée quasiment inaperçue, de la ministre des Sports. N'est-elle pas restée quiète et toute coite quand la Fédération internationale de football a autorisé les joueuses à se produire voilées, quand, à Londres, des participantes aux Jeux olympiques ont défilé voilées, quand une judoka saoudienne, voilée bien sûr, est arrivée avec son « tuteur » ? Qui ne dit mot consent, et qui consent approuve et encourage.

Jusqu'où n'ira pas la sollicitude de la gauche à l'égard de la Diversité ? Elle a supprimé la filière de criminologie dans l'enseignement supérieur. Encore un acte de bienveillance à l'égard de nos « jeunes » ?

LE PRÉSIDENT MARQUE SA DÉFÉRENCE ENVERS NOS ENNEMIS

La soumission de nos dirigeants de gauche à l'Islam prend un tour particulièrement grave et dangereux quand ils nous lient aux pires de nos ennemis extérieurs, ne faisant d'ailleurs que confirmer et renforcer les orientations de leurs prédécesseurs de droite.

Le président de la République a reçu, le 7 juin, à l'Elysée, l'émir du Qatar, Cheikh Hamad bin Khalifa al-Thani, boutefeu de la guerre des wahhâbites contre les laïques et les shiites dans laquelle nous a impliqués Sarkozy. Il l'a accueilli à nouveau le 22 août pour « coordonner l'aide » des deux pays « à la rébellion syrienne ». Déjà, en 2006, Hollande proférait : « La diplomatie du Qatar va plutôt dans le sens de la stabilité et de la paix » ; pendant la campagne pour l'élection présidentielle, il avait délégué à Doha, en février 2012, son futur ministre des Affaires étrangères, Laurent Fabius.

Le 23 juillet, le président français a ouvert les portes de l'Elysée à un autre potentat arabe, le roi Hamed, de Bahreïn. Ce souverain sunnite wahhâbite, qui, en mars 2011, a fait venir un millier de soldats de l'armée saoudienne pour réprimer dans le sang une révolte de son peuple, majoritairement shiite, est bien utile à l'Occident, puisque ses eaux abritent la 5e flotte des Etats-Unis, mais il faut reconnaître qu'il n'est pas très présentable. Alors, les services de la Présidence n'avaient pas prévenu la presse de sa visite.[176]

Communication tous azimuts en revanche quand le président a serré la main à son homologue tunisien, Moncef Marzouki. Ce fruit du printemps wahhâbite a pu prononcer un long laïus devant nos

176. La princesse Sabeeka bint Ibrahim al-Khalifa, épouse du souverain du Bahreïn, était, le 26 mai 2012, à Paris, sur le parvis de Notre-Dame, pour présider la « Palme de la liberté », une manifestation, réclamant plus de liberté religieuse dans le monde, à laquelle participaient de hauts représentants des religions persécutées. Les shiites de Bahreïn avaient-ils envoyé un représentant ?

députés pour jurer que son pays « ne tomberait pas dans l'escarcelle de l'extrémisme ».

C'est, comme il se doit, le ministre des Affaires étrangères, Laurent Fabius qui a été le plus attentif à attirer les bonnes grâces et les dollars des wahhâbites sur la France de gauche. Il ne s'est pas passé un jour que notre diplomate en chef ne tempête contre le gouvernement syrien qui lutte contre des bandes armées par l'Arabie saoudite et le Qatar. Il en a même parfois perdu quelque peu sa distinction verbale, allant jusqu'à souhaiter que le président syrien Asad « dégage ».

Il a retrouvé un langage plus châtié quand, à l'occasion du ramadan, il a reçu les ambassadeurs et représentants des pays membres de l'OCI (56, la Syrie n'ayant pas été invitée), le 23 juillet :

« Je veux, a-t-il dit, saluer en l'islam une religion qui enseigne la paix, la fraternité et la spiritualité. »[177]

« LA PUTAIN DE L'ISLAM »

Que faisaient les politiciens de droite pendant ces mois d'été et d'automne ? Ils regardaient ailleurs, donc approuvaient et encourageaient.

Ou bien ils tenaient à montrer qu'ils n'étaient pas en reste d'islamophilie par rapport à la gauche.

A peine avait-il quitté son bureau de l'Elysée que Nicolas Sarkozy allait se remettre de sa défaite par quelques jours de vacances au Maroc. Le séjour le requinqua tellement bien qu'il retourna dans le royaume chérifien en juillet, puis en décembre. Il lui fallait bien plusieurs séjours pour apprécier pleinement les beautés apaisantes des vastes champs de cannabis qui alimentent notre jeunesse en produits de qualité. Entre temps, il avait fait une visite discrète au Qatar en octobre et c'est à l'émirat wahhabite qu'il réserva sa première intervention publique, le 11 décembre : il parla, avec une grande hauteur de vue, de sport

177. Ajoutant : « Je salue aussi en l'islam la seconde religion de France », commettant ainsi en quelques mots cinq fautes : contre la réalité une première fois (l'Islam qualifié de « religion » sans autre précision), contre la réalité une deuxième fois (« l'islam [...] qui enseigne la paix, la fraternité et la spiritualité »), contre la République (qui n'a pas à « saluer » une religion), contre la France (à qui l'Islam fait la guerre) et... contre la langue française (le bon usage demandait « deuxième » au lieu de « seconde »).

(un mot qui, on le sait, revêt, en langage qatari, un sens très large, englobant des notions comme : fric, propagande, islamisation...).

A un échelon inférieur dans la hiérarchie de la droite, le maire de Marseille, Gaudin, s'est signalé par un discours d'une éloquence insigne. A l'occasion de la fin du ramadan, il « renouvelle [son] estime) et [sa] considération » aux Musulmans, « acteurs essentiels du développement de [notre] ville », ajoutant : « Par vos traditions et votre dynamisme, vous participez à ce bien vivre ensemble dans le respect de nos différences ».

Et il conclut par « *Aid Mabrouk* ». Une galéjade. *Avé l'assent* ?

Nous sommes à la veille d'une étape décisive vers la libanisation, c'est-à-dire la guerre civile permanente avant l'islamisation totale. Le plan d'Abû Yazîd pour islamiser totalement, radicalement et définitivement la France avance à grand pas de par la volonté conjuguée des Musulmans et des élus de la nation.

« La France fut la fille aînée de l'Eglise [...] elle est désormais devenue la putain de l'islam ». (Caroline Alamachère)[178].

Le 22 juin 1942, Pierre Laval, partisan de la collaboration de la France avec le totalitarisme nazi, a osé dire : « Je souhaite la victoire de l'Allemagne. » Quel collaborateur, de droite ou de gauche, du totalitarisme islamique aura le courage de révéler ses souhaits cachés et dira : « Je souhaite la victoire de l'Islam en Europe » ?

Laval avait justifié son vœu : « ... parce que, sans elle (l'Allemagne], le bolchevisme, demain, s'installerait partout. »

Quel « parce que » pourrait nous présenter un collabo de l'Islam ?

LA GAUCHE NE MANQUE PAS UNE OCCASION DE MANIFESTER SA DÉFÉRENCE À LA DIVERSITÉ ET DE RENFORCER SON ÉLECTORAT MUSULMAN

Quelques faits parmi beaucoup d'autres, entre août et décembre 2012.

13 août 2012. Les pontes du Parti socialiste désignent au poste de Premier Secrétaire un membre de la Diversité, Jean-Philippe, dit Harlem, Désir, fils d'un Antillais et d'une Alsacienne, qui fut la marionnette en chef de SOS-Racisme à sa création. Nomination qui sera avalisée par le congrès du parti en octobre.

178. Site de *Riposte laïque*, le 17 juillet 2012 : Lettre à Manuel Valls après l'inauguration de la mosquée de Cergy.

2 octobre. A Kaboul, le sénat afghan censure le texte d'un « traité de coopération et d'amitié » avec la France, cosigné par les présidents des deux pays le 27 janvier précédent. Le mot « amitié » ne peut être utilisé avec des Infidèles. Il a été remplacé par « relation ». A cette injure, le président français et son ministre des Affaires étrangères n'ont même pas réagi d'un haussement du menton. La dignité n'exigeait-elle pas que le texte fût déclaré nul et non avenu ?

17 octobre. Le président Hollande reconnaît, dans un communiqué de quelques lignes, « la sanglante répression » dont la France s'est rendue coupable le 17 octobre 1961.

Ce jour-là, le FLN avait réussi, utilisant parfois la contrainte, à rassembler aux abords de Paris 20 à 30 000 Algériens, hommes, femmes et enfants, pour une manifestation – interdite – qui devait déboucher sur les grands boulevards de la capitale. La police s'était opposée à ce déferlement.

La presse stalinienne (*L'Humanité*) et trotskiste (*L'Humanité rouge*), puis l'ensemble de la gauche tentèrent d'imposer une version selon laquelle la répression avait fait de nombreux morts (jusqu'à 300) et des milliers de blessés. Les historiens retiennent que le FLN avait voulu marquer sa domination sur les Algériens de la région parisienne, encore largement favorables au parti rival, le MNA, et montrer sa force au gouvernement français pour être reconnu comme seul interlocuteur dans les négociations pour la fin de la guerre. Sur le nombre des victimes, les nombreux livres et articles donnent des chiffres très différents. Il a été prouvé que les chiffres les plus élevés intégraient des Algériens décédés plusieurs jours avant ou après la manifestation. L'évaluation la plus basse fait état de 7 morts, dont 2 imputables aux forces de l'ordre.

Le FLN, au pouvoir en Algérie depuis la proclamation de l'indépendance, demandait depuis longtemps la « repentance » de la France pour cette journée. Hollande la lui a accordée – sans solliciter quelque « repentance » sur les enlèvements, tortures et assassinats de pieds-noirs et harkis intervenus après les accords de paix de mars 1962.

13 octobre. Le Qatar entre, avec le soutien empressé de la France, dans l'Organisation Internationale de la Francophonie comme membre associé (?), décision prise lors du sommet de l'organisation à Kinshasa. L'émirat wahhâbite pourra poursuivre sa pénétration dans l'Afrique de l'Ouest, où il finance déjà des mosquées et des madrasas… ainsi que, selon des services de renseignements, les groupes djihadistes du nord Mali.

19 octobre. Le ministre de l'Intérieur, Manuel Valls annonce les mesures qu'il a prises pour faciliter l'accession à la nationalité française : 5 ans de séjour suffiront au lieu de 10 ; un contrat de travail précaire au lieu d'un contrat à durée illimitée ; les tests d'histoire et de culture française sont supprimés.

Depuis l'élection présidentielle, la gauche s'est aperçue qu'elle n'aurait pas la majorité des trois cinquièmes nécessaire au Congrès pour faire passer avant les élections municipales de 2014 son projet d'accorder le droit de vote aux étrangers pour les élections locales. Alors, elle se dépêche de fabriquer de nouveaux Français avec des immigrés.

22 octobre. Alors que le gouvernement augmente tous les prélèvements sociaux, les députés votent une diminution des droits de visa des étrangers : ils passent de 110 euros à cinquante, soit une baisse de 54,5 pour cent. L'essentiel étant le symbole.

24 octobre. Le Sénat abroge la loi qui supprimait les allocations familiales aux parents qui laissaient leurs enfants en dehors du système scolaire. Il ne faut causer nulle peine aux immigrés qui violent la loi. Les gosses pourront aller s'instruire dans une madrasa.

25 octobre. Le Parti socialiste annonce « la fin du délit de solidarité ». Par la barbe de Jaurès et les lorgnons de Blum, que ces mots sonnent fort ! De quoi s'agit-il ? Les personnes aidant des étrangers en séjour illégal pouvaient être poursuivies. Cette loi a-t-elle jamais été appliquée ? Mais, enfin, elle pouvait avoir un petit effet dissuasif… Grâce au Parti Socialiste, les réseaux mafieux qui importent des clandestins vont pouvoir agir en toute sérénité pour caser leurs esclaves sur le territoire et leur assurer gite et couvert.

1er novembre. François Hollande a tenu à célébrer « la Toussaint sanglante » de 1954, journée au cours de laquelle le FLN algérien déclencha sa première vague d'attentats, assassinant des civils et des militaires français. Le président de la République française a fait parvenir un message à son homologue algérien, l'ancien chef FLN Bouteflika : « A l'occasion du 1er novembre, j'ai le plaisir de vous adresser à vous-même ainsi qu'au peuple algérien mes vœux très sincères et amicaux. »

Et alors ? Pourquoi ne pas saisir « l'occasion » de l'anniversaire du meurtre de compatriotes pour s'offrir le « plaisir » de manifester son estime et son « amitié » à l'un des responsables de leur mort ?

8 novembre. Le Premier Ministre, Jean-Marc Ayrault a reçu une délégation du CFCM, qui tient à se plaindre « de la montée des actes antimusulmans et des nouvelles formes d'hostilité à l'égard de l'islam ». Le Conseil ne veut plus qu'on utilise « les termes « islamisme » et « islamiste » pour dénoncer les extrémistes se réclamant de l'Islam. Le Premier Ministre a soutenu que l'usage de ces termes pouvait être source d'amalgames et de confusions préjudiciables à la religion musulmane. » (communiqué du CFCM)

Comment faut-il désigner cette idéologie et ces personnages qui semblent gêner aussi bien le CFCM que le Premier Ministre ? « Islam » et « Musulmans » ?

Effectivement, les termes seraient plus justes et mettraient fin à une tricherie sémantique qui n'a que trop duré.

20 novembre. Claude Bartolone, député PS de Seine-Saint-Denis, (« le » département de la Diversité), président de l'Assemblée Nationale, crée une mission pour étudier « la situation de personnes immigrées de plus de 65 ans qui, pour la plupart d'entre elles, sont venues travailler en France dans les années 50 et 60, contribuant ainsi à la reconstruction de notre pays ».

Dans les années qui suivent la guerre, films et photos des chantiers ne montrent pas d'immigrés et, dans les années 60, la France était reconstruite depuis longtemps. Il s'agit d'accréditer la légende musulmane selon laquelle ce sont les Maghrébins qui ont reconstruit la France (après l'avoir libérée). Hollande avait déjà avalisé les légendes sur le 1er novembre 1954 et le 17 octobre 1961. A suivre.

Le même jour, les cendres du général Bigeard sont déposées au Mémorial des guerres en Indochine, à Fréjus. Le ministre de la Défense, Jean-Yves Le Drian, réussit le tour de force de retracer la carrière du militaire français le plus décoré, héros de toutes les guerres depuis 1940, en sautant par-dessus la période pendant laquelle il combattit en Algérie. Des fois qu'un Algérien aurait entendu son discours...

N'oublions pas les gages d'allégeance donnés aux wahhâbites saoudiens et qataris, grands financiers de l'islamisation de l'Europe, dans leur guerre contre le régime « laïque » de Syrie :

16 novembre. François Hollande est le premier chef d'Etat non musulman à reconnaître la « coalition » de l'opposition syrienne, qui aura, annonce-t-il, un ambassadeur à Paris. Il reçoit le chef de cette « coalition » à l'Elysée.

Le ministre des Affaires étrangères, Laurent Fabius déclare, sur la station de radio RTL, qu'il compte proposer à ses partenaires européens d'étudier une levée de l'embargo sur les armes à destination de la Syrie « afin de permettre l'équipement des rebelles en armes défensives », ce qui, pour les experts, signifie : la livraison aux rebelles de missiles anti-char et antiaériens. (Pour les kalachnikovs, pistolets et grenades, ils sont déjà largement pourvus par les wahhâbites.)

26 novembre. La France donne 1,2 million d'euros à la Coalition syrienne. C'est peu, vraiment peu. Mais les temps sont difficiles et, entre amis, n'est-ce-pas ? c'est le geste qui compte.

27 novembre. C'est décidé : la France votera pour l'entrée de la Palestine à l'ONU comme « Etat observateur ». Les drapeaux palestiniens n'ont pas été brandis pour rien le soir de l'élection de François Hollande. Laurent Fabius,

ministre des Affaires étrangères, signale toutefois que, dans l'immédiat, le vote de l'Assemblée générale de l'ONU « peut provoquer un regain de tension ».

28 novembre. Le conseil des ministres précise les conditions de régularisation des « sans-papiers » : avoir persisté cinq ans dans l'illégalité ; avoir travaillé au moins 8 mois au cours des deux dernières années ou 30 mois pendant les cinq dernières années ; présenter un certificat de travail ou une promesse d'embauche (!) faisant foi (les officines de faux fafs vont être débordées) ; avoir un enfant qui a été scolarisé pendant trois ans, y compris en maternelle (aucun enfant n'est refusé dans nos écoles, quel que soit le statut de ses parents au regard de la loi).

Le gouvernement ne cache pas que, « dans un premier temps, le nombre des régularisations va sensiblement augmenter ». Ensuite, au plus vite, la naturalisation, et cap sur les bureaux de vote !

2 décembre. Sur France Ô, Najat Vallaud-Belkacem, ministre des droits des femmes, porte-parole du gouvernement, se réjouit des investissements du Qatar en France. « C'est du business » », dit-elle. En d'autres temps, la justification aurait fait mourir de hoquet quelques militants de la gauche.

13 décembre. Sept ministres français, dont le Premier, au Maroc. Qui contesterait qu'un déplacement aussi important en nombre et en qualité se justifiait pleinement compte-tenu des sujets à discuter entre les deux pays ? Comme les intrusions d'imams marocains dans « l'Islam de France ». Ou encore la part prise par le Maroc dans l'intoxication des jeunes Français : selon l'Office des Nations-Unies de lutte contre la drogue et le crime, UNDOC, le Maroc est le premier producteur et exportateur mondial de haschisch[179] ; il est le premier exportateur vers la France et vers l'ensemble de l'Europe.

19 ET 20 DÉCEMBRE. FRANÇOIS HOLLANDE EN ALGÉRIE

Le premier jour, il fait savoir qu'il ne vient pas faire acte de repentance : seuls la vérité et l'avenir comptent pour lui. Le lendemain, devant les députés algériens, il dresse le tableau de 130 ans de présence française : « un système profondément injuste et brutal », « les souffrances » du peuple algérien, « massacres », « torture »... Pas un mot sur la piraterie barbaresque et l'esclavage, sur les « aspects positifs » de la colonisation, les crimes du FLN (dont les assassinats d'Algériens), les enlèvements, tortures, assassinats de pieds-noirs et de harkis après la conclusion des accords de paix... Rien non plus sur le comportement d'Algériens en France, de nos jours. Les députés applaudissent

179. Le royaume chérifien est de plus en plus menacé dans son leadership par l'Afghanistan, qui a beaucoup progressé depuis que les Occidentaux ont décidé d'y envoyer des troupes afin de conquérir le cœur de ses habitants.

debout (tout en regrettant qu'il ne soit pas allé plus loin : il aurait dû demander pardon, disent la plupart). Par ailleurs, hommage à un Français d'Algérie passé au FLN et disparu en 1957. Toute la gauche est satisfaite, oubliant que, du côté français, c'est la gauche qui porte la plus lourde charge de responsabilité dans la guerre d'Algérie. Alain Juppé, *pontifex maximus* de la droite, se déclare lui aussi très content.

Le Président a annoncé que les visas seront distribués « sans humiliation », et tout le monde a compris : autant qu'on en demandera.

« Venez, Algériens, en France pour injurier et piller un pays qui vous a traités avec brutalité et vous a exploités : ce ne sera que justice. »

On apprend que lors de son séjour eu Maroc, Ayrault et son ministre du Redressement économique ont accordé un prêt de 150 millions d'euros à des zones franches où sont installés des services, notamment d'informatique, délocalisés de France. « Sont-ils tombés sur la tête ?, s'indigne le président de l'Association professionnelle des informaticiens, qui rappelle que 36 000 de nos informaticiens sont au chômage, avec un hausse de 16 % sur les six derniers mois.

Le parlement vient de voter le remplacement de la garde à vue pour les étrangers en situation illégale par une rétention de 16 heures, comme annoncé par le ministre de l'Intérieur dès sa prise de fonction.

Nul ne pourra dire que cette politique manque de cohérence.

CHAPITRE 12

Une guerre du 3e type

Les hypothèses pour la deuxième phase de la conquête musulmane sur l'Europe – la massification avec lutte armée – sont effrayantes.

– Une guerre limitée à un pays européen opposant les autochtones à plusieurs millions de Musulmans revendiquant des « places fortes » pour y appliquer leur Loi, et, de là, partir à la conquête d'autres territoires.

– Une guerre s'étendant à plusieurs pays européens et, pourquoi pas, à l'ensemble de l'Europe.

– Une guerre contre l'Europe engageant, aux côtés des Musulmans d'Europe, des pays musulmans limitrophes ou, même, la quasi-totalité de la Maison de l'Islam.

– Une guerre mettant aux prises, d'un côté la Maison de l'Islam et des alliés (la Chine ?), de l'autre le reste du monde.

LES GERMES D'UN CONFLIT

Ces perspectives ne sont pas invraisemblables.[180] Les considérerait-on comme improbables qu'il faudrait les examiner pour détecter la présence éventuelle de leurs germes dans la situation actuelle.

Or, ces germes sont bel et bien là.

Au sein de l'Europe, Musulmans et autochtones se situent maintenant des deux côtés d'une ligne de démarcation civilisationnelle, se faisant face sans aucune volonté de rapprochement de part et d'autre. Les premiers revendiquent de plus en plus l'Islam comme élément premier de leur identité et le droit pour eux d'implanter dans les pays d'accueil des îlots d'Islam, d'où les originaires, s'ils refusent de se soumettre, devront partir. Les seconds se sentent menacés dans leur tranquillité, bafoués, humiliés par une population étrangère

180. Sur les questions de géopolitique, outre les livres de Laurent Artur du Plessis, déjà cités, on peut lire Alexandre Adler et Vladimir Fedorovski : *L'islamisme va-t-il gagner ?* (Ed. du Rocher, 2012). De très grande qualité, les analyses d'Aymeric Chauprade sur son blog ; du même : *Chronique du choc des civilisations* (Editions Chronique, 2009 ; nouvelle édition refondue et augmentée en 2011).

revendicative et excluante ; ils craignent pour leur identité, la cohésion de leurs nations, leurs modes de vie et leurs traditions, leurs libertés.

Dans un rapport publié en avril 2011, la Commission nationale consultative des droits de l'homme, tout en relevant « un net recul » des actes racistes, antisémites et xénophobes, notait « une augmentation de de la méfiance à l'égard des musulmans ».

Les uns après les autres, les sondages confirment l'inquiétude grandissante des Européens devant la présence de l'Islam chez eux.

Sondage IFOP – *Le Monde*. Janvier 2011 :

– Les Musulmans sont mal intégrés pour 68 % des Français et 75 % des Allemands.

– Ils sont une menace pour 42 % des Français et 40 % des Allemands.

Sondage IPSOS. Août 2011 :

L'immigration (constituée majoritairement de Musulmans) a eu un impact négatif sur le pays d'accueil

– pour 64 % des Britanniques.

– 56 % des Italiens.

– 54 % des Français et des Allemands.

Sondage IFOP – *Europe 1, Paris-Match*. Novembre 2011 :

– 76 % des Français estiment que l'Islam progresse trop chez eux (plus 5 points en un an). La laïcité, qui apparaît comme une protection contre l'Islam, qui lui est incompatible, est plébiscitée à 81 %.

Sondage IFOP pour *le Figaro*. Octobre 2012 :

– 63 % des Français opposés au port du voile ou du foulard dans la rue (moitié moins il y a dix ans).

– 60 % estiment que l'influence et la visibilité de l'islam sont aujourd'hui trop importantes.

– 67 % pensent que les Musulmans sont mal intégrés, alors que la société français leur est suffisamment ouverte et accueillante (69%), cette mauvaise intégration étant due à leur refus de s'intégrer (68 %), aux trop fortes différences culturelles (52 %) contre 3 % qui l'attribuent à des actions et des budgets insuffisants de la part des pouvoirs public.

– 43 % jugent que l'islam est plutôt une menace pour l'identité du pays (encore 40 % sans opinion).

– 43 % contre l'édification de mosquées en France lorsque les croyants le demandent (doublement des opposants en dix ans).

– Les mots qui définissent l'Islam ; rejet des valeurs occidentales, fanatisme, soumission... ; en queue de liste : la protection de la femme (moins de 1%), et la démocratie (non cotée).

Le journal a publié les résultats de ce sondage sous le titre : L'image de l'islam se dégrade fortement en France.

Sondage IFOP pour *Le Journal du Dimanche*. 11 novembre 2012 :
– 75 % des Français jugent que l'islam progresse trop en France.

Le rejet est maintenant majoritaire des deux côtés ; la tension monte et l'agressivité suit. Un conflit armé entre Musulmans et Européens apparaît aujourd'hui comme une hypothèse vraisemblable à terme. Les Musulmans, assujettis à la pression sociale, seraient mobilisables sans difficultés. Les Européens réagiraient sans aucun doute avec une fureur, dont les Musulmans ne se doutent pas, mais dont l'histoire a fourni maints exemples.

Pour ne pas avoir à se représenter un tel déchaînement de violence, beaucoup d'Européens refusent, consciemment ou non, d'en voir les prodromes évidents et se privent ainsi de la possibilité d'en arrêter la progression. L'aveuglement, volontaire ou non, des démocrates européens permet à la dynamique hégémonique de l'Islam de se renforcer sans cesse. Il est le meilleur allié des djihadistes et le plus efficace accélérateur de la marche vers les plus grandes tragédies.

LA CÉCITÉ : DEUX PRÉCÉDENTS

Une telle cécité a eu au moins deux précédents en Europe, avec les conséquences les plus dramatiques.

Dans les années trente du siècle dernier, bien peu nombreux étaient les hommes qui, prédisant que les Nazis allaient se lancer dans une guerre contre leurs voisins pour étendre leur « espace vital », demandaient aux démocraties de ne céder à aucune de leurs exigences et à s'armer pour le cas où... La passivité des démocraties a permis à l'Allemagne de se constituer en six ans comme première puissance militaire mondiale et de déclencher un conflit qui allait causer soixante millions de morts. Et pourtant, Hitler n'avait rien caché de ses intentions dans son *Mein Kampf* publié en 1925.

Même aveuglement en ce qui concerne l'autre grand totalitarisme : le communisme. A la fin de la Deuxième Guerre mondiale, les

Etats-Unis donnèrent carte blanche à Staline pour occuper l'est de l'Europe (contre la promesse d'élections à venir !), ce qui conduisit à l'asservissement de millions de gens. Et pourtant, la doctrine des soviétiques était connue et, dès la création de l'URSS, des dissidents et des observateurs avaient tout révélé sur la monstruosité du régime.

On a pu trouver des excuses aux aveugles dans le fait qu'ils ne pouvaient imaginer ce qu'étaient les totalitarismes en question : l'encadrement policier de toute une population, les camps de concentration, la dénonciation élevée au rang de devoir, les massacres... ces monstruosités étaient tellement étrangères à nos démocraties apaisées, pacifiques, qui se voulaient si pacifistes.

Mais nazisme et communisme étaient nos enfants. Ils avaient été conçus et mis en œuvre par des Européens formés dans des familles et des écoles semblables aux nôtres, qui enseignaient les mêmes principes moraux.[181]

Alors comment imaginer une guerre conduite par un totalitarisme né en dehors de nous, dont les valeurs, les fondements doctrinaux, les textes de référence, les lois et coutumes nous sont étrangers et souvent inconnus ? Comment entrer dans la tête et le cœur des hommes qui revendiquent avec fierté ce totalitarisme et ne songent qu'à y soumettre tous les autres ?

Face à l'aveuglement de certains Européens devant l'offensive actuelle de l'Islam sur leur territoire, on peut retenir une explication qui vaut excuse pour les plus honnêtes d'entre eux (dont je veux croire qu'ils constituent la majorité) : ils ne voient pas qu'une guerre est en cours contre eux, parce qu'il s'agit d'une guerre d'un type qu'ils ne connaissent pas et dont ils ne savent pas qu'il existe.

UNE GUERRE DU 3E TYPE

Les peuples européens ont une longue pratique des guerres dites classiques, qu'on peut appeler : frontales.

181. La cécité des dirigeants et des peuples devant un danger qui les menace gravement cessera-t-elle un jour ? La crise de l'endettement des pays européens était inéluctable, elle a été annoncée par plusieurs économistes (voir note en bas de page 168) et rien n'a été fait pour l'éviter pendant vingt ou trente ans.

Depuis une soixantaine d'années, des conflits de la décolonisation aux guerres d'Irak et d'Afghanistan auxquels ils ont pris part, ils paient cher l'apprentissage des guerres dites dissymétriques.[182]

En Europe, chez eux, ils ont à faire face à une autre sorte de guerre : la guerre islamique par la *taqiyya.*

Cette guerre a un point commun avec les guerres asymétriques, comme celle du communisme indochinois contre les Français, puis contre les Etats-Uniens : elle est « synthétique » – qualificatif utilisé par le général Giap, chef des armées du Vietminh.

Giap a expliqué que, par ce mot, il voulait dire que l'ennemi doit être attaqué dans tout ce qui le constitue, socialement, militairement, moralement.

La guerre par la *taqiyya* reprend cet objectif, mais en ajoute un autre, primordial :

– L'ennemi ne doit pas savoir qu'on lui fait la guerre. Quand il se réveillera, il aura déjà perdu : il n'aura plus les forces nécessaires pour vaincre.

C'est l'application de la formule du stratège chinois Sun Tzu (544-496 avant J.-C.) : en s'adaptant bien à l'adversaire, on peut gagner une guerre sans avoir à la faire.

LA GUERRE DOIT PASSER INAPERÇUE

Evidemment, il n'y aura pas de déclaration de guerre pour prévenir l'ennemi. « Le meilleur ennemi est celui qui dort », dit un proverbe[183].

L'état-major islamique, pour sa part, n'a pas à alerter les Croyants. La guerre contre les Infidèles n'est-elle pas un devoir permanent ? L'*umma* n'est-elle pas en permanence sur le pied de guerre, prête à se mobiliser tout entière pour « l'effort » du *jihâd* ?

Les actes de violence seront limités dans leur extension et dans le temps.

182. Lire : Gérard Chaliand : *Les guerres irrégulières. XXe-XXIe siècle. Guérillas et terrorismes* (Gallimard, 2008) ; *Le nouvel art de la guerre* (L'Archipel, 2008) ; Arnaud de la Grange, Jean-Marc Balancie : *Les guerres bâtardes. Comment l'Occident perd les batailles du XXIe siècle* (Tempus, 2009).

183. … que j'ai appris, pendant la guerre d'Algérie, de la bouche d'un Kabyle, ancien combattant du FLN rallié à la France.

Abû Yazîd avait été explicite sur ce point : émeutes, attentats… ne seront décidés qu'en de rares occasions :

– En vue d'un résultat précis, par un chantage ponctuel : faire libérer un cadre emprisonné, empêcher un rapprochement entre ennemis…

– Pour rappeler la force potentielle de la Communauté afin de maintenir la pression d'un chantage permanent sur les autorités.

Non seulement les actes et paroles ouvertement hostiles seront évités, mais aussi on lavera l'Islam de sa réputation séculaire d'agressivité.

Les cadres se gardent bien de rappeler les versets du Coran, les hadîth ou les articles de la Loi dirigés contre les Infidèles ; les biographies du Prophète qu'ils écrivent font l'impasse sur tout ce qui peut heurter les mentalités européennes, depuis le mariage avec une enfant jusqu'aux tueries.

Encouragée par la passivité, l'ignorance ou la complaisance des Européens, la désinformation pour présenter l'Islam sous le visage d'une civilisation – plus souvent : d'une religion – pacifique et tolérante de nature est conduite avec systématisme.

UN AMI, UN ALLIÉ CONTRE DES ENNEMIS COMMUNS

Inoffensif, l'Islam peut devenir un ami.

Les pays qui ont des moyens financiers multiplieront les gestes d'amitié : les émirats du Golfe ouvrent aux Occidentaux aussi bien des bases que des succursales pour leurs musées ; en 2011, le Qatar annonce qu'il offre 50 millions d'euros chaque année aux « jeunes » des banlieues françaises…[184]

Bien plus, cet ami ne peut qu'être un allié contre des ennemis communs.

---

184. Rectification en juin 2012 : les sommes seront destinées à de petites entreprises, sans distinction « religieuse », dans les banlieues notamment. Deuxième rectification, en septembre 2012 : le fond sera franco-qatari à parité de fonds, la part française étant fournie par la Caisse des dépôts et consignations, et il se penchera sur le cas des zones rurales défavorisées. Décryptage : le gouvernement français donne à l'émirat wahhâbite, à travers un organisme de la République, un brevet de désintéressement pour lui permettre d'investir toujours plus dans tous les secteurs, y compris les secteurs stratégiques. Entourloupe !

En Europe, où l'antiaméricanisme et l'antisionisme sont fort répandus dans des milieux divers, cette approche est particulièrement payante.

Les Musulmans immigrés, pauvres par définition, trouvent des soutiens chez les anticapitalistes.

Pieux, moraux, ils se placent aux côtés des religieux qui déplorent le recul de la spiritualité, la décadence des mœurs.

A la première occasion, il faut nouer des alliances militaires. Ce fut le cas lors des « printemps arabes » contre les dictatures nationalistes plus ou moins laïques.

Bien entendu, ces rapprochements peuvent être facilités de mille manières, dont la plus fréquente est la corruption « acceptable », sous forme de dons « sans contrepartie », d'aides « désintéressées ».

L'ÉCRAN DU TERRORISME ET LE CHANTAGE À L'EXTRÉMISME

Autre axe de la stratégie : détourner l'attention de la guerre vers une autre guerre.

Les lecteurs de romans policiers le savent : le meilleur moyen de réussir un crime parfait est de fournir un assassin aux enquêteurs. Les guerriers de la *taqiyya* utilisent ce subterfuge. Ils se servent des terroristes d'al-Qaida pour détourner l'attention de leurs menées subversives ; ils les présentent comme les seuls Musulmans ennemis de l'Occident. Et pour preuve, ils ne manquent jamais d'ajouter que ces monstres combattent, aussi, « les Musulmans modérés », pacifiques, respectueux de la République, soucieux seulement de vivre leur religion d'amour, de tolérance et de paix dans la tranquillité.

De là, ils en arrivent à ce chantage, que j'ai déjà signalé mais sur lequel je veux insister, car il est l'un des deux pièges les plus dangereux (l'autre étant la fiction de l'Islam-religion) utilisés par les Musulmans en guerre contre l'Europe par la *taqiyya* pour nous aveugler, endormir notre vigilance, nous désarmer, se renforcer et nous broyer :

« Nous, les Musulmans modérés, sommes votre pare-feu à l'extrémisme. Cédez à nos demandes, raisonnables ; sinon, vous ferez le jeu des extrémistes ; vous aurez des attentats. »

Ils ne disent pas :« Si vous ne nous cédez pas, nous commettrons des attentats. »

Mais : « Si vous ne nous cédez pas, vous subirez des attentats. »

Nuance !

Au nombre des extrémistes qui doivent nous faire peur et dont les « modérés » sont censés nous protéger, il faut ajouter maintenant, aux côtés des terroristes d'al-Qaida, les salafistes, qui se sont multipliés récemment dans nos villes comme rats en cambuse.

Cependant, les « modérés » éprouvent quelque difficulté à utiliser les salafistes comme repoussoir, car ils les fréquentent quotidiennement dans les quartiers, les côtoient dans les mosquées où les uns et les autres font les mêmes gestes et disent les mêmes prières... Alors, les « modérés » nous invitent depuis peu à un *distinguo* : nous devons faire la séparation entre les salafistes qui n'agissent que par la prédication (*al-da'wa*), qui ne feraient donc pas de politique (ceux-ci sont tolérables), et les salafistes qui sont en djihad (une infime minorité). Pour éviter la peste des salafistes djihadistes, nous devrons donc accepter le choléra des salafistes prédicateurs. Tout comme, déjà, pour éviter la mort brusque du fait des terroristes, nous devions accepter la mort lente par les « modérés ».

Les mécanismes de piégeage par cette fiction « Musulmans modérés *versus* Musulmans extrémistes » fonctionnent parfaitement. Ils sont à compter parmi les principaux moteurs de l'islamisation explosive de l'Europe.

Exemple : on édifie des mosquées pour éviter que les Musulmans modérés « prient dans des caves » où officient, nous dit-on, des imams extrémistes. Résultat : dès qu'une mosquée a été construite, avec toutes les autorisations nécessaires, dès qu'un imam, officiellement reconnu par le CFCM, a pris ses fonctions, le système de pression sociale s'accélère inexorablement et, en quelques mois, la réislamisation est achevée sur la communauté avoisinante. Les « modérés » de la *taqiyya*, les extrémistes salafistes, terroristes... n'ont plus qu'à puiser dans le vivier que nous les avons aidés à constituer pour recruter de nouvelles troupes contre nous.[185]

185. La police a remarqué que certains salafistes se réunissent entre eux dans une mosquée plus ou moins clandestine.

Dans leur chantage « Nous ou les attentats par les terroristes », les cadres de l'Islam savent pouvoir tirer le meilleur parti de la recherche désespérée des Occidentaux pour, enfin ! dégotter un Islam « modéré ». Les négociations entre eux et les élus du marais est particulièrement facile. Les hommes politiques vivent dans l'obsession de leur réélection. Pour la plupart, les voix d'appoint d'une clientèle musulmane ne sauraient être négligées. Par ailleurs, tous vivent dans la hantise d'« incidents » locaux qui irriteraient les électeurs contre eux. Ils n'envisagent pas d'autre prévention à la violence que de confier les Musulmans à des religieux qui, espèrent-ils, sauront modérer les ardeurs des « jeunes ». Le régime des partis, que dénonçait de Gaulle et qui maintenant gouverne à nouveau la France, a toujours fourni un vaste contingent de lâches à la vue courte.

Le chantage : « Nous ou l'extrémisme » s'agrémente souvent d'un appel au réalisme : « Y a plus rien à faire ».

Ecoutons les taupes : « Vous voyez bien que l'Islam est définitivement installé en Europe. Inutile d'aller contre un fait acquis. Arrangeons-nous entre gens de bon sens (suivent des demandes pour renforcer l'implantation). Sinon, vous allez tout droit vers les émeutes, la guerre civile… Et comment pouvez-vous espérer gagner à la confrontation ? »

Et les lâches cèdent. Il est dans leur nature de ne pouvoir imaginer que, dans un conflit, un camp mis en difficulté temporairement puisse l'emporter finalement. Ils cèdent et céderont encore, de compromis en compromissions, jusqu'au déshonneur – ce dont ils se moquent –, mais aussi jusqu'à leur propre anéantissement – qu'ils n'auront pas vu venir.

L'ÉTANCHÉITÉ

L'état-major de l'islamisation doit veiller à une double étanchéité :

– L'étanchéité de la population à réislamiser.

Le système croisé de surveillance de la Tradition joue à plein. C'est pourquoi la première tâche d'un cadre, dès qu'il prend sa fonction est d'obtenir des Musulmans auxquels il s'adresse, qu'il est chargé d'islamiser ou réislamiser, qu'ils manifestent leur appartenance par les signes et comportements traditionnels : voile des femmes, prénom des enfants, jeûne du ramadan… Non seulement, ces marqueurs rendent impossible l'intégration de ceux qui les arborent dans la société adverse, mais surtout ils permettent de repérer par défaut les moutons noirs, les brebis galeuses, les rétifs et les fortes têtes. L'émulation entre Croyants étant de règle, la réislamisation gagne chaque jour en efficacité, au point qu'elle se fait bientôt d'elle-même, de sa propre force. Au fur et à mesure que la communauté se soude et s'homogénéise, la pression sociale contraint les déviants à entrer dans les rangs, jusqu'à ce qu'il n'en subsiste plus un seul. L'omerta est garantie ; le cloisonnement est réalisé.

La mise en conformité s'accompagne de la mobilisation « pour la cause » ; l'instruction à la guerre suivra si nécessaire... Toute la communauté est devenue opérationnelle.

Pendant la guerre d'Algérie, les officiers français pensaient avoir tiré les leçons de la guerre subversive que le Vietminh avait menée contre la France en Indochine. Ils avaient mis au point une stratégie à l'égard des populations locales pour être, au milieu d'elles, « comme le poisson dans l'eau ». Malgré les moyens en hommes et en argent sans limites déployés dans ce but, ils échouèrent : la massification se fit bien, mais en faveur des nationalistes.

Comment comptons-nous arrêter la massification des Musulmans en cours actuellement chez nous ?
– L'étanchéité des cadres et des militants, qui ne doivent jamais apparaître comme tels.

Chaque réseau opère dans l'ombre, clandestinement, avec les techniques vieilles comme l'espionnage, le sabotage, la subversion : les pseudonymes, les occupations de façade, les caches, les faux papiers, les codes...

L'histoire des guerres de libération coloniale a prouvé que les milieux musulmans sont difficiles à pénétrer par les Occidentaux. Pour deux raisons principalement :
– les Musulmans connaissent parfaitement les Occidentaux, ils savent quels déguisements et camouflages adopter pour les tromper alors que leurs adversaires ignorent presque tout de leurs particularismes ;
– les Musulmans peuvent user de langues et, surtout, de dialectes, véritables argots, aussi hermétiques aux Occidentaux que des codes ; Européens et Américains en sont réduits souvent à utiliser des « retournés », avec les risques de trahison que comporte ce pis-aller.

L'ENTRISME

L'entrisme est, de toutes les armes de subversion, une des plus redoutables, parce que difficile à détecter et d'un rendement incomparable tant au plan du renseignement qu'au plan de l'action. Il est plus aisé aux Musulmans en guerre contre l'Europe qu'il ne le fut jamais à quiconque.

– Ils sont des millions à avoir une connaissance familière du milieu à pénétrer, des langues qu'on y parle, des coutumes et des mœurs qui y ont cours, mais aussi des qualités que les Européens attendent d'eux pour leur confier des missions, leur donner de l'avancement... Un *mujâhid* se coulera sans difficulté dans un moule et là où un Européen pourrait hésiter à dissimuler ou à travestir, il mentira et trichera et en toute bonne conscience : la *taqiyya* n'est-elle pas louable pour tromper des Infidèles ?[186]

– Des Européens s'attachent maintenant à recruter le plus grand nombre possible de Musulmans et à leur donner des responsabilités. Pour faire la preuve qu'ils ne sont pas « racistes », qu'ils ne sont pas de ces affreux qui assurent que l'Islam n'est pas compatible avec la démocratie... Certains pratiquent, ouvertement ou discrètement, la « discrimination positive ». D'autre part, les services publics ou parapublics, restreints dans leur budget par la crise et tenus à une gestion « optimisée », imitent les entreprises privées et préfèrent offrir des emplois à des immigrés se contentant de salaires moindres que ceux des Européens.

Un Musulman pourra facilement – plus facilement qu'un autochtone – se faire recruter dans l'armée, la police, la gendarmerie, les associations caritatives... mais aussi les grandes entreprises de transport public, les aérodromes... Le cas échéant, il bénéficiera de la « discrimination positive ». S'il est recalé, il pourra se plaindre de « stigmatisation » et être reçu en appel.

UTILISER LES POINTS FAIBLES DE L'ENNEMI...

Connaissant parfaitement leur adversaire, ses points faibles comme ses points forts, les Musulmans en guerre contre l'Europe par la

186. Cas typique : un salafiste, déguisé en loubard, buvant de l'alcool, sortant dans des boîtes de nuit, draguant des filles... pour se faire engager comme indic par la police. Cf. l'affaire Merah, en France, en 2012.

taqiyya ont élaboré tout un arsenal d'armes à la fois psychologiques et culturelles.

Utiliser les faiblesses de l'adversaire :

– D'abord, l'ignorance : les Européens ignorent tout de l'Islam, une ignorance crasse, la pire de toutes, celle de « l'ignorant qui est tellement ignorant qu'il ne sait qu'il est ignorant », qui, donc, ne cherchera pas à apprendre.

On peut raconter n'importe quoi aux Européens sur l'Islam : ils n'ont même pas les connaissances de base qui leur permettraient de détecter les mensonges les plus gros. Par exemple, que l'Islam est une religion d'amour, de tolérance et de paix ; que l'islamisme n'est pas l'Islam…

Un exemple précis de *taqiyya* jouant sur l'ignorance des occidentaux : quand on demande à une taupe comme Malek Chebel, le publicitaire de « l'Islam des Lumières », ce qu'il pense de la lapidation des femmes « adultères », il répond que le Coran ne stipule pas cette sanction, donnant à entendre que le sujet est « discutable ». Eh bien, non. C'est le hadîth, deuxième source de la Loi, qui prescrit cette monstruosité, et celle-ci n'est pas plus discutable que le Coran pour un Musulman de stricte observance.

– Une autre forme d'ignorance : les Européens se croient sans ennemi, parce qu'ils ne savent plus que la guerre existe.

Les Européens, autrefois, savaient tous ce qu'était une guerre, soit pour avoir vécu personnellement cette terrible expérience, soit pour en avoir appris les réalités par des deuils, des pertes matérielles dans leur famille, soit pour avoir recueilli le récit de parents qui en avaient été acteurs. Pour nos contemporains, la guerre a perdu de sa réalité. Ils ne la connaissent que par les images de leur téléviseur ou de leur console de jeux vidéo. Ils n'en éprouvent pas la dureté, la cruauté ; ils n'imaginent pas ce que peut être son développement implacable dès lors qu'elle est déclenchée, comment elle peut les toucher dans leurs biens, dans leurs proches, dans leurs corps. D'autre part, comme je l'ai dit : la plupart de nos contemporains ne croient pas qu'une guerre soit possible en Europe. Alors, comment pourraient-ils concevoir un conflit par la *taqiyya*, sans précédent chez nous, né dans une civilisation qui nous est étrangère, produit de ses concepts, de son histoire ?

– La lâcheté : Combien d'Européens sont prêts à tout croire pour conserver leur confort matériel et moral ? Ces poltrons tomberont tout droit dans les pièges qu'on leur tendra.

– La vanité : C'est aussi une des failles des Européens. Pendant des siècles, ils ont imposé leur impérialisme au reste du monde. Ne constituent-ils pas l'élite de l'humanité ? Leur modèle social n'est-il pas insurpassable ? Qu'ont-ils à redouter de peuples qu'ils ont vaincus ? Et ces peuples ne vont-ils pas demain adopter – c'est inscrit dans le ciel – leur démocratie et leur mode de vie, devenant ainsi des gens avec lesquels il sera possible de s'entendre et commercer paisiblement ?

... MAIS AUSSI SES VALEURS

Les Musulmans excellent à tirer parti des points forts de l'adversaire, à les retourner contre lui. Je répète : ce sont des maîtres en aïkido.

Points forts ? Ou plutôt points dont l'Européen tire sa fierté, qui peut-être le rendent fort au sein de sa propre civilisation, mais qui peuvent l'affaiblir face à un Musulman, qui n'applique pas les mêmes règles du jeu.

Le Musulman va manipuler ce qui constitue, dans l'identité européenne, ses valeurs mêmes, et l'attaque se révèlera d'autant plus imparable que l'Européen ne pourra renier ces valeurs.

Citons, pêle-mêle :
– La liberté de conscience.
– La liberté religieuse.
– La tolérance.
– La justice « compréhensive ».
– L'égalité, qu'on va dévoyer jusqu'à la discrimination positive.
– L'ouverture aux autres, l'accueil de l'étranger, l'amour de tout homme, le pardon des offenses… d'une manière générale, les commandements du christianisme, toutes valeurs que l'Islam récuse, sans le dire aux niais, et qui lui permettent d'obtenir toujours plus d'espace pour sa conquête.

Ne négligeons pas non plus les « maladies », les déviances, de nos valeurs :
– La « conscience de classe » (déviance de la solidarité), qu'on réoriente du prolétariat vers les masses musulmanes.

– La mauvaise conscience coloniale, la repentance devant les fautes des ancêtres, (déviance de vertus « chrétiennes »), qui conduit au droit reconnu à leurs descendants de réclamer des compensations.

EUROPÉENS COUPABLES, MUSULMANS INNOCENTS

Dans ce travail psychologique, un des axes essentiels est la culpabilisation des Européens :

– Ils se sont si mal conduits envers leurs colonisés qu'ils lui doivent compensation.

– Ils se comportent actuellement si mal (discrimination au logement, à l'embauche, contrôle de police au faciès, racisme ordinaire...) qu'il est normal que les victimes réclament d'être mieux traités, que leurs droits soient mieux pris en compte.

– Et si parfois ces victimes sortent du cadre de la loi, se livrent à des violences, la responsabilité en revient aux autochtones, qui ne leur assurent pas un niveau de vie égal au leur, qui les stigmatisent...

– Toute répression contre un Musulman délinquant est injustifiée, l'acte du Musulman étant dû à la conduite, passée ou présente, de l'ensemble des Européens à l'égard de l'ensemble des Musulmans.

– Et de là, toute critique d'un Européen à l'égard de l'Islam est condamnable, par ce que portant atteinte à l'innocence évidente des Musulmans. L'Islam ne peut être critiqué.

Ce montage dialectique conduit, à la longue, beaucoup d'être simplets à penser que l'Islam n'est pas critiquable, qu'il est bien tel que les Musulmans le présentent : religion d'amour, de tolérance et de paix.

Dans leur grande majorité, les « collabos » de l'Islam n'agissent pas par adhésion à l'idéologie de l'adversaire ou par intérêt matériel, comme pouvaient le faire les collabos du nazisme ou du communisme, mais pour obéir à une sorte de devoir vis-à-vis d'eux-mêmes. Une première dans l'histoire des guerres. Les chefs du djihad ont vu se constituer à leur profit, à l'intérieur de l'Europe, en quelques années, des réseaux d'alliance, dont la composition et les motivations ont dû les surprendre.[187]

187. En novembre 2012, les auditeurs de la station de radio *Europe 1* ont eu droit à des messages publicitaires dans lesquels ils apprenaient que « chaque jour, en France, des mosquées

ISLAM INTOUCHABLE

Cette religion d'amour, de tolérance et de paix, personne n'a le droit de la critiquer, ni même de relever certains de ses traits ou de révéler certains crimes dont elle s'est rendue coupable, actuellement ou au cours des siècles.

Quiconque prétend émettre le moindre doute sur la véracité des idées si séduisantes que nous présente la pensée unique est aussitôt discrédité. Il ne saurait être qu'un « raciste », qui « stigmatise » les Musulmans, des êtres sans défense, déjà brimés économiquement, un boutefeu qui « attise les braises de la violence »...

Et quand les paroles ne suffisent pas, suivent les menaces et, bientôt, les actes : condamnation à mort par fatoua et, le plus tôt possible, exécution de la sentence.

Et si nécessaire, on organise des émeutes avec incendies et meurtres.

En même temps, partout, se développe une offensive politique pour que soit mis fin à ces attaques insupportables contre la religion d'amour. Dans tous les pays d'Europe, les lobbies musulmans demandent une loi condamnant le blasphème. A l'ONU, l'OCI bataille de toutes ses forces pour que le respect des religions soit inscrit dans un texte s'imposant à l'ensemble de l'humanité.[188] L'Islam ne doit pas être plus examiné qu'une femme sous burqa. Il pourra ainsi continuer à envahir les autres, les persécuter, les assassiner en toute impunité.

UNE GUERRE DE CIVILISATION TOTALE

Le conflit engagé il y a quelque trente ans par l'Islam contre l'Europe se démarque des guerres frontales et des guerres « synthétiques » par une caractéristique essentielle : il s'agit d'une guerre de civilisation. Il ne s'agit pas seulement de vaincre un ennemi pour occuper son

---

sont incendiées, des cimetières sont profanées », cette triste énumération se terminant par une menace : « en France, l'islamophobie n'est pas une opinion, c'est un délit ». Faut-il relever, d'une part, que la campagne a été financée par le milliardaire américain Georges Soros, d'autre part, qu'*Europe 1*, qui fut la seule grande station généraliste à diffuser ce message, appartient au groupe Lagardère, dont le plus gros actionnaire est le Qatar ?

188. Une organisation, ICLA – International Civil Liberties Alliance ou Alliance internationale des Libertés civiles – lutte pour contrecarrer l'action de l'OCI en faveur de lois contre le blasphème. En juillet 2012, à Bruxelles, l'ICLA a réuni un colloque international sur « la défenses de nos libertés fondamentales menacées par l'islam », qui a débouché sur une charte d'action.

territoire, s'emparer de ses richesses, asservir sa population... Il faut aussi anéantir sa civilisation.

Guerre menée par une civilisation contre une autre, le djihad par la *taqiyya* tentera d'abord de saper et d'affaiblir toutes les composantes de la civilisation, sans aucune exception, qui donnent à ses ressortissants à la fois leur identité, leur fierté d'appartenance et leur force : valeurs, lois, coutumes, patrimoine culturel, passé de référence, enseignement, police, armée, services publics, etc.

C'est la guerre « peau de panthère » et aucune tâche de la peau de l'animal n'est négligeable.

Les Musulmans attaquent dès qu'une occasion se présente de porter un coup, de faire plier l'adversaire, de lui faire perdre la face (il faut pouvoir se vanter de ses victoires, même symboliques, devant les frères : c'est bon pour le moral), partout : dans les assemblées ou dans les médias, mais aussi dans une école, un hôpital, une station de métro... Il n'y a pas de petite bataille. Dès qu'une possibilité de vaincre se présente, il faut la saisir.[189] L'adversaire cédera d'autant plus facilement qu'il ne comprendra pas l'importance de l'enjeu, qu'il ne s'avisera pas que tel ou tel « accommodement raisonnable » au sein d'une entreprise ou d'un établissement scolaire, telle ou telle concession de sa part lors d'une confrontation verbale dans une assemblée représentative, entre dans une stratégie globale, que c'est là une avancée dans un plan de conquête décidé, cohérent et conduit avec continuité.

Une telle guerre n'est possible que parce que l'Islam est présent en force sur le sol même de l'Europe. Agissant de l'extérieur, son pouvoir d'action aurait été nul : il n'aurait même pas songé à entreprendre quoi que ce soit.

Installé sur le territoire de l'ennemi, l'état-major de l'Islam peut :
– Disposer des renseignements dont il a besoin, avoir connaissance des forces en présence, des hommes, des opportunités, des résultats obtenus.
– Définir en conséquence des modes d'action adaptées dans tous les domaines : communication, subversion, désinformation, confrontation violente...
– Les modifier au plus vite si nécessaire pour tenir compte de l'état de l'opinion, des capacités de réaction de l'adversaire...

189. Mais – rappel – ne jamais passer à l'offensive si le rapport de force n'apparaît pas favorable. C'était déjà la règle dans toutes les tribus arabes avant l'Islam.

Mais il ne néglige pas de s'assurer des soutiens extérieurs.

DES « NEUTRES », ALLIÉS DE L'ISLAM

Les chefs musulmans ne sous-estiment pas le rôle de pays tiers, apparemment neutres, en dehors du conflit. Ils savent que, en 1956, l'Egypte de Nasser fut sauvée de la déroute militaire par les pressions qu'exercèrent sur la France et l'Angleterre les Russes, mais aussi les Américains ; que, quelques années plus tard, les indépendantistes algériens, qui avaient perdu la guerre sur le terrain, obtinrent gain de cause parce qu'ils avaient réussi à isoler la France au plan diplomatique, à la couper de tout appui de la part de ses alliés mêmes.

Aujourd'hui, les envahisseurs musulmans peuvent compter sur le concours des Etats-Uniens et de leurs supplétifs britanniques, acharnés de tout temps à empêcher la constitution d'une Europe forte politiquement et économiquement. La coalition dispose d'une arme de destruction massive : l'entrée de la Turquie dans l'Union européenne. D'un coup, le nombre des Musulmans serait multiplié par trois ou quatre.[190]

Ignorant le type de guerre auquel ils avaient à faire face, ignorant même qu'une guerre était menée contre eux, les Européens ont accumulé défaites sur reculs sans même en avoir conscience.

OBAMA, CHRÉTIEN OU MUSULMAN ?

La question fut posée avec insistance en 2007 par ses rivaux, soutiens d'Hillary Clinton, lors de la campagne pour la désignation du candidat du Parti démocrate à la Maison Blanche. Elle revient de temps à autre dans les médias américains et provoque toujours la même réponse de la part de l'entourage de l'intéressé : « Il est un chrétien protestant. Et quelle meilleure preuve que celle-ci : lui, son épouse et ses enfants fréquentent régulièrement le temple ? »

Point final, donc. Hum…

Barack Husein Obama est né en 1961 à Honolulu, fils de Barack Obama, Kényan musulman, et d'une mère américaine chrétienne

190. Population actuelle de la Turquie : 75 millions. Avec quelles perspectives de croissance ? En 1927 (premier recensement) : 13,6 millions ; 1940 : 14,8 ; 1970 : 35,6 ; 2005 : 69,66.

Sa mère se sépare de son premier mari et épouse un Indonésien, Lolo Soetoro, lui aussi musulman. Le couple et l'enfant s'installent dans le pays natal de Soetoro. Le jeune Barack suit pendant quatre ans les cours d'une madrasa. Lorsqu'il a dix ans, il revient à Honolulu, où il vit auprès de ses grands-parents maternels.

Selon le droit musulman, le président des Etats-Unis, né d'un père musulman, est musulman. S'il est devenu chrétien, il a commis le crime-péché d'apostasie, et, comme tel, il est condamné à mort, n'importe quel Croyant ayant licence d'exécuter la sentence. Circonstance aggravante : il a été initié à l'Islam pendant quatre années, au cours desquelles il a pris connaissance du Coran, des faits et dits du Prophète et ses compagnons, de la Loi musulmane.

Or, les censeurs les plus pointilleux au sein de la Communauté musulmane, oulémas wahhabites comme cadres d'al-Qaida, n'évoquent jamais la question de l'apostasie du Président américain. Pourquoi ? Serait-ce parce qu'ils sont certains que, demeuré musulman au fond de son cœur, Barack Husein dissimule sa foi pour mieux œuvrer « dans le chemin d'Allâh », de l'intérieur même de la Maison de la guerre ? Le devoir des hommes pieux est alors, bien évidemment, de ne pas révéler sa *taqiyya*.

Il est indéniable que, après quatre ans de mandat, Obama pourrait se vanter devant des Musulmans d'avoir fait progresser la cause de l'Islam dans le monde.

Pour commencer, il prononce l'éloge de l'Islam dans un grand discours à l'Université islamique d'al-Azhar, au Caire, le 4 juin 2009. (Au fait, pourquoi n'a-t-il pas choisi un lieu religieusement neutre, laïc, pour parler, en tant que chef d'Etat, de questions géopolitiques ?)

Ecoutons-le et apprécions son attachement à la vérité et sa sincérité ou bien son cynisme, sa *taqiyya* ?

L'Amérique et l'Islam, dit-il, « partagent des principes communs : justice et progrès, tolérance et dignité de tous les êtres humains. »

« Ce fut l'islam – dans des endroits comme l'Université al-Azhar – qui ont porté la flamme de l'étude pendant plusieurs siècles, montrant la voie en Europe à la Renaissance et aux Lumières. »

« L'Islam a une fière tradition de tolérance. Nous le voyons dans l'histoire de l'Andalousie et de Cordoue pendant l'Inquisition. »

Au passage, il évoque « le saint Coran ».

Des mots de politicien, qui n'engagent en rien celui qui les prononce ?

Peut-être. Alors parlons des actes qui ont suivi. Jugeons « l'arbre à ses fruits ».

Au cours du mandat de Barack Huseyn, des Frères musulmans, des salafistes, des wahhâbites, tenants de l'Islam le plus politique, le plus policier et le plus hégémonique, ont remplacé, partout dans la Maison de l'Islam, les dirigeants nationalistes « laïques » qui résistaient à la « chariatisation » de leurs sociétés. Seuls les baasistes syriens n'ont pas été emportés. Ces succès, acquis à moindres frais et en quelques jours, inespérés des vainqueurs eux-mêmes, sont dus d'abord au fait que les Etats-Unis ont lâché brusquement les gouvernants en place auxquels ils ne ménageaient pas jusqu'alors les soutiens financiers et diplomatiques ; la défection, organisée, de l'armée et de la police a laissé les pouvoirs sans défense face à des masses manipulées, masses qui seront bien vite encadrées et récupérées par les « religieux ». (Notons que l'Américain n'a eu aucune peine à obtenir le concours des dirigeants français et britanniques : ceux-ci se sont-ils jamais interrogés sur l'intérêt, pour leurs pays, de cette politique ?)

A inscrire aussi au bilan l'accélération du nettoyage ethnique : les chrétiens ont fui en masse l'Irak, l'Egypte, la Syrie… et, dans tous les pays arabes, leur situation s'est tellement aggravée que l'exode ne peut que se poursuivre.

Pendant le même temps, nous dit-on, les relations entre les Etats-Unis et Israël se sont détériorées. Est-ce vrai ? Ces relations ont des arrière-plans si obscurs qu'il est difficile de se faire une opinion. Passons.

Les victoires des wahhâbites et de leurs ersatz divers permettent-elles de conclure sur la foi de Barack Huseyn ?

Après tout, les wahhâbites sont les alliés des Etats-Unis depuis si longtemps et il n'est pas étonnant que le Président actuel ait suivi la voie de ses prédécesseurs. Américains et wahhabites avaient déjà fait la guerre côte à côte, en Afghanistan contre les soviétiques, puis contre l'Iraq. Mais chacun des deux alliés avait alors des intérêts propres évidents. Dans le déclenchement des « involutions arabes », quel était l'intérêt des Etats-Unis. Incidemment, quel était l'intérêt de leur allié Israël, de leurs alliés européens ? Seuls les wahhâbites pouvaient tirer un profit de ces guerres. Un an et demi après les chamboulements, il n'y qu'un gagnant : l'Islam.

Barack Husayn Obama a bien travaillé pour la cause de l'Islam. Il n'a pas agi en apostat, mais en bon Musulman.

UN EXEMPLE DE DÉSINFORMATION POUR ENDORMIR LES EUROPÉENS

Le journal de la droite conservatrice *Le Figaro* a publié, dans son numéro du dimanche 30 septembre 2012, une chronique d'Azzedine Gaci, recteur de la mosquée de Villeurbanne, « qui en appelle à l'apaisement du monde musulman ».

Le titre est carrément emprunté à l'Evangile ; « Seigneur, pardonne-leur, car ils ne savent pas ce qu'ils font. »

Et Mahomet, le tueur, le terroriste, le massacreur, est présenté comme un clone de Jésus, en contradiction avec tout ce que narre la *sunna*.

Extraits :

« Comme tous les prophètes avant lui, Muhammad allait faire face à des oppositions graves, profondes et continuelles. A l'image de Jésus (sic), les seules paroles qu'il exprima à l'égard de ses adversaires étaient : « Seigneur ! Pardonne à mon peuple car ils ne savent pas. » En 622 et après treize années de souffrances et de persécutions, il quitta La Mecque en compagnie de quelques dizaines de musulmans et se rendit là où lui était offert paix et sécurité, dans la ville de Médine.

« Arrivé à Médine, ses toutes premières paroles informaient les musulmans sur leurs responsabilités fondamentales : « Répandez la paix, donnez à manger à ceux qui ont faim, honorez les liens de parenté, priez alors que les gens dorment, vous entrerez au paradis en paix », disait-il aux nombreux musulmans venus l'accueillir. Presque tous les enseignements spirituels du prophète sont contenus dans ces courtes phrases : l'homme n'est pas sur terre pour prêcher la haine, semer les peurs ou entretenir la violence, mais pour propager la paix. Il rédige un pacte établissant les relations entre les musulmans et les autres communautés établies à Médine, les juifs et les chrétiens : « ils ont les mêmes droits et les mêmes devoirs », stipule clairement ce document. Il reconnaît de fait que la diversité religieuse est une volonté divine et appelle au respect des autres croyants : « Quiconque fait du mal à un chrétien ou à un juif sera mon ennemi le jour du Jugement. » C'est au fond ce qu'enseignent toutes les religions et les philosophies. »

Suivent des paragraphes sur les actes islamophobes, notamment des caricatures de Mahomet, dont ont à souffrir les Musulmans : « un abus de pouvoir, sous couvert de la liberté d'expression ».

Et l'imam en arrive à ce qui est l'essentiel pour lui : il demande qu'on « désacralise » par la loi la liberté d'expression, donc que le parlement vote la loi contre le blasphème, réclamée par l'OCI, qui mettrait l'Islam, sa Loi inique, ses actions tyranniques et sanguinaires, en dehors du champ de la critique démocratique.

En publiant, sans aucun commentaire, cette prose sortie d'une officine de désinformation djihadiste, de *taqiyya*, le journal de François Mauriac, Raymond Aron, André Frossard, Jacques Faizant… s'est souillé ou ridiculisé (au choix).

CHAPITRE 13

Les batailles perdues par les Européens... qui n'ont pas su qu'elles leur étaient livrées

La réalité du plan exposé par Abû Yazîd se prouve par son efficacité, par les résultats qu'il a obtenus.

Le premier objectif énoncé par le jeune islamiste était « de faire venir en France (en Europe) le plus grand nombre possible de Musulmans ou d'immigrés susceptibles de le devenir ».

Constatation : jusqu'en 1970, il n'y avait pas de communauté musulmane en Europe, à l'exception des isolats laissés par le démembrement de l'Empire ottoman. Les quelques Musulmans qu'on pouvait compter sur le versant ouest du continent étaient de passage pour étude ou travail et, s'ils décidaient de s'établir, ils se fondaient dans la population d'accueil en quelques générations par les mariages mixtes, l'oubli de la langue et de la culture d'origine... En France, l'assimilation complète était la règle pour tous.

PREMIER OBJECTIF DE L'ENNEMI : ACCROÎTRE LA POPULATION MUSULMANE EN EUROPE

Aujourd'hui, il y aurait en Europe de vingt à vingt-cinq millions de Musulmans, installés à demeure, dont beaucoup ont la nationalité du pays d'accueil, dont aucun n'annonce vouloir renoncer à l'Islam. Ces Musulmans se sont (re)constitués en communauté(s) où les particularismes d'origine, à l'exception parfois de la langue, persistent. Ils demandent de plus en plus instamment que les nations d'accueil leur fassent une « juste place » au plan des mœurs et de l'économie, mais aussi dans le droit et la vie politique, non pas en tant qu'immigrés étrangers ou citoyens, mais en tant que Musulmans.

Regardons d'abord les faits sous l'angle numérique.

Les chiffres donnés de source officielle sur la population musulmane en Europe sont-ils fiables ? On peut en douter.

Le cas de la France est révélateur : les chiffres officiels sont fantaisistes.

La loi interdit, depuis 1872, « de poser la question de la religion dans les recensement effectués par les organismes publics. » Dispositions confirmées par la loi du 8 janvier 1978 (article 8), qui « interdit de collecter ou de traiter des données à caractère personnel qui font apparaître, directement ou indirectement les origines sociales ou ethniques, les opinions politiques, philosophiques ou religieuses ».

On en est donc réduit à prendre connaissances des chiffres discordants, fournis, de temps à autre, à partir de quelles données ?, par le ministère de l'Intérieur ou à des évaluations faites au pifomètre et dans un souci politicien par tel ou tel parti.

En avril 2011, le ministre de l'Intérieur, Claude Guéant, évaluait le nombre de Musulmans présents en France entre 5 et 10 millions (on appréciera la précision des chiffres fournis par le membre du gouvernement chargé des statistiques sur la population). Huit mois plus tard, en janvier 2012, le même n'en trouvait plus que 4 millions, dont 800 000 étaient pratiquants.

Un des emblèmes de l'Islam à la française, l'imam Chalghoumi lui, estime nos Croyants à 15 millions.[191]

Aucun organisme officiel, national ou international, n'est en mesure de fournir des réponses à des questions simples :

– Combien de Musulmans en Europe ?

– Dans chaque pays européen ?

– Quelle est leur répartition dans les agglomérations. En particulier, y a-t-il des villes ou des régions où la population musulmane est nettement plus importante qu'ailleurs ? où elle est majoritaire ?

Si l'on disposait de chiffres fiables, encore faudrait-il les éclairer par d'autres indiquant les tendances depuis le début de l'émigration massive en Europe, en gros les années 70 du siècle dernier, et par des projections sur les dix, vingt et trente années qui viennent.

191. Hassen Chalghoumi et Ferid Hannache : *Pour l'Islam de France* (Le Cherche midi éditeur, 2010). Chalghoumi est une des taupes les plus habiles, au point de séduire des journalistes de droite plutôt méfiants d'ordinaire. Par ce chiffre grossi, qui ne s'appuie sur aucune statistique ou évaluation, veut-on persuader les Français que la présence de l'Islam chez eux est un fait acquis, qu'ils doivent s'y résigner ?

QU'EST-CE QU'UN MUSULMAN, SELON LE DROIT MUSULMAN ?

Il conviendrait aussi de préciser certains termes.

Le mot Musulman n'est défini dans aucun pays. Pourquoi ? Parce que, si l'Islam n'est qu'une religion au sens où nous l'entendons, recenser ses fidèles obligerait à sonder les cœurs et les reins de millions de gens.

Il faut se référer au droit musulman.

Est musulman :
– Tout descendant d'un homme musulman, qu'il soit originaire d'un des cinquante-sept pays musulmans réunis au sein de l'Organisation de la coopération islamique ou qu'il soit né dans la diaspora ou ailleurs, qu'il soit « pratiquant » ou non, qu'il manifeste la volonté de quitter l'Islam ou non.
– Toute personne majeure et saine d'esprit qui, non contrainte et avec sincérité, prononce la formule de conversion.

Seule, cette définition permet de mesurer :
– L'importance numérique de la « communauté musulmane » dans les sociétés européennes.
– L'ampleur de l'islamisation en cours.
– A partir de ces données, la base numérique de l'éventuelle mobilisation contre l'Europe.

On ne possède pas non plus de statistiques fiables sur les immigrés.

Le mot est flou : faut-il entendre par là les immigrés de la première génération, les immigrés des générations précédentes mal intégrés et considérés par les Européens de souche comme allochtones quel que soit leur statut au regard de la nationalité ?

Parmi ces immigrés, il serait intéressant de connaître le pays d'origine, ne serait-ce que pour prendre en compte les possibilités de leur islamisation, recherchée par les cadres de l'Islam.

Combien de doubles ou tri-nationaux ? Parmi ces populations, combien d'individus qui sont binationaux à l'égard de la loi européenne et seulement nationaux dans leur pays d'origine ? Les services officiels devraient pouvoir fournir toutes informations.

QUELQUES CHIFFRES

Une fois pris en compte le flou des définitions et les précautions à observer dans la lecture des statistiques, voici quelques chiffres d'origine universitaire.

Ralph Stehly, professeur d'histoire des religions, à l'université de Strasbourg, met à part ce qu'on appelle parfois « l'arc musulman » de l'Europe oriental, laissé par la déstructuration de l'Empire ottoman : Albanie (où les Musulmans représenteraient au moins 70 % de la population), Kosovo (90 %), Macédoine (34 %), Bosnie-Herzégovine (48%), Bulgarie (13%).

Pour les pays d'immigration, il donne les chiffres suivants :

France : 4 millions de Musulmans (chiffre manifestement très inférieur à la réalité),

Allemagne : 2,5 millions,

Royaume-Uni : 1,6 million (chiffre sous-évalué : selon le recensement de 2011, pour l'Angleterre et le Pays de Galles, 3,7 millions, soit 4,6 % de la population globale, alors que, en 2001, on comptait 1,5 million, soit 3% de la population), Espagne : 1 million, Pays-Bas : 850 000.

Selon un autre universitaire, le professeur de sociologie Felice Dassetto, de l'Université catholique de Louvain[192], Bruxelles compte, en 2012, 250 000 Musulmans, soit le tiers de la population. On savait déjà que, depuis plusieurs années, le prénom Mohamed est le plus déposé dans les bureaux de l'état-civil. L'Islam sera « la première religion » de Bruxelles dans trente ans et la capitale de l'Union européenne, une ville peuplée majoritairement de Musulmans.

A Londres, selon l'Office national des statistiques, les White british (Britanniques blancs) sont devenus minoritaires : ils représentent 44,9 % de la population.

Partout en Europe, les Musulmans sont répartis inégalement sur le territoire. Peu nombreux dans les zones rurales, ils se concentrent dans certains quartiers et dans des banlieues de villes grandes et moyennes.

Au point qu'ils sont majoritaires dans certaines localités et, les autochtones ayant tendance à s'éloigner, l'homogénéisation est de plus en plus rapide.

192. Auteur de *L'iris et le croissant* (Presses universitaires de Louvain, 2011) – présentation à l'Académie royale de France, le jeudi 17 novembre 2011.

En France, on cite les cas de Roubaix, où les Musulmans sont majoritaires depuis près de vingt ans, de quartiers de Marseille, de Toulouse… qui sont devenues des enclaves musulmanes.

Le département de la Seine-Saint-Denis est celui qui compte le plus fort pourcentage d'immigrés, en large majorité musulmans. Selon la démographe Michèle Tribalat[193], entendue par une commission du Sénat en février 2011, dans ce département, 57 % des jeunes de moins de 18 ans sont d'origine étrangère (avec au moins un parent d'origine étrangère) contre 18,10 en France métropolitaine et 41 à Paris. A Clichy-sous-Bois, Aubervilliers, La Courneuve, les trois quarts de la jeunesse est d'origine étrangère. A Clichy, les habitants d'origine étrangère représentaient 22 % de la population de la commune en 1968, 30 % en 1975, 60 % en 1990, 69 % en 2005, 77 % en 2008. Dans certaines communes, moins de 5 % des jeunes sont d'origine européenne.

Ces données sont à prendre en compte avec attention si on les rapproche de la volonté exprimée dans le plan de conquête de constituer des « places de sûreté », des îlots où s'appliquerait la Loi islamique.

Au-delà des chiffres qui peuvent être contestées, des réalités s'imposent, incontestables :
– En Europe, la population musulmane s'accroit régulièrement.
– Le pourcentage des Musulmans par rapport à la population autochtone augmente aussi.
– Le poids de la communauté musulmane dans la vie politique également.

Dans la guerre en cours, l'Islam a réussi une pénétration en nombre surprenante, avec des perspectives que beaucoup de ses convertis agissent en toute hypocrisie, en toute ectives d'avenir rayonnantes.

Le premier objectif énoncé par Abû Yazid était de faire venir en France (en Europe) le maximum « d'immigrés musulmans ou susceptibles de devenir musulmans. »

Objectif atteint. Réussite complète.

193. Auteur de *Les yeux grands fermés. L'immigration en France* (Denoël, 2010). Lire aussi un ouvrage collectif de l'Institut de Géopolitique des Populations, sous la direction de Jacques Dupâquier et Yves-Marie Laulan : *Ces migrants qui changent la face de l'Europe* (L'Harmattan, 2004).

RÉISLAMISATION : À GRANDE VITESSE

Dans les communautés musulmanes, l'assimilation est maintenant strictement interdite (le Turc Erdogan ne l'a-t-il pas définie comme « un génocide » ?) et les hommes et les femmes qui arborent les signes qui rendent impossible une intégration en douceur sont de plus en plus nombreux : il y a trente ans, qui aurait porté en France un *hijâb* ou une *qamîs* ?

Les immigrés, qui sortent de l'inconfort de l'écartèlement entre deux cultures auquel nous les avions condamnés, rallient massivement l'Islam. En n'exigeant pas des immigrés désirant s'installer chez nous une assimilation complète, nous avons créé des Musulmans *new-born*, dont nous n'avons pas encore mesuré l'attachement à leur civilisation nouvelle ou retrouvée, dont nous ne savons pas encore jusqu'où ils pourraient aller dans leur zèle pour promouvoir leur communauté identitaire.

PRINCIPALES VICTOIRES DE LA RÉISLAMISATION

Les prénoms

Autrefois, un étranger, de toute origine, arrivant en France avec l'intention de s'y installer, commençait par prendre un prénom français (les services de l'état-civil l'exigeaient pour une naturalisation). Des Français algériens changeaient leur prénom à l'âge adulte pour bien marquer leur appartenance : ainsi, le champion olympique de course à pied Alain Mimoun, qui avait combattu dans les troupes françaises, a décidé de remplacer Okacha par Alain. Les enfants des immigrés portaient tous un prénom français.

Aujourd'hui, plus aucun Musulman ne peut donner à ses enfants des prénoms français sauf à se couper entièrement de la pression sociale. Ainsi, tout enfant d'immigré musulman est tatoué à la naissance comme musulman et tous ses descendants le seront, puisque, selon le droit musulman, tout enfant de Musulman est musulman et ne peut renoncer à cette « religion » sans être taxé d'apostasie, crime-péché méritant, selon la Charia, la mort.[194]

194. Rappel : Ces articles de la Loi n'ont été abrogés dans aucun des cinquante-sept pays de l'OCI ; au sein de la diaspora d'Europe, les organismes prétendument représentatifs des Musulmans évitent ou contournent le sujet : la *taqiyya* toujours !

Le prénom est le signe marqueur le plus fort de l'identité musulmane : nulle part on ne verra un Musulman adopter un prénom qui ne soit musulman ; le premier acte par lequel un converti doit signifier son adhésion à l'Islam est de prendre un prénom musulman : il fait savoir qu'il entre dans l'*umma*, que dorénavant il vit dans un monde en état d'apartheid entre Musulmans et non-Musulmans.

Il est révélateur que, après trois générations de présence sur le continent, même après trois générations de nationalité européenne, les familles de Musulmans continuent à donner à leurs enfants les prénoms du pays d'origine. Aucune autre communauté immigrée n'a jamais manifesté aussi ouvertement le refus de s'intégrer dans la communauté d'accueil, la volonté de demeurer un corps étranger avec ses traditions et son droit au sein du peuple autochtone.

Le voile des femmes

Le voile était inconnu en Europe il y a vingt ans et personne n'imaginait qu'il deviendrait d'usage courant dans notre espace public. On peut prévoir qu'aucune Musulmane ne pourra refuser le voile d'ici quelques années.

Le voile a une triple signification :
– Il marque l'appartenance de la femme à l'Islam ;
– Indiquant son statut de femme musulmane, il signifie par là son statut de mineure à vie, son infériorité en matière d'héritage, de témoignage, de statut matrimonial et parental… en tous domaines[195] *ad libitum* suivant les « variétés » d'Islam, des « modernistes » aux salafistes ;
– Il signifie aux non-Musulmans que la femme leur est interdite, puisqu'une femme musulmane ne peut épouser qu'un Musulman.

Le voile est le fanion, le drapeau d'une armée conquérante.

Des parlementaires français se sont sentis tout fiers d'avoir réussi à faire interdire la burqa dans les lieux publics,[196] mais voile et burqa ont strictement le même sens : ils n'ont de différences que liées à certaines

---

195. Les interdictions peuvent porter sur les vêtements (partout), la coiffure, le vernis à ongle, la conduite automobile, l'enseignement de certaines disciplines (de toutes, selon les talibans), l'exercice de certains métiers (de tous, selon les mêmes)…

196. Vote à l'Assemblée nationale le 13 juillet 2010. Les députés socialistes et communistes ont quitté la salle, préférant « l'abstention spectaculaire à un vote contre » ; le Sénat a adopté le projet à l'unanimité moins une voix.

pratiques étrangères, aux écoles juridiques… Pour un Européen, ce devrait être du kif ![197]

Le ramadan

Le ramadan est un faux jeûne. Pendant la journée, il est interdit au Croyant de manger, de boire, de fumer, selon certaines écoles juridiques d'avaler sa salive. Mais on se rattrapera dès la nuit tombée : le chiffre d'affaires des magasins d'alimentation fait un bond de 30 pour cent pendant cette période.

C'est surtout un système de flicage du mauvais Musulman. Et qui marche ! En Europe, plus aucun Musulman d'origine n'ose avouer qu'il ne jeûne pas. Même les enfants des écoles, pourtant dispensés légalement par leur jeune âge, malmènent leurs camarades qui ne respectent pas l'obligation.

Les mosquées

Les mosquées sont les bastions avancées de la conquête, symboliquement et pratiquement.

L'érection d'une mosquée, c'est la reconnaissance par tous, et d'abord par les autorités du pays d'accueil, de l'existence d'une communauté musulmane, de la légitimité de sa présence. C'est un signe pour dire aux autochtones :

« Là est une terre d'Islam, une parcelle de la Maison de l'Islam. »

Et l'on sait que cette occupation est, de droit, en Islam, définitive.

Pratiquement, c'est beaucoup de facilités pour les cadres.

Les mosquées sont bien plus que des « lieux de prière ». Elles sont au centre de la vie des Musulmans sous tous les aspects : religieux, mais aussi juridiques, et le droit couvre toute la vie. Ce sont des bureaux d'état-civil, d'administration (finances, aide pour l'obtention de papiers, d'allocations, de logements…), des écoles, des centres d'enseignement continu, de propagande, de formation, de recrutement (et l'actualité nous a appris comment certains djihadistes et autres kamikaze avaient été recrutés et formés dans ces lieux de piété). D'ailleurs, toutes les mosquées que l'on construit en Europe comportent un « centre culturel » où l'on enseignera, endoctrinera, tiendra meeting, mobilisera…

---

197. Lire Chahdortt Djavann : *Bas les voiles !* (Gallimard, 2004). L'auteur est d'origine iranienne. « J'ai porté dix ans le voile. C'était le voile ou la mort. Je sais de quoi je parle. »

Les mosquées ont toujours joué un rôle politique : c'est dans leurs murs que sont nés et ont grandi depuis cent ans tous les mouvements d'opposition au modernisme. Selon le Turc Erdogan, elles peuvent être des casernes, et des policiers européens ont découvert dans des sous-sols qu'elles étaient parfois des arsenaux.

La présence des fidèles le vendredi à la grande prière est, avec le ramadan, un moyen de flicage facile.

Dès qu'une mosquée est implantée, la pression sociale en faveur de l'islamisation s'accroît tout alentour ; la communauté se coagule et, alors, malheur au Musulman « d'origine » qui ne se soumet pas !

La multiplication du nombre des mosquées en Europe occidentale est la preuve « monumentale » de l'avance de l'invasion.

Pour la France, nombre de mosquées :
1960 : 1 ;
1965 : 5 ;
1976 : 150
1985 : 913 ;
1999 : 1536 :
2006 : 2147 ;
2008 : 2369 ;
Début 2012 : environ 2500.

Pour rire un peu :

Si l'on se réfère au nombre de Musulmans présents en France, selon le ministre de l'Intérieur, en janvier 2012 (4 millions, dont 800 000 pratiquants), l'hexagone compte une mosquée pour 320 Musulmans, soit une moyenne supérieure à celle de l'Arabie saoudite : une mosquée pour 333 Saoudiens[198] Sans doute, un record du monde, et qui devrait encore être considérablement amélioré avec les projets en cours : 1500 constructions de mosquées annoncées en janvier 2012 pour l'année.

Exemple d'une islamisation réussie :

Les 250 000 Musulmans de Bruxelles disposent de 77 mosquées, 86 associations religieuses et culturelles, 11 instances éducatives, 18 librairies, 11 sites Internet.

Autres domaines d'islamisation :

198. Site *Ajib.fr*

– La nourriture halâl : un Musulman n'a plus aucune excuse de ne pas manger halâl, puisque ce type de nourriture se trouve partout.

– Les mariages des filles, avec un Musulman uniquement.

– La circoncision, l'excision, l'infibulation, pratiquées souvent dans le pays d'origine mais aussi en Europe. En France, ces opérations, quand elles sont faites par un médecin, donnent lieu à des remboursements par la Sécurité sociale avec la complicité des praticiens faisant des déclarations fausses sur leurs interventions : le nombre de phimosis justifiant des circoncisions est particulièrement élevé dans les milieux musulmans. (Dans le même business, la reconstitution d'hymens, opération devenue courante, devient une « opération d'ordre gynécologique ».)

– Les punitions des mauvais Musulmans, et en premier lieu, des filles, sont devenues banalités, jusqu'aux crimes d'honneur.

Autant de batailles que les Européens ont perdues sans même le savoir, mais que leurs ennemis ont enregistrées comme des signes encourageants pour poursuivre leur offensive.

Peu à peu, l'islamisation touche tous les aspects de la vie humaine, la Loi musulmane ne laissant rien en dehors de ses compétences. A partir des résultats obtenus et sur la vitesse acquise, tous les membres de la communauté musulmane seront « réislamisés » dans quelques années seulement.

Quelle attitude adopteront alors ses chefs : demanderont-ils à leurs troupes de poursuivre dans la *taqiyya* en espérant l'islamisation totale de l'Europe par une suite ininterrompue de petits pas ?

Ou bien chercheront-ils à passer du Rassemblement à la Massification, en assumant le risque de l'affrontement direct avec les Européens, comme exposé dans le plan d'Abû Yazîd ?

LES SALAFISTES

L'apparition des salafistes, que nul n'avait prévue, change la donne. Ces purs, ces « vrais » Musulmans, qui s'en tiennent strictement aux textes sacrés et à l'imitation du Prophète, sont en mesure de durcir l'attitude de Musulmans de base et, par la pression, d'obliger les cadres à réviser leur politique d'islamisation en douceur. Ils demandent une mise en conformité des populations, non pas avec l'Islam maghrébin ou turc, plus ou moins acclimaté en Europe, mais avec l'Islam wahhâbite. Ils ont déjà une force de censure suffisante pour s'opposer à des « accommodements » qu'ils jugent trop favorables aux Infidèles.

Ces « extrémistes » sont désavoués par les représentants de l'Islam officiel ; les béni oui-oui disent ce que les Européens souhaitent entendre : « Ils sont très peu nombreux ; ils ne représentent pas le vrai Islam ; ils n'ont pas d'audience ». Les anesthésiants habituels pour ceux qui ne songent qu'à dormir et qui permettent à l'islamisation de poursuivre son chemin sans rencontrer la moindre opposition ! Mais la réalité est autre : aux Musulmans d'Europe, les salafistes se montrent comme seuls Musulmans authentiques, modèles de foi et de pratiques ; ils discréditent systématiquement les « modérés » ; ils recrutent en abondance parmi les jeunes auxquels ils dispensent une potion énergisante.

LES CONVERTIS

Il faut parler des convertis. La conversion de jeunes Européens, garçon ou fille, n'est plus un phénomène marginal. Les fourchettes d'évaluation sont larges, mais en retenant les estimations les plus vraisemblables, on atteint déjà des chiffres que personne n'avait prévus.

Selon l'hebdomadaire *Valeurs actuelles* – 8-14 novembre 2012 :
Grande-Bretagne : plus de 100 000.
France : 10 000.
Allemagne : de 60 à 80 000.
Espagne : 50 000.
Italie : plus de 70 000.

Les origines sociales, les niveaux de culture, les profils psychologiques de ces nouveaux Musulmans sont divers[199]. Un trait cependant domine chez tous : ils choisissent les formes les plus « radicales » de l'Islam (plusieurs d'entre eux sont allés jusqu'à se tuer dans des attentats-suicide, dont une femme, la première femme-kamikaze)[200]. Le converti « se détourne de tout ce qui lui appartient en propre », comme le note V.S. Naipaul. Il s'enferme totalement en Islam comme

199. On cite le cas de jeunes « séfrans » des « quartiers sensibles » qui se sont faits musulmans pour mieux s'intégrer dans leur environnement ou encore pour être reçus dans une bande de trafiquants.
200. Muriel Degauque, une Belge de 28 ans, le 9 novembre 2005, à Bakouba, en Irak.

d'autres s'enferment dans des sectes millénaristes, des partis politiques totalitaires ou des organisations criminelles également totalitaires.[201]

En regard, les conversions de Musulmans au christianisme sont rares : à coup sûr, moins de mille chaque année en France, les deux tiers étant dus à l'activisme du protestantisme évangélique en Algérie. Les services de police, algériens comme français, assurent que beaucoup de ces convertis agissent en toute hypocrisie, en toute *taqiyya*, et ne font que chercher une voie d'accès vers l'Europe.

LES EUROPÉENS HABITUÉS AU FAIT MUSULMAN

C'était un des objectifs du plan d'Abû Yazîd : que les autochtones acceptent la présence au milieu d'eux de millions de Musulmans, qu'ils ne s'étonnent ni se scandalisent de leurs mœurs, qu'ils acceptent les mosquées comme les madrasas, les tribunaux de la Charia comme, un jour ou l'autre, les châtiments publics qu'elle stipule.

Sur ce front-là aussi, l'Islam a réussi sa percée. Il est présent partout en Europe, bien visible, ostentatoire : mosquées, voiles, viande hallal...[202] Nos paysages, nos rues, nos écoles, nos entreprises, nos hôpitaux, nos prisons... témoignent de ses avancées. Il est entré même dans le vocabulaire courant : maintenant, tout le monde utilise les mots halâl, salafiste, wahhâbite... que ne connaissaient que quelques spécialistes il y a seulement dix ans.

Ces victoires de l'Islam résultent de milliers « d'accommodements raisonnables » consentis par les Européens.

La mécanique est toujours la même :

– Un Musulman ou un petit groupe exprime auprès d'une autorité : professeur, dirigeant d'entreprise, directeur de prison, maire d'une ville... une demande au nom du respect des personnes, de la liberté de conscience, de la laïcité bien comprise, des droits de l'homme d'une manière générale.

201. Cf. le livre de Paul Landau, déjà cité.
Des convertis étaient en recherche d'une identité exigeante qui les valorise. Les chrétiens devraient s'interroger : que pouvait leur offrir une Eglise qui abandonne peu à peu ses rituels, ses commandements, qui est incapable d'exposer ses dogmes avec assurance, qui ne défend pas les siens attaqués par des Musulmans... ?

202. Pour la France, notamment ; Thierry Bouclier : *La France au défi de l'islam* (Via Romana, 2012).

– La demande paraît à l'Européen de portée limitée : ne pas assister à certains cours, disposer d'un petit local pour la prière, changer le menu des cantines… jusqu'à l'octroi d'un terrain pour la construction d'une mosquée.

– L'Européen cède : « il ne veut pas d'histoires ».

– De nouvelles demandes suivront bientôt. Chaque concession, chaque arrangement est une reculade de la partie adverse et c'est un encouragement à formuler d'autres revendications.

Les Musulmans sollicitent des arrangements dans tous les domaines. Ils veulent que soient prises en considération leurs spécificités dans tous les secteurs de la vie sociale – ce qui, par parenthèse, démontre à quel point l'Islam est étranger en tout à la civilisation européenne.

L'école est un des lieux où la poussée islamique est la plus forte et depuis longtemps. En 2002, paraissait un livre écrit par un collectif d'enseignants dont le titre et le sous-titre étaient un cri d'alerte : *Les territoires perdus de la République. Antisémitisme, racisme et sexisme en milieu scolaire*[203]. Deux ans plus tard, un rapport de l'Inspection générale de l'Education, signé par l'inspecteur général Jean-Pierre Obin, apportait la confirmation du désastre. Les titres de quelques chapitres sont révélateurs des dégâts causés par « les accommodements raisonnables » : Régression de la condition féminine. Les signes et tenues vestimentaires, le prosélytisme, le refus de la mixité et les violences à l'égard des filles. L'antisémitisme et le sacré. Les contestations politico-religieuses. Les contestations dans l'enseignement : l'histoire, l'éducation physique, les sciences de la vie. Etc.

Le rapport fut remis au ministère en juin 2004 et il fut immédiatement enterré. En février 2005, un des contributeurs à l'enquête le publia sur Internet. On ne sache pas que l'Education nationale ait pris des mesures pour pallier les dysfonctionnements qui lui avaient été signalés.

Quand un professionnel à qui est adressée une demande de concession rechigne à se soumettre, quand simplement il s'en tient à son devoir, à la déontologie de son métier, tout peut arriver. En septembre 2003, Louis Chagnon, professeur d'histoire à Courbevoie, avait, dans un cours de 5e sur la naissance de l'Islam, fait mention de l'attaque de la caravane de Nakhla et du meurtre des Juifs Qurayza,

203. Editions Mille et une nuits.

des faits soigneusement occultés dans les manuels de l'Education nationale, mais qu'un enseignant digne de ce nom ne saurait taire. Une cabale de parents d'élèves musulmans s'organisa contre lui, avec faux et usage de faux, demandant sa suspension immédiate au rectorat. Des associations droit-de-lhommistes relayèrent l'accusation de « racisme », d'où un lynchage médiatique. Sa hiérarchie le lâcha et lui infligea un « blâme »[204], qui ne fut levé qu'après procès devant le tribunal administratif, quatre ans et demi plus tard.[205] L'épreuve que vécut ce professeur irréprochable est à inscrire au dossier, particulièrement lourd, de la collaboration islamophile. Collaboration passive et active.

Collaboration passive

Les « accommodements » se sont multipliés à cause de la faiblesse (la lâcheté) des « élites », mais aussi à cause de leur méconnaissance des Musulmans et de l'Islam.

– Là où un Européen ne verra qu'un changement sans portée dans un programme scolaire ou un léger accroc au règlement d'un hôpital, un Musulman, formé dès la petite enfance dans l'idée d'un conflit perpétuel entre l'Islam, toujours attaqué et réduit à la défensive, et les autres, enregistrera une victoire dans un affrontement, une victoire de l'Islam.

– La plupart de ces arrangements touchent aux mœurs. C'est-à-dire qu'elles concernent la Charia, car les mœurs ne relèvent pas de la sphère privée, inconnue en Islam : les mœurs sont articles de la Loi. Par notre faiblesse, en croyant seulement modifier des détails sans importance, nous installons peu à peu la Charia.

Collaboration active

De tels progrès sont grandement facilités par le concours apporté aux cadres de l'Islam par un lobby collabo particulièrement agissant.

---

204. Il fut défendu devant le conseil de discipline du rectorat de Versailles par Anne-Marie Delcambre et Rémi Brague, qui n'eurent aucune difficulté à prouver que les faits qu'il avait cités devant ses élèves étaient tirés de la *sunna* et considérés comme avérés par tous les historiens. Les arguments, irréfutables, des érudits n'eurent aucun effet sur le jury stalinien.

205. Louis Chagnon : *L'école française et l'islam*. Préface d'Anne-Marie Delcambre et Johan Bourlard (Godefroy de Bouillon, 2008).

Sur l'entreprise, notamment : Le rapport du Centre français de Recherche sur le Renseignement, signé d'Eric Denécé : *Le développement de l'Islam fondamentaliste en France : aspects sécuritaires, économiques et sociaux*. 2005.

Sur l'hôpital : Isabelle Lévy : *La religion à l'hôpital. Laïcité et respect du culte. Refus des soins. Interdits alimentaires* (Presses de la Renaissance, 2004).

Sur le sport : Annie Sugier : *Femmes voilées aux Jeux olympiques* (Editions Jourdan, 2012).

Ce lobby, composé de politiques carriéristes et grandes gueules, de journalistes-enregistreurs et répéteurs, d'associatifs stipendiés, de magistrats aux ordres, d'hommes d'affaires voraces[206], promeut quelques non-idées : l'Islam est définitivement présent sur notre territoire ; il faut faire avec ; il est parfaitement compatible avec notre civilisation ; il est antidémocratique de le critiquer ; d'ailleurs, le critiquer, c'est attaquer les Musulmans, être raciste…

Je suis persuadé qu'Abû Yazîd n'avait pas prévu l'apparition de ce lobby, ni son extension ni sa force. Homme de conviction, il n'imaginait pas, je pense, que tant d'Européens étaient prêts à passer à l'ennemi.

VERS LA CONSTITUTION DE PLACES DE SÛRETÉ

Les places de sûreté sont en constitution accélérée, autour des mosquées, bastions avancés de l'islamisation, dirigés par des cadres formés et eux-mêmes encadrés.

La substitution de population[207] avance mécaniquement : rien ne peut l'arrêter. Les lois contraignantes pour arriver à « la mixité sociale » ne peuvent que permettre à des immigrés d'habiter dans des quartiers qui n'avaient pas encore été touchées par l'islamisation. Elles ne pourront rétablir la mixité dans les communes d'où les Européens ont fui en masse. Les défenseurs de ces lois n'évoquent d'ailleurs jamais la possibilité d'arriver à une meilleure mixité au profit des Européens.

Les autorités ont pris leur parti d'enclaves ethniques de fait et droit.[208] Les services de police laissent y prospérer les trafics divers qui assurent le calme par le fric ; démanteler cette « économie parallèle », réduire au chômage des milliers de « jeunes », les priver soudain de ressources, ce serait faire exploser la marmite. Autant laisser faire !

En cas d'émeutes, les ministères, de droite et de gauche, ont toujours donné comme consigne aux forces de l'ordre de ne pas réagir. Dans leur travail quotidien, les policiers, aux différents niveaux de la hiérarchie,

206. Voir chapitre 16 : Identification de l'ennemi.

207. Lire Renaud Camus : *Le Grand Remplacement* (David Reinharc, 2011).

208. Deux témoignages : Andre Gérin : *Les ghettos de la République, encore et toujours*. Préface de Malek Boutih (Editions du Publieur, 2012. Reprise d'un livre paru en 2007). Maire, communiste, de Vénissieux de 1885 à 2009, commune du Rhône comprenant des « quartiers sensibles », André Gérin écrit : « le pire est à venir », « les germes d'une guerre civile sont perceptibles ». Marie-Neige Sardin : *Celle qui dit non* (Editions de l'Œuvre, 2011). L'auteur, libraire en banlieue parisienne, a été victime de 26 agressions en 6 ans ; elle continue à refuser de fermer sa boutique et de partir.

ont l'obsession de « la bavure », qui pourrait dégénérer en émeute et ils ferment les yeux sur des atteintes manifestes à la loi et à l'ordre public. Le bouillon de culture de la voyoucratie et de l'islamisation combinées prospère. L'avenir des « cités sensibles » s'annonce prometteur.

LA PLUS GRAVE DÉFAITE

La défaite la plus grave subie par les Européens n'avait pas été prévue dans le plan d'Abü Yazïd : l'affaiblissement de leur système immunitaire.

Tout organisme vivant attaqué par un élément étranger met en action son système de défense afin que l'ennemi soit expulsé ou anéanti dans les plus brefs délais.

Pourquoi l'Europe a-t-elle laissé s'installer sur son territoire l'Islam, son ennemi depuis quatorze siècles ? L'intérêt d'un certain patronat, puis de politiciens divers, la sous-estimation de la menace par des peuples méprisant une civilisation qui avait été vaincue… Ces explications valent pour le passé et largement encore pour le présent. Mais aujourd'hui, alors qu'une large majorité de la population rejette l'Islam, le considère comme un danger, pourquoi est-il toléré qu'il accroisse encore son implantation et qu'il s'affirme dans ses différences hostiles ? L'Europe aurait-elle perdu tout potentiel de réactivité ?

Les partisans de l'immigration, et, en conséquence voulue ou acceptée, de l'islamisation de l'Europe, ont mené campagne depuis maintenant près d'un demi-siècle, en utilisant des moyens puissants, diversifiés, bien adaptés à leurs objectifs. Les grands médias les ont servis en diffusant à longueur de temps leurs « vérités » : les nations sont dépassées, l'avenir est à l'économie mondiale, à la culture mondiale, au métissage ; quiconque s'oppose à la doxa est un raciste, un fasciste... En même temps, il fallait faire honte aux Européens de leur histoire, de leur personnalité, de leur civilisation… pour qu'ils renoncent à se défendre, qu'ils en arrivent à se renier. Grâce à l'espèce d'hypnopédie que permettent les médias audiovisuels, l'offensive a atteint ses buts : l'Europe est aboulique, dépressive.[209]

Définitivement ou pour quelque temps seulement ? Notre civilisation souffre-t-elle d'une baisse passagère d'énergie due à un manque de vigilance sur ses « comportements à risques » ou bien est-

209. Lire : Richard Millet : *Fatigue du sens* (Pierre-Guillaume de Roux, 2011).

elle atteinte du « syndrome immunitaire dépressif acquis », d'un sida auquel elle ne cherche même pas à trouver un remède ?

PROLONGER LES COURBES ?

Faut-il conclure des victoires remportées par l'Islam en Europe au cours des dernières décennies que l'islamisation du continent va se poursuivre pendant longtemps encore, que les facteurs qui ont favorisé ses progrès seront encore à l'œuvre et aussi puissants dans les années qui viennent ?

Le mouvement de récupération de l'identité pleine et entière est en accélération constante dans toutes les populations musulmanes. Ce mouvement a remis à l'honneur le devoir d'expansion de l'Islam, ce qui induit une « réislamisation » de plus en plus poussée au sein des diasporas musulmanes en Europe et une intensification des actions en vue de l'islamisation totale du continent, tant de la part des immigrés que de leurs soutiens extérieurs.

D'autre part, l'immigration des Musulmans en Europe ne ralentit que dans quelques pays, et nullement dans les grands pays importateurs. Les forces qui la favorisent appuient leur pouvoir sur « la loi des marchés », bien peu contestée et nullement en perte de vitesse.

Enfin, les communautés musulmanes en Europe ont un taux de croissance interne largement supérieur à celui des populations autochtones. Les chiffres sont introuvables, invérifiables, mais l'existence du différentiel ne peut être nié, non plus que son maintien prévisible (avec d'inévitables fluctuations) pendant au moins une génération.

De ces réalités et en prolongeant les courbes constatées, des auteurs, comme Bat Yeor et Christopher Caldwell, cités précédemment, répondent par l'affirmative et, en prolongeant les courbes, prédisent l'Europe sous domination musulmane avant la fin du siècle.

C'est également le pronostic des Musulmans en guerre contre l'Europe, pronostic que partagent de plus en plus de Croyants ordinaires.

A PROPOS DES MOSQUÉES, « LIEUX DE CULTE »

En 2007, le maire (droite) de Marseille, Jean-Claude Gaudin, annonça l'édification prochaine d'une « mosquée-cathédrale » dans la ville. Trois universitaires lui adressèrent alors la lettre suivante.

3 août 2007

Monsieur le Sénateur Maire,

« C'est la dignité, le respect des valeurs de la République que de permettre à des gens de pratiquer leur culte », dites-vous pour justifier l'autorisation de la grande Mosquée de Marseille.

Vous n'êtes pas sans savoir, osons-nous le supposer, que la religion musulmane n'est pas seulement un culte, mais aussi une doctrine sociale et politique, et qu'en lui donnant un lieu de culte, vous donnez aussi une place forte, une citadelle à cette doctrine sociale et politique, dont l'institutionnalisation ne peut être qu'un premier pas pour les visées hégémoniques qui lui sont inhérentes.

Que proposez-vous pour éviter le passage ambitionné de l'institution d'un culte à l'activité sociale et politique en vue de cette hégémonie ? Rien probablement.

Vous n'êtes pas sans savoir que cette doctrine dénonce les libertés républicaines au nom de la loi musulmane, et que la liberté religieuse dont fait partie la liberté de culte que vous octroyez si généreusement, est proscrite et châtiée dans l'islam.

Quel est le sort du musulman apostat, seul terme pour désigner celui qui se convertit à une autre religion ? C'est souvent la mort, en tout cas l'exclusion, vous le savez Monsieur Gaudin. Quelles garanties avez-vous prises en donnant de tels gages à des adversaires acharnés de la laïcité, des libertés fondamentales, de l'égalité entre les uns et les autres ? Aucune, probablement.

Il faudrait accepter le culte au nom de nos valeurs, et refuser la doctrine sociale et politique, liée à ce culte, au nom de ces mêmes valeurs. Le faites-vous ? Non, Monsieur Gaudin. Monsieur le Sénateur-Maire, vous bradez nos valeurs, vous bradez notre histoire et nos combats.

Yolande de Crussol, Maître de conférences, Département d'Etudes Arabes de l'Université Lille 3.

Marie-Thérèse Urvoy, Professeur d'Islamologie, Institut Catholique de Toulouse.

Dominique Urvoy, Professeur des Universités, Département d'Etudes Arabes de l'Université Toulouse le Mirail.

UN VISIONNAIRE

Extrait des Mémoires de Michel Poniatowski[210].

« Cette âme, la France est en train de la perdre, non seulement à cause de la mondialisation, mais aussi, et surtout, à cause de la société à la fois pluri-ethnique et pluri-culturelle que l'on s'acharne avec de fausses idées et de vrais mensonges, à lui imposer. Si cet essai a permis à quelques-uns de mesurer devant quels périls nous nous trouvons placés, il aura déjà atteint son but. [...] Ces pages peuvent apparaître cruelles. Mais elles correspondent à un sentiment très profond. Le moment est venu de traiter énergiquement le problème de l'immigration africaine et notamment musulmane. Si tel n'est pas le cas, la France aura deux visages : celui du « cher et vieux pas » dont parle le général de Gaulle et celui du campement avancé du tiers monde africain. Si nous désirons voir les choses dégénérer ainsi, il suffit de leur laisser suivre leur cours. Le campement africain toujours plus grand, plus vaste, plus illégal, grignotera d'abord puis rongera, avant de faire disparaître tout entier le cher vieux pays, dont la défaite sera annoncée du haut des minarets de nos nombreuses mosquées. Nos temps sont assez graves pour ne pas faire appel à de médiocres facilités politiciennes. Nous allons vers des Saint-Barthélemy si l'immigration africaine n'est pas strictement contrôlée, limitée, réduite et expurgée de ses éléments négatifs et dangereux, si un effort d'intégration ne vient pas aussi compléter cette nécessaire répression.

« Les mesures à prendre sont sévères et il ne faudra pas que le vieux pays frémisse de réprobation chaque fois qu'un charter rapatriera des envahisseurs illégaux. Il faut donc ainsi que ce cher vieux pays restitue à l'Etat sa place normale. Les libéraux l'ont affaibli, les socialistes l'ont détruit.

« Où sont les grandes tâches dévolues à l'Etat ?

« La Justice, l'Armée, l'Education nationale, la Sécurité, la Police, notre place en Europe ? En miettes.

« La France est à l'abandon, est en décomposition à travers le monde

« Sa recomposition est dans un retour énergique à l'unité et à la cohérence, et de la Nation et de l'Etat. »

210. (Le Rocher. 1997).

CHAPITRE 14

Les Musulmans, sûrs de vaincre

D'où les Musulmans tirent-ils leur assurance de l'emporter ?
De l'évaluation des forces en présence selon des critères musulmans.
Quels sont, selon eux, leurs atouts pour les années proches ?
Comment jugent-ils nos capacités de résistance à leur offensive ?
Au rang des forces quantifiables, la démographie et la finance.

« LE VENTRE DE NOS FEMMES... »

On connaît la phrase de Houari Boumediene, président de la République algérienne, à la tribune de l'Assemblée générale de l'ONU, le 10 avril 1974 :

« Un jour, des millions d'hommes quitteront l'hémisphère Sud pour aller dans l'hémisphère Nord. Et ils n'"iront pas là-bas en tant qu'amis ; ils iront là-bas pour le conquérir. Et ils le conquerront avec leurs fils. Le ventre de nos femmes nous ouvrira la victoire. » [211] Les mots de Boumediene ont couru et courent encore la Maison de l'Islam, où elle est une prédiction, et tout autant l'exposé d'une tactique : une des armes de l'Islam est sa démographie.

Seulement quelques chiffres pour illustrer l'explosion démographique dans les pays musulmans en deux siècles :
Egypte. 1800 : environ 4 millions d'habitants,
1900 : 9,7
2010 : plus de 80
Algérie. 1830, à l'arrivée des Français : 2 à 3 millions
1962, année de l'indépendance : 9 à 10
2010 : 35,6

En 1983, lorsqu'il publiait son remarquable panorama du monde islamique, le journaliste allemand Peter Scholl-Latour évaluait

211. Quand Boumediene parle des hémisphères nord et sud, il ne se réfère pas à la géographie. Il entend par là l'Europe et, d'autre part, l'Afrique, peut-être l'ensemble des pays du tiers-monde

l'ensemble des Musulmans, tous pays confondus, à 800 millions. Trente ans plus tard, ils seraient entre 1 milliard, 300 à 600 millions.[212]

Les pays musulmans sont un réservoir d'hommes qui ne cesse de grossir. Selon les démographes les moins contestables, aucun affaissement des courbes de croissance n'est prévisible à vue humaine : le ministère britannique de la Défense prévoit que la population du Moyen-Orient augmentera de 132 % de 2012 à 2030…

Et il n'est pas question de limiter les naissances pour permettre au bas peuple de sortir de sa pauvreté, de son analphabétisme, pour soulager les femmes du fardeau des grossesses non voulues… Les oulémas se sont prononcés : une politique de contrôle des naissances est strictement interdite, car elle aurait pour conséquence de limiter le nombre des Musulmans dans le monde.[213]

EN EUROPE : DES TROUPES TOUJOURS PLUS NOMBREUSES

Les chiffres officiels sur le nombre de Musulmans en Europe sont au-dessous de la réalité. Les Musulmans le savent. Tout comme ils savent que, vrais ou faux, ils seront vite dépassés. Car la communauté musulmane croît constamment, par facteurs internes et par apports extérieurs :

– Le taux de fécondité des femmes musulmanes, dans tous les pays d'Europe, est supérieur à celui des femmes européennes.

– Les entrées de Musulmans en Europe ne cessent pas, soit par la voie légale, soit de manière clandestine, de manière continue et régulière, avec des points lors de crises dans les pays d'origine.

Pour se faire une idée de la progression :

En France, les voies légales de pénétration font arriver dans le pays chaque année environ 200 000 Musulmans : le rapprochement familial,

212. En français : *Les Guerriers d'Allah* (Presses de la Cité, 1983). En allemand : *Allah ist mit den Standhaften* (Stuttgart, 1983). Le titre allemand : « Dieu est avec ceux qui sont patients » est la traduction d'un passage du Coran : 2. 153.

213. Dans l'Afghanistan occupé, quelques femmes, activées et protégées par les Occidentaux, essaient de promouvoir le planning familial. Quand elles parviennent à être reçues dans une demeure, elles argumentent ainsi : « Avec moins d'enfants, vous aurez des Musulmans mieux nourris, plus forts ; vous renforcerez l'Islam. »

les cartes de séjour prolongé (se traduisant souvent en établissement définitif), le droit d'asile et surtout les mariages mixtes[214].

Pendant le même temps, les filières clandestines introduisent, estiment les services de l'Intérieur, au moins 200 000 personnes, dont 20 à 30 000 seront expulsées[215], soit un solde d'au moins 170 000 par an. Ces illégaux, dénommés pudiquement « sans-papiers », sont musulmans ou appartiennent aux populations africaines « susceptibles de le devenir », selon les définitions d'Abû Yazîd.[216]

Il n'y a aucune raison pour que les candidats à l'émigration soient moins nombreux dans les années à venir tant en Afrique du Nord qu'en Afrique subsaharienne. Les économies sont incapables d'absorber la croissance démographique, les cadres musulmans en guerre contre l'Europe le savent : ils n'auront aucune peine à grossir leurs troupes.

Encore faudra-t-il que les Européens ne mettent pas un barrage au déferlement.

Le passé rassure les chefs de l'invasion. L'immigration massive, sans précédent en Europe, ne s'est-elle pas faite à la demande ou au moins avec le concours des gouvernements européens. Rien ne donne à penser que ces autorités envisagent de changer d'attitude ? Révélatrice à cet égard, la déclaration faite en 2012 par Jacques Attali, ancien conseiller du président de la République socialiste François Mitterrand, chargé de missions diverses par le président de droite Nicolas Sarkozy, parfait représentant de la pensée mondialiste dominante en Europe : « La France aura besoin, dans les années à venir, de 300 000 immigrés de plus chaque année. » Les Musulmans, comme les Français, ont tous entendu : « 300 000 Musulmans ».[217]

Aucun gouvernement, de droite ou de gauche, à l'exception du gouvernement danois[218], ne prend de disposition pour freiner l'arrivée de Musulmans. Bien au contraire. Le marché, devenu maître des politiques, exige de plus en plus d'esclaves, et tant pis si l'opium de la

214. Voir page 285.

215. Et encore, la majorité de ces expulsions ne concerneraient pas la France métropolitaine, mais la Guyane et Mayotte.

216. Lire : Luc Gaffié : *Le sanspapiérisme. Anatomie d'une manipulation* (Xenia, 2012).

217. La Division de la population de l'ONU chiffre les besoins d'immigrés pour le continent à des niveaux bien supérieurs. Si l'Europe veut éviter le vieillissement de sa population et maintenir l'équilibre actuel entre actifs et inactifs, il lui faudra faire venir chez elles 159 millions d'étrangers d'ici 2025 (pour la France, 23 ; l'Italie : 26 ; l'Allemagne : 44) ; dans les 50 années à venir : 700 millions (pour la France : 90).

218. Voir page 382.

main d'œuvre à bas coût tuera bientôt, par les toxines islamiques qu'il renferme, la personne Europe.

TOUS MOBILISABLES

Les chefs musulmans en guerre contre l'Europe portent sur les immigrés un regard très différent de celui des chefs européens.

Pour les gouvernants européens, les Musulmans présents sur notre sol se distinguent des immigrés que nous avons connus dans les générations précédentes uniquement par ce qu'ils sont adeptes d'une religion nouvelle sur le territoire, parce qu'ils présentent quelques particularités culturelles dont les Européens pourront « s'accommoder ».

Pour les cadres de la conquête, ce sont des sujets de l'Islam : en conséquence, ils sont tous mobilisables pour une guerre de l'Islam.

Un Musulman est formaté pour faire la guerre.

– Dès l'enfance, dès qu'il acquiert son identité, il entre dans la Maison de l'Islam, prêt à s'opposer à la Maison de la guerre.

– Tout petit, il apprend que le devoir de tout Musulman est de répandre l'Islam, et, suivant l'exemple du Prophète, par la guerre.

– La machinerie de commandements et d'interdictions qui l'enserre vaut tous les *drills* dans nos casernes.

– Une fois adulte, le système croisé de surveillance qui veille sur son obéissance, son conformisme, son zèle, est supérieur à tous nos sous-offs…

Maintenant, partout en Europe, la police de la Communauté est en place et, sous sa direction, la pression sociale se fait chaque jour plus exigeante. Le territoire est bien quadrillé par des mosquées, ce qui garantit que tous les immigrés de culture musulmane sont fliqués. Le nombre des pratiquants devra atteindre les cent pour cent avant peu : les courageux réfractaires risqueront leur peau, comme apostats.

La cohésion de la Communauté musulmane, désormais bien établie, charpentée par son système policier, est une des raisons qui poussent les cadres musulmans à croire à leur inévitable victoire ; ils ne doutent pas de pouvoir mobiliser la totalité de la diaspora pour toutes actions de guerre : mensonges et dissimulations, élections, manifestations, émeutes, guerre ouverte.[219]

L'ARGENT MUSULMAN

L'Islam pénètre en Europe aussi grâce à la finance.

Les Musulmans, de tradition, ont toujours vu dans l'argent une arme parmi d'autres dans leur entreprise de conquête. L'Arabie saoudite et le Qatar sont les maîtres d'œuvre sur ce front. Les fonds dont ils disposent sont aussi inépuisables que les réserves de population des pays d'Afrique.

Pourquoi les Musulmans douteraient-ils que l'argent peut tout acheter en Europe ? En 2001, ils ont constaté que les pétrodollars avaient une force de pénétration jusqu'au sommet des Etats occidentaux.

Les Saoudiens et les Qataris ont obtenu le concours des chefs d'Etat et de gouvernement occidentaux dans leur guerre contre les shiites. Ayant entrepris de renverser les pouvoirs dits modernistes ou laïques, sunnites de façade, mais peu sûrs en cas d'aggravation du conflit, ils ont sollicité le concours des dirigeants américains, français, britanniques. Ceux-ci, d'un seul élan, se sont précipités à leurs côtés pour dégommer les équipes au pouvoir en Tunisie, en Egypte, en Libye, pour déstabiliser le régime en Syrie. Les Occidentaux avaient-ils des raisons autres que financières, matérielles, pour soutenir la cause des wahhâbites ? Leur intérêt n'était-il pas soit de laisser se dérouler ces combats entre Musulmans comme un spectacle dans une arène où les deux parties s'affaibliraient, soit de soutenir les « laïques » s'ils estimaient qu'ils étaient une protection à l'expansion islamique sur le *limes* sud de l'Europe ?

Dans la guerre en Europe, par la *taqiyya*, l'argent aide à la construction des mosquées (« centres de prière » et « annexes culturels » pour la propagande, l'embrigadement, etc.), à l'entretien des imams ; il facilite les conversions... Tout le monde le sait.

219. Les services de renseignements de la République française cherchent-ils à savoir si les émeutes, notamment les émeutes de 2005, le « survote » des Musulmans en faveur du candidat de gauche, le déploiement de drapeaux étrangers le soir de l'élection de celui-ci, l'incendie « rituel » de véhicules à certaines dates, les coups de sifflet accompagnant l'hymne national lors de matchs ou d'autres manifestations de masse... sont le résultat de mots d'ordre, dont la mise en œuvre est encadrée, ou bien s'il s'agit « d'actes spontanés d'individus divers », comme le prétendent régulièrement les ministres de l'Intérieur ?

Au moment où l'on débattait de la question du voile à l'école, en 2000 ou 2001, un Algérien habitant la région parisienne m'a dit qu'un imam lui avait proposé une rente mensuelle de 3000 francs s'il consentait à imposer le hijab à sa fille adolescente.

Et combien d'argent est déversé pour acheter des journalistes, des politiques… ? Qu'on ne crie pas au scandale ! Nous, Français, avons-nous oublié Panama, les emprunts russes, la presse communiste… La tradition de corruption des journaux et des journalistes français est ancienne et bien fournie. J'ai personnellement connu, dans les années soixante et soixante-dix, des journalistes qui se cachaient à peine de recevoir des enveloppes du Maroc ou de l'Iran.

Et comment expliquer, sinon par la corruption, la complaisance de certains politiques face à la montée de l'Islam en Europe, leur silence sur les crimes commis au nom de l'Islam contre des chrétiens, leur compromission dans des guerres intramusulmanes aux côtés des partis « islamistes » les plus durs, les brevets de démocratie qu'ils délivrent à des mouvements qui, comme les Frères musulmans, exècrent la démocratie… ?

La finance musulmane s'infiltre partout. Toutes nos banques accueillent, recherchent même, les fonds musulmans. Elles ont introduit dans leurs procédures « normales » le système de prêt musulman, ce qui veut dire que nos banquiers acceptent la présence dans leurs entreprises de « religieux-juristes » qui jugent de la conformité de certaines opérations financières avec la Charia.

Le Qatar investit à tour de bras en France : dans les grands hôtels, le luxe, l'entreprise de l'atome Areva, la banque Dexia, Véolia, Vinci… ; il est l'actionnaire principal, à hauteur de 12 % du capital, du groupe Lagardère, présent dans près de quarante pays et qui détient 7,5 % de EADS (Airbus, numéro un mondial pour le lancement de satellites, les satellites militaires, les hélicoptères civils…) ; il possède 30 pour cent du club de foot Paris-Saint-Germain où il déverse des flots d'argent[220] ; il a créé en 2012 deux chaînes de télévision consacrées au sport sans aucun souci de rentabilité, ce qui fausse la concurrence, mais ce dont l'organisme de régulation des médias audiovisuels ne se soucie pas. Le 23 juin 2012, la presse nous a appris que l'émir gazier venait d'acheter, d'un seul coup, quatre hôtels de luxe : L'Hôtel du Louvre et le Concorde

220. Selon le journaliste spécialisé Patrick Chêne, la totalité du budget du club de football champion de France en 2011, Montpellier, ne dépasse pas 60 % du coût d'un seul joueur du Paris-Saint-Germain en 2012. (*Le Figaro*. Jeudi 20 septembre 2012.)

Opéra à Paris, le Palais de la Méditerranée et le Martinez sur la Côte d'Azur, plus, sur les Champs-Elysées, les immeubles de Virgin et du *Figaro*.[221] De quoi loger convenablement son Goebbels, Qaradâwî, la prochaine fois qu'il viendra en France.[222] Quelques jours plus tard, il mettait sa main adipeuse sur la maison de couture italienne Valentino (qui habillait Jacky Kennedy, Audrey Hepburn…) : il paraît que son épouse adore les robes de cette griffe ![223] Le Qatar possède un fonds souverain, Qatar Investment Authority, qui disposait, au début de 2012, de 700 milliards de dollars.[224]

La France est devenue pour l'émirat gazier un casino où « à tous les coups l'on gagne » depuis que, au début de 2008, Sarkozy a « exonéré d'impôts les plus-values immobilières et les gains en capital » réalisés par le Qatar, ou « ses entités publiques » – y compris donc la famille de l'émir – sur les biens détenus en France, dispositions approuvées la même année par les deux chambres. Le changement de majorité en 2012 n'a rien changé : installé à l'Elysée en mai, le nouveau président recevait, le 7 juin, le Premier ministre de l'émirat. La gauche avait tenu à montrer qu'elle avait l'échine aussi souple que la droite pour baiser les babouches dorées aux hydrocarbures des potentats wahhâbites.

Le cas du Qatar, en France, est presque comique mais il donne envie de pleurer tant il traduit l'abaissement auquel ont consenti nos « élites ».

Son émir, à la fois Picrochole[225] et Monsieur Jourdain (en 2012, il a acquis le tableau « le plus cher du monde », *Les joueurs de cartes*, de

221. Une telle fringale eut un précédent. Pendant la Seconde Guerre mondiale, un collaborateur des occupants nazis en France, Mendel dit Michel Skolnikoff, accumula immeubles, casinos, palaces, acquérant notamment le Ruhl, le Savoy, le Splendid, le Plazza de Nice, le Carlton de Cannes... A la Libération, il dut, bien évidemment, rendre gorge. Il s'enfuit en Espagne. Il est mort officiellement le 20 juin 1945, à Burgos. Son cadavre fut trouvé carbonisé (il aurait été enlevé par des agents gaullistes, en vue d'un procès public !). Ses partenaires en affaires, dont des vendeurs, furent sommés de rembourser l'argent encaissé

222. … où, comme d'habitude, il ne manquera pas d'acheter de la lingerie de luxe pour ses femmes. Information qui m'a été donnée par un policier écœuré par notre bassesse envers un de nos pires ennemis.

223. La cheikha Mozah bint Nasser est la troisième épouse du cheikh Hamad ibn Jassim al-Thani. Elle est la mère de sept des vingt-sept enfants du cheikh. Elle est à la tête de la Fondation du Qatar pour l'éducation et l'enseignement.

224. Les autres Etats wahhâbites (Bahreïn, Emirats arabes unis, Koweït, Arabie saoudite) possèdent des fonds souverains, pour certains plus importants, mais ils ne les « étalent » pas avec la même ostentation.

225. Le Qatar, rappelons-le, joue, au côté de l'Arabie saoudite, le rôle moteur dans la recomposition de la carte du Proche-Orient et du Maghreb en faveur des partis sunnites wahhabites. Ce pays, grand comme la Corse, qui compte moins de 300 000 autochtones (pour quatre ou cinq fois plus d'immigrés), est un fournisseur en dollars et en armes au moins

Paul Cézanne, pour 250 millions de dollars) achète tout[226], je l'ai dit, mais aussi il tient à déposer sa marque, comme un voyou peint son tag sur les murs de sa « téci ». En 2008, il a fait du Prix de l'Arc de Triomphe, célèbre course de pur-sang créée en 1920, le Qatar Arc de triomphe ; pour son ambassade en France, il s'est installé, à Paris, en face de l'Arc de triomphe, sur la place de l'Etoile-Charles de Gaulle, et, sur un des murs de cette ambassade, est apposée une plaque aux mille étudiants français qui, le 11 novembre 1940, au péril de leur vie, narguèrent l'occupant nazi en brandissant « deux gaules ». L'émir mangetout ignore sans doute ce que sa présence en ce lieu peut avoir d'insupportable, d'offensant, pour un Français, soit. Mais qui lui fera savoir qu'il en fait trop, qu'un jour ou l'autre les Français se réveilleront et il est probable qu'ils lui piqueront sans indemnités tout ce qu'il a acquis dans la Maison de la guerre ?

L'émir pléthorique a-t-il eu connaissance d'un sondage réalisé en mai 2012, au moment où il achetait l'équipe de hand-ball du Paris-Saint-Germain et créait une chaîne de télévision consacrée au sport ? L'image du Qatar est « ambivalente et anxiogène ». Les sondés jugent l'Etat gazier « riche et puissant (71 %), mais ne l'estiment pas rassurant (83 %), doutent de son honnêteté (73 %)… » (IFOP pour *le Journal du Dimanche*).

L'argent musulman déversé en Europe ne peut être sans conséquence.

Peut-on poser quelques questions ?

Quelles sont les limites à l'indépendance du *Figaro*, dont le propriétaire cherche à vendre des armes, des avions (devinez à qui) ? d'*Europe 1*, qui appartient au groupe Lagardère, dont le principal actionnaire est maintenant le Qatar ? de Bouygues, propriétaire des chaînes TF1, LCI… dont un très haut cadre dirigeant disait, devant moi, qu'il était « le plus gros constructeur de mosquées au monde » ?[227]

---

aussi généreux que son associé. Sa télévision satellitaire *al-Jazeera*, dans sa version arabe, bien différente de sa version anglaise, édulcorée, est un instrument de propagande des plus efficaces ; les Occidentaux seraient surpris du contenu de ses journaux et de certaines émissions régulières, comme celle, hebdomadaire, du sheikh Qaradâwî. (Pour autant que je le sache, ni les grands médias ni les services de renseignement ne se sont préoccupés de faire une étude comparée des deux programmes.)

226. Selon une étude, parue en septembre 2012, d'*Artprice*, leader mondial de l'information sur le marché de l'art, l'émir aurait essayé d'acheter Christie's. Pour acquérir des œuvres, il renchérit de 40 à 45 pour cent sur la cote établie.

227. Lire : Benjamin Dormann : *Ils ont acheté la presse. Pour comprendre enfin pourquoi elle se tait, étouffe ou encense* (Jean Picollec, 2012).

Les Musulmans sont d'autant plus convaincus que l'argent leur donne un avantage considérable sur les Européens qu'ils ont toujours confondu la richesse financière, due chez eux au butin et à l'impôt des minorités, et la richesse économique, qu'ils ignorent, qu'ils n'ont jamais cherché à développer.

Les dollars, comme les hommes continueront à se déverser sur l'Europe en flux grossissant dans les années qui viennent.

Et pour une raison qui ne figure jamais dans les analyses des plus fins économistes : les émirs tiennent à se ménager des replis pour un avenir moins assuré qu'ils voudraient le faire croire. Ils s'empressent d'acheter, acheter, acheter tout ce qui est à vendre en Europe pour pouvoir vivre à l'aise plus tard, quand les réserves d'hydrocarbures seront épuisés, ou quand d'autres formes d'énergies auront cours, ou quand la dynastie aura été renversée. La fièvre acheteuse de l'émir du Qatar s'explique aussi par la sainte trouille de se retrouver un jour gros bédouin comme devant.

Le lobby financier musulman est dorénavant le plus puissant en Europe. Il l'est devenu avec la complicité d'Européens.

Et l'Islam qu'il promeut, c'est l'Islam de l'Arabie saoudite et du Golfe, wahhâbite, le plus « pur », le plus strict, le plus exigeant, un Islam expansionniste et guerrier par doctrine et sans complexe.

LA DÉCADENCE DE L'EUROPE

Pour les Musulmans, notre défaite, décidée de toute éternité par Allâh, est proche, grâce à la force retrouvée de l'Islam, mais surtout à cause de la décadence des Européens. Décadence dont ils fournissent maintes preuves :

– L'absence de religion de la plupart des Occidentaux ; la désertion des églises ; l'abandon des rites pour le mariage, la naissance (baptême), le mariage, l'enterrement…

– La place accordée aux femmes dans la vie publique.

– La place prise par les juifs dans la société, et notamment dans la vie politique.

– Les mœurs relâchées, du bikini à la *gay-pride*.

Etc.

L'actualité fournit chaque jour de nouvelles raisons de nous considérer comme décadents, dégénérés. Par exemple, notre obstination à vouloir autoriser le mariage entre homosexuels. Le projet est proprement incompréhensible aux Musulmans (comme d'ailleurs il l'aurait été pour les Européens il y a seulement trente ou cinquante ans). Ils doivent se demander si nous n'avons pas été frappés d'aliénation mentale ou si nous ne sommes pas en proie à quelque démon. Certains nous conseilleraient volontiers d'aller voir un exorciste s'ils ne savaient que, dans nos églises à l'abandon, on chercherait en vain un curé qui croie encore au Diable.

Je voudrais signaler une des raisons pour lesquelles les Musulmans les plus cultivés et les plus pieux nous méprisent : l'indifférence à l'égard des coups portés à notre langue.

Le français est attaqué par l'anglomanie. La moindre ville de province est balafrée d'enseignes de magasins portant des mots issus d'un jargon, d'un bichlamar : l'anglais *globish.*

Les plus grands promoteurs du *globish* sont nos médias.

Nos chaînes de télévision rivalisent de ridicule. Les émissions américaines sont diffusées avec leur titre originaux : *Cold case, Desperate housewives*… mais même les émissions produites en France, comme *The Voice, Secret Story,* la série *No limit*… *France 24*, la chaîne de service public chargée de diffuser à l'étranger l'image de la France, donne dans ce snobisme : elle a eu son *zooming*, son *talk* ; ses journalistes œuvrent dans un (ou une ?) *newsroom*… *France 2* nous a gratifié, en 2012, de *La Grande Battle.*

Et le Conseil supérieur de l'audiovisuel (combien de personnels ? quel budget ? pour quelles tâches ?) ne remarque rien.

Il est vrai que la SNCF a ses *smiles* ; *le Figaro*, journal de la droite conservatrice, a son *talk* ; le Conseil général de l'Aisne a son slogan : *l'Aisne, it's Open…*

Par parenthèse ; comment les élites pourraient-elles mieux témoigner de leur mépris à l'égard des pauvres qui n'ont pas eu la chance d'apprendre un jour que *my tailor is rich* ?

En même temps, nous diffusons partout le charabia des banlieues, nos élites s'extasient sur la langue de nos rapeurs, souvent incompréhensible.

La langue, premier ferment de notre unité nationale !

La langue, chef d'œuvre façonné au long des siècles et qui nous a laissé des chefs-d'œuvre – que nos enseignants ne signalent même pas à nos enfants.

Un Musulman, lui, vénère la langue du Coran. S'il a eu la chance de l'étudier, il s'en délecte ; il en montrera les beautés à ses fils dès qu'ils auront l'âge de les apprécier, il les contraindra à apprendre et réciter des passages du Livre...

Que peut-il penser de notre indifférence à l'égard de notre langue ?

Il ressent du mépris. Mais n'a-t-il pas raison ?[228]

L'IMMIGRATION, PREUVE DE NOTRE FAIBLESSE

Pour les Musulmans, la preuve la plus flagrante de notre décadence est... l'immigration musulmane en Europe.

Jamais les Musulmans n'auraient accepté une telle invasion. La colonisation leur a été imposée. Dès qu'ils en ont eu la possibilité, ils ont rejeté les étrangers de leur communauté. Leur tradition, c'est l'homogénéité ethnique (les dhimmis ne comptent pas), en passant si nécessaire par l'épuration ethnique, ainsi qu'en ont donné l'exemple Mahomet, pour Médine, et son deuxième successeur, Omar, pour l'ensemble de l'Arabie. Accepter le mélange, la cohabitation sur un pied d'égalité est un signe de faiblesse. « Si les Européens tolèrent notre présence, c'est qu'elle leur est imposée, pensent beaucoup de Musulmans. Imposée par notre force ou par la décision d'Allâh. Mais, en toute hypothèse, imposée à des faibles. »

L'appel à l'immigration étrangère dans les années soixante-dix du siècle dernier avait été une divine surprise pour les Musulmans. Ils avaient tout de suite saisi les opportunités qu'elle leur offrait. Par la suite, en couvrant de cadeaux et en honorant de gestes de platitude des étrangers de plus en plus exigeants et turbulents, les Européens se sont complètement déconsidérés aux yeux de ceux qu'ils croyaient séduire : ils sont devenus des lâches, traîtres à leur patrie, à leur *umma*,

---

228. L'immigration massive sans assimilation que subit notre langue (nous avons renoncé à franciser les mots étrangers) a des conséquences considérables qui devraient intéresser, non seulement les auteurs de dictionnaires, mais les psychologues et neurologues (les contenus affectifs changent), les sociologues, les historiens des civilisations, les géopoliticiens, les pédagogistes, les pédiatres, les spécialistes de littérature, de stylistique... et les membres de l'Académie française. Apparemment, tout le monde s'en fout.

des apostats en quelque sorte, qui se sont condamnés eux-mêmes au sort de vaincus que les Musulmans leur infligeront.

Portons un regard musulman sur quelques-uns de nos « cadeaux » aux Musulmans présents sur notre sol :

– Donner à des non-nationaux des droits équivalents aux nôtres, en matière de prestations sociales (droits à la santé...).

– Favoriser même les étrangers dans l'attribution de logements.

– Oeuvrer pour la discrimination positive.

– Accepter la double nationalité.

– Promettre de donner le droit de vote à des étrangers.

– Favoriser la construction de mosquées.

– Favoriser la présence d'imams étrangers (en 2012, 150 sont venus du Maroc en France pour faire face « aux besoins du ramadan »),

– Avoir nommé des imams dans nos armées, dans nos forces de l'ordre, dans nos lieux de détention.

– Tolérer des manifestations d'étrangers dans nos rues.

– Tolérer des prières dans nos rues.

– Ouvrir nos télévisions publiques à des prêcheurs d'une religion étrangère, etc.

Nous passons pour des gogos auprès des plus cultivés. Pour le peuple, notre attitude traduit seulement un manque de fierté, un manque de rigueur, un manque de morale, une décadence qui nous condamne à la défaite. Pour les plus pieux, nous montrons notre impiété à l'égard de notre propre religion.

Oui, nous sommes des impies.

Un Musulman n'accepterait jamais que des chrétiens construisent des églises par centaines sur son sol, qu'ils arborent leurs signes distinctifs ostensiblement sur leurs vêtements...[229] Un comble : des immigrés rassemblés dans une église pour se plaindre des Français, et approuvés par d'autres Français, dont des religieux, comme on l'a vu à plusieurs reprises en France

Pour un Musulman, ces comportements sortent de la logique. Ce sont là les marques d'une faiblesse, sinon d'une maladie mentale.

229. Lors de la première guerre du Golfe, en 1991, la Croix-Rouge avait, à la demande de l'Arabie saoudite, renoncé à faire figurer la croix sur ses ambulances.

NOTRE MANQUE DE RÉACTION AUX ÉMEUTES ET « INCIVILITÉS » : DE LA PEUR ?

Nous avons renoncé à assurer « l'ordre républicain » dans les zones majoritairement peuplées de Musulmans, les 700 à 750 quartiers dits interdits. On les appelle aussi, ces chancres urbanistiques, zones de non droit. Bien à tort, car il y règne un droit, respecté d'ailleurs avec férocité : le droit des voyous, trafiquants de drogues, majoritairement musulmans, appuyés par les « religieux » musulmans. Là, les policiers ne vont pas, ou quand ils osent se montrer, c'est profil bas, en faisant comprendre qu'ils ne réagiront pas à des incivilités. Car, s'ils réagissaient, ils s'exposeraient non seulement à la violence des habitants, mais aussi à une sanction venue de leur hiérarchie pour peu qu'un « jeune » ait été bousculé. La consigne aurait été donné aux policiers de ne pas poursuivre des délinquants motorisés de peur d'un accident qui provoquerait une émeute. L'information a été publiée dans tous les journaux : elle n'a pas été démentie.

Considérons les émeutes de 2005. La passivité de la police a été ahurissante – et le sang-froid des policiers obéissant aux ordres de laisser faire, admirable.

Pendant trois semaines, dans des dizaines de villes, des bandes de « jeunes » nord-africains et noirs ont attaqué les forces de l'ordre, ont incendié, pillé... La République bafouée, la France injuriée, volée, violentée, violée. A aucun moment, les forces de l'ordre n'ont été autorisées à réagir par le seul moyen qui aurait permis d'arrêter ces actions concertées de guerre : en utilisant leurs armes.

La seule interprétation que les Musulmans ont pu donner à notre passivité est que nous avons eu peur.

Et, ils le savent – comme nous devrions le savoir : dans une guerre, un peuple qui a peur est déjà vaincu.

LA PEUR TOUJOURS

Les Musulmans se sont maintenant fait leur conviction : les Européens ont peur d'eux.

C'est encore par la peur qu'ils expliquent que :
– La justice ne prononce jamais des peines dissuasives à l'égard des délinquants musulmans, souvent multirécidivistes.

– Les particuliers n'osent plus porter plainte, parce qu'ils risquent d'être victimes de représailles, qu'ils savent qu'ils ne seront pas défendus par la police et que, de toute façon, les coupables ne seront pas punis.
– La question de l'ordre public et de la sanction des fauteurs de trouble n'est jamais évoquée au Parlement et dans les assemblées locales.
– Les journalistes passent sous silence la plupart des « incivilités » commises par des Musulmans et, quand ils les évoquent, ils évitent soigneusement toute indication sur l'origine ou la « religion » des coupables.

Les Musulmans nous considèrent comme des couards.

Ils sont confortés dans cette conviction par l'attitude des plus hautes autorités de notre pays. On aura vu à plusieurs reprises un président de la République, à l'occasion accompagné de deux de ses prédécesseurs, organiser des cérémonies aux Invalides parce que un ou plusieurs de nos soldats de métier étaient morts au combat. Qui ne comprend que ces manifestations, qui ne sont que politiciennes, abaissent la mission des armes, sont un affront à l'honneur des militaires ? Les Musulmans l'interprètent avec simplicité : les cérémonies grandioses que nous mettons en scène pour quelques hommes morts dans des guerres contre des Musulmans prouvent que nous n'estimons plus normal, de notre devoir, de mourir pour nous défendre de l'Islam, parce que nous avons peur de la mort et que nous avons peur des Musulmans. Et quand ils comparent notre attitude supposée à la leur, à tous ces Croyants qui sont prêts à mourir en martyrs…

UNE JUSTICE SANS PIÉTÉ

Je veux insister sur la question de la justice.

Dans l'Islam, civilisation de la Loi, tout est prescrit ou interdit et tout est sanctionné, sur terre comme au ciel. Etre pieux, c'est appliquer la Loi.

Nous, Infidèles, au moins appliquons-nous notre Loi ?

Des délits et crimes évidents comme l'incendie de voitures sont réprimés par de simples… réprimandes : près de 30 000 voitures ont été incendiées sur le territoire français en 2011. Les nuits de la fête nationale ou du Nouvel An donnent lieu à de véritables concours de pyromanie dans les « quartiers ». Qui rappelle que le code punit l'incendie volontaire de dix ans de prison ?

Nous laissons des trafiquants musulmans de drogue faire leur commerce alors qu'ils étalent aux yeux de la police et des services fiscaux leurs voitures de luxe.

Nous cédons à toutes les roueries des petits délinquants musulmans et de leurs défenseur : on cite le cas de « jeunes » arrêtés par la police dix, vingt, quarante fois, et qui ne s'en portent pas plus mal.

Nous tolérons que des peines de prison prononcées par nos tribunaux ne soient pas exécutées. Rappel : 80 000 actuellement en France.

Nous gardons chez nous des étrangers ou des binationaux condamnés à de lourdes peines, souvent en récidive.

Nous « régularisons » des étrangers entrés illégalement dans notre Maison…

Dans le Coran, les *hadîths*, la *sîra* du Prophète, dans tous les textes classiques des oulémas, les appels à la mansuétude, au pardon… ne concernent que les Musulmans. Vis-à-vis des Infidèles, la seule attitude permise, à la fois légale et pieuse (selon nos mots), est le combat pour les soumettre ou les tuer. Dès qu'on sort de l'ethnocentrisme et entrons dans la tête de l'ennemi, nous nous apercevons que, pour lui, notre ouverture à des étrangers qui ne partagent pas notre foi, notre tolérance à l'égard de leurs transgressions, dont nous sommes si fiers, sont des signes évidents de notre faiblesse, de notre décadence.

Un Musulman porte sur notre laxisme un jugement sans appel : Nous n'avons pas le respect de notre Loi, et, comme, chez lui, Loi et religion se confondent, nous sommes des impies vis-à-vis de notre religion.

Un raison de plus de nous mépriser. Une raison de plus de croire à la victoire de l'Islam sur nous.

LES CHRÉTIENS ABANDONNÉS

Un des signes les plus évidents de notre faiblesse et de notre lâcheté est notre indifférence au sort des chrétiens.

Nos gouvernants, nos services diplomatiques, nos élus ne semblent pas savoir comment sont traités les chrétiens en Irak, au Pakistan, au Nigéria, en Egypte. Nos grands médias détournent les yeux.

Sur notre sol même, qui se soucie des actes anti-chrétiens ? Pourtant les statistiques, fournies par l'Assemblée nationale, seraient à méditer.

Sites profanés

	2008	2009	2010	2011
Sites chrétiens	275	390	522	526
Sites musulmans	14	18	57	50
Sites juifs	15	66	42	44

A la moindre critique sur leur religion, des Musulmans appellent à la riposte, brûlent des immeubles et tuent.

Les chrétiens les plus affirmés se taisent.

En août 2012, deux millions de jeunes catholiques étaient réunis à Madrid pour les Journées Mondiales de la Jeunesse. Ont-ils eu une pensée pour Asia Bibi ? Cette Pakistanaise chrétienne, mère de cinq enfants, croupit dans une geôle pakistanaise ; elle a été condamnée à mort par pendaison, en novembre 2010, pour blasphème : elle aurait tenu des propos injurieux sur Mahomet au cours d'une querelle avec des Musulmanes à qui elle avait offert de l'eau jugée impure (*harâm*). Le gouverneur du Pendjab, qui avait pris sa défense, a été assassiné par un de ses gardes du corps, le 4 janvier 2011. Pas une allusion à cette malheureuse de la part des prêtres présents ! Pas une pancarte des participants pour demander sa libération ! Rien non plus, en dépit de l'Evangile, sur celui qui « l'avait visitée en prison ».

Présent au Liban en septembre de la même année, alors que des émeutes antichrétiennes avaient éclaté dans plusieurs pays, suscitées par un film américain jugé « islamophobe », le pape Benoît XVI n'a su que prononcer quelques fadasseries sans effet.

Et quel chrétien a souvenance d'un prêche à la messe du dimanche où son curé lui a demandé de prier pour ses frères d'Orient ?

Notre silence devant les souffrances des chrétiens en terre d'Islam est une nouvelle preuve de notre bassesse. Pour les Musulmans, nous, Occidentaux, sommes tous des chrétiens. (C'est ainsi que la plupart nous désignent, quelle que soit notre confession ou notre absence de religion.) En ne réagissant pas aux attaques contre nos frères, nous montrons que nous sommes indifférents au sort de notre communauté, de notre *umma*. Nous ne nous battrons donc pas pour elle.

LE NÉGATIONNISME JUIF

L'antisémitisme ne cesse de croître partout en Europe. La France ne fait pas exception et les hiérarques du judaïsme ne manquent pas de le signaler.

Mais jamais vous n'entendrez un seul d'entre eux dire clairement que les actes antisémites qui se multiplient sont dus à des Musulmans.

Parce que, sans doute, il faudrait aussi dire que l'antisémitisme, dans l'Islam, est de naissance, inscrit dans les textes les plus sacrés, qu'il fut constant dans les siècles passés, qu'il est plus virulent que jamais aujourd'hui dans la Maison de l'Islam.

Ne pas vouloir énoncer une réalité qui dérange, c'est en avoir peur.

Les juifs d'Europe eux aussi passent pour des lâches aux yeux des Musulmans.

LES MARIAGES MIXTES POUR RENFORCER L'ISLAM

Il faut aller encore plus loin dans la détection de ce qui nous condamne aux yeux des Musulmans.

Arrêtons-nous sur les mariages mixtes, dont les tenants de l'intégration des immigrés dans la nation française sont si fiers : ne sont-ils pas la meilleure preuve, à la fois de notre ouverture et du désir des Musulmans de s'insérer dans notre culture ?

En fait, en France, les mariages mixtes sont la principale porte d'entrée des étrangers. Selon la spécialiste de la démographie Michèle Tribalat :

– Chaque année, sur 270 000 unions célébrées en mairie, 27 pour cent sont des mariages mixtes.

– La moitié de ces unions concernent un Musulman, de citoyenneté française, épousant une fille « du bled », choisie par la famille et, bien entendu, musulmane, ou l'inverse : une Française musulmane épousant un homme « du bled ».

– Beaucoup de ces mariages seraient, selon les services de police, des « mariages forcés ».

Ces mariages mixtes, bien loin de démontrer la montée de l'intégration, en prouvent la faillite.

Ils ne visent qu'à accroître la population musulmane sur le territoire, obtenir pour les intéressés et leurs enfants divers avantages sociaux, puis à multiplier les « Français de papier »… Ils prouvent notre complaisance à être trompés, volés.

Une preuve de plus, aux yeux des Musulmans, que nous sommes méprisables. Il en est d'autres dans le secteur du « matrimonial ».

Rappelons les articles de la Loi, en vigueur dans tous les pays musulmans et appliqués dans la diaspora (la pression sociale y veille) : une femme musulmane ne peut épouser un non-Musulman ; les enfants d'un homme musulman seront musulmans quelle que soit la religion de la mère (la liberté religieuse n'existe pas en Islam).

En Europe, le désir de « comprendre l'autre » conduit à des aberrations. Lorsqu'un Français veut épouser une Marocaine en France, le maire de la commune où le mariage civil doit être célébré demande aux autorités marocaines un « certificat de coutume » prouvant que la mariée n'a pas déjà contractée une union. Le Maroc ne délivre cette pièce administrative que si le futur est musulman. Donc celui-ci fait semblant de se convertir. C'est vraisemblablement à la suite d'une comédie de ce genre qu'un producteur-animateur de la télévision française, Jean-Luc Delarue, qui avait épousé une Marocaine quelques mois avant sa mort, a été enterré dans un cimetière musulman, à Thiais, dans la banlieue parisienne, à l'insu de son père.

A quel abaissement les Européens arrivent-ils ? Et quel regard les Musulmans portent sur ceux qui s'avilissent de la sorte ?

Des femmes européennes se marient à des Musulmans. Elles ne peuvent ignorer qu'elles acceptent un statut de mineure légale, une forme de dhimmitude.

Chaque mariage de cette sorte est une victoire de l'Islam.

Le cas de Mazarine Pingeot, fille du président de la République Mitterrand, est l'illustration parfaite d'une Européenne femme de Musulman, qui, en conséquence, renonce à une partie de ses droits et aliène sa liberté, mais aussi fait fi de la liberté religieuse de ses enfants, puisque ceux-ci seront obligatoirement musulmans. Une victoire de l'Islam qui n'est pas passée inaperçue en terre d'Islam si elle n'a provoqué qu'indifférence ou approbation en Europe.

Toujours à propos des relations homme-femme : la loi française fait obligation à un religieux de demander un certificat de mariage civil avant de procéder au mariage religieux. Les imams se passent de cette formalité – et aucune sanction n'est prononcée contre eux, ce qui nous vaut, à juste titre, leur mépris.

C'est là une des voies pour faire admettre la polygamie.[230]

ET D'AUTRES RAISONS DE NOUS MÉPRISER

La double nationalité : pour les Musulmans, ce statut de chèvre-chou n'est qu'un bout de papier facilitant le séjour dans une contrée étrangère pour en retirer divers avantages matériels ou y conduire une action de propagande. En acquérant une nationalité européenne tout en gardant sa nationalité d'origine, un Musulman ne renonce pas au droit musulman, il ne renonce pas à la contrainte en religion, à l'inégalité homme-femme… et autres articles du droit musulman qui sont incompatibles avec notre droit…

A laisser des étrangers jouer avec notre nationalité, notre droit, notre civilisation, nous sommes méprisables, n'est-ce pas ?

La viande hallal : partout, et de plus en plus, de la viande provenant d'animaux égorgés sans avoir été étourdis, au mépris de nos lois… et de la simple pitié envers nos frères inférieurs. 50 pour cent de la viande mise sur le marché en France serait halâl, dont 70 pour cent des volailles, et cela en toute dissimulation. Pourquoi, alors que les Musulmans ne représenteraient que de 10 à 15 pour cent de la population française ? Parce que ces messieurs-dames de l'Islam ne mangent que certaines parties de l'animal abattu et qu'il faut bien écouler le reste. C'est pourquoi les syndicats de bouchers et le ministre de l'Agriculture s'opposent à la traçabilité de la viande halâl, et, encore plus vigoureusement, à l'application de la loi qui l'interdit.

Pour effectuer les abattages selon le rite, notamment la récitation des formules, seuls des Musulmans sont habilités. Les abattoirs vont donc

230. Lire Sigrid Choffée-Harouel : *La mairie avant la mosquée* (Jean-Cyrille Godefroy, 2011).

recruter des salariés sur ces critères religieux. Une telle discrimination est-elle légale ?

Chaque fois qu'une bête est égorgée selon le rite musulman, une dîme subventionne le « culte musulman ». La répartition de cet argent donne lieu à des chikaya parmi les cadres de la Communauté.[231] Il faut dire que le chiffre d'affaires annuel de la viande étiquetée halal étant évalué à 6 milliards d'euros, le montant total à distribuer ne peut être négligeable. Un impôt au profit d'une « religion », est-ce légal ?

Nous sommes méprisables, n'est-ce pas ?

LES ALLOCS

Depuis plus de quarante ans, on sait que la cause principale de l'immigration-invasion est l'existence de « pompes aspirantes », expression qui désigne les avantages dont les nouveaux venus bénéficient dès lors qu'ils ont mis le pied sur le territoire européen et qu'ils ont appris de ceux qui les ont précédés à jouer avec divers systèmes de protection et privilèges. Tous les pays européens ont leurs systèmes de pompes, la France ayant sans aucun doute le plus diversifié et le plus copieux.

Dans le pays d'Europe le plus accueillant aux étrangers, légaux ou non, l'énumération de ces avantages ne saurait être longtemps exhaustive : elle s'allonge à chaque changement de majorité.

Citons :

– Les allocations chômage, auxquelles ont droit non seulement les immigrés venus légalement pour travailler, mais même les étrangers entrés frauduleusement sur le territoire en violant ses lois.

– Les logements dits sociaux, attribués par « préférence étrangère »[232], prioritairement aux immigrés qui savent se présenter en situation de détresse. Et, tous les partis de gouvernement le disent, il faut construire plus de logements sociaux : allons, la France ne tardera pas à égaler le niveau de feue l'URSS dans le socialisme. Les logements

---

231. C'est le ministère de l'Alimentation, de l'Agriculture et de la Pêche qui désigne les mosquées bénéficiaires : actuellement : la Grande Mosquée de Paris, la Grande Mosquée de Lyon, la mosquée d'Evry-Courcouronnes. Il est remarquable qu'un ministère s'autorise à répartir de l'argent, prélevé en contradiction avec la loi de 1905 sur la laïcité, à la suite d'abattages perpétrés en contradiction avec les lois et règlements qu'il est chargé ès qualités de faire respecter

232. Lire : Hervé Algalarrondo : *La gauche et la préférence immigrée* (Plon, 2011).

sociaux ne sont-ils pas, avec les emplois municipaux et les subventions aux associations, un moyen très efficace pour les élus de se constituer une clientèle électorale ?

– En matière de santé, la France a inventé à la fois la CMU : la Contribution médicale universelle, qui assure la gratuité totale des soins aux personnes défavorisées, dont les immigrés bénéficient largement, et l'AME, l'Assistance médicale d'Etat, qui offre les mêmes avantages… aux illégaux, cela alors que la Sécurité sociale, en déficit chronique, ne cesse de diminuer les taux de remboursement pour les citoyens ordinaires.

– Les allocations pour famille monoparentale se prêtent à des interprétations particulièrement judicieuses. Il y aurait en France 30 000 familles polygames, regroupant 300 000 personnes. La polygamie étant interdite par la loi, il faut lutter contre cette illégalité. Comment ? Quand une famille polygame s'étale trop ouvertement, la première épouse est déclarée seule légitime ; les autres acquièrent avec leurs enfants le statut de « familles monoparentales », qui ouvre droit à des allocations et avantages divers. Les services sociaux sont priés de trouver aux épouses les logements qui permettront de disperser la smala.

A la limite du comique absurde :

– L'attribution d'une allocation de 742 euros à toute personne de plus de 65 ans s'installant dans le pays, même s'il n'y a jamais cotisé à une caisse de retraite, même s'il n'y a jamais travaillé, même s'il n'y jamais mis les pieds auparavant. L'allocation est portée à 1182 euros si le bénéficiaire vit en couple.

– Et encore : les retraités inscrits aux caisses de retraite française et installés en Afrique du Nord ne meurent jamais ! Etc.

Accepter l'Islam sur notre territoire, accepter ses mosquées, ses femmes voilées... nous laisser berner, dépouiller, c'est offrir à l'Islam la preuve de notre faiblesse, lui prouver que nous ne pouvons qu'être vaincus… Les petites victoires que nous lui concédons chaque jour dans nos cantines, nos hôpitaux… c'est le conforter dans ses certitudes et l'encourager à persévérer, à demander plus, jusqu'à la victoire finale.

L'UNION SACRÉE POUR L'ISLAM. INTIMIDATION ET VEULERIE

Je suis persuadé qu'une des raisons qui pousse les chefs musulmans à croire à leur victoire est la veulerie des collabos. Je suis tout autant convaincu que le nombre de ceux-ci et leur niveau de bassesse a surpris nos ennemis : ils se faisaient une plus haute idée de ces « Croisés » qui les avaient vaincus à plusieurs reprises.

Au palmarès de la collaboration, il convient d'inscrire, au premier chapitre, les élus locaux. Les cadres de l'armée d'invasion ont obtenu d'eux la construction de mosquées, en contournant la loi de 1905 sur la laïcité avec des baux de complaisance, en usant de subterfuges comme présenter des mosquées comme des centres culturels...

Certains maires rivalisent d'obséquiosité[233]. Tel le maire de Marseille qui doit estimer que les 62 mosquées (en 2012) de sa ville sont insuffisantes pour les 250 à 300 000 Musulmans de sa ville : il s'obstine, depuis 2001, à vouloir une « mosquée cathédrale » ; le bâtiment, dont la construction doit commencer en 2013, pourra accueillir 14 000 fidèles ; sur un terrain de 8 600 mètres carrés, il comprendra, outre un lieu de prière doté d'un minaret de 25 mètres de haut, une bibliothèque, une librairie, une école « théologique » (?), un restaurant-salon de thé, des commerces divers ; de grandes démocraties, exemples de tolérance religieuse, comme le Maroc, le Koweït, l'Arabie saoudite, le Qatar, apporteront leur contribution. Montant du projet : 22 millions d'euros.

Tel le maire de Strasbourg qui a inauguré en février 2012 le premier cimetière musulman ; ce symbole d'un apartheid perpétuel entre Croyants et Infidèles a été aménagé sur fonds publics : 800 000 euros à la charge des contribuables.

L'Eglise ne veut pas être en reste pour la complaisance envers les Musulmans : en octobre 2012, les lecteurs des journaux apprenaient qu'une église de Vierzon serait bientôt vendue à une association musulmane qui comptait la transformer en mosquée. L'évêque du lieu avait déjà donné son accord à la transaction.

---

233. La servilité des élus locaux a fait l'objet d'un recensement par Joachim Veliocas : *Ces maires qui courtisent l'islamisme* (Editions Tatamis, 2010)
Lire aussi : Louis Chagnon : *L'islamisation de l'Occident et nos élites. Chroniques d'une dhimmitude choisie* (Godefroy de Bouillon, 2010).

Faut-il revenir sur les « accommodements raisonnables » de toutes sortes ? Leur recensement s'allonge chaque jour.

Au Havre, en décembre 2012, la mairie (UMP) du Havre a fait jeter à la poubelle 8500 pots de mousse au chocolat destinés aux enfants des écoles maternelles et primaires parce que contenant de la gélatine de porc.

A la fin de l'année 2012, combien de père Noël priés de ne pas se montrer en ville ou dans les écoles ? De sapins qui ne sont pas sortis de leur emballage ? de marchés de Noël qui deviennent « marché d'hiver » ? Une chaîne d'hôtel ne souhaite plus à ses clients « Joyeux Noël », mais « Joyeux hiver » »[234]...

L'accommodement parfois touche à l'ignoble :

Dans une école de Villeurbanne, les gamins se rendent à la cantine avec des jetons de couleur les différenciant par leur religion.

La grande mosquée de Saint-Etienne a été vendue, en septembre 2012, à l'Etat marocain ; elle est désormais gérée par le ministère marocain des Habous (biens religieux) et des Affaires islamiques, alors que le Maroc, dans son code, article 220, réprime tout prosélytisme en faveur d'une religion autre que l'Islam.

Un ami d'origine musulmane, apostat et fier de l'être, me disait : « Je ne comprends pas pourquoi les Musulmans ne créent pas un brevet de « dhimmi d'honneur ». Peut-être parce qu'il serait trop vite dévalué par le trop grand nombre de titulaires. »

LES ASSOCIATIONS ANTIRACISTES ET LES MAGISTRATS AUX ORDRES [235]

Voici une comédie qui est jouée régulièrement et qu'on pourrait intituler : « Les dhimmis du Palais ».

234. Chaîne Campanile, du groupe Louvrehotels, dont le développement au Maghreb est financé en partie par le Qatar.

235. Lire : Henry de Lesquen et le Club de l'Horloge : *Penser l'antiracisme* (Godefroy de Bouillon, 1999) ; Jean Sevillia : *Le terrorisme intellectuel : De 1945 à nos jours* (Librairie académique Perrin, 2004) ; Philippe Nemo : *La régression intellectuelle de la France* (Texquis, 2011) ; Christophe Bente : *Décrypter l'antiracisme en une heure* (Tatamis Editions, 2011) ; Paul-François Paoli : *Pour en finir avec l'idéologie antiraciste* (Bourin éditeur, 2012) ; Richard Millet : *De l'antiracisme comme terreur littéraire* (Pierre-Guillaume de Roux, 2012).

A la périphérie des milieux politiques, mais en dépendant largement pour des subsides divers, des associations se sont soumises volontairement à la dhimmitude. Pour empêcher que les problèmes posés par l'invasion islamique en Europe soient traitées, elles font en sorte, avec le concours de magistrats complaisants, qu'elles ne puissent pas être évoquées.

– Une personne, physique ou morale, s'exprime, oralement ou par écrit, sur l'Islam, ses fondements, son histoire ou son actualité. Cette personne peut agir dans un but polémique, mais aussi en recherchant la plus grande objectivité. Dans le premier cas, elle mettra en valeur des aspects négatifs ; dans le second cas, elle ne pourra que noter, quitte à ne pas les souligner, des faits ou des paroles qui sont incompatibles avec l'idée que les Occidentaux se font de la vie en civilisation. Dans les deux éventualités, on pourra dire qu'elle « critique » l'Islam.

– Les associations, qui ont pour objet de lutter contre le racisme, l'incitation à la haine, la discrimination pour appartenance religieuse... s'estiment en droit de porter plainte. Elles prétendent que la personne, en critiquant l'Islam, a incité à la haine des Musulmans, qu'elle s'est rendue coupable de racisme ou de discrimination...

Les parquets donnent très généralement suite.

– Lors de l'audience, les avocats usent de tromperie sur les mots :

- critiquer : discerner, juger, prend le sens de diminuer, rabaisser, avec une intention malveillante ;

- l'Islam est assimilé à une race, ce qui est proprement ridicule, ou, ce qui est tout aussi faux, à une religion relevant uniquement de l'intime, du domaine privé,

- l'Islam est traduit par : les Musulmans.

On a entendu des avocats assimiler l'attitude du ou des prévenus à celle des Nazis à l'égard des juifs.[236]

Les tribunaux donnent très généralement raison aux plaignants, leur accordant les lourdes amendes et les substantielles indemnités qu'ils réclamaient.

A-t-on le droit d'écrire : « ces associations œuvrent contre la liberté d'expression ? » Puisque les comparaisons sont de mise, peut-on dire que leurs membres ne méritent pas plus de considération que les staliniens

236. Voir page 349, à propos du procès fait au rédacteur en chef et à un contributeur de *Riposte laïque*, en mars 2012.

qui injuriaient les « anticommunistes » (« tout anticommuniste est un salaud », disait Sartre). Quant aux magistrats qui les soutiennent (le mot me paraît juste), ils participent activement à l'asservissement de la France tout comme certains de leurs prédécesseurs l'ont fait dans les trop fameuses « sections spéciales » instaurées par le régime de Vichy pour juger des résistants. Risque-t-on, en constatant ces veuleries, d'être traîné devant la 17e chambre du Palais de justice de Paris ?

NOUS NARGUER : LES NOMS DES MOSQUÉES, DES APPELS AU JIHÂD

Notre faiblesse – je dirai : notre bassesse – éclate dans notre « tolérance » face à de véritables provocations comme le nom de certaines mosquées.

Le mot le plus fréquemment exposé au fronton de ces « lieux de prière » construits dans nos villes est, de loin, *al-fath*, le terme arabe pour « conquête ».

Des mosquées *al-Fath* existent à Besançon-Planoise (25), Bordeaux (33), Bourges (18), Saint-Dizier (52), Evreux (27), Paris (10e et 18e arrondissement), Noisy-le-Sec (93), Cachan (94), Louvroil et Hem (59) Grenoble (58), Amiens (80), Tours (37), Vandœuvre-lès-Nancy (54), Fréjus (83)…

Dans la tête et le cœur d'un Musulman, le vocable suscite immédiatement deux références :

– La Grande Conquête du premier siècle de l'Hégire, qui permit aux guerriers d'Allah de détruire l'Empire perse et de s'emparer d'une grande partie des terres chrétienne du Proche-Orient, de l'Afrique du Nord et de la péninsule ibérique.

– Des organisations politiques contemporaines violentes, en guerre :

- *Fath* est le nom, nul ne l'ignore, du parti créé en1959 par Yasser Arafat en vue de détruire Israël et qui assura rapidement sa notoriété par les attentats qu'il multipliait ;

- Moins connu en Europe, *Fath al-islâm* est un mouvement proche d'al-Qâʿida. Fondé en 2006, il est classé, à peine un an plus tard, et pour de bonnes raisons, comme terroriste par les Etats-Unis ;

en 2008, l'armée libanaise doit lui livrer, pendant plusieurs jours, une bataille qui se soldera par des dizaines de morts de part et d'autre. *Fath* appartient au vocabulaire de la guerre, du *jihâd.* [237]

Dès lors que la conquête était mise en exergue, il était normal que des conquérants fussent honorés.

A Cherbourg (50), Lunéville (54), Wattrelos (59), Antony (92), dans le 11e arrondissement de Paris, des mosquées portent le nom de 'Umar ibn al-Khattâb, qui fut, pendant son califat, de 634 à 644, le grand organisateur de la Conquête, promulgua le statut des dhimmis, chassa tous les juifs qui restaient en Arabie après la saignée exercée par le fondateur.

D'autres chefs qui se sont illustrés sur le terrain, dans les batailles, ont droit à leur inscription au fronton d'un édifice « religieux », comme, à Nanterre (92) 'Uqba ibn Nâfi' (622-689), qui soumit les indigènes berbères et juifs d'Afrique du Nord par le sabre et le feu.

Mais, à tout seigneur tout honneur : citoyens de la république laïque, apprenez à connaître le plus remarquable des saints hommes signalés par les cadres de l'Islam de France à l'attention de leurs ouailles.

Khâlid ibn al-Walîd, dit Sayf al-Islâm (L'Epée de l'Islam) – 584-642 – fut un chef militaire lors de la répression de la révolte contre l'Islam après la mort de Mahomet, puis pendant la Conquête. Mahomet lui dit un jour qu'il «ne pensait qu'à tuer » (mais était-ce un reproche ou un compliment ?) et il dut réparer certains de ses débordements. Aucun chef musulman ne fit couler plus de sang chrétien.[238]

C'est à un théologien-juriste (droit et religion sont indissociables en Islâm) qu'est dédiée une mosquée à Tourcoing (59) : Ibn Taymiyya, que j'ai déjà évoqué. Ce frénétique, père spirituel d'al-Qâ'ida, des islamistes, talibans, salafistes, lapideurs de femmes et égorgeurs d'apostats… méritait bien une mosquée dans notre doulce France.

237. Le 12 août 2012, le quotidien *Le Courrier picard* apprenait à ses lecteurs que le maire socialiste d'Amiens venait de céder 4200 m2 pour la construction d'une mosquée qui serait dénommée *al Fath*. Les « jeunes » de sa ville lui ont été peu reconnaissants de son geste : le soir de ce jour, ils déclenchaient une émeute. « Oignez vilain, il vous poindra. »

238. Sayf al-Islam est le prénom d'un des fils du dictateur libyen Kadhafi… et du fils aîné du footballeur Franck Ribéry.

POUR NOUS INJURIER : LES RAPPEURS

Nous narguer ne suffit pas : il faut aussi nous injurier. Pourquoi se gêner quand on est assuré de ne rien risquer ?

Voici quelques échantillons des productions de ces artistes.

Ministère Amer, Stormy Bugsy : *Flirt avec le meurtre.*
Dommage que ton père ne t'ait rien dit sur ce putain de pays
Où 24 heures par jour et 7 jours par semaine
J'ai envie de dégainer sur des faces de craie.
(Un député, François Grosdidier, avait déposé une plainte à propos de ces délicatesses. Elle n'a pas été reçue : « le tribunal a jugé irrecevable son action en justice estimant que les poursuites, en sa qualité de député n'étaient pas fondées et qu'il n'avait pas d'intérêt personnel à le faire, n'étant plus le père d'enfants mineurs ».

Makela, alias Monsieur R : *FranSSe.*
La France est une garce n'oublie pas de la baiser jusqu'à l'épuiser [...]
Moi je pisse sur Napoléon et sur le général de Gaulle.
Pour Médine, né Médine Zaouiche, Musulman affirmé, les Blancs sont des porcs consanguins et des pédophiles (*Table d'écoute.* Vol.2. 2011).
Ces porcs blancs vont loin
Passe-moi une arme de poing
J'vais faire un pédophile de moins.

D'autres appellent carrément à tirer sur la police.

Tolérer de tels crachats, n'est-ce pas la preuve qu'on a renoncé à toute dignité ? Pour les Musulmans, il ne fait pas de doute que des hommes qui acceptent d'être rabaissés ainsi se laisseront massacrer ou réduire en esclavage sans plus réagir. L'issue d'une guerre contre ces larves rampantes ne peut faire de doute.

LE BUTIN AUSSI, BIEN SÛR

Il y a une cause qui a de tout temps motivé les Musulmans pour faire la guerre : le butin, récompense accordé par Allâh à ses fidèles.

L'Europe, c'est la richesse. Une richesse aux mains des Infidèles qui se conduisent injustement à l'égard des Musulmans. Le devoir des Croyants est de faire main-basse sur tout ce qu'il est possible de saisir.

Pour le moment, il est louable pour un Musulman de se faire verser toutes les allocations qui lui sont ouvertes, de s'enrichir dans des trafics illégaux dès lors qu'ils ne lèsent pas des Croyants... en attendant le temps de l'occupation pleine et entière. Allâh dispense largement le butin à ceux qui combattent dans Son chemin.

Peut-on inscrire les revenus d'une certaine criminalité au compte du butin de guerre ? Il ne manque pas de Musulmans pour faire remarquer que les fidèles d'Allâh, certes, sont au centre des différents trafics de stupéfiants : Afghans, Turcs et autres pour les opiacés, Marocains et autres pour le haschisch, mais que les Croyants, eux, ne consomment pas. Ce sont les chrétiens qui, d'eux-mêmes, s'acquittent de cette *jizya.* Il est vrai que, à considérer comment nos dirigeants détournent le regard pour ne pas voir les immenses revenus que plusieurs de nos alliés tirent de ce trafic létal qu'on pourrait croire à une complicité, presque à une bienveillance approbatrice. Quant au commerce de demi-gros et de détail qu'ont monopolisé les racailles de banlieues, en quoi serait-il plus condamnable (selon les Européens) ou moins louable (au regard des Croyants en Guerre sainte) que la production de masse couverte par les gouvernements des uns et des autres ?

A propos de l'argent :

Pourquoi les masses pauvres des pays musulmans paraissent-elles indifférentes aux richesses des pétroliers ? Pourquoi ne réclament-elles pas de bénéficier d'une part du pactole au nom de la solidarité entre Croyants ? Pourquoi ne critiquent-elles jamais l'usage qui en est fait, des pistes de ski du Golfe aux séjours « agrémentés » dans les palaces d'Occident ? A part les « khâridjites » d'al-Qaida, qui semblent d'ailleurs plus contester le principe monarchique que les comportements des ploutocrates, les Musulmans de la base sont bien silencieux. Ils se contentent des rogatons distribués par les partis politiques et les organisations humanitaires financés par les émirs : une bouteille d'huile, une livre de farine, quelques médicaments... Les bénéficiaires remercient et s'acquitteront de leur dette en surveillant de plus près leur fille ou leur voisin et en apportant leur voix à la prochaine élection.

Faut-il ajouter à l'identité musulmane la soumission aux riches et aux puissants, dès lors qu'ils sont musulmans ? Une raison de plus de craindre une éventuelle mobilisation des Musulmans de base contre l'Europe.

LA GUERRE POUR SE RÉALISER

Ce sont là les raisons « en creux » qu'ont les Musulmans de nous faire la guerre : ils croient en leur victoire sur les êtres tels qu'ils nous constatent : faibles, lâches, impies, méprisables, vaincus d'avance. Leurs cadres ne manquent pas de faire valoir d'autres arguments pour mobiliser des troupes, et l'écho qu'ils trouvent conforte leur assurance de vaincre.

– J'ai traité longuement du devoir sacré de la guerre... Une guerre contre les chrétiens et les juifs pour les soumettre à l'Islam selon la volonté d'Allâh sera opportune ou non suivant les rapports de force, mais elle sera toujours noble.

– La guerre des Musulmans contre les Européens n'est que défensive, la réponse à de nombreuses agressions et injustices.

– Les Européens ont pillé la Maison de l'Islam ; la colonisation fut un génocide ; les soldats maghrébins ont vaincu les Allemands et les ouvriers maghrébins ont reconstruit l'Europe après la guerre, et les uns comme les autres n'ont pas été rémunérés en conséquence. (Ici, « le couple incestueux repentance coloniale-victimisation africaine » – expression de Bernard Lugan – donne à plein.) De nos jours, en Europe, les Musulmans sont « discriminés »...

- Une terre qui a été musulmane le demeure à tout jamais, sauf à la suite d'une agression, d'une injustice. Les Musulmans ont été chassés d'*al-andalus* ; l'Espagne doit revenir sous le drapeau à croissant. Par la suite, l'Islam devra récupérer également les Balkans, la Grèce, la Sicile, Chypre, Malte, le midi de la France.

Se venger d'exploiteurs, de prédateurs, récupérer un bien qui vous a été volé, c'est un devoir de justice et une question d'honneur.

En réactivant le devoir de guerre, les « islamistes » ont porté la fierté d'appartenance à l'Islam à sa plus haute incandescence.

Les nationalismes « laïques » ont échoué : le panarabisme aussi ; les économies sont à plat... Il ne reste que l'Islam pour donner aux Musulmans un idéal pour se dépasser, se réaliser.[239]

239. « Les Musulmans compensent un sentiment d'infériorité devant les réussites matérielles de l'Occident et leur propre incapacité à accéder au niveau des pays développés par un sentiment de supériorité fondé sur des valeurs non matérielles. » Docteur Guy Hanon, psychiatre, militant de la laïcité.

Et l'Islam – le savons-nous, nous, Occidentaux laxistes et blasés ? – est un maître exigeant. On ne peut pas être « un peu musulman ». L'expression « musulman modéré » n'a pas cours parmi les Croyants.

L'Islam impose une discipline de soi dont nous n'avons plus guère l'idée. C'est toute sa vie qu'il faut lui donner, dans tous ses actes et dans toutes ses pensées, tout le temps. Les rituels viennent rappeler à chacun ses devoirs avec une régularité obsédante : cinq prières par jour (pensez-y parfois, chrétiens « festifs » !) pour se mettre en toute conscience en présence de son dieu, des gestes et des vêtements pour se souvenir de Lui à tout instant.

Les « islamistes », en réaffirmant les exigences comportementales de l'Islam, ont rappelé aux hommes qu'ils ont une dimension qu'on appelle sacrée. Car, par l'Islam, on accède au sacré, on vit dans le sacré, à tout instant. On se fait sacré.

Et se faire sacré, c'est être prêt au sacrifice.

Comme un soldat en guerre.

La guerre est au centre de l'Islam, au cœur de tout Musulman, comme un noyau générateur. Le Musulman pieux et légaliste, mobilisé en permanence pour se soumettre à son dieu, mène une sorte de guerre sainte personnelle. En cas de conflit sanglant, il se mobilisera pour l'Islam sans avoir à changer quoi que ce soit dans son être. Il est, dans la paix comme dans la guerre, au service de la plus haute des causes : la cause d'Allâh. Le doute, le relativisme lui sont étrangers. Le monde est divisé en deux partis ennemis, et le devoir de l'un est de combattre l'autre. A l'intérieur du camp d'Allâh, on se soude, on s'entraide, se secoure ; chacun se mobilise pour les siens, se met à leur service. L'Islam, dans la paix comme dans la guerre, c'est le dépassement de soi, la réalisation, la voie de la plus haute ontogenèse, jusqu'au « sacrifice » de sa vie.

Des milliers, des millions peut-être de Musulmans, sont prêts à mourir pour répandre l'Islam. Combien d'Occidentaux, aujourd'hui, accepteraient le même sort pour défendre – seulement défendre – leur civilisation ?

Nous ne poserons convenablement le problème de l'Islam en Europe que si nous intégrons dans notre raisonnement et dans notre sensibilité la dimension verticale, spirituelle de l'homme.

TROP D'ASSURANCE : LE RISQUE POUR L'ISLAM

J'écrivais, il y a plus de dix ans : « Cette guerre ne pouvait pas ne pas être. » Je ne peux que persister dans cette certitude et ajouter : Les Musulmans n'arrêteront pas d'eux-mêmes leur offensive par la *taqiyya*, si facile et si fructueuse. Mais, justement à cause des succès qu'ils ont remportés, ne céderont-ils pas à l'hybris, faisant muer brusquement la guerre par la *taqiyya* en un affrontement classique sanglant, hâtant la réalisation de la phase 2 du plan d'Abû Yazîd ?

L'intérêt évident des Musulmans est que la guerre par petits pas se poursuive encore pendant plusieurs années, le temps qu'elle donne tous ses fruits. Mais est-il impossible que, sous-estimant la capacité de riposte des Européens, des groupes de Musulmans provoquent l'irréparable dans l'espoir d'un conflit de courte durée dont ils sortiraient, pensent-ils, vainqueurs à coup sûr ? Les Arabes, Turcs, Pakistanais, Noirs, qui constituent la plus grande part de l'immigration musulmane, ont des tempéraments turbulents, fougueux, des comportements souvent imprévisibles – l'Islam n'est pas le taoïsme ou le confucianisme – et on sait, au moins depuis l'attentat de Sarajevo en 1914, que les plus grandes guerres peuvent être déclenchées par un incident local. Une explosion limitée pourrait provoquer une poussée de violence des masses, qui, partout et de plus en plus en plus, sont persuadées d'être frustrées, rejetées, victimes d'injustice, sans avenir, assurées de leur bon droit à user de tous les moyens contre les Européens et certaines de l'emporter dans un affrontement armé.

Ce risque doit être pris au sérieux pour deux raisons :

– Les Musulmans de la diaspora préjugent du comportement des Européens en cas de conflit violent à travers le prisme des « élites », qu'ils toujours vues faciles à manipuler, complices de l'islamisation et sans réaction devant les affronts et les débordements. Ils supposent que tous les Européens sont à l'image de ces zombies. Ils ne savent rien des peuples, de leur attachement à leurs libertés, à leurs manières d'être... ils n'imaginent pas la fureur dont ils sont capables.

– Les Musulmans n'ont pas encore pris conscience d'un fait qui est en train de changer de fond en comble les rapports de force : les peuples européens sont désormais en état d'alerte, ils rejettent l'Islam pour avoir pris conscience de ses dangers ; ils souhaitent se débarrasser de ce corps étranger.

EUROPE : LA FIN DES IGNORANCES ET DES ILLUSIONS SUR L'ISLAM...

Le discours lénifiant sur l'Islam a de moins en moins d'impact sur les populations. L'a-pensée unique, qui voulait que l'Islam ne fût qu'une religion, et une religion d'amour, de tolérance et de paix, n'a plus de prise sur les citoyens. Nulle part. Et, au fur et à mesure, que les faux-semblants s'effondrent, des craintes grandissent, et, avec les craintes, des demandes d'action pour en écarter les causes.

Rappel : pendant longtemps, les Musulmans en guerre contre l'Europe et leurs collaborateurs, actifs ou passifs, ont nourri les peuples d'illusions. Ils ont eu la partie facile, à cause de notre tradition d'ouverture aux autres, de notre suffisance qui nous a fait croire que notre civilisation était tellement supérieure que tout immigré ne pouvait que désirer s'y assimiler... A cause de notre ignorance surtout.

Il est extrêmement difficile pour un Européen de pénétrer la pensée collective musulmane, d'apprécier comme il convient la foi des Croyants et, en conséquence, leurs motivations à servir la cause d'Allah, de saisir les mécanismes de la guerre qu'ils mènent contre les Infidèles. L'ignorance et l'ethnocentrisme expliquent largement pourquoi tant de nos compatriotes ont avalé ces deux leurres :

– La réduction de l'Islam, cet ensemble insécable identité-religion-droit-civilisation-culture, à une religion à notre mode contemporain, c'est-à-dire une foi relevant uniquement de la sphère privée et de la liberté de conscience, indifférente au plan de la vie de la cité.

– La certitude que les peuples musulmans allaient s'aligner sur nos modes de vie, nos valeurs, nos principes démocratiques et que, dans la diaspora, les immigrés s'intégreraient à la longue.

Les Européens sortent peu à peu de leurs ignorances et de leurs illusions sur l'Islam. Ils sont de mieux en mieux informés sur ce qui se passe dans les pays musulmans : des images leur montrent chaque jour que les régimes y sont policiers, obscurantistes, cruels ; ils ont appris également ce qu'est le sort des non-Musulmans dès que l'Islam se sent en force pour attaquer dans un pays où il est encore minoritaire... Iran, Afghanistan, Irak... et le rideau se lève sur l'Arabie saoudite, les Emirats du Golfe, le Soudan, le Pakistan, le Nigéria, le Mali...

Les « printemps arabes » avaient fait se perpétuer quelques illusions sur la possibilité de la démocratie au sud de la Méditerranée ; ils avaient redonné quelques couleurs à l'idée que « nos » Musulmans aussi pourraient devenir des démocrates. L'espoir a été vite déçu. Là où la parole s'était libérée, les Musulmans, en masse, ont aussitôt réclamé un Islam authentique, donc totalitaire, incompatible avec notre droit, nos coutumes, nos modes de vie.

Et ceux des Musulmans installés chez nous qui ont été appelés à s'exprimer par le vote ne se sont pas distingués de leurs frères d'outre-Méditerranée.

Les Européens se sont vus alors confirmés dans une opinion qu'ils se sont faite au cours des trente dernières années, tout simplement en regardant autour d'eux : les Musulmans immigrés sont de plus en plus nombreux à rejeter les modèles de la civilisation européenne, à vouloir être des Musulmans comme les autres. Musulmans d'abord, ils revendiquent leur identité musulmane dans son intégralité. Au fur et à mesure qu'ils s'imposent par le nombre et l'influence, n'exhibent-ils pas leur identité première dans l'espace public ?

Or, les signes marqueurs de l'Islam présents partout en Europe renvoient à des articles de la Charia, comme l'inégalité hommes-femmes, la séparation entre Musulmans et non-Musulmans... incompatibles avec la civilisation européenne, inacceptables pour des Européens, de mieux en mieux connus des Européens. Ces signes par eux-mêmes abolissent le discours qui affirmait que l'Islam pouvait être présent dans l'Europe sans lui porter atteinte. Les Européens, majoritairement, ne considèrent plus l'intégration de l'Islam comme possible et, au fait de l'identité musulmane, conscients des dangers que fait courir toute communauté musulmane dans un pays multiculturel, ils refusent qu'on tente de leur imposer la présence de ce corps étranger sur leur territoire. Ils rejettent, se rebiffent, demandent à leur élus des mesures qui les protègent...Pour commencer, ils veulent la fin des mensonges sur l'immigration, sur le comportement des immigrés en Europe, sur l'Islam, sur les Musulmans en Europe.

La politique des trois singes « yeux fermés-oreilles obturées-bouche cousue » face à l'immigration massive de Musulmans et au djihad par la *taqiyya* contre l'Europe est maintenant ouvertement dénoncée par des partis dits populistes ; les peuples ont trouvé partout leurs tribuns et la parole des tribuns ébranlent les assises de la classe dominante.

Même les grands médias, qui doivent tenir compte de l'opinion majoritaire de leurs clients, commencent à s'entrouvrir à des réalités, qu'ils niaient hier encore[240], comme celles-ci : l'Islam n'est pas seulement une religion, c'est un totalitarisme expansionniste et guerrier ; depuis quelques décennies, l'Europe est la terre qu'il veut s'approprier en premier ; il ne pourrait arrêter son offensive qu'après l'islamisation complète de l'Europe, au besoin après être passé par une guerre impitoyable.

... D'OÙ CHANGEMENT DU DISCOURS SUR L'IMMIGRATION

La prise de conscience par les peuples de l'identité musulmane et de l'attachement des immigrés « d'origine musulmane » à cette identité conduit une partie de la classe dominante à reconsidérer son discours sur l'immigration elle-même. L'immigration ne peut plus être définie seulement comme l'arrivée de populations ; elle est l'arrivée de populations hostiles, elle est une « invasion », selon les propos de Valéry Giscard d'Estaing cités plus haut.

De plus en plus rares sont les hommes politiques qui professent : « l'immigration, une chance pour la France »[241] (pour l'Europe). La phraséologie maintes fois entendue sur le besoin d'immigration pour faire face à la dépression démographique de l'Europe est maintenant contestée, jusque dans des médias de gauche, par des remarques de bon sens : « A quoi servirait-il d'accroître la population du continent par des masses hétérogènes, foncièrement hostiles, inassimilables et, jusqu'à preuve du contraire, économiquement parasitaires ? »

Dans la foulée de ce revirement, des journalistes et universitaires dûment labellisés comme « experts » commencent à dire que le poids

240. Les journalistes lucides qui ont accès aux grands médias sont, en France, faciles à recenser : ils se comptent sur les doigts d'une main. Les livres qu'ils écrivent sont rarement cités dans la presse.
Ivan Rioufol, éditorialiste au *Figaro* : dernier ouvrage paru : *De l'urgence d'être réactionnaire* (PUF, 2012).
Elisabeth Lévy : *La gauche contre le réel* (Fayard, 2012).
Eric Zemmour : *Le bûcher des vaniteux* (Albin Michel, 2012).
On peut entendre aussi parfois sur les grands médias audiovisuels, le philosophe Alain Finkielkraut : *Sommes-nous encore un Nous ? Réflexions sur le vivre-ensemble* (Causeur, 2011) et l'avocat Gilles-William Goldnadel : *Réflexions sur la question blanche.* (Chez Jean-Claude Gawsewitch, 2011).
241. Titre d'un livre de Bernard Stasi (Robert Laffont, 1984).

financier[242], social, culturel de l'immigration est de plus en plus lourd, de plus en plus difficile à supporter ; il est diagnostiqué comme une des causes de notre faiblesse économique. La « régulation » (terme pudique ») de l'immigration apparaît dans les partis de droite et de gauche comme un préalable sans lequel aucun redressement ne sera possible. On peut entendre sur les ondes que les plus graves problèmes que nous avons à résoudre : le chômage, la dette, les déficits étatiques et sociaux, l'insécurité, la dégradation de l'enseignement, la pénurie de logements… ne peuvent avoir une solution sans que soit réglée la question de l'immigration.

Un nouveau discours fait sa percée jusque parmi « les élites » :

– Les économies européennes n'ont plus besoin d'immigrés et ceux qui sont sur place ne sont que des lourdeurs et des entraves à leur développement.

– La logique de la rentabilité, impitoyable, pousse à une conséquence : la fin de l'immigration en Europe et à une « rémigration » conséquente.

Parallèlement s'effrite le postulat sur la supériorité des grands ensembles économiques : dans le système mondialiste qui est en train de s'installer, les bateaux rapides, « réactifs », aux mains d'un capitaine habile et d'hommes compétents et motivés, sont beaucoup plus à même de tirer parti des opportunités que les gros vaisseaux, lents à manœuvrer, avec des équipages de Babel, mal formés, indisciplinés et trop nombreux. La nation est en train de redevenir une dimension à considérer, et même par les économistes – et qui dit nation dit identité et fierté d'appartenance.

Les hommes politiques entendent ces points de vue sur l'Islam, sur l'immigration, sur la nation. Combien d'entre eux sont-ils avisés qu'ils sont en train de devenir majoritaires en Europe, partout en Europe ?

242. Le bilan financier de l'immigration, c'est, comme disaient les vieux auteurs, « la bouteille à l'encre ». En ne prenant en compte que ce que les immigrés légaux reçoivent de l'Etat et ce qu'ils lui reversent, des chercheurs de Lille 2, dans un rapport pour le Ministère des Affaires sociales, écrit en 2005, arrivent à un solde positif de 12 milliards d'euros. En considérant à la fois l'immigration légale et l'immigration illégale et en calculant les coûts induits dans l'indemnisation du chômage, l'enseignement, la sécurité, le logement, la santé… d'autres spécialistes avancent des résultats largement négatifs : Jacques Bichot (Institut Thomas More, 2005) : 24 milliards ; Jean-Paul Gourevitch (Contribuables associés, 2010) : 30,4 ; Yves-Marie Laulan (Institut géopolitique des populations, 2005) : 36, avec une croissance de 10 % par an ; le même (2011) : de 70 à 80. Des évaluations diverses qui convergent sur une même conclusion : dans l'état actuel des finances et de l'économie du pays, l'immigration est une calamité.

Combien craignent désormais que leur complicité ou leur passivité face à l'invasion islamique risque de leur valoir leurs sièges ?

VERS LA FIN DES MENSONGES ET DES COLLABORATIONS

Au risque de simplifier, j'avancerai que les « importants » qui continuent à tenir le langage chausse-trape sur l'Islam religion, l'islamisme modéré… mentent en toute connaissance de cause. Aucun d'eux ne peut plus bénéficier de la présomption d'ignorance, ne peut se prévaloir du droit à l'erreur. Les dirigeants européens mentent pour faire durer encore un peu leur complicité avec les envahisseurs, le temps d'une élection, d'une carrière, le temps de recevoir un peu de pécule peut-être ; les intellectuels et les journalistes continuent à mentir pour ne pas avoir à dire qu'ils se sont trompés pendant des années, pire : qu'ils ont trompé, et qu'ils ont, par leur ignorance et leur aveuglement, ou pire, par leurs mensonges, contribué à créer une situation dangereuse. Tous persévèrent, non pas dans l'erreur, mais dans l'énoncé de l'erreur, et leur discours est chaque jour moins bien accepté. Il apparaît :

- Mensonger,
- Ne débouchant sur aucune perspective positive,
- Dangereux.

Depuis combien de temps les « importants » trahissent-ils en toute connaissance de cause ? Des historiens répondront, à moins que ce ne soit, d'abord, des juges.

Pendant combien de temps pourront-ils encore trahir avant qu'ils soient appelés par le peuple à rendre des comptes ?

Un temps viendra où les « élites », qui n'ont d'existence que par le crédit que leur accordent les masses, se rallieront ouvertement aux opinions de celles-ci pour ne pas perdre leur statut de privilégiés. Des collabos devenant brusquement des résistants ? Les Français ont connu de tels retournements, des *U turns,* comme disent les Anglo-saxons, dans les derniers mois de la Seconde Guerre mondiale. Tout donne à penser que l'histoire va se répéter, hélas ! c'est à craindre, dans le même climat de bassesse et de brutalité.

Abû Yazîd voulait « habituer les Européens au fait musulman », banaliser l'Islam. Objectif manqué : l'Islam s'est imposé, mais comme une communauté hostile et délétère dont les peuples ne veulent pas, dont ils souhaitent se débarrasser au plus vite, comme d'une maladie, d'un « cancer ».[243]

Les Musulmans ne se sont pas avisés que les masses européennes sont maintenant en alerte, que dans leurs rangs des hommes et des femmes envisagent l'éventualité d'une guerre, que de petits groupes s'y préparent. Forts des victoires qu'ils ont obtenues en quelque trente ou quarante ans, sans rencontrer de résistances, en bénéficiant de complicités qui les ont surpris, ils demeurent persuadés que l'Europe deviendra musulmane au cours des prochaines décennies. Ils ne savent pas en particulier que les collabos ont vécu leurs plus beaux jours, ces collabos sans lesquels l'Islam n'aurait pu pénétrer en Europe et y prospérer. Ignorant les lois physiques de la démocratie, qu'ils n'ont jamais expérimentées, ils ne peuvent pas savoir que, dans ce système, par le simple jeu des élections, les élus et leurs obligés finissent toujours par céder au plus grand nombre. Or, pour longtemps encore, les autochtones seront en Europe largement plus nombreux que les allogènes. Qui dira à l'émir du Qatar, à Qaradâwî, Tariq Ramadan, Malek Chebel et autres gros bonnets de la guerre islamique que, s'ils veulent continuer à faire de la prospective, ils doivent désormais prolonger la courbe du rejet hostile des Européens à l'égard de l'Islam et qu'ils doivent apprendre que, en démocratie, ce que les peuples demandent, ils finissent toujours par l'obtenir ? Pour le pire et pour le meilleur.

A PROPOS DE LA JUSTICE STATUANT SUR LE « RACISME »

En 2000, Guillaume Faye publie un livre très documenté : *La Colonisation de l'Europe. Discours vrai sur l'immigration et l'islam* (édité par l'AEncre). Il est condamné à une peine d'amende par la 17e chambre correctionnelle de Paris pour « incitation à la haine raciale ».

Le 11 août 2006, Fanny Truchelut, la cinquantaine, propriétaire d'un gîte de montagne dans les Vosges, accueille deux femmes qui sont voilées. Elle leur propose de visiter les lieux et leur demande de retirer leur voile dans les parties communes. Procès. Fanny Truchelut est condamnée le 2 octobre 2007 par le

243. C'est le Suisse Oskar Freysinger, à l'origine de la votation, en novembre 2009, contre l'édification de minarets, qui a eu le premier l'audace de définir l'Islam par ce mot sur les grands médias audiovisuels.

tribunal de grande instance d'Epinal à 4 mois de prison avec sursis et 8400 euros d'amende. Appel. Elle est condamnée, le 3 septembre, à Nancy, à 2 mois de prison avec sursis et 4500 euros d'amende.

Houria Bouteldja, porte-parole du Parti des Indigènes de la République, en 2007, lors d'une émission de télévision, traite les Français de souche de « souchiens » ou « sous-chiens ». Plainte de l'Agriff, Alliance contre le racisme et pour le respect de l'identité française et chrétienne, créée et animée par Bernard Antony<. Procès le 14 décembre 2011 devant le tribunal correctionnel de Toulouse. Relaxe, confirmée en appel le 19 novembre 2012.

La même franco-algérienne est l'auteur d'un livre *Nique la France*[244], sur la couverture duquel elle s'est fait photographier faisant un doigt d'honneur (à qui ? à Marianne ? Aux souchiens ?)

En février 2006, dans une interview aux *Nouvelles questions féminines*, elle déclarait :

« Demain la société tout entière devra assumer pleinement le racisme anti-Blanc… N'importe quel Blanc, le plus antiraciste des antiracistes, le moins paternaliste des paternalistes, le plus sympa des sympas, devra subir comme les autres. Parce que, lorsqu'il n'y a plus de politique, il n'y a plus de détail, il n'y a plus que la haine… S vous voulez sauver vos peaux, c'est maintenant… demain, il n'est pas dit que la génération qui suit acceptera la présence des Blancs. »

La Justice ne doit pas avoir eu connaissance de ces incitations à la haine raciale.

Le 23 mars 2012, Pierre Cassen, fondateur et rédacteur-en-chef du site *Riposte laïque*, et Pascal Hilout (né Mohamed), un des rédacteurs du site, comparaissaient devant la 17e chambre du tribunal correctionnel de Paris pour deux articles sur l'Islam. Cinq associations « antiracistes » s'étaient porté partie civile. Ils ont été condamnés pour « provocation à la haine des Musulmans » à un total de 12 200 euros d'amende et d'indemnités aux associations. Le tribunal avait suivi le procureur et les parties civiles qui, conjointement, avaient plaidé que « critiquer l'Islam, c'est provoquer à la haine des Musulmans », avec, de la part de certains avocats, une référence explicite… aux Nazis, « stigmatisant », au début des années trente, le judaïsme pour préparer le peuple allemand à la shoah. (Les associations, à but non lucratif, rappelons-le, et largement subventionnées par l'Etat n'avaient pas obtenu gain de cause quant au montant des indemnités à leur verser : elles ne demandaient pas moins de… 150 000 euros.)

Le rappeur Cortex, né Sébastien Gophin, avait menacé d'égorger Marine Le Pen. Il a été condamné, le 3 juillet 2012… à 500 euros d'amende

244. (Editions ZEP, 2010).

Dans une vidéo qu'il avait diffusée sur Internet, le même Cortex avait promis à Christine Tasin, présidente de Résistance républicaine, de lui couper la langue et de lui faire subir quelques autres joyeusetés. La plainte déposée par Christine Tasin n'a jamais été instruite. (Cortex s'est prononcé en faveur de François Hollande lors de la campagne pour l'élection présidentielle)

Anecdote : j'eus l'honneur d'être convoqué par la police en même temps que Pierre Cassen et Pascal Hilout, certains passages de leurs textes incriminés étant des citations de chroniques que j'avais écrites. (J'échappais finalement à la correctionnelle parce que ma prose avait plus d'un an d'âge : il y avait prescription). En sortant de l'hôtel de police, j'eus envie de boire un café. Je repérai un établissement discret, avec des rideaux tirés, dont l'enseigne aux couleurs beige pastel annonçait « Salon de thé ». Je m'apprêtai à prendre ma consommation au milieu de vieilles dames chuchoteuses dans une ambiance douillette, un rien *british*. Je poussai la porte. Horreur ! j'étais dans un « bar à chicha ». Une fumée de suie, une sono hurlant plein tube un texte en arabe, des salafistes en uniforme tradi, affalés sur des coussins, la pipe collée à la bouche, les yeux rivés sur des écrans diffusant *al-Jazeera*. Derrière une façade inchangée, une substitution de population avait été réalisée ; des Européennes âgées et très convenables avaient été remplacées par de jeunes barbares barbus. Et moi, par un étrange transfert dans un futur potentiel, j'étais devenu, en plein Paris du XXIe siècle, un dhimmi, un sous-homme, encerclé par des Sarrazins sortis des abimes du Moyen Âge. Je n'oublierai pas les yeux, à la fois embrumés et hostiles, qui me fixèrent pendant les cinq minutes où je restai dans cet antre.

Pour rire un peu : en 2009, Elisabeth Sabaditsch-Wolff, qui a vécu en terre d'Islam, prononce une conférence sur « l'Islam et l'Europe » devant des membres du FPO, le deuxième parti autrichien. Ses propos sont enregistrés clandestinement par une collaboratrice du journal *News*, qui en fait un compte-rendu au vitriol, et elle se retrouve, le 18 janvier 2011, devant un tribunal, accusée « d'incitation à la haine des Musulmans ». Quand, à l'audience, les enregistrements sont diffusés, on s'aperçoit que la conférencière s'est exprimée en termes mesurés en multipliant les références et que la journaliste a déformé ses propos. L'accusation s'effondre. Qu'à cela ne tienne ! Comme dit la chanson[245], « elle a dit la vérité, elle doit être exécutée. »

Pour avoir dit la vérité sur l'Islam, Elisabeth Sabaditsch-Wolff doit être condamnée, et elle le sera. A une amende de 480 euros, non pour incitation à la haine, mais pour « avoir dénigré une religion reconnue ». Diable ! Elle a dit que Mahomet, qui a consommé son mariage avec Aïcha alors qu'elle avait huit ou neuf ans, était pédophile. « Il n'était pas pédophile, a estimé le tribunal, parce qu'il était encore son mari quand elle avait dix-huit ans ». Ce qui veut dire qu'on n'est pas pédophile quand on couche, aussi, avec des adultes.

---

245. *La Vérité*, paroles et musique de Guy Béart.

QUATRIÈME PARTIE

Ébauche d'une stratégie de contre-offensive

CHAPITRE 15

Un objectif mobilisateur et une stratégie

Par deux fois, les Européens ont pénétré profondément dans la Maison de l'Islam. Ils y ont installé leur pouvoir sur de vastes espaces et des populations nombreuses ; pendant des lustres, ils ont cru leur domination assurée définitivement. Par deux fois, ils ont dû rebrousser chemin, les reins brisés et la nuque basse.

CROISÉS ET COLONIALISTES : POURQUOI ONT-ILS ÉCHOUÉ ?

Lorsque les croisés se mettent en marche, ils ont un objectif, qui leur a été fixé au concile de Clermont par le pape Urbain II, en 1095 : « délivrer le tombeau du Christ » à Jérusalem, permettre aux chrétiens de faire pèlerinage sur les lieux de la Passion[246]. Ils s'emparent d'Edesse, d'Antioche ; la Ville sainte est dans leurs mains le 15 juillet 1099. Que vont-ils faire pour pérenniser leur succès ? Ne conviendrait-il pas de reprendre possession pleine et entière des terres conquises par les Musulmans quatre siècles plus tôt, de convertir les disciples de Mahomet à la vraie foi ? On chercherait en vain dans les chroniques du temps l'esquisse d'une stratégie globale : on se défend, on attaque, on prend une ville, on en perd une autre ; des alliances sont nouées avec des fractions du parti musulman… pour être rompues bientôt ; on se perd dans le labyrinthe du jeu politique musulman ; à l'occasion, on se fait la guerre entre chrétiens… Rien dans ce tohu-bohu n'obéit à une conception claire des buts et moyens pour assurer une *pax cristiana*. Au bout de deux siècles, c'est épuisés que les derniers croisés rembarquent. Il ne restera de leur séjour que les pierres de leurs forteresses. L'Islam a repris entièrement possession de son domaine, de ses terres et de ses hommes : Croyants, dhimmis et esclaves. Les Musulmans garderont le souvenir d'une guerre d'agression des Chrétiens, des Francs, des Européens, dont ils sont sortis victorieux.

246. En 1078, les sultans seldjoukides, turcs et sunnites, qui venaient d'arracher Jérusalem aux Bouyides, persans et shiites, avaient fermé l'accès des Lieux saints aux chrétiens, ce qu'aucun de leurs prédécesseurs n'avait fait. (Treize ans plus tôt, les Seldjoukides avaient chassé les Bouyides de Bagdad, où siégeait le calife abbasside, arabe et sunnite.)

Aux XIXe et XXe siècles, les Européens, au faîte de leur puissance, imposent pour la première fois leur domination à la totalité des peuples musulmans. Les uns délèguent les apparences du pouvoir à des obligés qu'ils manipulent ; d'autres administrent directement. Tous sont persuadés que leur suprématie est définitive.

De tous les colonisateurs, ce sont, sans doute, les Français qui, à propos de l'Algérie, se sont fait le plus d'illusions.

Un corps expéditionnaire s'empare d'Alger en 1830. Le roi Charles X a voulu détourner l'attention des affaires internes ; d'autre part, il redoute que les Anglais ne prennent pied en Afrique du Nord dans un avenir proche. (Au congrès d'Aix-la-Chapelle, en 1818, les puissances européennes sont tombées d'accord pour que soit mis fin à la piraterie barbaresque, mais elles n'ont pu décider laquelle, des deux nations rivales en Méditerranée, se chargerait de la besogne.) Une fois les esclaves blancs trouvés sur place libérés, une fois le dey parti en catastrophe et son trésor pillé jusqu'au dernier maravedis, que vont faire les troupes débarquées ? Pour apaiser les Anglais, qui froncent les sourcils, le roi bourgeois Louis-Philippe annonce, en 1832, « une occupation restreinte », puis, en 1840, se contredisant, il se prononce pour une conquête globale, une sorte de colonisation « à l'américaine » : la population autochtone sera submergée par les colons venus de France ; la civilisation française absorbera l'Islam ; bientôt, la région ne comptera plus que des Français que rien ne distinguera de leurs compatriotes de l'autre côté de la Méditerranée. En 1848, la Troisième République entérine cette politique et crée les trois départements de l'Algérois, de l'Oranais et du Constantinois. Mais, patatras ! en 1856, un recensement indique un net fléchissement de la démographie française : la « colonie de peuplement » est hors de portée. Napoléon III songe à une autre politique : aider à la création d'un « empire arabe » allié ou subordonné à l'Empire français,[247] mais il ne va pas au-delà des velléités. Pendant un siècle, des décisions partielles se succèderont sans qu'un plan d'ensemble soit élaboré, sans même que le projet assimilationniste de 1840 soit formellement dénoncé : on additionne des constructions au petit bonheur sur le sable d'une utopie qu'on sait irréalisable. Un effroyable gâchis, dissimulé sous d'incontestables mises en valeur, financées par des citoyens métropolitains qui ne portèrent jamais qu'un intérêt lointain à ces « départements ». Après cent trente ans de navigation à vue, les Français amènent le drapeau.

247. Une politique qu'on peut définir par un anachronisme : « à la Lyautey ».

Les Britanniques ne peuvent s'enorgueillir d'un meilleur bilan : ils dépensèrent moins que les Français en hommes et en argent, mais, au bout du compte, leur mainmise sur une large fraction de la Maison de l'Islam fut aussi stérile.

L'Islam a inscrit ses victoires sur les colonialistes parmi ses raisons de fierté. Il est en train d'effacer peu à peu les derniers restes de la conquête européenne « comme le vent efface les pas d'une caravane sur le sable d'une dune ».

Des victoires faciles de l'Europe sur l'Islam, qui se poursuivent par des dépenses ruineuses, des milliers de morts, pour se conclure par une défaite piteuse.

Pourquoi ces échecs ?

Parce que, à des siècles de distance, les Européens n'ont jamais rien compris à l'Islam. Ils n'ont jamais cherché à étudier ce totalitarisme complexe, à chercher à savoir sur quoi il était fondé et comment il fonctionnait, pourquoi, une fois en place, l'identité musulmane survivait à tous les assauts et à toutes les séductions, quels ingrédients soudaient les peuples musulmans face aux autres, les gens de la Maison de la guerre, et leur donnaient la fierté d'appartenance. Un diagnostic s'impose à l'égard de nos ancêtres : ignorance, suffisance, mépris, ethnocentrisme, européocentrisme.

S'ils avaient eu une meilleure connaissance de l'identité musulmane, s'ils avaient pris en « considération » son étrangeté par rapport à la leur, croisés et colonisateurs seraient sortis immédiatement de leurs certitudes béates sur leur supériorité acquise à jamais ; ils auraient compris la nécessité pour eux d'avoir une véritable stratégie sur le long terme. Or, de stratégie, jamais ils n'en eurent. Jamais même, ils n'en ébauchèrent une. Ils n'y pensèrent même pas.

Aujourd'hui, c'est l'Islam qui, à son tour et une nouvelle fois, a pénétré sur le territoire des Européens. L'Islam, qui, lui, a une stratégie de conquête sur le long terme et de domination sans retour. Les victoires qu'il a remportées, presque sans rencontrer d'obstacle, en un demi-siècle, la manière dont il a su stabiliser ses acquis et les atouts dont il dispose pour l'avenir obligent à examiner l'état des forces en présence et leurs potentialités avec la plus extrême gravité.

Partant de constats sur l'histoire au long cours et sur notre histoire récente, posons en principe que, de toute urgence, les Européens doivent :

– Prendre en considération la réalité de l'Islam.
– Avoir conscience de la menace à laquelle leur civilisation est actuellement confrontée.
– Elaborer au plut tôt une stratégie de contre-offensive qui, par l'ampleur de ses champs couverts et la portée de ses visées dans le temps, répondra à l'offensive totalitaire et à long terme qui est conduite contre eux.

C'est à esquisser une telle stratégie de riposte que sera consacrée la dernière partie de ce livre, en commençant par quelques aperçus méthodologiques.

UN OBJECTIF MOBILISATEUR

Les études qui ont été menées sur « les grands performants »[248] ont permis de dégager un certain nombre de constantes qui expliquent les résultats exceptionnels obtenus par des champions sportifs, des virtuoses en musique, des magnats des affaires, de grands politiques… Tous ont été des hommes ou des femmes d'une seule idée, d'un seul but.

Et ces constantes qui s'appliquent aux individus valent tout autant pour les groupes. Partis politiques, entreprises industrielles ou commerciales, associations de toute nature… les groupes ne réussissent que tendus vers un but.

Une stratégie de l'Europe face à la conquête islamique doit donc, d'abord, définir un objectif.

Celui-ci aura quatre caractéristiques :
– Il sera clair, sans ambigüité ; il pourra être énoncé en un mot ou quelques mots ; il sera une devise, un slogan, un cri de guerre.

248. Lire les travaux d'Abraham Maslow (voir note page 32). On peut également, si l'on ne craint pas de faire son miel en dehors des œuvres estampillées par l'intelligentsia, se référer à Napoleon Hill (1883-1970). Pendant la crise économique des années trente, aux Etats-Unis, ce journaliste eut une série d'entretiens avec les plus riches *tycoons* sur les méthodes qu'ils avaient utilisées pour faire fortune. Il découvrit que tous avaient en commun un certain nombre de comportements psychologiques qui pouvaient expliquer leurs réussites dans des secteurs d'activité très divers. Son livre, *Think and grow rich* (*Réfléchissez et devenez riche*), paru en 1937, a été vendu à 17 millions d'exemplaires. Les psychologues « sérieux » ne le citent jamais, mais aucun ne l'a expressément contredit.

Prenons le cas des guerres d'indépendance dans les pays arabes. Indépendance, *istiqlâl*[249], était clair – Cela voulait dire : je ne dépendrai plus de l'étranger » – et sonnait comme une diane. Un alignement de mots comme « l'indépendance dans l'interdépendance », confus, ne pouvait avoir d'impact. Sur l'autre bord, « Algérie française » était, à l'oreille, un slogan bien rythmé, tout comme sa traduction en klaxon ou en percussion sur instruments de cuisine, mais personne n'a jamais su lui donner un contenu concret, dessiner précisément le projet qu'il était censé recouvrir.

– L'objectif sera « ambitieux » : il doit représenter pour chaque individu, à travers le groupe, une valorisation de soi à soi.

L'espérance d'un bénéfice personnel matériel ou social peut être motivant, mais l'engagement au service d'un objectif ne sera plein que si l'on ressent, au fond de soi, un agrandissement de l'être à le faire sien.

Istiqlâl, c'était sans doute espérer de meilleures conditions de vie, des perspectives de réussite sociale, mais c'était aussi renouer avec l'identité ancestrale et la fierté d'appartenance, tout de suite se sentir plus grand par le fait de se mettre au service d'une si noble cause.

– L'objectif sera difficile à atteindre. L'expérience prouve que la mobilisation de l'être ou du groupe ne se réalise pleinement qu'à cette condition. Les buts qui paraissent à portée de main sont ceux qui sont le moins souvent réalisés, parce que les individus, déjà tièdes au départ, ont tendance à se refroidir, à se relâcher, dès qu'ils ont à faire face à un obstacle inattendu.

Le cadre salarié qui fonde « une entreprise simplement pour vivre de ses revenus » a moins de chance de réussir que le passionné qui se fixe de créer une grande marque ou de faire fortune. C'est ainsi !

Si les insurgés algériens s'étaient contentés de réclamer l'autonomie avec l'espoir d'arriver plus tard à l'indépendance, il est probable que leurs partisans se seraient découragés aux premières difficultés, les chefs se seraient empêtrés dans des combats politiciens et des compromis ; l'élan du début se serait affaibli, le mouvement se serait dilué.

249. D'une racine centrée sur « peu nombreux, de peu d'importance, petit », avec une dérivation conduisant à « considérer comme de peu d'importance, négligeable, dont on peut ne pas tenir compte, dont on est indépendant ». La « petitesse » de l'autre, sa dépréciation est présente dans le terme arabe, et nullement dans sa traduction française. Un mot arabe et un mot d'une langue indoeuropéenne ne se superposent jamais complètement.

Les deux dernières conditions ont une conséquence : elles sont de véritables aimants pour les meilleurs, les plus désintéressés, les plus vaillants, ceux qui ont soif de dépassement. Et tout mouvement a besoin de ces êtres d'exception, à tous les niveaux du commandement et de l'exécution. Ceux-là, on ne les attire pas et on ne les retient pas avec du « petit bras », du médiocre, du calcul à la petite semaine. Il faut voir grand et loin, penser haut et noble.

– Enfin, l'objectif doit pouvoir susciter la foi, la confiance absolue dans la possibilité de l'atteindre. C'est bien connu : un chef qui doute, et toute l'entreprise s'effondre ; une troupe qui s'interroge sur la justesse de sa cause ou les chances de l'emporter, et c'est la débandade.

Seul un objectif qui est branché sur l'affectif ou le spirituel, qui met en branle le cerveau droit, peut provoquer la foi. Ce peut être, pour un individu, la croyance en son étoile ; pour un peuple, la défense de la patrie, pour laquelle on est prêt à mourir ; pour une communauté religieuse, l'expansion d'une vérité tenue pour absolue…

L'objectif de la guerre de l'Islam contre l'Europe répond parfaitement à ces exigences.

– Il est simple à énoncer : l'Europe doit être soumise entièrement à l'Islam, à la Loi d'Allah.

– Il est de nature à valoriser ceux qui se mettent à son service : c'est un devoir sacré, dans le chemin d'Allâh, au service de Sa Communauté ; il peut conduire un Croyant aux plus hauts niveaux « spirituels ».

– La tâche sera longue et malaisée ; les militants de la cause islamique doivent s'attendre à des épreuves et à des revers, mais ils en sortiront plus forts et les martyrs seront récompensés par Allâh.

– La victoire de l'Islam est certaine, puisque décrétée de toute éternité par Allâh.

Le cri de guerre *Allâh akbar !* résume tout.

QUEL OBJECTIF POUR LES EUROPÉENS ?

L'Europe doit répondre à un objectif aussi puissant par un objectif de force égale.

Voyons pour commencer, les hypothèses que les Européens pourraient envisager pour « traiter » avec l'Islam, pour arriver à un compromis de coexistence entre les deux civilisations sur un territoire partagé ou commun.

Le premier élément de la réflexion est la position de l'autre partie. Elle présente pour les Européens l'avantage d'être connue. Elle est sans ambigüité et, en outre, elle ne variera pas. Si on ne s'arrête pas aux discours fallacieux des soldats de la *taqiyya*, si l'on se réfère aux textes sacrés de l'Islam, à son histoire, à son identité, on peut résumer cette donnée de base en quelques mots :

L'Islam n'accepte la cohabitation que temporairement, lorsqu'il n'est pas en mesure d'imposer sa domination totale. Le devoir sacré des Musulmans est de soumettre les autres, tous les autres, à la Loi de l'Islam.

Tenant compte de cette réalité dure, irréfragable, quelles « solutions » l'Europe peut-elle avancer ? Les hypothèses sont peu nombreuses au plan juridique :

– Des sous-territoires séparés sur le territoire européen. L'Europe aurait ses Islamistans, comme l'Afrique du Sud de l'apartheid avait ses Bantoustans.

C'est, ni plus ni moins, la phase des « places de sûreté » du plan peau de panthère d'Abû Yazîd. Un moment, une étape, dans le djihad ; en aucun cas une solution installant la paix ou y conduisant.

– Un apartheid juridique, comme au Liban, avec des répartitions de rôle entre les communautés.

Autant dire, la guerre continue avec l'Islam. Aucun compromis d'aucune sorte n'amènera les Musulmans à renoncer à obtenir la totalité du pouvoir. Dans tous les pays où une communauté musulmane est reconnue comme telle, la guerre interne est endémique.

– La subsidiarité d'un droit à un autre.

Exemple : dans l'Islam classique, les dhimmis. On peut imaginer les Musulmans comme dhimmis des Européens. Pour combien de temps ? Et comment concilier l'existence de citoyens de seconde catégorie avec nos impératifs démocratiques ?

Aucune de ces hypothèses n'a de solidité. Certaines peuvent constituer des objectifs d'étape ; sur aucune, une paix durable ne peut être édifiée.

C'est la survie de la civilisation de l'Europe et la liberté de ses peuples qui sont en jeu dans une guerre où l'ennemi ne se satisfera jamais de gains limités, où aucun « accommodement » ne sera suffisant, où aucune trêve ne débouchera sur une paix réelle. Tant qu'ils se croiront en position de l'emporter, les Musulmans en djihad ne cesseront la guerre qu'après la soumission totale des peuples européens, puis leur islamisation totale, la disparition de l'Europe.

En conséquence, l'objectif de riposte des Européens face à l'actuelle offensive de l'Islam contre leur territoire et leurs peuples ne peut être que le retour à la situation avant l'invasion, avant le lancement de la dernière entreprise de conquête, avant la mise en œuvre de la stratégie d'islamisation que nous subissons. Ce ne peut être que la Libération, la Reconquête, la *Reconquista*.[250]

C'est-à-dire chasser l'Islam de l'Europe, réduire à rien sa capacité de nuisance sur le territoire des Européens. En d'autres termes : la reddition sans condition, telle qu'elle fut formulée par les alliés pour extirper le totalitarisme nazi. Ou encore : la disparition totale et définitive de l'Islam en Europe, comme le totalitarisme communiste a disparu totalement et à jamais dans l'Europe de l'Est.

A l'objectif final global des Musulmans qui les mobilise s'opposera un objectif aussi simple, radical, ambitieux, exaltant, simple, valorisant, mobilisateur, créateur d'un grand élan de foi.

Il rappellera constamment à tous la nocivité de l'Islam.

Il fera venir dans la lutte les plus courageux

Il fera barrage aux efforts du marais pour entraîner les peuples dans des compromis qui n'auraient pour résultat que de permettre à l'ennemi de se renforcer avant de repartir à l'assaut.

Quelle sera la formulation de cet objectif ? Je pense qu'un mot ou un groupe bien rythmé de quelques mots s'imposera à l'occasion d'une manifestation ou d'un affrontement. Faisons confiance au génie du peuple pour inventer son cri de guerre !

---

250. Lire Philippe Conrad : *Histoire de la Reconquista* (PUF, 1999).
Les Musulmans débarquèrent en Espagne en 711. La dernière ville en leur pouvoir, Grenade, tomba aux mains des souverains catholiques en 1492. Il restait alors dans la péninsule environ 300 000 « Morisques », qui étaient autorisés à pratiquer leur religion. Mal intégrés, souvent en révolte, parfois déplacés de force d'une province à une autre, baptisés collectivement en plusieurs vagues, accusés d'intelligence avec les pouvoirs maghrébins, puis avec les protestants au nord… tous les Morisques furent expulsés par Philippe III de 1609 à 1614.

UN PLAN ADAPTÉ

Restera à élaborer un plan suivant quelques principes qui ont fait leurs preuves : des objectifs secondaires bien ciblés, échelonnés, évalués et révisables ; des hommes, des moyens, de la communication... Une affaire de techniques, valables pour n'importe quelle entreprise, individuelle ou collective.

Ce plan devra tenir compte de certains particularismes de l'Islam.

– A propos de compromis envisageables : ne pas chercher à ruser avec l'Islam, encore moins à le manipuler.

Toute l'histoire prouve que, à ce jeu-là, ce sont toujours les Musulmans, autorisés, formés et habitués à mentir et à tricher avec les Infidèles, qui sont gagnants.

En particulier, se méfier des alliances avec une fraction de l'Islam contre une autre. Un tel conjungo contre nature ne peut être que pour un but déterminé et une durée limitée. Les échecs des Etats-Uniens et des Britanniques qui ont cru habile de jouer avec les pires extrémistes sont des mises en garde toutes récentes et qui doivent demeurer fraiches dans notre mémoire.

Ne pas sous-estimer les Musulmans (veillez-y, anciens colonisateurs !), leurs qualités propres, leurs motivations :
– Le caractère sacré de la mission, ce qui veut dire qu'ils ne renonceront jamais.
– La certitude de la victoire finale voulue par Allah.
– Le désir de revanche.
– L'indifférence à l'économie.
– L'habileté dans la *taqiyya.*
– Le mépris de la mort.
– La capacité à infliger la violence...

Ne pas les surestimer non plus :
– Ils n'attaquent pas lorsqu'ils doutent de leur possibilité de vaincre.
– Ils ne connaissent pas tout de nous : leurs avancées récentes leur font penser que nous sommes irrémédiablement lâches, décadents... et ils mésestiment nos capacités de réaction.
– Ils sont isolés face à la « morale mondialiste » à laquelle toutes les nations adhèrent ou font semblant d'adhérer ; leur double langage ne peut duper longtemps ; il leur sera de plus en plus difficile d'avancer des

arguments moraux pour rallier des étrangers à leurs visées impérialistes et à leur civilisation totalitaire.

– En Europe, leur force repose en grande partie sur le lobby intérieur, et ils ne le savent pas.

– Ils sous-estiment le rejet des peuples en contact avec eux et ses capacités de réaction.

En ce qui nous concerne, il conviendra de tenir le plus grand compte de nos points faibles :

– Notre difficulté à pénétrer la mentalité musulmane, si éloignée de la nôtre (attention à ne pas plaquer nos schémas mentaux sur ceux de l'autre !).

– Nos insuffisances pour pénétrer les milieux musulmans.

– Notre peu d'aptitude à déjouer les pièges de la *taqiyya*.

– Notre tendance à surestimer l'attractivité de la civilisation européenne.

Deux constantes devront particulièrement orienter notre action.

– Nous rappeler constamment que les Musulmans ne font la guerre qu'en position de force.

En conséquence, dès que nous avons réussi une avancée dans le conflit ou à la veille d'un affrontement incertain, attirer l'attention de l'adversaire sur les risques qu'il prend à persévérer dans l'hostilité.

– Essayer de persuader les Musulmans que, pour défendre notre civilisation, nous ferons preuve de la même détermination, du même courage, de la même violence dont ils pourraient faire usage si leur religion était menacée.

Ils doutent de nos vertus guerrières à cause des exemples d'avachissement que nous leur donnons depuis trop longtemps, parce qu'ils se sont raconté des histoires sur leur passé, aussi parce qu'ils dénient toute valeur à notre civilisation, qu'ils méprisent tout ce dont nous sommes fiers ou heureux… Mais, après tout, s'ils ne veulent pas admettre que nous puissions l'emporter, qu'importe ! Nazis et staliniens ont vécu jusqu'au bout dans le mépris des démocrates.

L'appréciation des difficultés ne doit pas nous conduire à douter de notre victoire finale :

– Nous sommes sur notre terrain.

– Nous pouvons mieux jouer qu'eux avec ses particularités.

– Nous sommes plus nombreux (si, par calamité, nous allions vers une déflagration mondiale, dans cette éventualité aussi, les Musulmans seraient en position de faiblesse numérique).

QUELQUES REMARQUES MÉTHODOLOGIQUES ENCORE

Il y a bien des moyens d'élaborer une stratégie ou de la mettre en œuvre, que ce soit pour une entreprise commerciale ou une nation. La pire attitude, qui conduit immanquablement à l'échec, est de s'abandonner au vertige de la construction intellectuelle. C'est là, hélas ! Une tentation permanente pour nous, Occidentaux contemporains, au cerveau hypertrophié, en perte d'instinct et d'intuition, fugueurs des réalités. Une règle est impérative : partir du terrain et y revenir régulièrement pour vérifier la pertinence des analyses et des préconisations.

Le plan devra couvrir dès l'origine l'ensemble du chemin à parcourir pour arriver au but final. Des étapes, avec des objectifs relais, seront prévues, pour assurer le terrain conquis, renforcer les moyens, relancer la mobilisation, réorienter des actions… mais seul un plan complet permet de tirer pleinement parti d'opportunités en les intégrant dans une action globale.

Par exemple, un événement suscitant une réaction affective forte de l'opinion peut permettre de faire passer une mesure législative. Si celle-ci est déjà inscrite au plan pour une étape ultérieure, elle ne sera pas un coup sans lendemain, mais sera utilisée pour éventuellement amorcer la phase qui suit dans le plan.

Une stratégie n'a de valeur que si elle demeure vivante, si elle peut à tout moment intégrer les changements de situations, procéder à des ajustements et à des révisions…

Un système d'évaluation de l'analyse et des préconisations sera à mettre au point dès le départ, en amont du déclenchement de l'action. Ce système lui-même devra être soumis à évaluation.

La première tâche est d'identifier les ennemis. En dégageant bien leurs objectifs communs et les objectifs particuliers de chacun, leurs alliés, leurs méthodes et moyens. En l'occurrence, nous avons affaire à des ennemis de l'intérieur et de l'extérieur.

A côté des ennemis évidents, parfois déclarés, il y a toute la panoplie des faux amis, des traîtres en attente de trahison....

Vis-à-vis de chacun, un plan d'action est à mettre au point. Méthodes et moyens seront précisés, échelonnés, planifiés, évalués de façon à pouvoir être renforcés, abandonnés, révisés, réorientés...

Pour conduire l'action, il faut un chef, une hiérarchie, une troupe. Aux chefs de recruter, mobiliser, communiquer en amont et en aval. A la hiérarchie de former, entraîner, encadrer, dynamiser. Pour la troupe, « valeur et discipline ». Pour tous, « honneur et patrie ».[251]

Le rezzou, la nébuleuse du type al-Qaida... nous ne savons pas faire. L'organisation pyramidale fut, de tout temps et en tout lieu, notre force, y compris lors des guérillas où les Résistances n'eurent d'efficacité qu'une fois coordonnées et structurées.

C'est le sort de l'Europe tout entière qui se joue et l'Europe se sauvera tout entière ou périra. La guerre sera gagnée si elle est européenne, comme on pouvait dire, en 1940, que la guerre contre les totalitarismes serait gagnée si elle devenait mondiale.

Cependant, à l'intérieur de l'Europe, le seul cadre qui peut permettre actuellement de mobiliser les peuples est la nation. Peut-être un patriotisme européen prendra-t-il vie. Mais pour l'heure, si ce patriotisme existe dans la tête et le cœur de militants de la Résistance, on ne peut pas dire qu'il anime les peuples. Les hommes et les femmes d'Europe sont prêts à se battre pour leur territoire national, leur langue, leur drapeau, leur manière de vivre... pas pour l'Europe, idée abstraite, floue, et beaucoup trop défigurée par des institutions qui ont parlé et agi en son nom.

Les démocraties se doivent de s'imposer une règle : lutter contre les totalitarismes uniquement avec des moyens démocratiques. Il y va de leur honneur, mais aussi, je veux le croire, de leur efficacité.

Et parmi ces moyens, il en est un qui est une arme redoutable : le référendum. Les taupes de l'Islam en Europe, tout comme les poltrons qui redoutent d'entrer dans la bataille, craignent par-dessus tout que le peuple exprime ses opinions et ses volontés. Les résistants devront exiger de leurs gouvernements le recours au référendum aussi souvent que nécessaire pour tuer dans l'œuf les tentations de compromis, de

251. Ces quatre mots sont les devises de la Marine nationale française, la Royale. « Honneur et Patrie » précédait les interventions du général de Gaulle à la radio de Londres.

« moindre mal », de « réalisme », auxquels les hommes au pouvoir ne sont généralement que trop tentés de céder.

Au plan international, aucune remontrance ne devra être tolérée de quelque pays que ce soit. La civilisation européenne est en état de légitime défense et nul n'a le droit de contester aux Européens leur droit à survivre.

La légitime défense suppose l'emploi, non seulement de moyens « proportionnés à la menace », comme le prescrit sottement le droit français concernant les individus, mais aussi de tous moyens dissuadant de l'offensive, de la persévérance et de la récidive.

Mais, assez de théories ! *Non verba, sed acta.*

DE L'IMPORTANCE D'UN OBJECTIF UNIQUE

L'histoire de la France démontre l'importance d'un objectif dans l'action politique.

A partir de la fin du Xe siècle, les souverains français (les Capétiens) ont une idée fixe : « le pré carré ». Ils veulent élargir constamment le « domaine royal » et leurs terres de suzeraineté jusqu'aux « frontières naturelles » du pays. Pour atteindre cet objectif, ils auront recours à tous les moyens : les mariages, la force guerrière, l'achat de fiefs, la corruption… On peut dire que la France s'est constituée sur un objectif.

On peut remarquer d'autre part que, chaque fois que les roi ont eu des ambitions hors du pré carré, ils n'ont récolté que des déboires. Ainsi, les successeurs « romantiques » de Louis XI l'avisé, de Charles VIII à François 1er : leurs expéditions aux buts confus en Italie coûtèrent plus que la construction de tous les châteaux de la Loire, produisirent morts, destructions et… ridicule ; elles ne laissèrent rien de durable à la France.

Le souverain français le plus célèbre à l'étranger, Napoléon 1er, illustre lui aussi les conséquences d'une politique sans objectif précis. On répète qu'il fut un « génie militaire ». Et, de fait, ses victoires démontrent son sens de la tactique sur le champ de bataille. Il disait de la guerre que « c'est un art simple et tout d'exécution ». Une définition courte, qui prouve qu'il ignorait l'importance de l'autre volet de la guerre, avec la tactique : la stratégie. Qui pourra dire quel était l'objectif du Corse ? Redécouper l'Europe en fiefs pour sa famille et quelques coquins, piller les régions limitrophes après avoir tracé sa route à grands coups de boucheries, augmenter sa « gloire », se sculpter une statue pour l'Histoire… ? Il est logique que l'aventure sans but se soit terminée par un échec.

CHAPITRE 16

Identifier l'ennemi

Oui, j'ai écrit : l'ennemi, et non pas : les ennemis.
J'ai commis un péché : j'ai « essentialisé ».
Je persiste et m'explique.

L'ENNEMI : L'ISLAM

Quand un peuple est attaqué, il doit cerner le plus précisément possible qui lui fait la guerre. S'il ne le fait pas, ses coups de défense seront mal ajustés, il risque de blesser des amis ou se priver d'alliés potentiels, l'ennemi pourra jouer des ruses de la dissimulation...

Si, dans les années vingt du siècle dernier, au nom des principes communs à toutes les démocraties, une seule d'entre elles (la France, par exemple) avait, en toute clarté, dénoncé le nazisme – qui ne s'était jamais caché d'être un totalitarisme expansionniste et guerrier – comme un ennemi mortel, à combattre jusqu'à son anéantissement, d'autres démocraties (la Grande-Bretagne, les Etats-Unis) n'auraient pu aussi aisément favoriser la montée en puissance de l'Allemagne dans un stupide jeu de contrepoids en Europe. Les palinodies d'Hitler pour dissimuler la constitution d'une armée d'offensive auraient été, aussitôt connues, contrecarrées au moindre coût par la pression des peuples informés des menaces qui pesaient sur eux. Combien de dirigeants européens auraient renoncé, par simple prudence, à lier leur sort à un parti condamné à mort par des nations alors bien plus puissantes que l'Allemagne ? A l'intérieur du Reich, les antinazis, sachant leur ennemi démasqué, sous surveillance et contraint, auraient résisté plus efficacement ; combien de milliers d'entre eux auraient été épargnés dans leur liberté et leur vie ? Faute d'avoir désigné à temps le nazisme comme un ennemi à combattre et à éliminer, son ascension n'a plus été « résistible » (Berthold Brecht), il a fallu faire la guerre à tous les Allemands, nazis et antinazis, et des millions d'êtres humains sont morts dans un conflit qui, commencé par des « incivilités » de rue, appuyé par les mensonges d'une propagande habile, encouragé par la lâcheté ou le cynisme des démocrates, s'est étendu au monde entier.

A contrario, quand, en 1947, le président américain Harry Truman désigne le totalitarisme communiste comme ennemi de la liberté et qu'il engage les forces des Etats-Unis pour le contenir (la politique du *containment*), il n'évitera, certes, ni les atrocités des tyrans dans leur zone de pouvoir, ni les guerres par pays tiers interposés, mais le communisme ne pourra plus s'abriter derrière un masque démocratique (comme il avait réussi à le faire avec Roosevelt) ; il ne cessera de reculer dans le monde et il disparaîtra sans qu'il ait été nécessaire de le vaincre dans une nouvelle guerre frontale à l'échelle de l'humanité.

La guerre de l'Islam contre l'Europe est globale, « synthétique » ; elle vise à la destruction de l'adversaire, de son patrimoine, de ses potentiels, de ses valeurs ; les hommes à combattre sont définis par une appartenance « essentielle » : l'appartenance à une civilisation qui n'est pas musulmane, l'Europe.

A une guerre de ce type, il ne peut être répondu efficacement que par une guerre de même type, globale, synthétique, essentialisant elle aussi l'ennemi à vaincre. Ne pas définir totalement, essentiellement, l'ennemi, c'est se condamner à n'engager des combats que sur des objectifs partiels, contre des adversaires en nombre restreint, avec la possibilité de gagner toutes les batailles pour, finalement, perdre la guerre.

L'ennemi s'est désigné lui-même en ouvrant les hostilités : c'est l'Islam. Ce totalitarisme expansionniste et guerrier, idéologiquement axé sur l'anéantissement des autres civilisations, a fait de l'Europe son ennemi prioritaire pour les années qui viennent. L'Europe prend acte de ce fait et, en conséquence, elle dit : l'Islam est mon ennemi.

SEUL MOYEN D'ÉVITER LA TRAGÉDIE

Reconnaître sans ambiguïté et au plus tôt l'Islam comme ennemi de l'Europe est le seul moyen d'éviter – peut-être – une guerre ouverte, frontale entre les deux civilisations.

La guerre par la *taqiyya* peut faire place à la guerre ouverte, frontale, à la suite de deux évènements ou séries d'évènements que les courbes de l'hostilité entre Musulmans et Européens depuis trente ou quarante ans et l'état des forces en présence aujourd'hui obligent à considérer comme possibles, ou même probables :

– Des chefs musulmans croient que l'Islam a atteint en Europe un niveau de puissance tel que le djihad armé leur assurera une victoire rapide (la deuxième phase du plan d'Abû Yazîd).

– Des Européens, jugeant que la présence de l'Islam sur leur sol est devenue trop dérangeante et trop menaçante, se livrent à des actes violents, qui, d'abord localisés et sporadiques, s'étendent comme un incendie.

Il faut donc, si l'on refuse de considérer ces échéances comme inéluctables :

– Faire savoir aux Musulmans tenant du djihad ouvert qu'ils se heurteront éventuellement à une résistance et, pour preuve, commencer à diminuer le potentiel guerrier de l'Islam en Europe.

– Prouver aux Européens que les menaces qui pèsent sur eux du fait de l'Islam sont désormais prises en considération, qu'elles sont combattues et que des actions sporadiques ne pourraient être que contreproductives.

Pour le moment, ce ne sont que des individus ou de petites organisations qui « constatent la guerre » et « désignent l'Islam comme ennemi ». Leurs actions, aussi limitées soient-elles, enclenchent des mécanismes agissant dans les sens indiqués (en France, la première marche contre le fascisme islamiste, organisée par *Résistance républicaine*, à Paris, le 10 novembre 2012, a rassemblé 3.000 manifestants). Les grands partis, les Etats viendront-ils prendre le relais ? Et quand ?[252] La paix ou la guerre frontale en Europe dans les années qui viennent se jouera sur les réponses qui seront données à ces questions.

Résumé : l'alternative est sans échappatoire ; il n'y a pas de troisième possibilité :

Ou des dirigeants européens ont le courage de dire : « L'Islam fait la guerre à l'Europe ; l'Islam est l'ennemi de l'Europe. En conséquence, nous prenons les mesures nécessaires pour le repousser ». Et ils entraînent à leur suite les autres dirigeants sur le continent.

Ou, un jour ou l'autre, l'Europe connaîtra à nouveau la violence de la guerre frontale sur son sol.

La sauvegarde de la paix ne peut commencer qu'après cette clarification : l'Islam fait la guerre à l'Europe ; l'Islam est l'ennemi de l'Europe.

---

252. Le général américain Douglas MacArthur disait : « L'histoire de toutes les défaites se résume en deux mots : Trop tard ! »

DES CATÉGORIES OPÉRATIONNELLES

Ennemies de l'Europe sont les personnes physiques et morales vectrices de l'Islam, partout dans le monde, à des degrés divers d'implication et selon des modalités différentes.

Pour être opérationnel, le plan de réplique dressera un répertoire de catégories sur des critères simples :

– Objet et niveau des responsabilités[253].

– Motivations : idéologiques, spirituelles, matérielles... avec appréciation des niveaux de motivation.

– Méthodes et modes d'action utilisés.

– Moyens actuels : points forts, points faibles ; évolutions prévisibles.

On distinguera évidemment

– Parmi les individus et catégories d'individus, les Musulmans et les non-Musulmans.

– Parmi les pays, groupements divers... les musulmans et les autres, ne serait-ce que parce que les uns et les autres relèvent de mentalités collectives différentes qui appellent des ripostes adaptées.

A chaque catégorie, répondra une stratégie spéciale : buts, méthodes, moyens.

Les pages qui suivent n'ont pas été écrites avec la prétention d'épuiser un sujet aussi vaste et complexe. Il faut y voir l'esquisse d'un plan et des matériaux bruts pour un édifice qui est entièrement à construire.

MUSULMANS CONTRE L'EUROPE. LES DIRIGEANTS : LES DYNASTIES WAHHÂBITES

Sans l'argent des dynasties pétrolières, les agents de l'invasion de l'Europe seraient réduits à l'impuissance. C'est l'Arabie saoudite depuis trente ou quarante ans, le Qatar depuis une vingtaine d'années, dans une moindre mesure les autres émirats du Golfe, qui financent les organismes de propagande de l'Islam sur le continent, stipendient les taupes et agents divers, corrompent des politiques et des journalistes,

253. Les mots « niveau de responsabilité » n'impliquent d'aucune manière un jugement de valeur. Il n'est pas question ici de responsabilité morale, encore moins de sanctions possibles. Il s'agit d'évaluer le degré de participation de certains individus ou groupes d'individus à la guerre afin de définir les moyens adéquats pour réduire leur nocivité.

achètent des hommes d'affaires, assurent la propagande auprès des Musulmans de base par leurs télévisions, forment les cadres, etc.

Et l'Islam que diffusent les Etats pétroliers est le leur, l'Islam wahhâbite, c'est-à-dire le plus rigoriste, le plus fixiste, le plus opposés à la démocratie, un totalitarisme qui réduit les femmes à des moitiés d'hommes, dénie toute liberté à l'individu... C'est celui d'al-Qaradâwî. Avant l'exploitation des hydrocarbures, cette forme d'Islam était limitée à quelques espaces semi-désertiques et à des populations en marge de la modernité. Désormais, il est en passe de recouvrir l'ensemble de la *umma* comme le seul Islam authentique, le seul conforme à la Loi, le seul autorisé. D'ores et déjà, il ne se reconnaît pas de rival plus « soft » qui soit légal et, d'ailleurs, il n'en rencontre pas qui soit capable de le concurrencer sérieusement.

Les Etats du pétrole sont à inscrire en tête des ennemis de l'Europe. L'Algérie, le Maroc, la Turquie et d'autres pays musulmans fournissent des troupes et un peu d'argent, mais ils ne sont que des seconds couteaux. Ils figureront sur la liste en deuxième ligne, comme il sied pour des contributeurs non décisionnaires. Il conviendra d'étudier les uns et les autres avec soin, de discerner leurs forces et leurs faiblesses, cas par cas, turban par keffieh.

LE KOMINTERN ISLAMIQUE : THÉORICIENS ET COMMISSAIRES POLITIQUES

Dans leur armée, les grands chefs ont besoin de cadres pour justifier leur action en se référant à l'idéologie justificatrice.

Pour l'Islam, le travail de mise au point de l'idéologie est achevé depuis longtemps, depuis, au moins, le Xe siècle, et tous les cas de figure d'application ont été étudiés de toutes les manières possibles. Il suffit de puiser dans l'amas des fatouas innombrables pour faire passer n'importe quoi auprès des militants, demander aux récalcitrants de s'aligner, soumettre au cachot ou à la décapitation les plus obstinés.

La télévision par satellite propage la doctrine et, bien relayée par les commissaires politiques, assure l'exécution des décisions par les échelons locaux et le respect de la ligne générale par les masses.

Les commissaires politiques sont des pièces essentielles sur l'échiquier, notamment sur le front extérieur. Quelle aurait été l'influence politique de Staline en dehors de l'URSS sans le Komintern ?

Les officiers du Komintern musulman, ce sont, en Europe, les imams de toute catégorie, qu'ils agissent dans les mosquées, les prisons, les armées…

Il faut le dire et le répéter : ces imams sont des professionnels à plein temps du djihad ; ils sont tous des taupes.

Qu'ils tiennent un discours « radical » ou qu'ils se présentent comme des modérés, ils travaillent tous à la propagation de l'Islam. Or, il n'y a qu'un Islam, basé sur le Coran éternel et la *sunna*, dont le nuancier finit toujours par se résorber dans une seule couleur, et cette couleur c'est celle du drapeau d'un totalitarisme expansionniste et guerrier. Les paroles de modération, les professions de foi démocratiques, les déclarations d'amour et de tolérance… ne sont que des faux-semblants pour tromper les Européens dans la guerre par la *taqiyya*.

Le Turc Erdogan l'a dit : « Nous utiliserons la démocratie comme un autobus pour arriver à l'Islam. »

Tous – tous – les imams œuvrant en Europe doivent être inscrits parmi les ennemis de l'Europe, visant, comme doit le faire tout bon Musulman, à la destruction de la civilisation européenne.

LES PETITS CHEFS

Les commissaires politiques s'appuient sur des sous-offs, des petits chefs. Ceux-là sont pleins de zèle pour dénoncer, corriger, entraîner, recruter, former… La plupart sont sincères, désintéressés et totalement dévoués à la cause. Le parti communiste stalinien avait su s'attacher des milliers d'hommes et de femmes ainsi formatés et motivés pour préparer l'arrivée de sa dictature dans les pays d'Europe occidentale ; en toute bonne foi, beaucoup étaient prêts à emprisonner ou fusiller des compatriotes en croyant agir dans l'intérêt de l'humanité. Les communautés musulmanes en Europe comptent de plus en plus de ces fanatiques dans leurs rangs.

Les Musulmans *new-born*, fils d'immigrés de la première ou de la deuxième génération qui étaient assez indifférents à la pratique religieuse, ainsi que les convertis, sont les plus zélés. Beaucoup de ceux-là, au moins, ne dissimulent pas : ils affichent même l'Islam réel avec jactance, au point de parasiter parfois, en le contredisant, le discours des taupes lénifiantes. Ils ne sont pas les plus difficiles à détecter[254] parmi nos ennemis, donc ils ne sont pas les plus dangereux. Les combattants du djihad qui se fondent dans la masse des Croyants pour agir sous camouflage sont autrement redoutables : l'actualité nous a appris que, dans tous les pays d'Europe, les services de renseignements en laissent passer beaucoup entre les mailles de leurs filets.

LES MOBILISABLES

Restent tous les autres, les Musulmans de la masse. Le classement est simple :

– Les Musulmans dits modérés, c'est-à-dire ceux qui vont à la mosquée de temps en temps, font parfois le ramadan, éventuellement voilent leur femme et leur fille… mais prétendent limiter leur pratique de l'Islam à ce qui est compatible avec les lois et coutumes des pays occidentaux.

Aux yeux des chefs, grands et petits, ceux-là sont tous de mauvais Musulmans. Il est acceptable de tolérer leurs manquements pendant la phase actuelle de la guerre par la *taqiyya*, ne serait-ce que parce qu'ils peuvent convaincre les Européens de la possibilité d'un Islam-religion réduit à la sphère privée. Mais dès que l'Islam disposera de l'espace de pouvoir nécessaire, ils devront se soumettre à la Loi. On est Musulman ou on ne l'est pas ; on ne peut pas être un peu Musulman (comme si une femme pouvait être un peu enceinte) et un Musulman par définition relève de la Loi de la *umma* pour tous les aspects de sa vie.

– Les Musulmans dits « de culture », qui se déclarent plus ou moins indifférents à l'Islam.

Largement majoritaires parmi les premiers immigrés, ils sont de plus en plus rares. Ils doivent dissimuler, ruser. Ils devront, à un certain moment. choisir leur camp. Se placeront-ils avec les Infidèles et les apostats, auquel cas ils seront traités comme tels, ou bien rejoindront-ils les rangs des Croyants ?

254. … sauf si, comme il a été dit, ils ont reçu de leurs chefs la mission de dissimuler leur engagement derrière un comportement d'Infidèle.

Les chefs de la guerre islamique contre l'Europe ne font pas de différence entre les uns et les autres. Pour eux, tous les Musulmans sont mobilisables contre les Infidèles, comme tous les Allemands ou les Russes étaient mobilisables du fait de leur nationalité, de leur naissance au sein d'une nation. Un jour ou l'autre, la vérité coranique sera rappelée aux Musulmans d'Europe avec les mêmes conséquences que dans les pays wahhâbites. Le prophète Mahomet a connu lui-même des déserteurs et des hypocrites. Le Coran et le *hadîth* nous ont indiqué comment ils devaient être traités. Malheur sur eux !

Les Européens ont pour devoir de prévoir cette échéance :

– En vue d'éviter le recrutement forcé de tous les Musulmans d'origine dans les troupes du djihad et le renforcement subséquent de celles-ci.

– Pour préserver les Musulmans d'origine neutres, « modérés » ou indifférents des pressions des Musulmans en djihad.

LES EUROPÉENS CONTRE L'EUROPE : LE LOBBY COLLABO, LA POLITICAILLERIE

Pendant des décennies, personne en France, personne dans la classe politique, de l'extrême-gauche à l'extrême-droite, n'a voulu remarquer ce qui crevait les yeux : l'immigration était composée très majoritairement de Musulmans, et ceux-ci demandaient de plus en plus fermement la reconnaissance de leur identité.

Les revendications des Musulmans furent systématiquement minimisées. L'Islam-religion appelait, disait-on, tout au plus quelques lieux de prière décents et quelques « accommodements raisonnables »...

Dans les campagnes pour l'élection du président de la République, le mot « Islam » fut prononcé pour la première fois en 2012, et encore en sourdine, à quelques rares moments, par quelques rares candidats. Aucun des prétendants à diriger la France n'osa poser le problème du statut de l'Islam : Islam-religion ou Islam-totalitarisme expansionniste et guerrier ?

En France, tous les élus sont, d'abord, des élus locaux. Même les élus nationaux qui n'ont aucun mandat communal, départemental ou régional. Les députés sont élus par circonscriptions ; les sénateurs, par une assemblée de notables locaux. Aussi, tous les élus, dont le premier souci est toujours d'assurer leur réélection, tiennent-ils compte d'abord de leurs électeurs locaux.

Les élus se sont donc tous couchés devant les revendications identitaires musulmanes, d'abord en fonction de leurs intérêts locaux, pour obtenir ou fidéliser la voix des Musulmans de nationalité française ou par crainte de turbulences fomentées par les Musulmans.[255]

Quant aux gouvernants... Ils sont eux-mêmes des élus locaux ou ont besoin pour maintenir leur majorité à la fois du soutien des élus locaux et de la bienveillance des médias liés à la tune arabe.

Complices de l'islamisation, les politiques de gauche, disciples de Mitterrand, qui ont agi pour la constitution d'un parti de l'étranger, ont, dans ce but, multiplié les actes de tolérance et de bienveillance à l'égard de l'Islam, ont fait des Musulmans les arbitres d'élections nationales.

Complices de l'islamisation également, les politiques de droite qui ont fait obstacle à la recomposition de la droite, qui ont appliqué le plan de Mitterrand pour faire diriger la France, majoritairement à droite, par la gauche.

Complices pareillement de l'islamisation, la droite et la gauche (et le centre, s'il existe) pour avoir facilité l'islamisation en attribuant à l'Islam le statut de religion, qui permet à ce totalitarisme policier et guerrier d'agir à sa guise sur notre territoire, pour ne jamais avoir cherché à le cantonner un statut plus conforme à la réalité.

Il faut par ailleurs poser quelques questions à propos de nos représentants :

– Combien d'élus sont stipendiés par les émirats du pétrole, le Maroc du hashish ou d'autres pays arabes ?

– Combien ont besoin de l'argent de certains gros patrons liés aux potentats arabes ?

– Combien ont besoin des médias dont ces patrons sont propriétaires ?

Qui, parmi les hommes politiques, apporte son soutien, actif ou passif, à la destruction de la France, de la Nation, de République ? Qui blesse, injurie, débilite le peuple de France, interdit l'avenir à ses enfants ?

---

255. Rappel : les livres de Joachim Veliocas et de Louis Chagnon, signalés page 290.

Qui, activement ou passivement, condamne la police à l'impuissance, tolère la justice irresponsable, accepte la servilité des médias, stipendie les associations droguées à la censure, tolère les financiers et grands patrons esclavagistes, ne réagit pas aux délires de l'enseignement ?

Dans le catalogue des ennemis de l'Europe dans la guerre islamique, le chapitre des politiques n'est pas le moins fourni.

LE PATRONAT

C'est un certain patronat qui est à l'origine de l'invasion musulmane et qui n'a cessé de demander toujours plus d'immigrés. Ce sont les employeurs de main d'œuvre immigrés, qui ont appauvri les salariés français, fait croître le chômage, abaissé notre compétitivité...

Ces employeurs, ce sont aussi bien les « gros patrons », les dirigeants des entreprises cotés en bourse que les « petits patrons » de PMI et PME de la restauration, du nettoyage...

Et aussi bien des particuliers, et notamment tous ceux qui emploient au noir du personnel domestique.

Tous sont à inscrire dans le grand-livre des ennemis.

LES DESTRUCTEURS DE L'IDENTITÉ NATIONALE

Décerveleurs de nos enfants, des pédagogistes ont réussi le tour de force d'abaisser le niveau de notre enseignement à un des plus bas du monde : des préados ne savent pas lire couramment à l'entrée au collège, des bacheliers ignorent tout de la manière dont fonctionne leur langue, sont incapables d'écrire trois phrases sans fautes de syntaxe, violent l'orthographe à chaque ligne.

(Décidément, le patronat du fric est insatiable : il lui a fallu, en plus des hilotes du tiers-monde, en faire fabriquer d'autres à l'intérieur même du pays avec les autochtones.)

Et plus aucun de nos élèves de l'enseignement public ne connaît l'histoire de son pays, ses grands hommes et ses génies, sa littérature.

Et nos médias se taisent sur ces blessures faites à notre jeunesse, quand ils n'ajoutent à la malfaisance, par leur anglomanie par exemple.

En affaiblissant le sentiment d'identité, ces criminels portent atteinte au sentiment de fierté culturel, à la vitalité même de notre nation. Ils agissent de concert avec d'autres, qui, eux, sont franchement des contempteurs de la France.

LES PROFESSIONNELS DE L'ANTIRACISME

Ils sont légion en France. Certains parmi eux font même de l'antiracisme une profession. Untel va présider pendant quelques années une association spécialisée et se faire rémunérer en conséquence, puis il deviendra l'avocat de ladite association avant de redevenir son président ou un de ses apparatchiks, sans que l'Etat, pourvoyeur de fonds, s'étonne de ce petit tourniquet.

Ces associations essaient par tous les moyens de faire taire les opposants à la pensée dominante. Les procès sont leur moyen favori pour réduire les malpensants par les frais qu'ils occasionnent et les amendes que la Justice ne manque pas de prononcer.

En appui des associatifs, les parlementaires votent les lois de repentance, qui présentent les Français comme un peuple d'esclavagistes, exploiteurs des Arabes et des Noirs, collaborateurs des nazis…

En appui des uns et des autres, des journalistes répéteurs qui agissent en écho amplificateur.

Cette mafia détruit systématiquement la fierté d'appartenance – et, incidemment, réduit à rien la possibilité d'intégration des immigrés. Pourquoi un jeune venu de l'étranger chercherait-il à se faire citoyen d'une nation aussi médiocre ?

DE QUELQUES IDIOTS UTILES

Le tableau des collabos de l'islamisation ne peut être exhaustif. Au moins, je voudrais citer quelques spécimens d'idiots utiles qui passeront dans l'histoire – peut-être plus rapidement qu'ils le pensent, quand le peuple leur demandera des comptes.

– Les rêveurs éveillés :

Il y a ceux que l'islamisation ne trouble guère parce qu'ils sont certains que les immigrés finiront par se fondre dans la population de souche. On les compte par centaines dans les milieux politiciens, où l'on tient à profiter de sa situation privilégiée et où l'on veut croire que rien ne viendra la déranger.

Voici les solutions proposées par ces songe-creux :

– L'assimilation. La France a toujours accueilli des immigrés, qui, après avoir provoqué souvent des rejets pendant quelque temps, ont fini par devenir des Français comme les autres en une ou deux générations. Et l'on cite les Polonais, les Portugais, les Espagnols ou les Italiens des deux derniers siècles, quand on ne remonte pas aux Francs ou aux Wisigoths. Comparaison stupide.

La race de ces optimistes est en voie de disparition. Je ne la cite que parce qu'on entend encore parfois des politiciens prétendre que l'assimilation à la française pourrait être ressuscitée... sans jamais préciser comment.

– La conversion. C'est l'assimilation par l'opération du Saint-Esprit. Questions : Combien de Musulmans se convertissent au christianisme chaque année dans le monde ? Chaque année en Europe, combien de chrétiens convertis à l'Islam et combien de Musulmans convertis au christianisme ? Les chrétiens se sont fait une spécialité du recensement des « poissons volants » dont ils espèrent qu'ils se multiplieront jusqu'à faire disparaître les autres.

– Le communautarisme pacifique : les Musulmans s'installent en Europe avec leurs lois, leurs coutumes... sans que la vie civique soit troublée en rien. Questions : Quel pays multiculturel est pacifique ? Dans quel pays existe-t-il une communauté musulmane de quelque importance qui ne cherche pas à s'étendre en nombre et en influence, qui ne soit source d'agitation, qui ait renoncé à évoquer les dogmes et les textes sacrés qui contraignent les Croyants à refuser d'être placés sous l'autorité des autres, qui leur demandent de combattre les autres ? Quelles garanties aura le pays d'accueil que, l'involution inhérente à l'Islam jouant, et tout autant les multiples canaux de propagande de la *umma* transnationale, la guerre civile ne se déchainera pas un jour ou l'autre ?

– L'intégration sans communautarisme. Essayons de déchiffrer : chaque Musulman vit sa vie sans s'agréger à ses frères, en les côtoyant simplement comme il côtoie les autres citoyens. Il y a certainement bien des « Musulmans d'origine » qui ne demanderaient pas mieux que de vivre à l'écart des groupes de pression musulmans, qui souhaitent que ceux-ci leur fiche la paix… Mais combien parviennent à obtenir que les censeurs les ignorent ? Dès que les Musulmans atteignent un certain pourcentage dans la population, ils se coagulent avec un sentiment d'appartenance de plus en plus fort. Question : Un Musulman d'origine, nouveau venu en Europe, peut-il échapper à la pression de la communauté musulmane ? Réponse : « Non, et dans tous les pays d'Europe. »

LES GAGNE-PETIT DE L'IRÉNISME

J'appelle ainsi tous les idéologues qui espèrent que l'Islam en Europe apportera quelque avantage à leur chapelle.

Au premier rang de ces minables calculateurs, les « curés », descendants de Louis Massignon, ce grand érudit, agité du bocal, torturé de la libido et logorrhéique, qui, au siècle dernier, eut la malhonnêteté de présenter aux Européens l'Islam comme réductible aux variétés douces du soufisme. Ses textes, jamais lus (parce qu'illisibles ?) mais souvent cités en référence, ont permis aux chrétiens qui cherchaient à s'aveugler sur les dangers du totalitarisme ennemi de se gargariser avec les trois monothéismes, les gens du Livre, les enfants d'Abraham…

Jean-Paul II, sans doute nostalgique d'une chrétienté fervente et d'une Eglise puissante dans le temporel, fut l'idole de ces cathos. Il organisa les journées d'Assise avec la présence de dignitaires musulmans (pas moins de 29 à la troisième session, en 2002) ; lors d'une audience accordée à un groupe d'Irakiens, au Vatican, le 14 mai 1999, il embrassa le Coran.

En France, Barbarin, primat des Gaules, est une figure de pointe. Il a accepté que soit gravé et demeure gravé dans la pierre d'une cathédrale *Allâh akbar*, le cri de guerre de l'Islam, ce hurlement qui accompagne les attentats, les décapitations, les flagellations, les lapidations…

J'ai appelé ces crétins des « syncrétinistes ». Je persiste et signe.

On peut étiqueter parmi les iréniques un bon nombre de juifs, qui n'ont sans doute jamais lu le Coran et les hadîth. Je conseille à ces braves gens d'aller un jour se promener avec une kippa sur la tête dans un de nos quartiers sensibles ou dans une ville des cinquante-sept pays de l'OCI.

Il ne fait aucun doute que, derrière les positions des caciques religieux, il y a un calcul : les victoires de l'Islam sur la laïcité auront de bonnes retombées pour le christianisme et le judaïsme. Pour eux, l'Islam est un allié, et non pas un rival, et un allié sur lequel ils comptent pour pallier leur anémie. Il suffit de constater comment les « trois monothéismes » se sont soudés pour protester dès qu'un tribunal de Cologne, en juin 2012, a condamné la circoncision d'un enfant pour motif religieux : « le droit d'un enfant à son intégrité physique prime sur le droit des parents. [...] Le droit des parents en matière d'éducation et de liberté religieuse n'est pas bafoué s'ils attendent que l'enfant soit en mesure de décision d'une circoncision. »[256] Même coalition des fils d'Abraham, appelés aussi gens du Livre, quand, en France, Marine Le Pen, en septembre 2012, a proposé d'interdire le voile islamique et la kippa dans notre espace public.

Faut-il inscrire dans la même liste « Religieux et spirituels » ou à son revers les francs-maçons : ceux-ci ne semblent pas encore avoir constaté que la liberté d'expression et la laïcité, leurs dogmes, sont constamment piétinés, dans les pays musulmans et en Europe même, par les Musulmans : on ne les entend pas, on ne les voit pas réagir ; certains d'entre eux, bouffeurs de curés, mettent toutes les religions dans un même sac et refusent de faire le tri entre les doctrines qui prônent l'amour et celles qui appellent à l'extermination des autres.

Les uns et les autres, religieux et frères de la Loge, sont toujours au premier rang pour dénoncer « l'islamophobie », pour approuver ou laisser faire les procès contre « les islamophobes »... Les uns et les autres se taisent sur la réalité de l'Islam, les crimes et méfaits commis par des Musulmans au nom de l'Islam.

Savent-ils tous ceux-là à quel point les Musulmans pieux, de toutes nuances, peuvent les mépriser, en attendant de régler leur compte avec eux ?

256. Pour échapper à la suspicion d'antisémitisme et d'islamophobie, les parlementaires du Bundestag se sont empressés de voter une loi autorisant la circoncision (le 12 décembre, 434 pour, 100 contre, 48 abstentions).

LES IGNORANTS

– L'ignorance de l'Islam : vraie ou simulée ?

Les ignorants de l'Islam sont légion en Europe, je leur ai consacré la première partie de ce livre. Il est désespérant d'entendre chaque jour des politiques ou des religieux proférer des absurdités sur l'Islam ou des journalistes avaler sans réagir les mensonges de taupes de l'Islam en guerre. La masse des incultes ne s'érode-t-elle pas, lentement sans doute, mais nécessairement, au fur et à mesure que les Musulmans se manifestent aux rubriques Politique internationale ou Faits divers de nos médias ou encore dans notre proximité immédiate ? Alors, posons la question : Combien de ceux qui alignent les contre-vérités ou les laissent passer sans les relever sont-ils de faux ignorants ? Combien de journalistes expérimentés, de politiciens chevronnés, de curés et rabbins plus ou moins cultivés savent, mais se refusent à voir ou à dire, par lâcheté, pour ne pas avoir d'histoire, ne pas être catalogués parmi les mal-pensants condamnés dans leur carrière... Je pense qu'il y une tartuferie de l'ignorance à laquelle il ne faut pas se laisser prendre.

– L'ignorance de la guerre, que j'ai déjà signalée.

Chez les jeunes journalistes en particulier, le déni de la volonté d'islamisation de l'Europe s'explique sans doute par cette ignorance-là. Leur cerveau fait un blocage sur la notion de guerre – immorale, monstrueuse, survivance du passé – et spécialement sur la possibilité d'une guerre en Europe ; partant, ils ne peuvent concevoir la guerre islamique en Europe ; ils ne voient aucun des faits qui prouvent sa réalité ; de là, ils se persuadent que l'Islam est une religion pacifique, tolérante... (Bienvenu serait le psy en mesure d'expliciter cette bizarroïde dérive intellectuelle qui semble avoir frappé beaucoup de nos contemporains.)

– L'ignorance de l'action : celle-ci est détectable chez beaucoup d'intellectuels : universitaires, notamment sociologues, journalistes, donneurs de conseil en tous genres.

Ces bonnes âmes n'ont jamais vécu dans le feu brûlant de l'action, qui est l'atmosphère du chef d'entreprise, du cadre militaire, du chef d'Etat... ou du salarié qui se bat avec ses fins de mois.

Beaucoup sont des observateurs honnêtes et perspicaces. Passé le stade du diagnostic, les plus avisés ont la sagesse de se taire ; d'autres y vont de leurs préconisations, démontrant leur naïveté de « cerveaux sans bras ni mains » (Aldous Huxley).

A titre d'exemple, l'universitaire Gilles Kepel. Il a décrit avec pertinence l'islamisation de nos banlieues à sa naissance ; en 2011, il constate que le phénomène s'accélère constamment et il découvre la présence des salafistes en Seine-Saint-Denis... Son constat est impeccable. Mais il ne s'en tient pas là : il recommande... de lutter contre l'islamisation en faisant une place plus grande aux Musulmans, donc à leurs représentants au sein de la société, et notamment dans les municipalités, les assemblées de la Nation... Politique qui consiste à donner à l'Islam toutes ses aises pour se développer en espérant ainsi le contrôler et en limiter la nuisance. Comme quoi on peut être un excellent descripteur et un prescripteur gribouille.[257]

Ceux-là cesseront d'être des ennemis quand ils ne répandront plus leurs sornettes du haut des chaires de la pensée dominante.

NOS ALLIÉS, ALLIÉS DE NOS ENNEMIS

Les alliés des alliés de nos ennemis sont parmi nos pires ennemis.

A savoir les Etats-Unis, ainsi que le Royaume-Uni et les pays du continent qui s'alignent sur eux.

Les Etats-Unis agissent contre l'Europe au bénéfice de l'Islam sur deux plans :

– Depuis 1945 et le pacte conclu à bord de l'*USS Quincy*, ils sont alliés des wahhabites saoudiens. Ils aident leurs compères à répandre partout l'Islam, et dans sa version wahhâbite, notamment aux marches de l'Europe : Tunisie, Egypte, Libye... mais aussi à l'intérieur même du continent : Bosnie, Kosovo, toute l'Europe occidentale.

– Les Etats-Unis ont toujours eu pour politique d'empêcher le développement sur le Continent d'une puissance économique et politique qui puisse faire pièce à leur hégémonie, cela avec la complicité du Royaume-Uni. Tout ce qui affaiblit l'Europe est bon à prendre pour les hommes de la Bible et du colt.

Entre les deux premières guerres mondiales, ils ont constamment favorisé le retour en puissance de l'Allemagne pour diminuer

257. Références de ses livres, note page 120.

d'autant la capacité de la France. Le double jeu était cynique. A titre d'exemple : En mai 1935, la Grande-Bretagne signait avec la France et l'Italie, à Stresa, un accord pour faire face à Hitler. Un mois plus tard, en juin, Londres concluait avec l'Allemagne nazie, un « pacte naval » qui permettait à l'Allemagne de se doter d'une flotte capable de concurrencer celle dont la France venait de se doter. On sait comment ce jeu idiot s'est terminé : les deux cyniques ont dû combattre le monstre qu'ils avaient nourri.

L'arme absolue pour tuer l'Europe politique, c'est évidemment l'entrée de la Turquie dans l'Union européenne. On se souvient avec quelle délicatesse et avec quel respect pour ses alliés Obama, en avril 2009, à Ankara, a plaidé pour que les Européens acceptent de se suicider.

– Les Britanniques.

Le Londonistan restera comme une des plus belles illustrations du cynisme et de l'hypocrisie d'Albion.

C'est sur chacune de ces catégories d'ennemis qu'il faut mener des actions ciblées et synergiques.

QUAND AGIR ?

Nul ne saurait dire combien de temps peut durer la *Reconquista*, quel sera son calendrier... Le devoir des Européens conscients du danger de l'Islam est aujourd'hui, et au plus tôt, de se préparer, d'esquisser une stratégie, qu'ils pourront mettre à jour, réviser, affiner sans discontinuer. En se référant au précédent de la lutte du monde libre contre le totalitarisme soviétique, il paraît judicieux d'envisager de commencer le combat par une entreprise d'endiguement, de *containment,* qui peut être menée sans délai, par étapes, pays par pays.

Sous un gouvernement collabo, comment résister à l'Islam ?

Quand la Résistance est arrivée au pouvoir, comment contenir l'Islam ?

Puis, pour éviter la résurgence du mal, comment éradiquer l'Islam ?

A PROPOS DE L'ENSEIGNEMENT DE L'HISTOIRE DANS NOS COLLÈGES ET LYCÉES

Je reprendrai ici dans son intégralité une chronique que j'ai donnée à *Riposte laïque* (17 octobre 2011) à propos des manuels d'histoire de notre Education nationale.

La manipulation est évidente. Le décervelage des enfants ne peut être uniquement le résultat d'un délire pédagogiste particulièrement farfelu. Des criminels sont à l'œuvre pour tuer chez les petits Français le sentiment identitaire, en faire des serfs apatrides, sans connaissances ni repères, donc corvéables et embrigadables à merci. Qui sont ces assassins de la personne France dans son bien le plus précieux : ses enfants ? Aux journalistes et aux historiens d'enquêter.

CE SONT NOS ENFANTS QU'ON ASSASSINE. DÉCERVELAGE ET DÉSINFORMATION PAR LES MANUELS D'HISTOIRE

Depuis plusieurs semaines, j'entendais critiquer ici et là les nouveaux programmes et manuels d'histoire pour la classe de cinquième. Des profs avaient grogné, des journalistes glosaient, des politiques murmuraient ; Alain Finkielkraut avait consacré au sujet une de ses remarquables émissions sur France-Culture (samedi 24 septembre, 9 heures)... J'ai voulu me faire une opinion sur pièces.

Dans une librairie du Quartier latin, un vendeur m'a donné le choix entre cinq ou six ouvrages, tous semblables en première apparence : grand format (22x29), couverture polychrome cartonnée, papier glacé, 350 à 400 pages (se répartissant pour moitié entre histoire et géographie), des illustrations à foison, une multitude de caractères typographiques... J'en ai pris un au hasard : c'était celui des éditions Magnard.

En l'ouvrant, je m'attendais au pire ? J'ai trouvé pire que le pire que je craignais.

Un fatras

Le livre comprend quatre grandes parties de longueur inégale : « Les débuts de l'islam », « L'Occident féodal (XIe-XVe siècle) », « Regards sur l'Afrique », « Vers la modernité (fin XVe-XVIIe siècle), articulées en 11 « chapitres » de 10 à 18 pages. Chaque chapitre est formé de modules : deux pages face à face, classées en : « dossier, leçon(s), histoire de l'art, récit d'histoire, plus, à la fin, exercices et, éventuellement, méthode. »

Chacune des doubles pages est constituée d'illustrations, de cartes, d'organigrammes, de textes d'époques, de textes d'historiens ou de romanciers, d'encadrés consacrés au vocabulaire, à des questions…

Première impression, qui sera confirmée au fur et à mesure de ma lecture : Un bric-à-brac confus de mots et d'images hétéroclites.

Pour appréhender l'histoire de quatre civilisations – l'Europe, l'Islam, l'Afrique noire, l'Amérique – entre le VIIe siècle et la fin du XVIIe, on doit faire sans cesse, de module en module et à l'intérieur de chaque module, des sauts de cabri pour, quoi qu'on fasse, ne se poser que sur des objets disparates, comme sortis d'une loterie.

Pas de lignes de force, de continuités, de hiérarchies d'importance, d'analyses et de synthèses claires… Rien qui soit signalé avec netteté comme devant être appris, retenu. Des surfaces de lettres ou d'images colorées. La version livre d'une sculpture d'Arman ou d'un patchwork psychédélique.

Quant à la chronologie, dont le grand historien Lucien Jerphanion disait : « L'histoire sans la chronologie n'est que du vent »… elle fait l'objet d'une colonne, à gauche, toutes les dix ou douze pages, et ailleurs, il faut la chercher, au pendule et à la loupe, n'importe où. On l'ignore ou on la bouscule. Des allers et retours continuels dans le temps donnent le tournis.

Comment ose-t-on qualifier un tel objet de « manuel d'enseignement » ? C'est un « beau livre », où tout a été voulu pour séduire l'œil – et, à vrai dire, c'est réussi –, mais où rien n'a été conçu avec sérieux dans le but d'apprendre.

L'élève peut errer à loisir dans ce bazar. Qu'en retirera-t-il sur le moment ? Une image ? Une anecdote ? Un mot ? Une impression ? Quelque chose qui lui paraîtra beau, qui le surprendra ou, au contraire, lui sera familier ? Et de quoi se souviendra-t-il dans un mois ? Dans un an ? Au cours de sa vie d'homme ?

Je l'affirme : aucun gosse de douze ou treize ans, aussi intelligent et travailleur serait-il, ne peut tirer de ce bouquin quoi que ce soit d'utile à sa formation.

Des visées politiques

Les concepteurs se sont manifestement imposé trois impératifs :

– Rien ne devait être dit qui pût choquer les jeunes issus de la « diversité » ou leurs parents.

– Il convenait, en revanche, de valoriser leur culture d'origine.

– Pour cela, il leur a paru judicieux de rabaisser les autres, à savoir la France et l'Europe (à moins que… cet objectif n'ait été leur priorité).

Des objectifs, nullement pédagogiques, clairement idéologiques, politiques.

Des preuves ? L'analyse quantitative suffirait. A titre indicatif :

– Les 17 premières doubles pages sont consacrées à l'islam entre le VIIe et le XIe siècle : de quoi occuper une bonne moitié du premier trimestre. (Ne pas oublier que, dans les nouveaux « publics » de notre Education nationale, les musulmans sont les plus nombreux et qu'il est bon de montrer le « respect » qu'on leur porte en les servant en premier). En regard, rien ou presque sur ce qui se passait en Occident à la même époque.

– L'importance accordée aux empires du Ghana, du Mali, du Songhaï (tous les trois musulmans), du Monomotapa : quatre doubles pages.

La malhonnêteté se déploie à longueur de pages : des omissions, simplifications, coups de botte en touche… Une panoplie de désinformation digne de feu l'URSS, de l'Arabie saoudite ou du Zimbabwe.

Un échantillon : une carte représente « l'Arabie au VIIe siècle : un carrefour commercial et religieux ». Deux villes, Nadjrân et Khaybar, y sont marquées d'un point rouge indiquant la « présence de communautés chrétiennes ou juives » (ce qui permet de déduire que la carte représente l'Arabie du début du VIIe siècle, juifs et chrétiens ayant été chassés d'Arabie dans les années trente) ; deux autres villes sont signalées comme « lieux de pèlerinage » avec un soleil vert : la Mekke et…Médine (?). Le soleil vert, totalement injustifié, anachronique, pour Médine a permis d'éviter le point rouge. Un mensonge a effacé une vérité dont l'évocation pouvait provoquer quelques remous dans les classes : la deuxième ville sainte de l'islam a été créée par des juifs, qui en ont été les seuls occupants pendant des siècles, jusqu'à ce que Mahomet les exile, les vende comme esclaves ou les massacre.

L'islam et l'Afrique noire : désinformation positive et censure

Avec l'islam et l'Afrique noire, on a affaire continument à une « désinformation positive » (on serait tenté d'écrire : … une « discrimination positive ») ou à des « ellipses » qui ressemblent fortement à de la censure.

Sur les premiers temps de l'islam, les sept doubles pages du chapitre 1 demanderaient un livre entier pour être analysées. C'est l'islam pour bizounours en turban.

A titre d'illustration :

– Après l'Hégire, Mahomet « convertit de nombreux Arabes à l'islam. En 630, il s'empare de la Mecque. Il meurt à Médine en 632 ». Un récit un peu court. Rien sur les hold-up, les assassinats ciblés, les ruses meurtrières, l'expulsion, la mise en esclavage, le massacre des Juifs… ces faits que les auteurs de la *sîra* (biographie) du Prophète appellent noblement ses « campagnes » (*maghâzî*).

– Plusieurs pages plus loin : « Deux regards sur Muhammad et la naissance de l'islam » : un court texte de Tabari (un écrivain stipendié par le califat abbasside, un des auteurs de référence de la *sîra* du Prophète, autrement dit : de « la légende dorée ») ; un autre de saint Jean Damascène, lequel peste contre la nouvelle hérésie qu'est l'islam. De l'épate ! Des matériaux bruts qui ne pourraient être exploités que dans un cours du niveau de l'enseignement supérieur.

– A propos de la Conquête musulmane, rien sur les fleuves de sang (dont parle Tabari, justement), les motivations des envahisseurs, les résistances et les effondrements subits, les conditions faites aux vaincus…

– Et rien sur l'arrêt de l'expansion : Poitiers, 732, Charles Martel… se sont évanouis dans le non-être. (Il y aurait là de quoi satisfaire Hitler qui estimait que Poitiers avait été une catastrophe pour l'Europe.)

– En ce qui concerne la civilisation musulmane « une civilisation brillante » : rien sur le contenu du Coran, ses versions différentes, la multiplication des *hadîth*-s et leur épuration, la question du Coran créé ou incréé, la « normalisation » dogmatique, la construction et la clôture de la Charia, le crime-péché d'innovation, le système juridique et policier, le djihad, la séparation du monde en Maison de l'islam et Maison de la guerre, la motivation par le butin, l'esclavage, le statut des femmes… bref, ce qui distingue radicalement cette civilisation de celle dans laquelle vivent les élèves.

– Une double page sur « Haroun al-Rachid, le calife des Mille et Une Nuits », autour d'un long texte tiré d'un roman (!) récent : « *Amina, esclave au service du calife* ». C'est l'occasion de nous rappeler que les musulmans ne font la guerre que pour se défendre et de nous faire entendre la rengaine de la victimisation. « Comment ne pas haïr ces autres peuples aux frontières, traîtres et infidèles, qui ont tué notre chef vénéré ! Les Roumis de Constantinople ont attaqué si souvent notre calife et notre foi que je ne me souviens plus combien notre glorieux calife a dû livrer de batailles pour finalement s'emparer des îles en Méditerranée. »

– Sur le statut des juifs et des chrétiens, qui devrait passionner les enfants d'une société « pluriculturelle », sur ces *dhimmi*-s, uniquement quelques paroles du calife Omar, (encore un extrait bien sélectionné de Tabari) : ce despote, présenté comme tel dans la tradition musulmane elle-même, promulgateur du statut de la dhimmitude, qui chassa tous les juifs d'Arabie, devient un parangon de tolérance.

– Bien évidemment, il y a une double page sur l'Andalousie, cette imposture, et la mosquée de Cordoue.

Je m'en voudrais de ne pas mentionner une double page qui vaut son pesant de rahat lokoum : « L'art de la calligraphie ». Sont précisées, illustrations à l'appui – à l'intention des élèves des lycées et collèges de France, il ne faut pas l'oublier – les différences entre le style *naskhi* et le style *thuluth* (combien de maîtres sauront prononcer correctement ces deux mots ?) et il est posé à nos chères têtes blondes la question : « Qu'est-ce qui différencie le style coufique du style *thuluth* ? »

Il n'est plus question de l'islam entre la page 25 et la page 100. Après de multiples saute-moutons et va-et-vient, on le retrouve, avec les croisades …. Deux siècles d'affrontements entre l'islam et la chrétienté ont droit à une double page : « L'expansion religieuse et militaire » de la chrétienté. Un encadré est, comme par hasard, consacré au pillage de Constantinople par les croisés, en 1204 : « La soif du butin ». Et cette question est posée aux élèves ; « Quels éléments indiquent que cette expédition [la croisade] est avant tout militaire ? »

L'islam revient dans les pages 108 à 129 consacrées à l'Afrique avec des doubles pages sur les empires nommés plus haut, mais aussi sur des sujets aussi essentiels que « L'art de Djenné » ou « Le pèlerinage à la Mecque du mansa Moussa (1324) ».

Arrêtons l'inventaire des inepties. Elles sont trop patentes et trop nombreuses pour ne pas avoir été décidées.

France : anéantir la fierté d'appartenance

Dans la machine à décerveler, le passé de la France est littéralement broyé, anéanti.

Plus de ces grands personnages, ni de ces grands évènements, qui restaient dans les mémoires, pouvaient servir de repères, permettaient de distinguer des étapes, de comprendre des évolutions... Du survol et des détails. Et pourquoi ces détails plutôt que d'autres ? Mystère.

Et d'étranges évanescences ou de franches disparitions : Saint-Louis, Philippe le Bel, Louis XI... ont droit à une citation, en passant, mais on n'évoque pas *la Chanson de Roland* (à cause des méchants sarrasins ?), la poésie courtoise, Villon, Ronsard, Rabelais, Montaigne... ; à la trappe, Corneille (à cause du *Cid* ?) ; du Guesclin, Bayard, Colbert, Louvois, Vauban... n'ont jamais existé ; parmi les gloires du XVIIe siècle, seuls Molière, La Fontaine, la Bruyère sont mentionnés, mais c'est pour avoir fait, « de manière déguisée, une critique sévère du roi absolu et de la société de Cour ».

On veut, à l'évidence – d'autres l'ont dit avant moi – détruire « le roman national », anéantir l'héritage sur lequel s'est bâtie la France, anémier par là le sentiment d'appartenance chez nos enfants. Et dans ce but, on n'hésite pas à en faire des ignorants, des incultes, des sauvageons qu'on pourra, demain, greffer sur d'autres cultures.

A qui le crime profite-t-il ?

Il faut se poser la question.

L'histoire, justement, permet peut-être d'apporter une réponse, au moins d'émettre une hypothèse.

Au début de la IIIe république, Jules Ferry, grand architecte et de la colonisation et de l'instruction publique, a voulu des jeunes Français instruits et fiers du passé de leur patrie. Derrière le Lorrain, il y avait – ces adversaires ne cessaient de le rappeler – le grand patronat de l'époque, qu'on appelait le Comité des forges. Ce patronat avait besoin d'ouvriers capables de lire un plan, de calculer une surface ou un volume, d'utiliser la règle de trois... dans la compétition industrielle et commerciale qui opposait la France à l'Allemagne et à l'Angleterre. Il lui fallait aussi des soldats suffisamment patriotes pour accepter d'aller se faire tuer ou démembrer dans des pays exotiques.

De nos jours, le grand patronat, devenu majoritairement financier, le « Cac 40 mondialiste », ne réclame plus que des esclaves, à bas coût, incapables de volonté parce que sans culture ni fierté, en même temps, consommateurs dociles. Il en a fait venir en masse du tiers-monde dans nos pays. Ne chercherait-il pas à en fabriquer d'autres avec les enfants des autochtones eux-mêmes ?

Réagir

Et, maintenant, action !

Prenons contact avec les candidats à l'élection présidentielle. Obtenons des plus éveillés d'entre eux l'engagement de revenir à des manuels d'histoire qui soient clairs, qui donnent des repères mémorisables, qui ne détruisent pas la fierté d'appartenance nationale, sentiment dont toute démocratie a besoin, car lui seul peut fonder la paix sociale, assurer le dynamisme, la créativité, le développement des individus et de la nation, inciter à la solidarité.

Et, au plus tôt, dès que nous en avons l'occasion, déculottons et fessons d'abondance les mondialistes et les cuistres qui se sont mis à leur service.

PARENTHÈSE COMIQUE : LES TRISSOTIN DE LA VEULERIE

Dans le milieu intellectuel, la servilité peut s'abaisser jusqu'au ridicule de comédie.

La prestigieuse collection de la Pléiade s'est permis de censurer… Victor Hugo et Corneille. Les faits ont été révélés par l'écrivain Maurice Druon.[258]

Dans le poème *Aymerillot*, de *La Légende des siècles*, publiée en 1859, Hugo raconte que Charlemagne, de retour d'Espagne, cherche un preux volontaire pour reprendre Narbonne aux Sarrazins. L'un des pressentis refuse en disant :

… Et puis votre soleil d'Espagne m'a hâlé
Tellement que je suis tout noir et tout brûlé ;
Et quand je reviendrai de ce ciel insalubre
Dans ma ville de Gand avec un front lugubre,
Ma femme, qui déjà peut-être a quelque amant,
Me prendra pour un Maure et non pour un flamand.

Les deux derniers vers deviennent :

Ma femme, qui déjà peut-être a quelque amant,

258. *Le Franc-parler* (Editions du Rocher-Le Figaro, 2003).
Maurice Druon est lui-même victime d'une censure *post mortem*, comme auteur, avec son oncle Joseph Kessel, du *Chant des partisans*, écrit à Londres en 1943 et devenu « la Marseillaise de la Résistance française ». Les vers

Ohé ! les tueurs
à la balle et au couteau,
tuez vite !

deviennent désormais dans des cérémonies nationales

Ohé ! les tueurs
à la balle et au couteau,
tirez *vite !*

(ce qui est insignifiant). Etait-il nécessaire de déposer le manuscrit original au musée de Légion d'honneur et de le classer « monument historique » – arrêté du ministère de la Culture en date du 8 décembre 2006) ?

Me prendra pour un autre et non pour un flamand.
(ce qui n'a plus aucun sens)

Dans *Le Cid*, acte II, scène 5, tirade de Chimène :
Du sang des Africains arroser ses lauriers
est transformé en :
Au milieu de l'Afrique arborer ses lauriers.
J'ignore si les textes ont été rectifiés.

CHAPITRE 17

Résister sous un gouvernement collabo

Aujourd'hui, en Europe, passivement ou activement, par aveuglement, stupidité ou intérêt, à des degrés divers, tous les gouvernements (à l'exception de celui de Danemark[259]) sont complices de l'invasion de l'Europe par l'Islam, c'est-à-dire acceptent la mort de l'Europe à plus ou moins longue échéance.

DANS L'EUROPE OCCUPÉE, UN CHOIX POUR CHACUN

Aucun n'a pris des mesures pour arrêter cette invasion, puis chasser les envahisseurs ayant pénétré sur le territoire. Tout au plus note-t-on, de temps à autre, des mesures palliatives qui ne visent qu'à calmer l'opinion publique ou limiter quelques dépenses.

Pour un Européen conscient de l'enjeu de la guerre en cours, le choix est simple : se faire complice, actif ou passif, de l'assassinat de l'Europe, de ses idéaux de liberté, d'égalité, de fraternité, de ses modes de vie, de ses richesses culturelles… ou entrer en résistance. La neutralité n'est pas possible : celui qui se croit neutre offre aux combattants des deux bords l'image d'un lâche et, par là même, il encourage l'assaillant et se fait son complice.

AGIR DANS UN RÉSEAU

Entrer en résistance est un acte grave. C'est un engagement sur un long terme, qui demandera de la force de caractère, du courage, de l'initiative, de la discipline, de l'abnégation.

La motivation doit être forte :

– Avoir conscience des conséquences d'une défaite, et donc de la nécessité du combat.

– Être persuadé que la victoire est possible, sinon certaine.

– Être prêt à des gênes, des contraintes, des sacrifices : au moins, ne pas hésiter à perturber quelque peu le confort de sa vie quotidienne

259. Voir page 382.

(renoncer à voir une séance de cinéma pour participer à une manifestation ; plutôt que regarder un match à la télévision, écouter une émission de l'ennemi et en faire un compte-rendu à ses chefs ...).

– Savoir que, dans le combat en cours, des hommes et des femmes tomberont.

Quand, dans un tête-à-tête avec soi-même, on s'est constaté motivé et capable d'assumer des responsabilités, que faire concrètement ?

Entrer dans un réseau de résistance. Se lier à d'autres dans un champ de forces synergiques.

Actuellement, des dizaines de milliers d'hommes et de femmes passent des heures sur Internet, lisent des pages et des pages sur leur écran, regardent des vidéos, écrivent des textes (souvent des réactions épidermiques), échangent avec d'autres internautes... Tous sont persuadés résister. Non, ils ne font qu'adopter une posture et se donner bonne conscience. Ils ne convaincront jamais que des convaincus. Quel immense gaspillage de bonnes volontés, de courages, de talents, de compétences et de connaissances !

Pour résister à une invasion, il faut un but, une stratégie, des moyens, et cela, seuls des mouvements organisés peuvent l'apporter et seuls des réseaux organisés peuvent atteindre la force nécessaire pour faire bouger les partis politiques, les syndicats, les grandes institutions... et rassembler des masses.

Aucun des réseaux actuels n'est encore vraiment structuré ? Certes, ils sont à l'état embryonnaire, mais la vie agit en eux avec sa puissance dynamique, et la croissance s'accompagnera forcément de l'organisation. L'histoire des résistances nationales passées le prouve : nées de l'initiative d'un homme ou d'une poignée d'hommes, elles se sont structurées au fur et à mesure qu'elles grandissaient.

Quel que soit le niveau de développement d'un réseau, un principe doit guider son organisation :

L'autorité y est verticale, linéaire, descendante et continue.

Pour conduire une action de guerre dans un pays occupé, les systèmes éclatés comportent de trop grands risques : infiltration par des agents ennemis, initiatives locales ou individuelles contreproductives...

Parenthèse : peut-on, dans une sorte de *Kriegspiel* et pour quelques instants de remue-méninges, imaginer un réseau arrivé à maturation ?

Au sommet, un commandement national, ayant directement sous son autorité des responsables régionaux en nombre limité. Le commandement national est assisté d'une petite équipe, qu'on appellera cabinet ou état-major. (Peu à peu, les tâches de cette équipe seront réparties avec précision entre des responsables de sections ; organisation, planification et liaisons avec les responsables régionaux ; renseignement ; action ; communication ; liaisons extérieures ; logistique. Dès que possible, chaque section se dotera de cadres spécialisés par champs d'action. Par exemple, pour la communication : Internet – le « viral »- – et les réseaux sociaux ; les médias ; les évènements...) Les membres de cette équipe ont un rôle de conseil et n'ont pas autorité sur les responsables régionaux.

Chaque responsable régional a autorité sur des cadres responsables de zones, métiers, entreprises... Pour les questions techniques, il peut consulter des membres du cabinet, mais il n'a de compte à rendre qu'au commandement.

DES *TEA-PARTIES*

L'action à l'échelon local aura d'autant plus d'efficacité qu'elle s'inscrira dans une stratégie nationale et elle sera grandement facilitée si elle bénéficie de moyens et de technicités nationales.

Un modèle : les *tea-parties* des conservateurs aux Etats-Unis.

Que ceux qui ne veulent pas demeurer des culs-de-plomb ou des vibrions « agités-non agissants » se regroupent par petites équipes ; que chaque équipe se fixe un ou deux objectifs précis : bloquer la construction d'une mosquée, obtenir la traçabilité de la viande d'un supermarché, mettre fin à un « accommodement raisonnable » dans un hôpital ou une cantine scolaire, relever les contre-vérités dans la presse régionale, emm... un collabo jusqu'à le retourner... Au plan local, le bombardement de quelques rochers et cailloux bien ajustés peut suffire à abattre un pan du mur de la pensée unique.

Règles pour l'action locale :

– Les groupes locaux accueillent les résistants sans distinction d'opinion ou d'allégeance. Cependant, chaque groupe est rattaché à un réseau d'envergure national et désigne en son sein un responsable de la liaison avec l'échelon régional du réseau.

– Toute action s'inscrit dans un plan national (et toujours avec l'aval du commandement national, par l'intermédiaire de l'échelon régional). Une action isolée intempestive, bien exploitée par la propagande de l'adversaire, peut avoir des conséquences néfastes gravissimes.

– Action et communication ne sont pas dissociées. Elles sont conçues conjointement de manière à rallier au mouvement un fragment-cible de population.

– Conduire les actions sur les personnes morales à travers des personnes physiques, responsables officiels ou personnalités représentatives particulièrement connues, et non pas en s'adressant à des entités abstraites. Demander toujours une réponse ou une suite.

– Dans chaque action ponctuelle, travailler en liaison étroite avec les personnes les plus directement concernées (exemple : les riverains d'une mosquée en construction).

DES GROUPES DE TRAVAIL SPÉCIALISÉS

Les réseaux doivent prendre l'habitude de travailler en commun. Les échelons locaux permettront à cette collaboration de naître et grandir. Une autre opportunité est à créer avec la mise en place de groupes de travail spécialisés.

Il est des sujets que les réseaux traitent tous, mais sans se consulter, décidant leurs actions et les menant seuls. Des groupes communs à plusieurs réseaux seront sans aucun doute plus efficaces. En outre, ils pourront s'ouvrir à des résistants étrangers apportant des expériences, faisant des suggestions, tirant eux-mêmes profit de leur participation...

Chaque réseau élaborera une stratégie et se fixera des obligations de résultats.

Parmi les sujets urgents :
– Le statut de l'islam,
– La viande hallal,
– Les projets de construction de mosquées, instituts, écoles islamique
– Les « accommodements » en entreprise,
– Les manuels scolaires, etc.

LA NÉCESSAIRE MUTATION DE LA RÉSISTANCE

Par la structuration des réseaux et la mise en place d'échelons locaux et de groupes de travail spécialisés communs à plusieurs réseaux, la Résistance préparera concrètement une mutation qui s'impose et sans laquelle il est illusoire d'espérer en sa victoire.

Comparons les deux types d'organisation en présence :

Du côté de l'Islam, l'offensive, avec une idéologie, une stratégie, des slogans, des actions ciblées et continues, des relais...

La Résistance n'oppose que des actions en réaction, dispersées, discontinues, qui ne sont pas relayées.

Prenons pour exemple ce que pourrait accomplir un groupe de travail sur la viande hallal.

Objectif : obtenir par la loi l'interdiction de la viande hallal.

Objectif d'étape : obtenir la traçabilité de la viande d'un bout à l'autre de la chaîne, de l'abattoir jusqu'au produits élaborés, tels que pâtés ou conserves.

Méthodes : un inventaire, région par régions, firme par firme, produit par produit... à publier largement, en même temps qu'un argumentaire en vue de l'interdiction.

Auprès de tous les décisionnaires, des actions ciblées, continues, rendues publiques... Large diffusion des réponses au courrier qui leur a été dressé... Les mettre sur la défensive et ne jamais cesser de les harceler.

Auprès du public, action continue de communication en vue de constituer une masse décisive pour la consommation, la vente... et les élections.

Un groupe de travail, sous une forme juridique à définir (association sans doute), ayant une identité forte, fort d'une dizaine de personnes motivées et compétentes, peut devenir, en quelques mois, un lobby incontournable pour les hommes politiques, les producteurs, les industriels et distributeurs.

La résistance, quand elle disposera d'une organisation verticale, nationale, avec des échelons décentralisés et des groupes de travail spécialisés, aura franchi une étape décisive vers le succès. Ses troupes ne cesseront plus de croître. Elle aura inversé la situation actuelle, en passant de la défensive à l'offensive. Par le seul poids des masses qu'elle peut attirer à elle, sa victoire deviendra envisageable à court terme.

CONVAINCRE POUR RECRUTER

Comment convaincre de la nécessité de la résistance les personnes de bonne foi, indifférentes, tièdes, ignorantes ou résignées à la victoire de l'ennemi ?

– Dévoiler l'Islam : ses Lois et ses pratiques, au cours de l'histoire, à l'étranger, chez nous.

– Attaquer l'idée que les Musulmans finiront par s'intégrer (montrer l'échec croissant de l'intégration). Appuyer l'argumentation par : les exemples d'hostilité à la France, le coût de l'immigration sur l'emploi, les finances, l'école...

– Informer sur la stratégie de conquête de l'Islam sur l'Europe. Prouver sa réalité par des faits observables. Ne plus laisser personne s'obséder sur les dangers que représentent les seuls terroristes, peu nombreux, mais dénoncer les actions des soldats de la *taqiyya*, qui sont à l'œuvre dans tous les secteurs de la société.

– Il n'y a pas d'Islam modéré. Inutile de distinguer islamistes modérés, salafistes, etc. comme il est absurde de vouloir faire une classification entre le voile, la burqa, le niqab, le jilbab, le tchador... Les Musulmans sont persuadés de constituer une communauté qui les distingue de tous les autres. Les Musulmans les plus modérés sont ou seront contraints par leurs chefs et par la pression sociale de suivre les extrémistes (c'est une loi dans toutes les guerres et l'Islam est en guerre).

– Montrer les dangers des « accommodements raisonnables ». Exemples ; la signification et les conséquences de la construction d'une mosquée, du voile pour les femmes...

– Déconstruire la définition Islam-religion, les parallélismes Islam-christianisme ou judaïsme, mosquée-église...

– Souligner que l'Islam ne peut être qu'un totalitarisme hégémonique, policier, guerrier (par la violence et la *taqiyya*), qu'il ne peut se réformer, que les forces qui le dominent aujourd'hui sont les plus expansionnistes et les plus dures ; exposer l'involution.

– Représenter, avec des illustrations à prendre dans l'entourage, dans la famille :

– Une France de plus en plus épuisée par le cancer de l'immigration musulmane ;

– Une France libanisée (« Voulez-vous un pays en état de guerre civile permanente ? ») ;

– Une France islamisée : la fin de nos libertés et de nos modes de vie.

– A ceux qui doutent de la possibilité de sortir du fait accompli, dire :
– C'est nécessaire, indispensable même.
– C'est possible, et voici pourquoi ?
– Ce sera d'autant plus facile que les résistants seront plus nombreux au plus tôt : les moyens pacifiques suffiront. La résistance est le seul moyen d'éviter la guerre interne.
– Répondre ensuite à la question : Que puis-je faire ?

La réponse est à préparer soigneusement avant tout contact avec une personne à convaincre. L'embrigadement doit être immédiat ; une tache précise sera confiée aussitôt au nouveau résistant.

DANS LA LÉGALITÉ

Il convient de rendre le nouveau résistant attentif à ses obligations vis-à-vis de son réseau : il devra d'abord s'interdire les initiatives personnelles non réfléchies ; donc, se tenir en contact avec le commandement de manière permanente… En particulier, il faut qu'il se pénètre de l'idée que le combat se déroule dans un territoire occupé, où il doit éviter de se mettre en position de faiblesse en sortant de la légalité formelle. Envahisseurs et collabos tiennent l'exécutif, le judiciaire, les grands médias, le monde de la finance… ; ils disposent de moyens divers et puissants pour faire taire ou empêcher d'agir quiconque s'oppose à leur domination : la censure, la désinformation, l'intimidation, le discrédit, la condamnation judiciaire…

En conséquence, sauf circonstances exceptionnelles (atteinte manifeste à la liberté, menaces graves sur un résistant…), les résistants soucieux d'efficacité ne contreviennent pas aux lois en vigueur, même s'ils contestent leur application par le pouvoir de fait : ce serait fournir un prétexte à l'ennemi pour les faire écraser par les grosses machines qui sont à sa disposition. Le néophyte doit comprendre que la discipline qui est attendu de lui vise notamment à le préserver, ainsi que ceux à qui il est désormais lié, des faux-pas dus à une ardeur mal contrôlée.

Au demeurant, les résistants, à la différence des clandestins de la Deuxième Guerre mondiale, peuvent tirer parti des possibilités et des garanties qui demeurent inscrites dans les lois : ils sont libres de s'adresser à l'opinion publique sans autre limitation que légale ; ils ont pleine licence pour interpeller des élus, des juges, des journalistes afin de faire constater des faits, demander publiquement réparation de préjudices moraux... La légalité est une arme à retourner contre ceux qui la manient indûment.

UN PROGRAMME COMMUN

Les réseaux de résistance réussiront-ils à se coordonner ? Pour une action précise, nationale ou locale, le rapprochement se fait sans difficultés, on l'a vu à plusieurs reprises. Pour mettre au point un programme commun ?

Un programme est indispensable :
– D'abord comme pierre de touche des grands partis, des différents courants à l'intérieur de ces partis, des cadres et élus,
– Pour motiver les citoyens sur quelques buts précis entrant dans un plan d'ensemble, éviter les actions dispersées contreproductives,
– Préparer l'opinion au renversement qu'entraînera la fin d'un pouvoir collabo.

Ce programme ne peut être que bref, tenir en quelques phrases sans ambiguïté sur lesquelles tous les résistants sont prêts à agir.

Il sera largement diffusé, martelé à chaque rassemblement. Il doit devenir incontournable : chaque citoyen, chaque politicien, chaque intellectuel doit se prononcer pour ou contre ses objectifs.

Suggestion d'un programme avec préalable et six points :

Préalable : L'Islam ne peut être considéré seulement comme une religion ; c'est un totalitarisme expansionniste et guerrier.
– Moratoire sur la construction de mosquées,
– Interdiction du voile dans l'espace public,
– Traçabilité des produits animaux,

– Obligation de prononcer les prêches en français,

– Fermeture des écoles, séminaires, lieux de formation et de propagande,

– Fin de la double nationalité avec les ressortissants de pays membres de l'OCI, dont les principes sont contraires à la démocratie.

Ce programme s'articulera bien évidemment avec un programme visant à mettre un terme à l'immigration et à en diminuer le poids sur la Nation, programme qui est déjà bien avancé[260] (l'immigration en général n'est pas le sujet de ce livre) partout en Europe ; les résistants à l'Islam travailleront en étroite collaboration avec les partis et groupements anti-immigrationnistes, mais ils devront garder leur spécificité et une certaine autonomie. L'Islam demande un traitement adapté à ses particularismes, ses modes de pénétration en Europe, les moyens dont il dispose pour séduire et corrompre... L'immigration serait un problème plus facile à résoudre sans l'Islam ; vouloir traiter l'immigration sans donner la priorité à la question islamique, c'est vouloir attaquer une maladie en préservant le virus qui lui donne sa nocivité ; c'est se gaspiller à la surface des choses.

PRIORITÉ : DÉBUSQUER L'ISLAM DE SON STATUT DE RELIGION

A ce stade de la guerre, un objectif prioritaire s'impose à tous les réseaux : obtenir du plus grand nombre possible de relais d'opinion : hommes politiques, journalistes, intellectuels, personnalités connues... une déclaration sans ambiguïté sur le fait que l'Islam n'est pas une religion, mais...

Après ce mais... on peut mettre : un système politico-religieux, une théocratie, un totalitarisme... avec des adjectifs : expansionniste, guerrier... L'essentiel est que, au consensus sur l'islam-religion, se substitue au plus vite une majorité contestant cette fausse définition. Le but final étant d'amener gouvernants et élus à définir un statut pour l'Islam qui prenne en compte ses réalités d'une part, nos exigences culturelles et politiques d'autre part.

260. Lire notamment : Maxime Tandonnet : *Le défi de l'immigration. La vérité – les solutions* (François-Xavier de Guibert, 2004) ; sur le site *Polémia*, de Jean-Yves Le Gallou : *Immigration de masse : la grande catastrophe* (2012). Le sujet est traité brièvement au chapitre suivant, page 372.

L'Islam s'est installé en Europe et s'y développe à partir d'une affirmation : il est une religion. J'ai dit précédemment en quoi cette définition, ethnocentriste était fausse et combien elle était dangereuse.

Je résume, insiste et souligne : Le statut de religion permet à l'Islam de mener sa guerre d'invasion à l'abri de nos lois sur la liberté religieuse, la liberté d'expression. Ce statut le protège pratiquement de toute critique portant sur ses dogmes, ses rites, son droit, sa culture, ses modes de vie. Il interdit en fait toute action contre ses hommes de guerre, ses taupes, ses collabos. Il lui permet d'implanter ses mosquées, ses écoles, ses tribunaux… toujours en plus grand nombre. Il lui donne aussi l'avantage de pouvoir faire venir sur le continent le plus grand nombre de ses ressortissants, puisque ceux-ci sont considérés comme des immigrés ordinaires, le critère « religieux » ne pouvant être pris en compte pour les écarter.

Tant que le totalitarisme « Islam » sera dissimulé derrière la muraille « Religion », sacrée pour nos démocraties, il pourra continuer à prospérer et à ajuster ses coups contre notre civilisation. Tout ce que nous pourrons accomplir dans l'espoir de l'affaiblir risque d'être vain.

A l'attention des juristes, quelques observations, en référence au droit français.

La définition du mot « religion », telle qu'on peut la lire dans les dictionnaires, telle que l'utilisent les citoyens dans le langage courant, est simple : « ensemble de dogmes et de pratiques qui expriment la croyance au divin ». Une définition qui est valable aussi bien pour le christianisme que pour la Scientologie ou la secte des Adorateurs de l'oignon.

Le droit donne-t-il une définition plus précise ? La loi de 1905, qui fonde la laïcité, utilise « culte » et « Eglise » dans un certain flou. La législation actuelle distingue « religion » et « secte » par différents traits, dont le plus fondamental est la liberté de conscience.

La loi de 1905, dans son article 1er, précise : « La République assure la liberté de conscience ». D'où il faut déduire et conclure que tout organisme qui ne respecte pas la liberté de conscience ne peut prétendre au statut de culte, d'Eglise, de religion. L'Islam ne peut donc être considéré comme une religion selon le droit français. CQFD.

En raison de quoi, l'Islam ne peut disposer des prérogatives accordées à une religion, comme la liberté d'enseigner ; la propagande en sa faveur doit être réprimée à cause de ses principes fondamentaux, tels que la discrimination sur une base sexuelle ou religieuse, l'incitation à la violence, etc.

Des mesures partielles peuvent être décidées à tout moment sur la base de la législation actuelle. Il restera ensuite au législateur à définir avec netteté un statut juridique pour l'Islam dans le cadre d'une démocratie.

Nulle nation européenne n'a inscrit dans ses textes juridiques une définition de l'Islam. A ma connaissance, aucune instance législative, aucun parti politique, aucune institution ou association, aucun juriste de renom n'en a proposé une. Les partis de la Résistance ont là une excellente occasion de manifester leur volonté d'agir en commun : qu'ils se mettent d'accord sur un statut de l'Islam à promulguer dès qu'ils seront en mesure de légiférer, ainsi que sur les mesures à prendre pour faire entrer le dispositif législatif dans les faits. Une équipe *ad hoc*, regroupant des juristes et des connaisseurs de l'Islam, par les textes mais aussi par le vécu, peut être facilement et rapidement constituée dans l'ensemble francophone européen.

Pour commencer, les membres de cette équipe auront à réfléchir sur le moyen de contraindre le législateur à prendre acte, – enfin ! – de l'existence d'un droit musulman qui, à la différence du droit des pays européens, ne limite pas son aire d'application, mais prétend couvrir l'ensemble des activités humaines. Il leur sera facile d'établir la liste des articles de l'Islam acceptés et promus par l'OCI qui sont incompatibles avec les lois d'une démocratie, qui menacent le fonctionnement de ses institutions et les libertés individuelles.

L'Islam devra-t-il être défini comme une secte, dont il présente bien des caractéristiques : mainmise sur la totalité de la vie des membres, interdiction d'apostasie, séparation ontologique par rapport aux non-membres… ?

Peut-il être assimilé à un parti politique, c'est-à-dire « un groupement d'individus partageant une même idéologie et visant à la conquête du pouvoir » ? Cette définition vaut au moins autant que d'autres.

En première approche, on peut dire que c'est une organisation internationale de fait dont les membres doivent être soumis, à l'intérieur du territoire national, à une réglementation tenant compte de ses objectifs et de ses modes de fonctionnement.

ELARGIR LES LÉZARDES DANS LES AUTRES PANS DE LA PENSÉE UNIQUE

Les tenants de la pensée unique tiennent des propos auxquels eux-mêmes ne croient pas, ou ne croient plus. Ils persistent dans leur logorrhée pour préserver leur tranquillité pendant quelque temps encore, mais ils ne se font aucune illusion sur les remèdes qu'ils proposent pour guérir la France des maladies que lui a apportées l'Islam. Le discours qu'ils continuent à tenir peut être mis à bas facilement :

– L'intégration culturelle : elle est refusée désormais par une majorité de Musulmans.

– L'intégration par l'économie : qui ne sait que l'économie n'a pas de prise sur la volonté identitaire des Musulmans, comme le montre ce qui se passe dans les pays musulmans ? Et l'Europe n'a plus les moyens d'offrir çà des millions d'hommes éducation, emploi, contributions diverses de rattrapage.

– L'Islam de France, coupé de l'Islam du reste du monde : un milliard cinq cent millions d'êtres, et combien de télévisions satellitaires ? Combien de réseaux Internet ? Et pour déboucher sur une situation à la libanaise ?

EN CONTINU : CONTRECARRER LA PROPAGANDE

Tous les résistants auront pour mission de contrecarrer la propagande de l'adversaire partout où elle se manifestera. Un collabo qui dit des contrevérités, un journaliste qui le laisse parler sans réagir… aussitôt, la réaction doit intervenir.

– Utiliser au mieux les lignes ouvertes des radios nationale (préparer l'intervention, désigner un intervenant, vérifier son argumentaire), le courrier des lecteurs des journaux, le droit juridique de réponse, la lettre ouverte dans un journal, un bulletin professionnel, un tract (l'écrit sur papier garde une force d'impact inégalé).

– Le discours, parlé ou écrit, est toujours adressé à une personne physique (parler à la cantonade ne sert qu'à meubler le silence par un bruit).

– Une demande de rectification exprimée oralement est toujours doublée d'une intervention écrite, avec copie(s) éventuellement (exemple : au journaliste passif et à son rédacteur en chef, son directeur, le propriétaire du média). Veiller à la correction de la langue et à la civilité.

– En amont d'une action publique, prévoir
– Comment lui garantir la plus large diffusion, et à quel(s) moment(s).
– Quelle suite lui donner en fonction du résultat.

Les résistants disposant de temps occuperont plus utilement leurs journées en conduisant des actions de contrepropagande bien préparées qu'à exposer et échanger des états d'âme sur des sites Internet qui n'ont aucun effet sur l'adversaire.

Conseil aux internautes compulsifs : Avant d'appuyer sur la souris, se demander : « Suis-je utile ? Est-ce que j'apporte une information ou un argument qui pourra être utilisé par le parti ami ? qui gênera le parti adverse ? Ou bien veux-je seulement me faire le petit plaisir de gueuler dans le vide ? » Les résistants ne doivent pas se considérer comme des supporters dans les tribunes : ils sont des joueurs, qui ont à marquer des points et faire gagner leur équipe. Pour eux, une exigence : Efficacité ! Il y aura toujours suffisamment d'indignés pour nourrir les sites de leurs réactions spontanées.

CIBLE PAR CIBLE : LES TAUPES

Les taupes, imams de tous pelages, ont en charge d'encadrer les immigrés et d'endormir les autochtones. A défaut de pouvoir empêcher leur action – ce qui est du ressort de la police et de la justice –, il faut rendre leur propagande impossible à tenir à la fois devant l'opinion française et devant les Musulmans.

– Démonter leurs échafaudages de mensonges :

– Confronter l'image que ces menteurs présentent de leur Prophète avec, d'une part la tradition musulmane, d'autre part les recherches des historiens. Dénoncer la désinformation.

– Dénoncer aussi les mensonges sur les dogmes, la Loi, l'histoire.

– Demander de préciser les différences entre Islam et islamisme, islamiste modéré et djihadiste, wahhâbite et salafiste… Montrer que ces différenciations ne sont que présentations d'opportunité pour mener plus efficacement la guerre, que tous les Musulmans en guerre agissent en complémentarité.

– Démontrer que la Réforme en Islam est impossible sauf à toucher au dogme de la non-création du Coran. Qui est prêt à dire et écrire que le Coran n'est pas éternel ?

– Pourquoi les taupes ne tiennent-ils pas le langage de la Réforme en terre d'Islam ? Par crainte d'y être aussitôt condamnés.

– Démontrer l'incompatibilité de l'Islam et de la démocratie.

– Rabattre la superbe sur l'apport des Arabes à l'Europe, al-Andalus... Rappeler l'esclavagisme musulman, le *devshirmeh*... Présenter le bilan des colonisations et des indépendances.

– Passer à l'offensive :

Une fois qu'il a été démontré qu'ils ne sont que des soldats au service de « l'islamisme », qu'ils séjournent chez nous pour des missions de guerre, que leur double langage a été dévoilé :

– Leur demander de cesser leurs activités et d'aller prêcher en terre d'Islam,

– Faire formuler la même demande par le plus grand nombre possible de relais d'opinions,

– Soumettre à l'opinion et, éventuellement, à la justice leur paroles et actions hostiles,

– Exiger des autorités l'expulsion des étrangers qui tiennent des propos contre la démocratie, les chrétiens, les juifs, ou qui contestent nos lois et nos modes de vie,

– Rendre ces taupes infréquentables par les politiciens : pour cela, dévoiler en toute occasion le double discours sur la compatibilité Islam-république, la compatibilité Islam-laïcité...

– Agir sur les médias et les journalistes, qui leur offrent des tribunes, en relevant leurs erreurs, leurs silences complices, leurs mensonges.

– Il faut aussi rendre la position des taupes intenable vis-à-vis des Musulmans.

L'Islam qu'ils prêchent pour piéger les Européens est totalement hérétique. Les Européens doivent le dévoiler et le faire connaître en terre d'Islam, le faire juger, le faire condamner.

Il sera judicieux notamment de relever tout ce qu'ils cachent dans la biographie de Mahomet, dans les hadîth, les mettre face aux fatouas des religieux de la Maison de l'Islam qui justifient les pires crimes et délits du Prophète. Récusent-ils le Prophète comme « beau modèle » ?

Sont-ils prêts à faire le tri entre les versets violents du Coran et les versets proprement religieux, à ne plus citer les passages contre les juifs ou les chrétiens ? Si oui, ils considèrent le Coran comme un livre créé, un fait d'histoire. Ils sont mutazilites, apostats.

PARALYSER ET RETOURNER LES COLLABOS

Sans les collabos, les facilités qu'ils accordent aux Musulmans pour leur financement par l'étranger, la construction de leurs lieux de propagande, la place qu'ils leur donnent dans nos médias, nos armées, nos prisons, la licence qu'ils leur accordent dans les écoles, les hôpitaux, l'espace public… l'armée d'occupation s'effondre.

Il est plus facile d'agir sur les supports que sur l'édifice lui-même. En avant toute contre les collabos !

La plupart d'entre eux sont des lâches qui n'ont choisi la voie de l'islamisation que parce qu'ils étaient persuadés qu'elle leur assurait un meilleur présent et un avenir plein de promesses. Par tempérament, ils ne sont pas prêts à prendre des risques inconsidérés pour la cause. On peut leur demander :

– Avez-vous remarqué que les Français, comme tous les Européens, sont de plus en plus nombreux à rejeter l'Islam chez eux ? Ne pensez-vous pas qu'ils vont bientôt demander à leurs représentants de tenir compte de leur opinion et que, largement, majoritaires dans les urnes, ils obtiendront forcément gain de cause. »

S'il faut insister, on peut dire, en mettant dans le ton plus de sérieux que d'ironie :

« Sommes-nous en 1939 ou en 1943 ? Etes-vous certains d'avoir choisi le bon camp ? »

Avec les collabos comme avec les taupes, il faut procéder à une mise au net publique qui rende leur position impossible à défendre.

Comment des gouvernants et des élus républicains peuvent- ils passer des alliances impures avec un parti qui est incompatible avec la démocratie, qui combat la démocratie, ses principes, les libertés individuelles et publiques qu'elle garantit ?

INTELLIGENCE AVEC L'ENNEMI

Il est un point juridique qui devra être abordé.

L'Islam, c'est la *umma*, une organisation internationale, qui a son droit propre, ses instances juridiques et représentatives, dont, en premier lieu, l'Organisation de la coopération islamique, qui regroupe cinquante-sept pays.

Aucun Etat européen n'a défini la licéité de l'action de ses citoyens en faveur de cette organisation. Comme si nul ne savait que cette organisation récuse la liberté de conscience, prône l'apartheid, se réfère pour son droit et ses pratiques à des textes incitant à la haine, prônant l'inégalité homme-femme, etc.

Le code français, comme tous les codes européens, inclut des articles pour réprimer l'intelligence avec l'ennemi, la collaboration avec une puissance hostile...[261] Il faut rappeler à nos collabos que ces articles, demain, peuvent retrouver toute leur fraîcheur.

LES IDIOTS UTILES ET COLLABOS PASSIFS

Il importe de nourrir le dossier d'accusation contre ceux qui refusent de considérer l'Islam dans son identité propre et qui nous présentent un Islam bricolé par eux, pacifique ou potentiellement pacifique, et ainsi laissent le champ libre aux taupes pour mener leur campagne d'occupation.

– Les médias, sans qui les politiques ne sont que des voix clamant dans le désert, doivent être recentrés sur leur déontologie, toujours invoquée, souvent mise sous le boisseau. Il convient de ne laisser passer aucune contre-vérité, aucune complaisance. Le droit de réponse peut être invoquée, mais un courrier bien argumenté à un journaliste collabo complaisant ou ignare, avec copies diverses, ne manque pas d'efficacité non plus.

261. Article 411. 4 du Code pénal français : « Le fait d'entretenir des intelligences avec une puissance étrangère, avec une entreprise ou organisation étrangère ou sous contrôle étranger ou avec leurs agents en vue de susciter des hostilités ou des actes d'agression contre la France, est puni de 30 ans de détention criminelle et de 450 000 euros d'amende. Est puni de la même peine le fait de fournir à une puissance étrangère, à une entreprise ou une organisation étrangère ou sous contrôle étranger ou à leurs agents les moyens d'entreprendre des hostilités ou d'accomplir des actes d'agression contre la France. »

En ce qui concerne les propriétaires et cadres dirigeants des médias, se rappeler qu'ils sont avant tout soucieux de l'importance de leur clientèle (et de leurs annonceurs). La loi du nombre a, pour eux, la même valeur que pour les politiques attentifs à leur électorat. Font-ils le bon choix marketing quand, dans un de leurs journaux, ils donnent une tribune sans réplique à un désinformateur dont les mensonges indignent leurs lecteurs informés ? Quand ils laissent passer, sans les avoir vérifiées, des information ou des opinions (sur un Islam inexistant, des révolutions arabes manipulées…) qui discréditent peu à peu et leurs journalistes et leur entreprise ?

– Parmi les idiots utiles, les professionnels des associations antiracistes :

En bonne logique, on peut retourner contre eux l'accusation de racisme, dont ils sont si facilement dispensateurs. Qu'est le racisme sinon refuser l'expression de l'autre avec les spécificités qu'il revendique, le pire des racismes étant, après avoir nié l'autre dans sa réalité, de travestir celle-ci ? C'est bien ce qu'ils font avec l'Islam.

A eux qui, de toutes tendances, sont si soucieux de « mémoire », de « repentance », ne convient-il pas de rappeler l'aveuglement des bonnes âmes face au communisme et comment la cécité se mua en coopération avec les plus grands criminels quand des « professionnels » de la morale, de la démocratie, de la défense du prolétariat… injurièrent Kravchenko, les malheureuses victimes des procès staliniens, Soljenitsyne, Pasternak ?

Tiennent-ils absolument à s'agréger à la cohorte des salauds qui s'étaient faits les complices du totalitaire Staline ?

– Des chrétiens, catholiques et protestants, sont parmi les meilleurs alliés de l'Islam.

D'eux, il faut exiger de la logique sinon de l'honnêteté.

Toute la mythologie ethnocentriste sur les trois monothéismes est à détruire pierre à pierre. Un Musulman n'a pas avec Allah la même relation qu'un chrétien avec le Père, Jésus, l'esprit, la Trinité, la Vierge, les Saints… La loi de Jésus tient en trois phrases et un commandement : l'amour ; celle de Mahomet a un nombre infini d'articles contraignants ; elle ne prêche pas l'amour, mais la haine, l'asservissement…

Réduire l'Islam à quelques variétés mystiques, qui ont été combattues sans relâche par les politiques, qui disparaissent au fur et à mesure que l'Islam reprend son pouvoir politique… est une berquinade qui ne sert que l'Islam réel, politique, coercitif, persécuteur.

« Alors, diront des âmes inquiètes, il nous faudrait, selon vous, renoncer au dialogue interreligieux, ne plus parler aux Musulmans ? »

Sortons de la confusion. Parler aux Musulmans est une nécessité, un devoir humain, d'homme à homme. Et si cet échange peut éviter des affrontements, ponctuellement, tant mieux !

Mais ce qu'on nomme « le dialogue interreligieux » est tout autre chose : C'est un dialogue faussé, où une religion qui prône la paix entre les hommes et la liberté de conscience est en face d'un totalitarisme politique à coloration religieuse, qui ne reconnaît pas à l'autre le droit à l'existence et qui, dans le débat, s'accorde la possibilité de mentir. Aurait-on qualifié de « dialogue interreligieux » un échange entre l'Eglise orthodoxe et Staline, entre l'Eglise luthérienne et Hitler ?

Les chrétiens doivent apprendre ce qu'est le totalitarisme musulman et quelle meilleure pédagogie que s'intéresser au sort de leurs frères dans les pays musulmans ? Ceux d'entre eux qui sont à la recherche d'une noble cause en ont une : secourir des persécutés qui sont nos prochains les plus proches. Et « charité (amour) bien ordonnée ne commence-t-elle pas par soi-même » – et les siens ?

Les questions à poser sont nettes :

– Les chrétiens doivent-ils tolérer plus longtemps la persécution de leurs frères en terre d'Islam, accepter la disparition du christianisme au Proche et au Moyen-Orient ? Considèrent-ils comme inéluctable la fin du christianisme en Europe même ?

Non. Alors qu'ils cessent leurs contorsions devant l'Islam et les Musulmans. « Que ton Oui soit un Oui, que ton Non soit un Non, et tout le reste est du démon. » (*Evangile* de Mathieu : 5. 37)

– Les juifs, dès qu'un pouvoir musulman s'installe, sont les premiers ennemis qu'il se désigne et ce sont ses premières victimes. Asservis ou éliminés, leur sort ne dépend que du bon vouloir des maîtres ; il est toujours tragique.

La position des cadres de la communauté juive face à l'islamisation de l'Europe est donc paradoxale. Que les juifs de la base, conscients de l'antijudaïsme, génétique, constant, de l'Islam rappellent au réalisme ceux qui parlent et agissent en leur nom.

– Que dire aux francs-maçons qui ont perverti la notion de laïcité en introduisant le totalitarisme islamique au rang des religions à accepter dans la sphère publique, qui font semblant d'ignorer que cette idéologie est contraire à leurs valeurs : raison, liberté individuelle, égalité des races… à toutes leurs valeurs ?

Que la base réagisse contre les appareils. C'est tout ce qu'on peut espérer.

Mais que les autres, ceux qui n'entrent pas dans le temple, ne se privent pas non plus de dire ce qu'ils pensent d'une pensée qui s'est décentrée et comment il conviendrait de la remettre d'aplomb.

Quant aux collabos passifs, tous les autres : indifférents à l'Islam, béats parce qu'ignares, ou égoïstes, tout le troupeau des suivistes… Seule la peur peut les amener à une quelconque réaction. Or, les occasions d'avoir la frousse ne vont pas manquer aux trembleurs dans les temps proches. Alors, signalons les noirs moments qui s'annoncent aux hommes et aux femmes du marais que nous connaissons, avec l'espoir que, peut-être, prenant conscience d'un danger, ils se rallieront à la nouvelle majorité, au camp des vainqueurs, sans doute passivement et sans prendre de risques, comme d'habitude. Ils feront nombre, et ce n'est pas sans importance dans un système démocratique.

LE CADRE NATIONAL, PUIS L'EUROPE

La résistance sera d'abord nationale. Le sentiment national est seul assez puissant pour mobiliser les énergies : C'est telle tradition, tel mode de vie et tel paysage que je veux sauver ; ce sont ceux-là qui évoquent pour moi des souvenirs qui m'émeuvent ; pas ceux du voisin, trop lointains, qui ne me parlent pas. Et peu à peu, je vais constater que mon voisin éprouve les mêmes émotions que moi devant ses traditions, ses paysages. Et lui et moi allons nous aviser que nous sommes enfants d'une même civilisation et les alliances se feront dans le combat tout naturellement contre l'ennemi commun. C'est pragmatiquement que la Résistance européenne se constituera. Il serait vain d'attendre qu'elle soit institutionnalisée pour agir. La Nation d'abord, l'Europe tout entière ensuite.

Chaque pays fournira aux autres des exemples de comportement, pour limiter l'immigration, faire baisser la criminalité ethnique, arrêter les mariages gris… Et chaque réussite aura une vertu d'entraînement.

UN JOUR, LE BASCULEMENT

Un jour, dans un pays européen ou un autre, des politiques, comprenant que, à vouloir demeurer à contrecourant de l'opinion publique, ils risquent leur siège, relaieront la *vox populi*, qui rejette l'Islam en Europe. Il faut que, à ce moment-là, les résistants exigent de leurs élus une première proclamation : l'Islam n'est pas une religion, mais un totalitarisme.

Un jour, une majorité de politiciens, de journalistes, d'intellectuels, reprendra le thème ; les médias suivront et amplifieront ; le chef de l'Etat sera bien contraint de parler.

A ce moment, les résistants doivent être prêts, car il faudra lancer une première offensive avec les méthodes et les moyens adéquats, en s'étant assuré de pouvoir aller jusqu'à la victoire totale.

CHAPITRE 18

Après la victoire électorale : contenir l'Islam...

Dès le lendemain de l'élection mettant fin au pouvoir collabo, la parole du chef de la majorité devra marquer que la Nation refuse dorénavant d'être dupe ou complaisante et qu'elle entend bien lutter contre les menées de son ennemi. La déclaration sera faite avec la plus grande solennité.

Et derrière, immédiatement, les actes doivent suivre selon une stratégie déjà élaborée.

CONSTATATION DE GUERRE ET DÉCLARATION DE LÉGITIME DÉFENSE

– La déclaration de résistance à la guerre par la guerre sera forcément brève pour avoir l'impact maximal.

– Elle aura été préparée par la campagne des résistants qui en auront rendu familiers les thèmes :

– Une constatation : l'Islam fait la guerre à notre civilisation. Pourquoi ? Comment ? Exemples de ses victoires et de nos défaites.

– Importance de l'enjeu : vie ou mort de notre civilisation.

– Nous sommes en état de légitime défense.

Comment réagir ?

Nous devons réviser notre conception de l'Islam.

Le démasquer et dénoncer ses manœuvres et ses objectifs.

Bloquer ses avancées.

Passer à la contre-offensive.

– Nous agirons avec des moyens démocratiques.

– Il est à prévoir qu'il y aura des réactions : nous sommes prêts à y faire face.

– Annonce des premières mesures.

– Nous sommes assurés de la victoire. Pourquoi. Nous avons le bon diagnostic et le bon traitement. Nous nous battons pour notre sol, notre civilisation…

Une bonne conclusion serait une phrase de Dominique Venner : « Les lieux de paix ne subsistent que par les vertus exigées dans la guerre. »

UNE CAMPAGNE DE COMMUNICATION ET UN PLAN DE SAUVEGARDE DE L'ORDRE

De premières réactions verbales sont à attendre de la part de belles âmes, ouvriers ou complices passifs de l'islamisation de l'Europe. Les réponses à apporter auront été préparées de longue date. Une campagne de communication, au point depuis de longs mois, sera activée au plus tôt, avant même que les forces d'opposition aient pu se manifester.

Un des axes de la communication pourrait prendre appui sur un rappel des cataclysmes à éviter :

– L'asservissement de millions d'hommes et de femmes,

– La disparition de la civilisation européenne et son remplacement par un totalitarisme,

– A la suite, selon toute vraisemblance, d'une guerre gigantesque et atroce faisant des millions de victimes parmi les Européens *et* les Musulmans.

Veut-on laisser advenir ces échéances apocalyptiques, qui sont inscrites dans les dynamiques du présent, ou doit-on réagir pour les éviter ?

Aux Musulmans qui, bien entendu, se plaindront de la dureté du traitement qui leur sera réservé, il sera facile de faire remarquer qu'il sera beaucoup moins contraignant, humiliant, discriminant, que celui qui est infligé depuis toujours aux Infidèles dans la Maison de l'Islam, et particulièrement, de nos jours, dans les Etats wahhabites, en Iran, en Afghanistan, au Pakistan,.. pays qui peuvent être qualifiés d'« Etats islamiques de plein exercice ».

On peut s'attendre aussi à des réactions violentes, dans le genre des émeutes de 2005. Un plan de répression au niveau national (du type ORSEC ou Vigipirate), élaboré en amont, sera mis en place dès la victoire électorale, prêt à entrer en vigueur sans délais.

Il est possible que la proclamation d'une volonté ferme de maintenir l'ordre par tous les moyens policiers, militaires, administratifs et judicaires à la disposition de la République et la manifestation de cette volonté par de premières actions suffisent à « calmer les esprits » d'agitateurs qui n'ont connu jusqu'alors que la passivité des pouvoirs publics.

IMMÉDIATEMENT, REDÉFINIR L'ISLAM

Au plan législatif, la priorité du nouveau pouvoir sera de sortir l'Islam de son statut, complètement fallacieux, de religion.

L'opinion publique aura été rendue attentive, pendant les années de résistance, à la nécessité de cadrer l'exercice de l'Islam pour défendre la démocratie. Le statut défini par les juristes des partis de la Résistance dans la période précédente pourra être promulgué et appliqué dans les meilleurs délais.

Cependant, auparavant, la République se sera dotée d'un appareil juridique et réglementaire lui permettant de faire face à d'éventuelles contestations par la violence ; d'autre part, elle mettra parallèlement en œuvre une politique visant à stopper l'immigration, qui agira en synergie avec la politique sur l'Islam.

RÉARMER LA DÉMOCRATIE PAR LA LOI

Il ne faut pas se bercer d'illusions : on ne répond à une logique de guerre que par une logique de guerre.

Attaquée dans sa légitimité, la démocratie doit se réarmer par la loi pour se défendre.

Des peines seront à réactiver ou à créer : la peine de mort, la déchéance de la nationalité, l'expulsion du territoire, l'interdiction de séjour, l'exil.

L'exécution des peines doit être certaine et rapide. Ce qui signifie que des actes qui sont du ressort de l'ordre juridique passeront dans le secteur administratif.

STOPPER L'IMMIGRATION

Tous les politiques connaissent les mesures qui permettraient de ralentir, puis d'arrêter l'immigration. Beaucoup sont persuadés, depuis des années, qu'il faudrait les prendre. Une fois au pouvoir, aucun n'a eu le courage d'aligner ses actes sur ses convictions.

Rappelons les mesures réalistes qui s'imposent :

Fin du droit du sol.

Rétablissement des contrôles aux frontières nationales.

Fin du rapprochement familial et durcissement des conditions pour les mariages mixtes.

Exclusivité nationale pour les prestations sociales.

Préférence nationale en matière d'emploi et de logement social.

Fin des autres pompes aspirantes : CMU, AME, allocations chômage (les étrangers sans emploi ni ressources devront quitter le territoire).

Expulsion de tous les illégaux dits « sans-papiers » et de leur famille, avec interdiction à vie de revenir sur le territoire.

Sanctions sévères à l'égard des passeurs d'illégaux, des faussaires à leur service…

Dureté extrême vis-à-vis des employeurs d'illégaux : fermeture de l'entreprise, amendes dissuasives et, pour les dirigeants, interdiction d'activité commerciale, plus emprisonnement et lourdes amendes personnelles.

Expulsion immédiate des étrangers et doubles nationaux condamnés avec interdiction à vie de revenir sur le territoire.

Législation sur des peines minimum pour les récidivistes,

Responsabilité des parents et des familles de mineurs coupables.

Fin de la double nationalité.

Durcissement des conditions d'accès la nationalité.

FERMER LE TERRITOIRE AUX CHAUVES-SOURIS

Il faut interdire l'accès à la nationalité française des Français de papier qui refusent et souvent combattent la civilisation française.

Fin du droit du sol.

Fin de la double nationalité.

La nationalisation ne pourra être demandée qu'après dix ans de séjour régulier dans le pays.

Un étranger ayant été condamné ne pourra accéder, à vie, à la nationalité française. Sa peine purgée, il sera expulsé avec interdiction de retour, à vie. S'il est mineur, ses parents seront expulsés. Les biens des expulsés seront saisis.

Un nationalisé pourra être déchu de la nationalité et expulsé pendant une période de dix ans suivant sa naturalisation.

(Un Français « de souche » pourra également être déchu de la nationalité française, ce qui entraînera, automatiquement, la fin de toute prestation sociale et, éventuellement, la saisie des biens. Il pourra être interdit de séjour sur le territoire national.)

Rétablissement de la loi sur les noms et prénoms (avec interdiction des prénoms et noms marquant l'appartenance à l'Islam).

L'ISLAM : SOUMISSION À LA RÉPUBLIQUE

Le Conseil français du Culte musulman sera dissous. Aucun organisme « confessionnel » se réclamant de l'Islam ne sera reconnu par la République.

Aucun parti ou groupement ne pourra se recommander de l'Islam.

Respect strict de la laïcité ; les élus s'abstiendront de participer à des manifestations « cultuelles ».

Interdiction du voile et de tout vêtement manifestant l'appartenance à l'Islam dans l'espace public.

Arrêt de la construction des mosquées.

Transformation des mosquées en salles de prière. Les parties annexes seront nationalisées.

Fermeture des écoles et instituts musulmans.

Fin des aumôniers musulmans dans l'armée, les prisons.

Expulsion des imams étrangers ou titulaires de la double nationalité.

Un seul prêche, dans les mosquées le vendredi, en français, soumis au contrôle préalable du ministère de l'Intérieur.

Les noms des mosquées faisant allusion à une possible conquête ou à des personnages ayant prôné la guerre sainte ou le totalitarisme seront interdits. Les mosquées n'auront d'autre dénomination que leur nom générique.

Arrêt des centres de formation d'imams.

Les imams étrangers seront interdits de séjour en France.

Arrêt de toute immigration de travail en provenance de pays membres de l'OCI.

La propagande en faveur de l'Islam sera interdite, au même titre et aux mêmes conditions que la propagande en faveur de doctrines, publications, discours, manifestations, signes... incitant à la haine, à la discrimination... Pour commencer, interdiction des boutiques, salons, produits se recommandant de l'Islam. Suppression de l'émission hebdomadaire dite « religieuse » consacrée à l'Islam sur la télévision publique.

Toute personne ayant véhiculé des idées manifestement fausses sur l'Islam dans un but de propagande pourra être poursuivie en justice sur plainte d'un seul particulier. Il encourra la peine d'expulsion ou d'exil.

Les pressions de toute nature en vue de soumettre une personne à des comportements ou des paroles contraires à la démocratie et jugées conformes à l'Islam seront sanctionnées.

Interdiction de l'abattage halal, avec amendes lourdes pour coupables et complices.

Interdiction de la circoncision avant 18 ans.

L'excision et l'infibulation entraîneront la déchéance de la nationalité, des amendes lourdes et l'exil définitif.

Fin des carrés musulmans dans les cimetières.

Arrêt des accommodements raisonnables (dans les écoles, cantines, hôpitaux, lieux de sport…) et abrogation de ceux qui ont été conclus.

Bien évidemment, arrêt de la finance islamique, des investissements de fonds d'Etats musulmans (masqués ou non) dans les secteurs stratégiques ou culturels (tel le Louvre), des bourses et aides (dans les banlieues, par exemple).

Les Français refuseront d'être nargués.

Les responsables de mosquées ayant porté des noms incitant à la haine seront jugés.

Les rappeurs et autres insulteurs patentés pourront être poursuivis sur plainte d'un seul citoyen.

Le prix de l'Arc de Triomphe retrouvera son nom et l'émir du Qatar sera prié de déménager de la place Charles de Gaulle.

Ces mesures auront une conséquence immédiate qui contribuera à diminuer le risque de guerre ouverte :

Le glissement progressif des masses vers l'Islam sera freiné. Placé devant un choix clair, chaque immigré devra opter soit pour le camp européen, soit pour le camp islamique. Le réservoir des « mobilisables », destinés à constituer le gros des troupes du djihad dans l'occurrence d'une guerre ouverte, s'assèchera peu à peu.

Question : Hitler aurait-il ouvert un front de guerre en 1939 s'il n'avait pas été assuré de pouvoir mobiliser la totalité des Allemands, nazis et antinazis ?

Autre conséquence de l'endiguement de l'Islam : les Européens permettront enfin aux immigrés « d'origine musulmane » qui souhaitent sortir d'un totalitarisme qui les tient enfermés de se libérer ; ils pourront s'honorer en leur apportant un soutien actif.

Nous avons des devoirs vis-à-vis de ces hommes et de ces femmes. Des devoirs que nous n'avons pas remplis au cours des dernières décennies quand nous avons fait le jeu de leurs geôliers. Les « apostats » pourront désormais être accueillis dans la communauté nationale sans arrière-pensée, comme le furent, jadis, les immigrés qui avaient fait le choix de l'assimilation. (En incidente, le « racisme » reviendra à son étiage de jadis : quasiment nul.)

CIBLE PAR CIBLE : LES PÉTROÉMIRS...

Vis-à-vis des potentats arabes, il conviendra de conduire une action diplomatique ferme et nette.

Tout d'abord, nos diplomates devront se débarrasser de deux idées fausses :

– Nous sommes démunis de moyens de pressions sur les rois et émirs du pétrole.

– Une action de fermeté à l'égard de l'Islam en France serait considérée comme hostile par eux et entraînerait des mesures de rétorsion.

On peut imaginer que, forts de leurs richesses, de leurs alliances et de la passivité de leurs sujets, les potentats sont tranquilles quant à la solidité de leur position. En bien, non, ils vivent dans la crainte ! Le plus puissant d'entre eux, le roi d'Arabie saoudite, est menacé, et de divers côtés.

– Le pouvoir saoudien est à la merci des « religieux », qui, en le condamnant, l'anéantiraient à coup sûr. Ces puritains veulent bien fermer les yeux sur les modes de vie, souvent fort peccamineux, de bien des princes et sur les alliances avec les Infidèles, mais il suffirait d'une dénonciation un peu ferme des oulémas pour qu'un péché d'un dynaste provoque une rébellion massive.

– Aussi puritains que les oulémas soutiens du régime, les néo-khâridjites récusent le système dynastique, dénoncent ouvertement la collusion des dirigeants musulmans avec les Satan modernes et appellent, de temps à autre, au meurtre de quelques-uns d'entre eux. Ils sont en croissance constante depuis leur apparition il y a une trentaine d'années.

– Les sujets shiites, traités comme des moins que rien par les sunnites, représentent 7 à10 pour cent de la population. Implantés principalement dans les zones pétrolifères, ils sont un danger potentiel pour la dynastie.

Les despotes de l'Arabie et du Golfe sont beaucoup plus menacés de l'intérieur qu'on le pense en Occident. C'est pour faire diversion, faire oublier leurs faiblesses et failles qu'ils œuvrent à la propagation de l'Islam en Europe. Notamment, par l'argent dont ils disposent sans compter.

Leur signaler que nous avons pris conscience du danger de l'Islam, que nous sommes décidés à l'extirper de notre territoire : qu'ils ne jugent pas nos capacités guerrières à l'aune de nos reculades passées !

Nous avons en particulier appris ce qu'était la *taqiyya*.

En poursuivant la guerre, les financiers du djihad prennent de gros risques :

L'Islam a déjà été vaincu et, la dernière fois, il a failli disparaître sous l'influence de l'Occident

A l'intérieur de leurs pays, leurs opposants ne leur pardonneraient pas des défaites. En particulier, les néo-khâridjites sont prêts à les chasser.

Simultanément, annoncer notre décision de ne pas intervenir dans les guerres musulmanes : la guerre shiite-sunnite, la guerre wahhâbites-autres, la guerre khâridjites-autres.

Parallèlement, nous interdisons toute immixtion dans nos affaires. La prédication, la propagande pour l'Islam seront désormais interdites chez nous. (Inutile d'essayer de baser nos relations sur un principe de réciprocité : les dirigeants ne l'accepteront pas ou se révéleront incapables de le faire appliquer, et comment parler de réciprocité entre une démocratie et un totalitarisme ?)

Nos demandes, à mon avis, seront acceptées, et même avec soulagement (après des protestations de façade) : les émirs, soumis sans arrêt à des demandes pour des fonds, des hommes, des moyens... par leurs extrémistes, qui estiment toujours qu'ils n'en font pas assez, seront ravis de pouvoir répondre : « Inutile. Vous voyez bien que les portes d'entrée en Europe sont closes maintenant. »

Cette position de fermeté, qui seule peut nous valoir le respect des Musulmans, n'empêchera nullement la poursuite du bizness. Simplement, affaires et religions ne seront plus mêlées.

Ne pas négliger de préciser, dans le discours à tenir à l'adresse des financiers, que la corruption, active et passive, sera très sévèrement réprimée.

Parallèlement, une action diplomatique d'extrême rigueur est à conduire avec les pays du sud de la Méditerranée qui ont pris l'habitude d'intervenir dans les affaires française : financement de mosquées, envoi d'imams, corruption de politiciens et journalistes...

Faire savoir aux gouvernements que nous n'accepterons plus aucune immigration. Négocier avec eux les conditions de retour au pays de leurs ressortissants.

… LE KOMINTERN

Les apparatchiks du Komintern musulman ne sont forts que du soutien des potentats arabes (et de la complicité de nos élites, qui entraîne la passivité des peuples).

Les mesures sur les mosquées, les imams, les aumôniers, la propagande… ainsi que le tarissement des financements étrangers, maghrébins ou proche-orientaux, suffiront à faire disparaître leur espèce.

… LA BASE

Les Musulmans de la base seront en face d'un choix clair : soit affirmer leur appartenance à l'Islam, soit reconnaître les valeurs des démocraties. Ils n'auront plus de possible recours au faux-fuyant de l'Islam inexistant, religion hors politique, religion d'amour, de tolérance et de paix (« l'Islam de France, et non pas l'Islam en France »).

Un Musulman devra être en règle absolue avec la République et se conformer aux décisions à venir. Immédiatement, l'allégeance à la démocratie, serait-elle de façade, lui interdira de critiquer, en tant que Musulman, les mesures qui sont ou seront prises pour redéfinir la place et l'exercice de l'Islam chez nous.

A l'égard des *refuzniks*, « apostats » condamnés à mort, nous aurons un devoir de protection absolue, mais l'expérience doit nous enseigner à ne pas les exposer dangereusement. Nous n'avons pas à recruter des harkis pour se battre à nos côtés en première ligne.

… LES COLLABOS, ACTIFS ET PASSIFS

Ils disparaîtront immédiatement, volant au secours de la victoire. Ceux qui persisteraient seront jugés sur leurs actes.

RÉORIENTER NOTRE POLITIQUE ÉTRANGÈRE

Trois impératifs :

– Nous dégager au plus vite de notre dépendance vis-à-vis des régimes wahhâbites.

Comment diminuer notre consommation de pétrole et de gaz jusqu'à pouvoir combler nos besoins auprès d'autres fournisseurs ?

La création des centrales atomiques ont été une première réponse. D'autres techniques sont à utiliser : pour les immeubles d'habitation, les bureaux, les écoles, les magasins, les hôpitaux, cliniques, maisons de retraites, centres de loisirs et de sports... il faut tendre vers l'autosuffisance énergétique.

L'automobile électrique doit cesser d'être un gadget. Si, en dix ans, le téléphone portable a pu connaître les progrès que nous avons vus, comment imaginer que la recherche n'arrive pas à nous inventer une voiture sans essence ? Allons-nous enfin étudier les possibilités des gaz de houille, des gaz de schiste ?...

– Nous rapprocher de la Russie, notre sœur européenne, contrepoids à l'influence anglo-américaine, riche en hydrocarbure, confrontée aux mêmes problèmes que les nôtres avec sa population musulmane.

– Constituer un arc de défense contre l'expansion islamique, avec les pays menacés par l'Islam, partout dans le monde, et ils sont nombreux : presque tous les pays occidentaux, beaucoup de pays africains, des pays asiatiques (la Birmanie, les Philippines, la Chine...). Faudra-t-il agir officiellement, publiquement ou de manière clandestine ? suivant les pays ?

PRESSION SUR LES ALLIÉS ÉTRANGERS

Vis-à-vis des alliés qui nous trahissent ou sont prêts à nous trahir, des déclarations sont à faire par le chef de l'Etat, avec la solennité dont de Gaulle nous a offert quelques exemples.

Que les Etats-uniens se mêlent de ce qui les regarde et arrêtent leurs pressions pour que nous fassions entrer la Turquie dans l'Union européenne, qu'ils cessent d'encourager les radicaux musulmans à agir contre nous sur notre territoire ou sur nos marches...

Le même langage est à tenir à leurs laquais européens.

Et si l'histoire peut avoir valeur d'avertissement, il serait bon de rappeler comment, après avoir nourri l'Allemagne nazie dans son enfance contre la France, les Anglo-américains ont dû, à leur tour, affronter ses crocs devenus tranchants.

La politique européenne est entièrement à revoir. Pour le sujet ici traité, deux exigences :
– Redéfinir les conditions d'entrée et de circulation des individus, des marchandises et de l'argent à l'intérieur de l'Europe.
– Signifier à la Turquie la fin des prénégociations sur son éventuelle adhésion à l'Union européenne.

Et si les alliés ne veulent rien entendre ? Eh bien, on leur dit : « Au revoir ! » Nous quittons l'Union européenne, déjà en faillite, l'Otan, sans objet depuis la chute du bloc communiste... Si nos colocataires de la maison commune Occident tiennent absolument à se suicider dans un incendie allumé ou entretenu par leurs errances, libre à eux. Mais que ces munichois soient seuls à périr ! Nous rebâtirons d'autres alliances, autrement, en Europe et pour l'Europe.

REDONNER LA FIERTÉ D'APPARTENANCE

Rien ne pourra être réussi sans réactivation de la fierté d'appartenance chez les Européens. C'est là une tâche qui incombe en premier au chef de la Nation. Les paroles sont essentielles, mais tout autant les gestes, lesquels doivent être bien visibles et avoir une portée symbolique.

Il est une mesure qui s'impose : nettoyer notre espace public, lui redonner une apparence dont nous puissions être fiers. Les tags doivent être effacés.

Que peut-on imaginer de plus symbolique aux yeux des citoyens que la décision de rénover tout de suite nos rues et nos immeubles, de les laver des immondices déposées par les envahisseurs qui voulaient marquer leur territoire à la manière des chats qui pissent ou défèquent ?

Les collectivités, les entreprises, les particuliers auront trois mois pour faire disparaître les souillures de leurs emprises.

Et les auteurs de nouveaux tags seront sévèrement châtiés : pour les étrangers, l'expulsion immédiate (les parents étant responsables de leurs enfants mineurs).

Les lois de repentance, qui ont donné des Français l'image d'un peuple masochiste et geignard, seront abolies. (Bien évidemment, nous ne nous mêlerons pas de donner des leçons aux autres nations : pas de commémoration du génocide arménien.)

Les manuels d'histoire seront refondus et axés sur les romans nationaux et l'Europe. Au moins que, dès la première rentrée scolaire, les éditeurs de « beaux livres » soient contraints de joindre à leurs superproductions une brochure de quelques pages, exposant faits et hommes dans un ordre chronologique.

La langue doit redevenir un objet de fierté : chasser le *globish* partout, dans les médias, dans les publicités, sur les enseignes commerciales,

L'apprentissage du Français, de sa grammaire, de son orthographe (suivant les vieilles méthodes) sera pris sur le temps consacré à des disciplines ludiques.

La littérature sera étudiée en liaison avec l'histoire. Les récitations « par cœur » seront un des moyens de donner aux jeunes le goût du beau langage.

Le latin[262] sera obligatoire à l'entrée en sixième et fera l'objet d'une épreuve écrite à la fin de la troisième. Il sera facultatif dans les classes suivantes.

L'enseignement des langues étrangères ne commencera qu'en sixième. (L'apprentissage du latin facilitera celui des langues vivantes.)

Chaque élève de collège pourra avoir accès au grec en quatrième.

Tout étudiant arrivant dans l'enseignement supérieur apprendra une langue d'un système non européen, seul moyen de comprendre concrètement en quoi les hommes de diverses civilisations peuvent être différents et en quoi ils peuvent être semblables. Une excellente préparation au « mondialisme ».

Ce programme peut être décidé en quelques jours et réalisé en moins d'un an.

Plus long sera le traitement thérapeutique de maladies intellectuelles et morales, qui ne relèvent pas directement de la loi et des règlements. Mais notre civilisation, se reforgeant dans le combat, se guérira de

262. Lire Cécilia Suzzoni et Hubert Aupetit : Sans le latin (Fayard, 2012) ; Claude Terreaux : Vous reprendrez bien un peu de latin (Arléa, 2004). Le latin, « outil de musculation de l'intelligence », « cœur battant de notre culture » (Alain-Gérard Slama, Le Figaro Magazine, 13 avril 2012).

certains ajouts (comme le messianisme de gauche, qui finit toujours en dictature) et retrouvera ses vertus : le culte du beau, du bonheur, de l'honneur, la crainte de l'hybris...

La fierté d'appartenance est une plante toujours prête à renaître et grandir. Elle se fortifie de ses succès.

LÉGIFÉRER EN BLOC, SUR LE CONCRET

Les mesures législatives et administratives pourront-elles être appliquées sans provoquer des réactions ?

Certainement pas. Les réactions auront été prévues par les pouvoirs publics, qui auront pris les dispositions pour les juguler et auront fait connaître aux émeutiers éventuels qu'ils seront combattus sans faiblesse.

Les mesures législatives et administratives seront à faire connaître d'un bloc. Les filer une à une ou par petits paquets serait se condamner à une lutte sans trêve et usante avec les mécontents et opposants. Mieux vaut un grand choc, qui aura en outre le mérite de mobiliser la population favorable.

Le législateur devra aller aussi loin que possible dans les détails concrets d'application des mesures. Il ne servirait à rien d'aligner des grands principes. Il faut parler contrôle, argent, mesures de force...

Un exemple à suivre nous vient du Danemark, où des dispositions ont été prises, sous l'influence du Parti du peuple danois, concernant les mariages mixtes.

Pour contracter une telle union, il faut désormais avoir vingt-quatre ans, disposer d'un logement décent, ne pas avoir perçu d'allocations depuis trois ans, faire un dépôt de 100 000 couronnes, soit 13000 euros...

En outre, la candidature est jugée suivant un système de points : culture générale, casier judiciaire, diplômes...

Désormais, tous les immigrés viennent de l'Union européenne et sont des professionnels qualifiés. Ils devront soit s'assimiler soit repartir.

D'ailleurs, faut-il craindre des réactions de grande ampleur ? La tradition musulmane est de n'attaquer qu'en position de force. On a vu, en septembre 2012, qu'il a suffi que soit annoncé la mobilisation d'importantes forces de police pour que des manifestations (contre la publication de caricatures de Mahomet) soient annulées : les hiérarques musulmans ont parlé de « la sagesse et de la modération » des Musulmans de France. Tu parles !

LA REMIGRATION

Un Musulman qui ne s'estimera plus en mesure d'accomplir pleinement ses devoirs « religieux » dans le pays d'accueil pourra aller s'établir dans un des cinquante-sept pays de l'OCI, dans la Maison de l'Islam. Il ne fera que se conformer à un des devoirs de sa Loi.

On peut s'attendre à une vague de remigration qui réduira et les problèmes posés par l'Islam en Europe et la menace d'une islamisation du continent.

Question : faudra-t-il conclure que les Musulmans qui voudront demeurer en Europe pour des raisons autres que le tourisme, les études ou le travail, seront tous en mission de guerre dans la Maison de la guerre ?

CHAPITRE 19

L'éradication de l'Islam en Europe

En présence d'une maladie diagnostiquée comme mortelle, la première tâche du médecin est d'en stopper la progression, et, simultanément ou tout aussitôt, de prendre des dispositions pour empêcher une récidive.

Devant une invasion sur son territoire, un peuple, après avoir stoppé l'ennemi, avoir jugulé (mis sous le joug de sa loi) les éléments de l'armée encore présents sur son sol, doit prendre des mesures pour écarter tout danger de reprise du conflit.

CONTRE TOUTE RÉCIDIVE

Avec l'Islam, ces mesures s'imposent impérativement pour une raison évidente : l'Islam ne renoncera jamais à la guerre contre les non-Musulmans. Des Musulmans le voudraient-ils qu'ils ne le pourraient pas. Ils trouveraient forcément, pour s'opposer à eux, d'autres Musulmans qui, eux, exciperaient des textes qui fondent les dogmes et les lois de l'Islam. Un Musulman qui se délivrerait du devoir de conquête ne serait plus musulman.

La *Reconquista* complète est la seule garantie pour les Européens de mettre un terme à l'invasion de leur territoire, d'empêcher que, à partir de braises mal éteintes, le feu ne reprenne, que des îlots d'ennemis ne servent de taupes dans une nouvelle guerre.

L'éradication pourra être mise en œuvre dans une nation dès la victoire électorale du parti de la Libération en fonction de l'état de l'opinion, ou, après une première vague de mesures d'endiguement et un affaiblissement conséquent du parti islamophile.

INTERDIRE L'ISLAM EN EUROPE

L'interdiction de l'Islam en Europe, sa mise hors la loi dans nos démocraties se justifie pour des raisons qui touchent à notre sécurité. Rien ne s'y oppose au plan des principes qui régissent nos démocraties ou la vie internationale. Au contraire, ces principes plaident en faveur d'une telle radicalité dès lors que l'on considère l'Islam dans sa réalité.

– Le Coran, texte sacré et fondement non amendable de l'Islam, contient des passages incitant à la haine pour appartenance religieuse, à la discrimination pour la même raison, à l'inégalité homme-femme.

– Le hadîth, autre texte sacré, présente les mêmes vices.

– Ainsi que la Charia qui est la référence des cinquante-sept pays qui se proclament musulmans

– Notre Constitution et notre déclaration des droits de l'homme, la Déclaration universelle des droits de l'homme, notre législation antisectes et d'autres textes de notre législation, les principes de droit et la législation des démocraties européennes, tout comme le droit des peuples à disposer d'eux-mêmes condamnent sans ambiguïtés l'Islam.

Le nazisme pouvait être interdit pour des raisons similaires, ainsi que le communisme. Que ne l'a-t-on fait dès que ces doctrines mortifères se sont manifestées ?

S'il faut ajouter à la démonstration, posons deux questions – qui auraient dû être débattues dans nos assemblées depuis bien longtemps :

– Peut-on être républicain et Musulman ?

Certainement non.

La souveraineté émane du peuple en république, d'Allah en Islam. Surtout, le Coran ainsi que la Loi musulmane, même en n'en retenant que le minimum reconnu par nos taupes et collabos, sont incompatibles avec les principes, les valeurs, les lois et les règlements de la République.

– Peut-on être français et musulman ?

Hassan II, Commandeur des Croyants, parfait connaisseur des cultures et des hommes de France et d'Islam, a été formel : « N'essayez pas de faire des Français avec des Musulmans. Vous ne ferez que de mauvais Français et de mauvais Musulmans. »[263]

Nous pouvons ajouter : les Français ne peuvent accepter qu'usurpent leur identité des personnes qui se font un devoir sacré d'anéantir leur civilisation.

263. Notamment dans un entretien télévisé avec la journaliste Anne Sinclair, le 16 mai 1993. (Visible sur Internet.)

Dès qu'on raisonne à partir de réalités irréfutables, implacables, en termes simples et justes, on ne peut arriver qu'à une conclusion : l'Islam doit être interdit en Europe.

MESURES DE DÉSISLAMISATION

– L'Islam est déclaré incompatible avec la nationalité française.
– Un citoyen français ne peut être musulman.
– Tout citoyen français ayant un ancêtre jusqu'à la troisième génération portant un nom ou un prénom marquant son appartenance à l'Islam doit choisir entre la citoyenneté française et l'Islam. Il sera expulsé en cas de propagande pour l'Islam (par exemple, par l'attribution de prénoms musulmans à ses descendants).

Pour demeurer ou devenir citoyen français, un « Musulman d'origine », donc Musulman selon le droit musulman :
– Signe une déclaration, publiée au Journal officiel et dans la presse d'annonces légales, de renonciation à l'Islam, d' « apostasie »,
– Change ses noms et prénoms,
– Renonce à arborer les signes identitaires de l'Islam, à participer aux rites et cérémonies de l'Islam, à faire de la propagande en faveur de l'Islam,
– Renonce éventuellement à la double nationalité avec un pays membre de l'OCI (avec publication au Journal officiel).

A ce stade de la désislamisation d'une partie de la population immigrée, les Européens devront se montrer d'une vigilance aiguë pour éviter de tomber dans les pièges de la *taqiyya* sous une forme renouvelée. Les dispositions les plus strictes seront à prendre pour ne pas créer des Européens de façade demeurés musulmans de conviction, des *moriscos.*

Combien de Musulmans accepteront les conditions posées au maintien ou à l'accession dans la citoyenneté française ? On peut supposer que ceux qui s'y soumettront manifesteront une volonté authentique d'assimilation.

– Les mosquées seront réaffectées.

– Les étrangers musulmans de passage : diplomates, commerçants, hommes d'affaires, touristes, étudiants et chercheurs... doivent pouvoir disposer de « lieux de culte » : ils les trouveront au sein de leurs ambassades.

L'éradication de l'Islam s'accompagnera de mesures concernant les coupables d'intelligence avec l'ennemi :

– Les collabos de l'Islam pendant la guerre par la *taqiyya* ou à l'occasion d'actions violentes auront à rendre des comptes devant la Justice. La suppression des droits civiques, la déchéance de la nationalité, la saisie des biens, figureront au nombre des sanctions prévues par la loi.

– Les biens acquis avec le concours de fonds étrangers par des Musulmans en France pendant la période de guerre seront nationalisés.

EFFETS DE L'INTERDICTION : DES RELATIONS APAISÉES AVEC LES PAYS MUSULMANS

L'interdiction de l'Islam viendra conforter la nouvelle image que les Musulmans auront commencé à se faire de nous dès les premières étapes de l'endiguement : nous avons la fierté de ce que nous sommes, de nos valeurs, de notre honneur. Nous avons cessé d'être méprisables. Un Musulman peut avoir avec nous des rapports fondés sur une considération réciproque.

Les échanges commerciaux seront-ils ralentis ? *Business is business.* Les Musulmans ont au moins autant besoin de nous que nous avons besoin de leurs hydrocarbures.

Les échanges culturels ? Il n'y en eut jamais sur un pied de réciprocité. Nous n'allons pas pleurer si, chez nous, quelques bobos prébendiers perdent leur sinécure.

Répétons-le : le plus important est que nous libèrerons les gouvernants musulmans de la pression de leurs opposants extrémistes pour intervenir, toujours davantage, dans la Maison de la guerre. Nous contribuerons à la paix civile en terre d'Islam.

De cela, qui peut paraître paradoxal à qui ne connaît ni la situation actuelle en Islam ni l'identité profonde des Musulmans, je suis absolument certain.

CONCLUSION

La présence de millions de Musulmans en Europe, conduisant en toute tranquillité une guerre d'invasion par la démographie et la *taqiyya* avec la complicité, au moins passive, des peuples visés, est un fait totalement absurde, qui ne peut se prolonger longtemps. L'histoire sort toujours de l'absurde, hélas ! Souvent par la tragédie.

Aux Européens de prendre les dispositions au plus tôt pour éviter que la tragédie ne se déclenche ou, si elle survenait, qu'elle ne se conclue pas à leur détriment.

Espérer arrêter l'offensive de l'Islam en cédant à l'une ou l'autre de ses revendications partielles est une stupidité : le déshonneur de Munich conduit toujours à la guerre. Seule une politique de barrage, franche et résolue, peut arrêter la marche vers un conflit gigantesque où, de part et d'autre, la violence serait extrême : les Musulmans sont persuadés, aujourd'hui, pouvoir l'emporter ; pour défendre leur identité, les Européens redeviendraient les guerriers qu'ils furent souvent (les Musulmans s'en souviennent-ils ?) et, une fois engagés dans le combat, ils n'accepteraient qu'une reddition sans condition.

L'Europe doit relever le plus grand défi de son histoire.

C'est pour elle aussi l'occasion d'une Renaissance.

A chaque citoyen européen de mesurer l'enjeu, de se déterminer, de consentir ou de résister, de choisir l'asservissement ou la liberté, la lâcheté ou l'honneur.

« L'honneur, ce don qu'on se fait à soi-même. »

En France,
Lundi 24 décembre 2012,
Veille de la fête de Noël (et de *Sol invictus*).

TABLE DES MATIÈRES

Dépôt légal : février 2013

COPYMÉDIA IMPRIM'VERT®

Achevé d'imprimer en février 2013
par **www.copy-media.net**
CS 20023 - 33693 MÉRIGNAC CEDEX